JN187479

仏像とお寺の解剖図鑑

スタジオワーク
studiowork

X-Knowledge

目次

2章 菩薩はただいま修行中

3章 明王は怒れる如来

4章

天部は仏界の用心棒

5章

仏になる人、仏像をつくる人

column

資料協力：飛鳥園

デザイン：細山田デザイン事務所（米倉英弘）

制作：TKクリエイト（竹下隆雄）

印刷・製本：シナノ書籍印刷

まずは大まかに仏像を見分けよう

如来《にょらい》・菩薩《ぼさつ》・明王《みょうおう》・天部《てんぶ》、4グループに分ける

仏の種類は100をはるかに超える。仏像を見てどの仏なのかすぐさま見分けることは難しいが、まずは手がかりを探すことから始めてみよう。

仏像は如来・菩薩・明王・天部の4つに大別でき、それぞれに共通する姿かたち、持ち物（持物、じもつ）などがある。

- **如来**—人々を救う、悟りを開いた仏。悟りを開いた後の釈迦の姿がモデル
- **菩薩**—人々を救いながら、修行する仏。王子時代の釈迦の姿がモデル
- **明王**—怒りの形相で導く仏。如来の化身。武勇に優れた若き釈迦の姿がモデル
- **天部**—仏界を守護する神。古くからの神々が釈迦の教えを聞き、仏教に帰依した

一般的な姿と特徴

菩薩

華美な装い
宝冠を頂き、アクセサリーを身に着ける。物欲を捨てきれない心の表れ

王子の姿
高く結った髪。上半身には条帛（じょうはく）、腰には裳（くん）という布を巻く

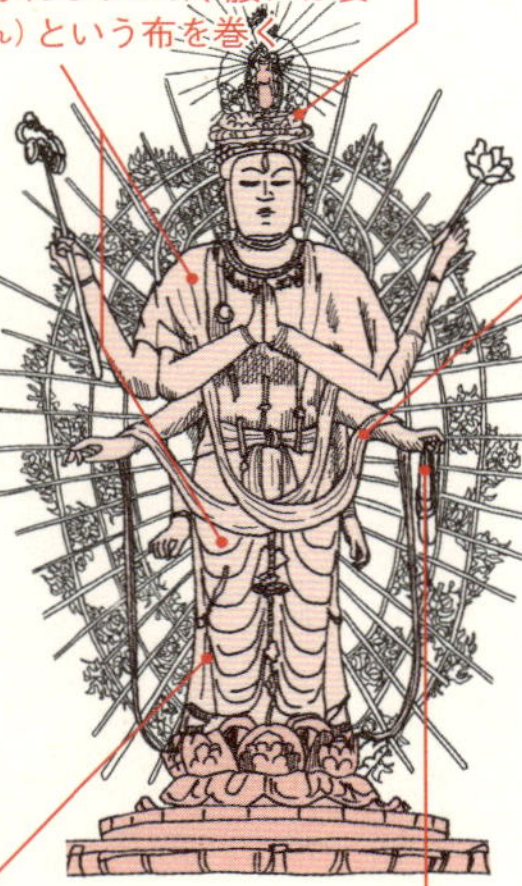

修行に励む
現世でせわしく救済するため、立ち姿が多い。顔や手の数が多い像も

多くの手と持物
多様な願いを叶えるため、多くの手でさまざまな持物をもつ

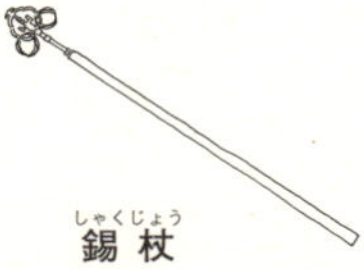

（左から）**蓮華、水瓶《すいびょう》**
清らかさを表す「蓮華」や穢れを払う功徳水の入った「水瓶」は千手観音や十一面観音などの持物

錫杖《しゃくじょう》
錫杖は地蔵菩薩の持物

如来

肉髻《にっけい》
頭頂部は知恵で盛り上がっている

白毫《びゃくごう》
眉間にある白い巻き毛は慈悲の光を放つ

螺髪《らほつ》
右回りにカールした巻き毛

坐像《ざぞう》
仏界で瞑想しているため、坐像が多い

簡素な身なり
1枚の布（衲衣、のうえ）を身にまとうだけで、装身具もない（大日如来は除く）

蓮花《れんげ》座
蓮の花をかたどった台座。菩薩や明王は蓮華座とは限らない

薬壺《やっこ》
持物をもたない如来の中でも、薬師如来だけは万病に効く薬の入った壺をもつことが多い

装身具
大日如来だけは他の如来と違い宝冠やアクセサリーを付け、菩薩に近い姿。これは現世に下りてきてまで人々を助けるという特異なキャラクターによるもの

4グループの関係

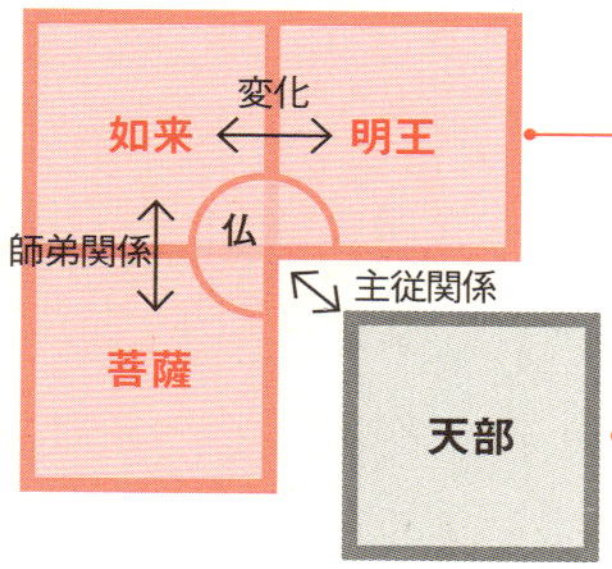

すでに悟っている「如来」と、まだ悟っていない「菩薩」には師弟関係がある。一方、「明王」は如来の化身。慈悲だけでは救えない人々を怒りで導く。本書ではこの3グループを仏という

人々を救う役割をもつ仏（如来・菩薩・明王）に対し、仏の世界を守護する神々が天部（仏教成立前からいた神々が仏教に帰依した）

天部

忿怒相《ふんぬそう》と焔髪《えんぱつ》
仏敵を監視しにらみ付け、逆立てた髪で威圧する※

武装
仏敵と戦うために武器をもち、鎧を身にまとう※

立像《りゅうぞう》
須弥壇の端などに立ち、いつでも臨戦態勢※

岩座
岩は天部の多くが住む須弥山（しゅみせん）を表す※

金剛杵《こんごうしょ》

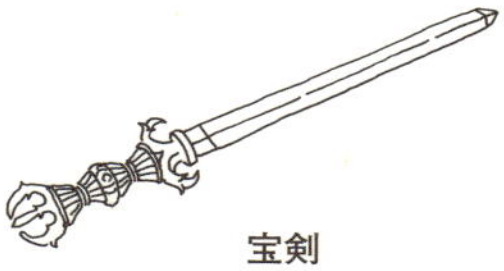

宝剣

金剛杵などの武器は主に天部や明王がもつ。宝剣は煩悩などを払う刀

明王

火焔光背《かえんこうはい》
煩悩を焼き尽くす炎を背負う像が多い

忿怒相《ふんぬそう》
怒りの形相で煩悩が消えない人々を救済。顔や目、腕、足がいくつもある異形像も多い

台座
盤石を表す瑟瑟（しつしつ）座は不動明王に特有な台座

菩薩と同じ身なり
着衣（条帛・裳）や装身具は菩薩と同じ。ただし武器を手にする

焔髪《えんぱつ》

明王の多くは、毛髪が激しい怒りのために逆立っている

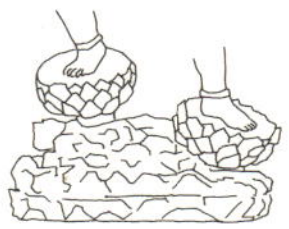

踏割《ふみわり》蓮華座

立像の場合は、足を別々の蓮の花の上に載せた踏割蓮華座に立つことも

※：すべての天部が武装しているわけではない。女性の天部もいて、美しく晴れやかな衣装を身に付けている

5分で分かる仏像とお寺②

物いわぬ仏の声を聞く方法

足元に表れた仏の心

立っている仏——立像《りゅうぞう》

立像は人々を救おうと仏が立ち上がった姿。もしも痛みや願い事が生じたら、すぐに立ち姿の仏にお参りしよう

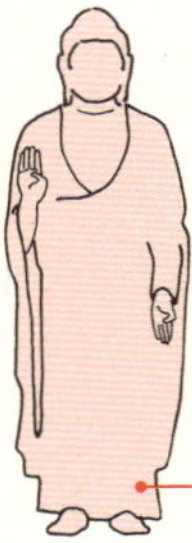

踏み込んだ足をもつ像も。積極的に行動しようとする仏の気持ちが表れている

座っている仏—— 坐像《ざぞう》

坐像は瞑想する姿。仏は人々を救う方法を考えている。坐像の前では、心静かに自分を見つめよう

如来に多い座り方

両足を組み、足の裏を見せている。組み方は2つある

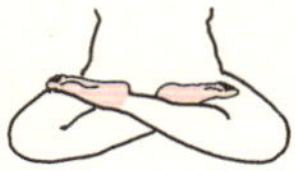

結跏趺坐《けっかふざ》

両足裏が見える。仏の心と人の心を突き合わせている

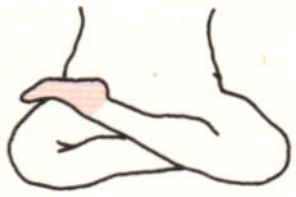

半跏趺坐《はんかふざ》

片足裏が見える略式の座り方。人々の気持ちを早く聞いてあげたいという気持ちの表れ

目は口ほどに物をいう

如来の目——瞳が外側

半目にして壮大な宇宙を見つめ、世界を救うため意識を集中させているのが如来。参拝者は如来が下を向いていても、目が合うという感覚を得られない

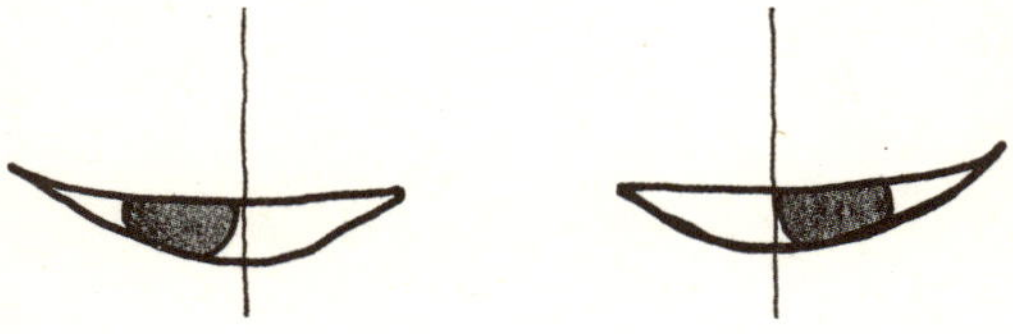

菩薩の目——瞳が中心

目は下を向き、瞳も中心にあるので、参拝者は「仏に見つめられた」と感じる。菩薩は人々の悩みを聞いたうえで救ってくれる仏なのだ

明王の目——瞳が内側

明王は瞳を寄せ、参拝者の心の中の強い煩悩をえぐり出す。かっと見開いた目は煩悩の奥に潜む魔性をにらみ付ける

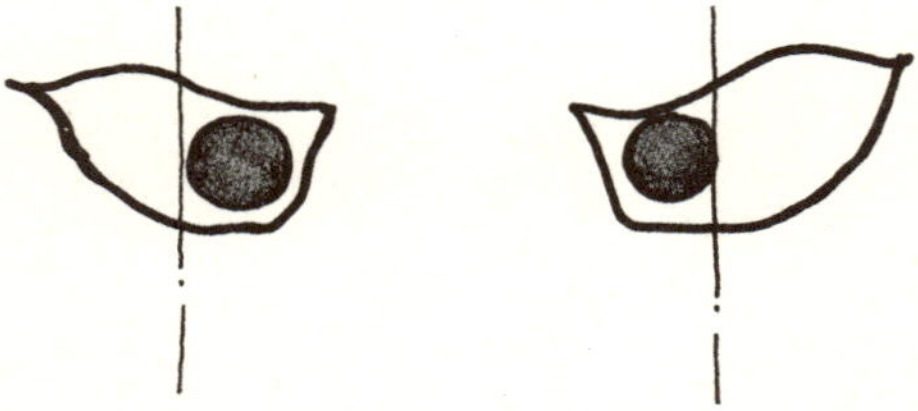

手で分かる仏の気持ち

合掌が意味するものは?

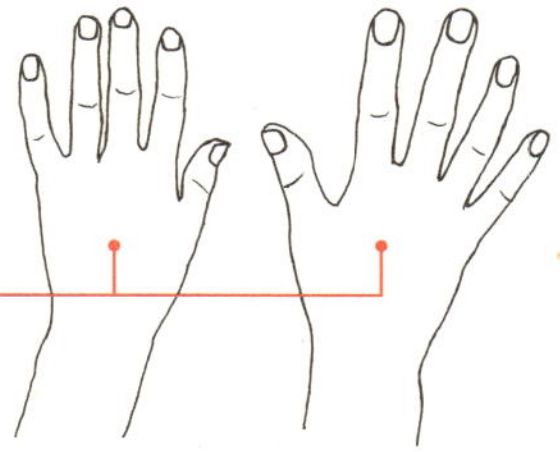

インドでは右手を清浄、左手を不浄と考えた。つまり右は仏、左は私を表す

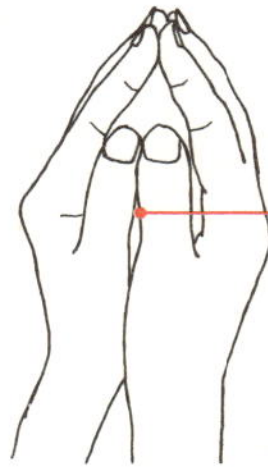

煩悩多き私の左手に仏の心をもつ右手を添える。両手を合わせた合掌は蓮のつぼみのよう。蓮は仏の浄土の花である

五指に仏が宿る

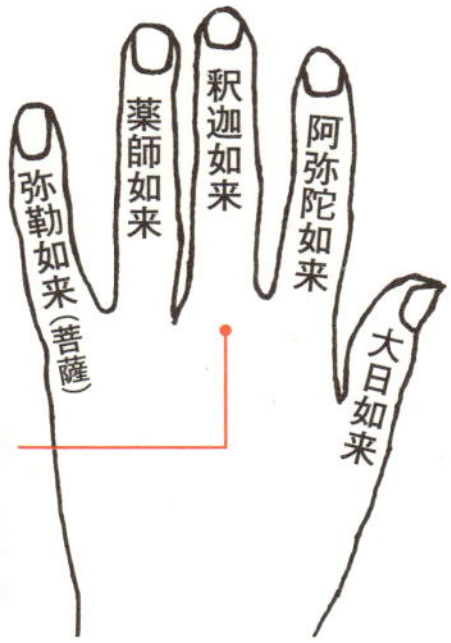
弥勒如来（菩薩）
薬師如来
釈迦如来
阿弥陀如来
大日如来

指には仏が宿る。菩薩像の手を見ると、どの如来の気持ちになっているのかが分かる

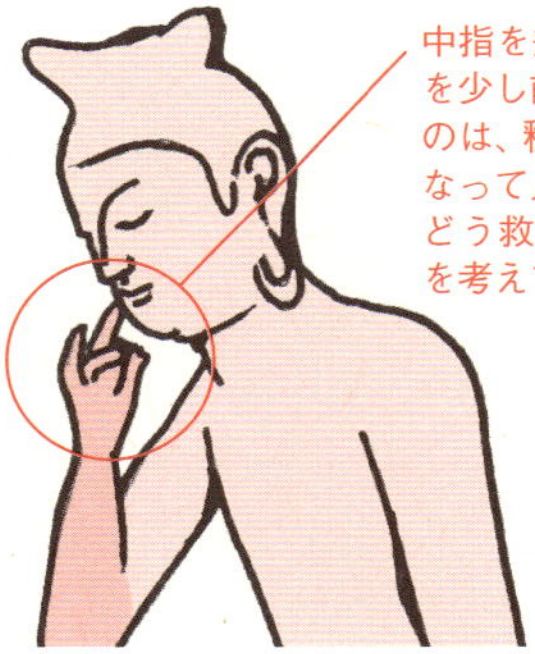

中指を頬に当て、薬指を少し前に出しているのは、釈迦の気持ちになって人々を病魔からどう救うか（薬師の心）を考えている

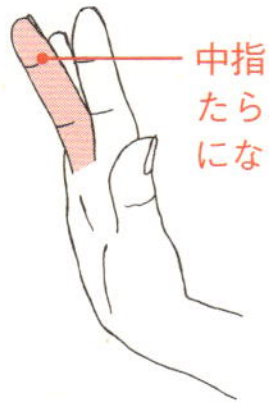

中指を押し出していたら、釈迦の気持ちになっている

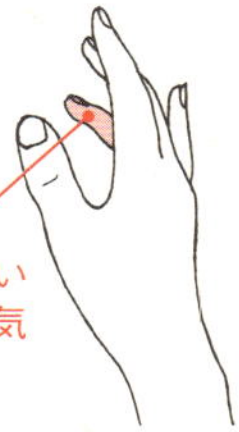

薬指を押し出していたら、薬師如来の気持ちになっている

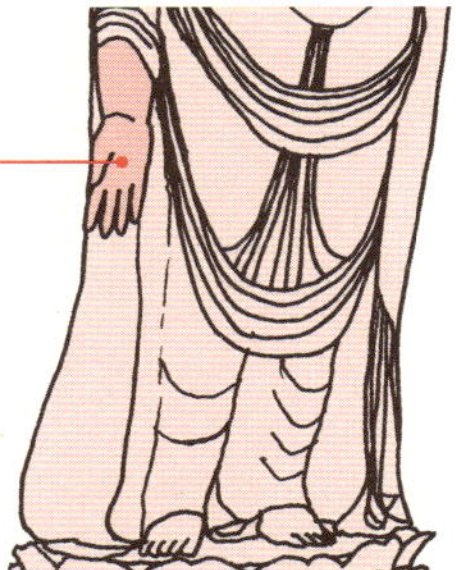

手指のかたちで仏の心や力を示す印相

定印《じょういん》

深い瞑想にあることを示す印で、釈迦如来像に多く見られる。ほかに薬師如来像や大日如来像などが結ぶ

施《せ》無《む》畏《い》与《よ》願印《がんいん》

如来が示す印相の1つで、釈迦如来に多い。坐像では左手を与願印のまま膝上に置く

何も恐れなくてよい。こちらへ来なさいというサイン（施無畏印）

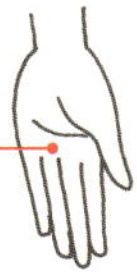

願いを叶えてあげようというサイン（与願印）

寺院は仏の世界が表現されている

人間の世界から仏の世界へ

世界（この世）の中心には須弥山《しゅみせん》という高い山があり、その上空に仏の世界（あの世）が広がるとされる。仏界の入口ともいえる須弥山は天部が守り、人間は須弥山の南の島にいるそうだ。仏教寺院ではその世界観が見事に表現されている。見るべきものは仏像だけではない。山門（三門）から本堂に至る道筋はもちろん、お堂の建物、床、壁、天井のすべてが仏の世界をつくるしつらえなのだ。

仏教の世界観って？

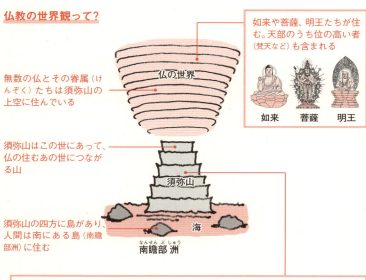

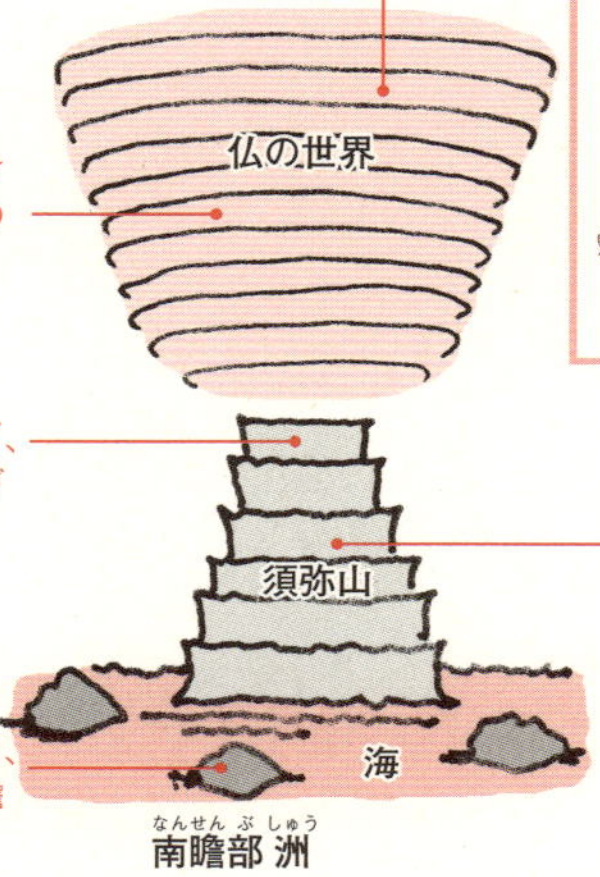

無数の仏とその眷属（けんぞく）たちは須弥山の上空に住んでいる

須弥山はこの世にあって、仏の住むあの世につながる山

須弥山の四方に島があり、人間は南にある島（南瞻部洲）に住む

如来や菩薩、明王たちが住む。天部のうち位の高い者（梵天など）も含まれる

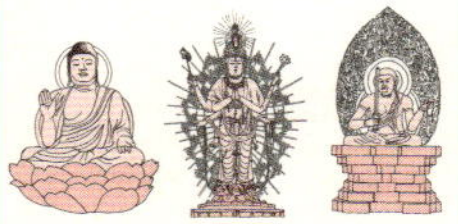

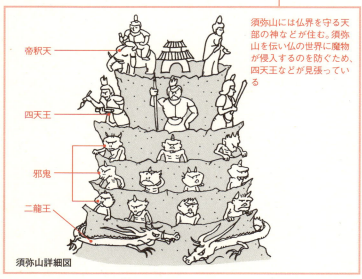

須弥山詳細図

須弥山には仏界を守る天部の神などが住む。須弥山を伝い仏の世界に魔物が侵入するのを防ぐため、四天王などが見張っている

道すがら体感しよう

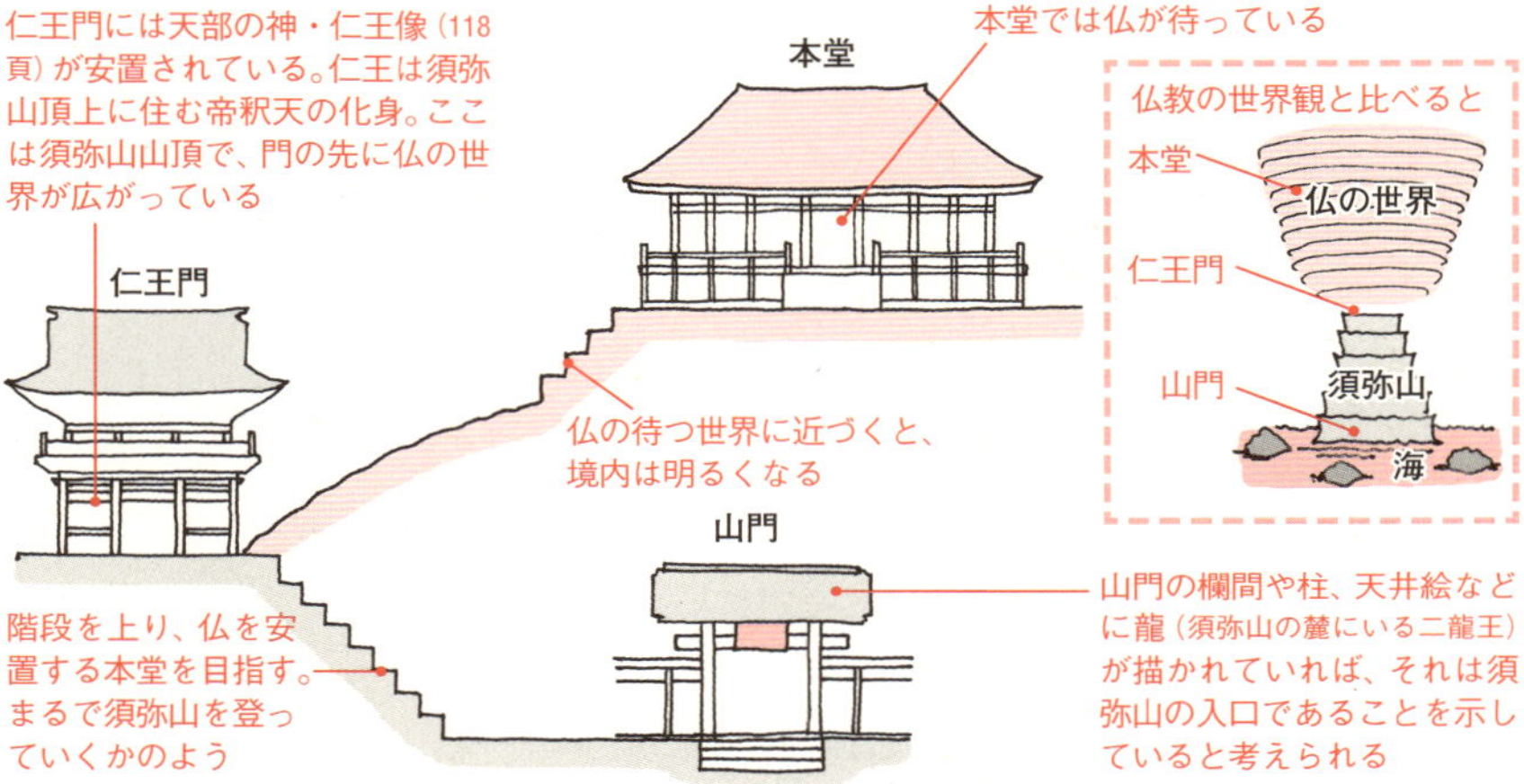
仁王門には天部の神・仁王像(118頁)が安置されている。仁王は須弥山頂上に住む帝釈天の化身。ここは須弥山山頂で、門の先に仏の世界が広がっている
仁王門
本堂
本堂では仏が待っている
仏の待つ世界に近づくと、境内は明るくなる
山門
階段を上り、仏を安置する本堂を目指す。まるで須弥山を登っていくかのよう
山門の欄間や柱、天井絵などに龍(須弥山の麓にいる二龍王)が描かれていれば、それは須弥山の入口であることを示していると考えられる
仏教の世界観と比べると
本堂
仏の世界
仁王門
須弥山
山門
海

堂内で体感しよう

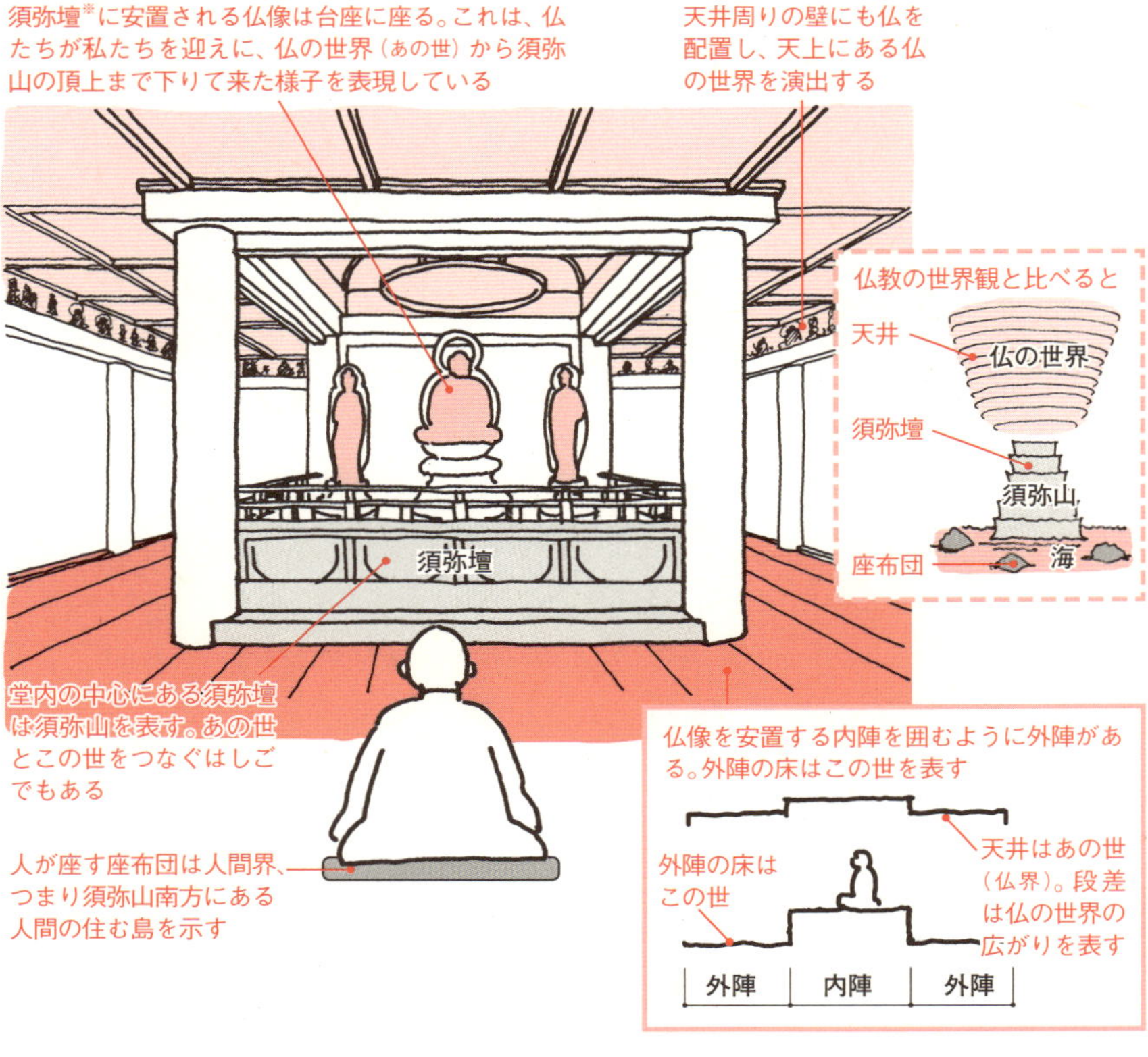
須弥壇※に安置される仏像は台座に座る。これは、仏たちが私たちを迎えに、仏の世界(あの世)から須弥山の頂上まで下りて来た様子を表現している
天井周りの壁にも仏を配置し、天上にある仏の世界を演出する
須弥壇
仏教の世界観と比べると
天井
仏の世界
須弥壇
須弥山
座布団
海
堂内の中心にある須弥壇は須弥山を表す。あの世とこの世をつなぐはしごでもある
人が座す座布団は人間界、つまり須弥山南方にある人間の住む島を示す
仏像を安置する内陣を囲むように外陣がある。外陣の床はこの世を表す
外陣の床はこの世
天井はあの世(仏界)。段差は仏の世界の広がりを表す
外陣
内陣
外陣

※：仏像を安置するために堂内に設けられた床面よりも高い壇

1章

仏界《ぶっかい》のトップ・如来《にょらい》

如来は仏界の最高位にある仏。人々に仏教を説き、信仰に向かわせる（教化《きょうけ》）。

本章で取り上げる如来像

釈迦《しゃか》如来

仏教の開祖。教化の補佐役（脇侍《わきじ》）は文殊《もんじゅ》菩薩と普賢《ふげん》菩薩。薬王《やくおう》・薬上《やくじょう》菩薩を従えることも

阿弥陀《あみだ》如来

西方極楽浄土を統括する仏。「48の大願」を立て、如来になった。脇侍は観音・勢至《せいし》菩薩

薬師《やくし》如来

東方瑠璃光浄土を統括する仏。「12の大願」を立て、如来になった。脇侍は日光・月光《がっこう》菩薩。十二神将を眷属《けんぞく》として従えることも

盧舎那《るしゃな》如来（盧遮那仏《るしゃなぶつ》）

すべての仏を統括する。盧舎那とは光で満ちているという意味で、太陽のような存在。密教では盧舎那仏と大日如来は同体であるとする

大日《だいにち》如来

密教の中核となる仏。五智如来とは大日如来を中心に四方に如来（四仏）を配したもの

大きなお寺の小さな仏様

釈迦如来／東大寺 奈良

4月8日は釈迦の誕生日。花御堂《はなみどう》という小さなお堂に誕生仏《たんじょうぶつ》※1を安置し、甘茶をかけ、宗派を問わずお祝いする。このような灌仏会《かんぶつえ》（花祭り）は各地の寺院で行われる。

東大寺ではこの行事を仏生会《ぶっしょうえ》と呼び、大仏殿前に季節の花で飾った花御堂と金色に輝く誕生仏を供える。境内は釈迦の誕生を祝う人で賑わう。

釈迦は実在したことが史実により確認されている。誕生から入滅まで、生前の姿をかたどった像がアジア各地に残る※2。ほかの仏とは違う「人間」らしい姿がそこにある。

釈迦の誕生を祝う仏生会と誕生仏

東大寺の花御堂はスギの青葉で包まれ、アシビやツバキといった季節の花で飾られる

生花で飾るのは釈迦族の妃、摩耶夫人（まやぶにん）が花を摘もうとしたときに、脇下から釈迦が生まれたことにちなむ

甘茶をひしゃくですくい、誕生仏の頭の上にかける。これは、釈迦が生まれたときに龍が下り、甘露水を振り掛けたとされる伝えを模したもの

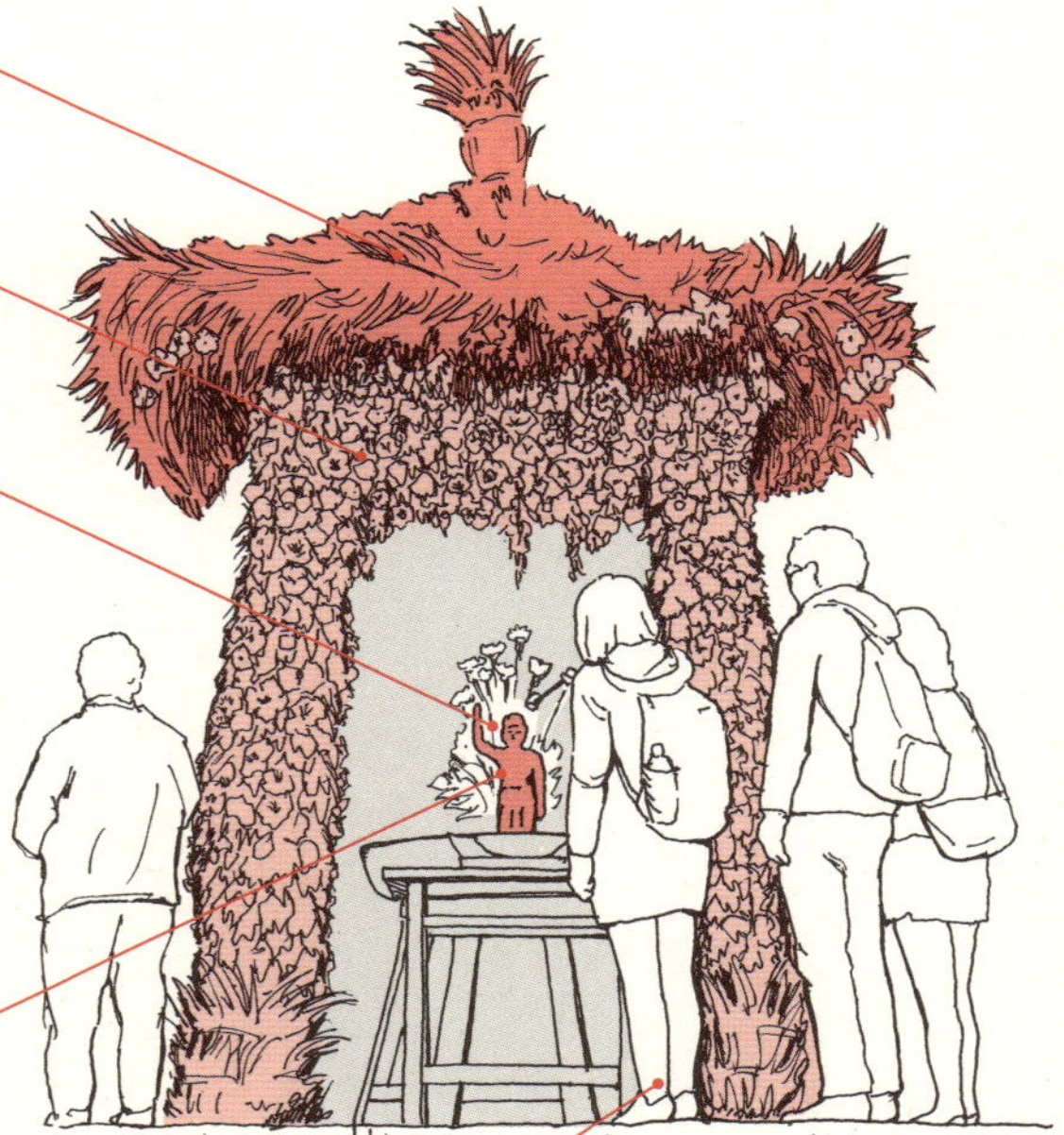

参拝の際は甘茶をかけ、花御堂を左へ進み奥の大仏殿へと向かう

花御堂

東大寺の誕生仏は甘茶を受ける水盤とセットになっている。体高47cmと小さいが、一般的な寺院にある誕生仏は10数cmほど、花御堂ももっとコンパクト

国宝 誕生仏

※1：誕生仏とは釈迦が生まれたときの姿をかたどった像

※2：釈迦の「人間」時代をかたどった仏像は「釈迦八相」という釈迦にまつわるいい伝えの場面から抜き出してつくられることが多い

釈迦の「この世での生涯」を示す仏像たち

0歳

本名ゴータマ・シッダールタ。紀元前５世紀古代北インドの王族（釈迦族）の子として誕生

❶誕生仏

誕生仏は生まれたばかりの釈迦の姿。右手で天を左手で地を指し「天上天下唯我独尊」と唱えたという。赤ん坊だが立って歩いた

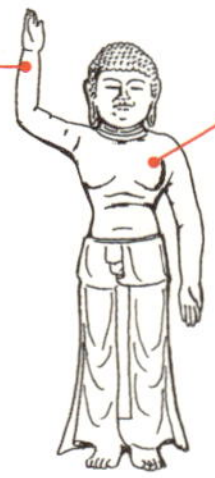

上半身は裸。下半身は裙（くん）をまとう。赤ん坊らしいふくよかな体つき

29歳
出家

❷苦行仏

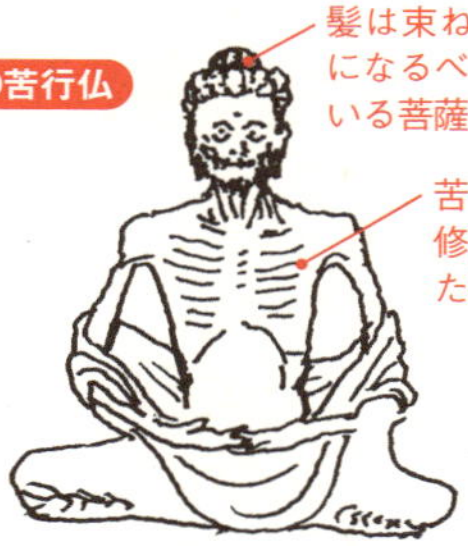

髪は束ねている。如来になるべく修行をしている菩薩と同じ髪形

苦行仏は厳しい修行でやせ細った姿

苦行時代

35歳
悟りを開く

❸出山《しゅっせん》仏

苦行をやめ山を下る、悟る前の姿。まだ如来になっていないので、頭のとんがり（肉髻、にっけい）がない

仏陀としての伝導期間

❹降魔《ごうま》仏

降魔仏の印相は悪魔を一瞬で降伏させる降魔印（接地印）

❺説法仏

悟りを開いた後、教えを説く姿。印相は人を説得するジェスチャーにも見える

80歳
入滅

弟子らにより「仏教」へと発展

❻涅槃《ねはん》仏

涅槃仏は入滅する直前、弟子に最後の説法をしている姿。頭は北向き（北枕）、顔は西向き

MEMO：東大寺は華厳宗の総本山。仏生会で使用される誕生仏（誕生釈迦仏立像・灌仏盤）はレプリカ。本物（国宝）は境内にある東大寺ミュージアム蔵。奈良時代の作で銅造、像高47㎝

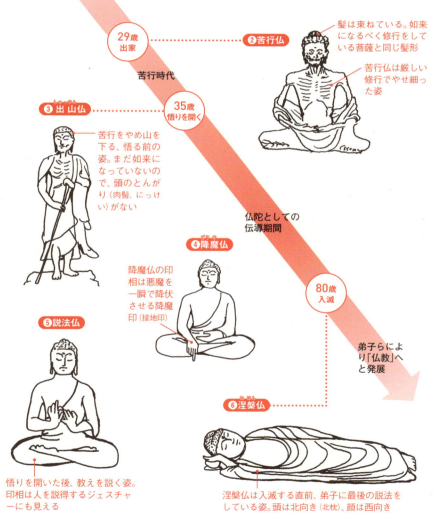

37歳の釈迦に会いに行こう

釈迦如来／清涼寺《せいりょうじ》

京都

清涼寺の釈迦如来像は「生身《しょうじん》の仏」といわれ、生前の釈迦に最も近い姿と考えられている。

この釈迦像は、宋に渡った東大寺の僧奝然《ちょうねん》が、とある像を模刻させ、もち帰ったもの。原像はインドの名工・毘《び》首羯磨《しゅかつま》の手によるもので、当時37歳だった釈迦[※1]の姿を刻んだとされる[※2]。よって、清涼寺の像も中央アジア・ガンダーラの様式[※3]を備え、仏というより人間的な表現がなされている。それだけではない。像に命を吹き込むかのように、「生身性」を高める仕掛けが内外に施されているのだ。

中央アジア・ガンダーラ様式とは

「ガンダーラの仏頭」でも見られる、オールバックで縄目状の髪型。中国式の螺髪（らほつ、小さな巻き毛の粒が複数ある）とは異なる

ガンダーラの仏頭／東京国立博物館（東京）など

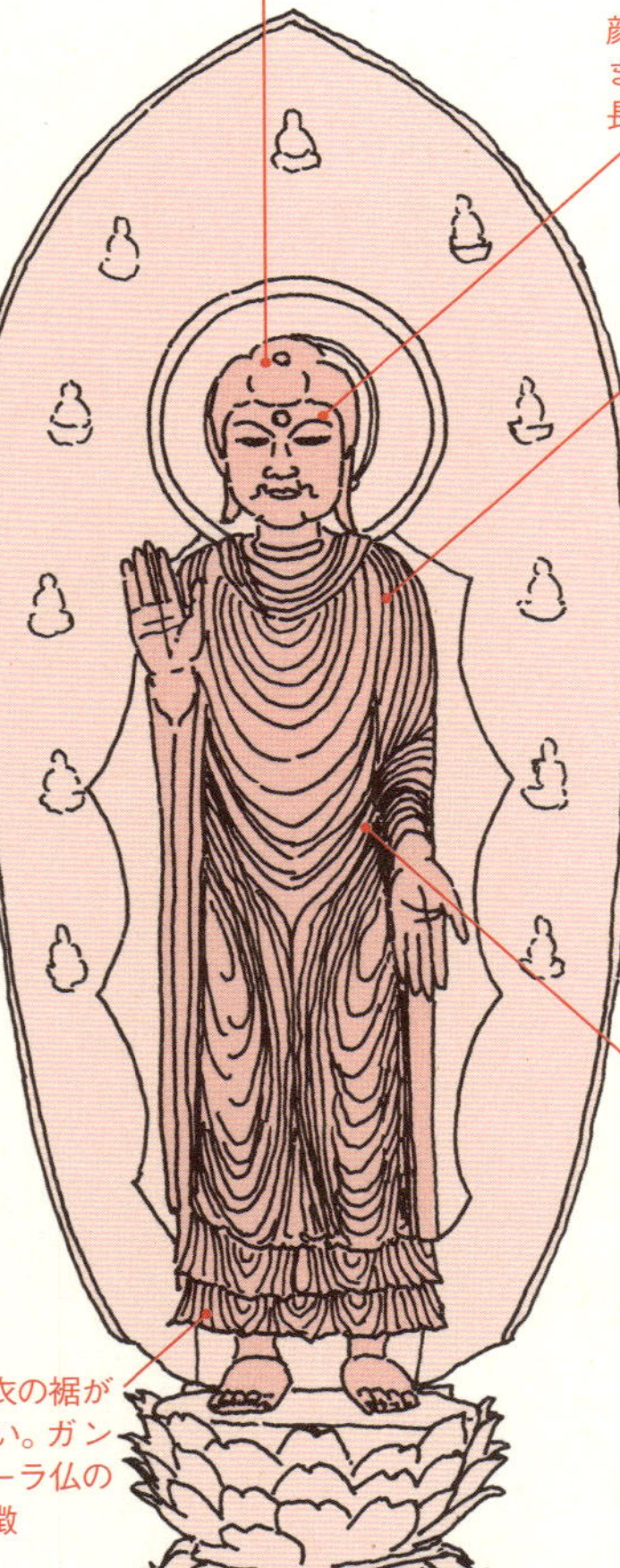
顔は額が狭い。上まぶたが厚く切れ長の目が特徴
通肩（つうけん）と呼ばれる布1枚の姿はガンダーラ仏の特徴。正面に同心円状の流水文を描くのはガンダーラ様式の彫刻に多く見られる
衣が体にはり付き、体の線が浮き出る薄い衣の表現は暑国インド・マトゥラーの様式
大衣の裾が短い。ガンダーラ仏の特徴

国宝　釈迦如来立像

マトゥラーのトルソ／マトゥラー博物館（インド）

※1：釈迦（ゴータマ・シッダールタ）は、古代北インドの生まれで、生没年はB.C.463-383年（諸説あり）。35歳で悟りを開いた、つまり生きながらにして如来となった　※2：中国に渡ったのち、つくり直したとも。現存しない　※3：中央アジア・ガンダーラ様式とは、1〜5世紀に栄えた仏教美術の様式で、初めて仏像を表現したともいわれる

釈迦の「生きていた姿」を再現する数々のテクニック

「生前の姿」＋「生きているように見せる仕掛け」

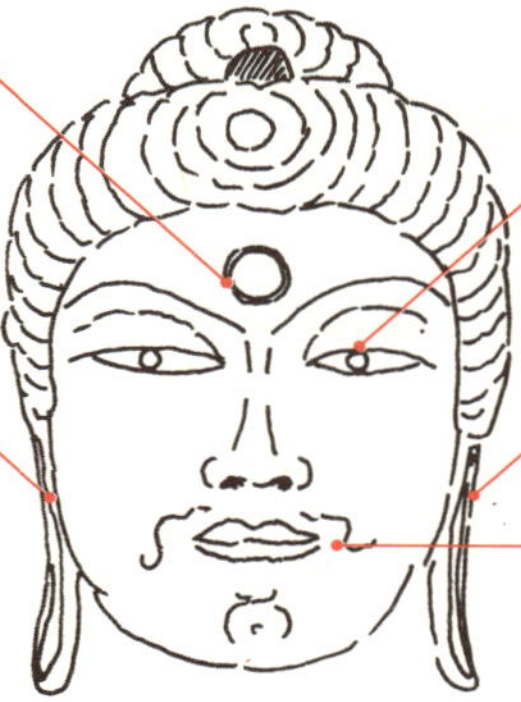
眉間に白毫（びゃくごう）があったことを示す銀板
生きている人の目に見せるため、黒色の練り物の珠をはめ込む
耳や鼻の穴は背中の内ぐりまで続く。あたかも呼吸するかのよう
鼻に穴を開け、口の奥には仏牙（釈迦の歯）をはめ込む

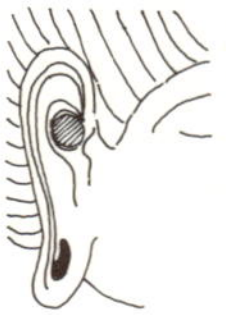
王子時代に付けていた耳飾りを留めるための穴。水晶をはめ込むようになっている

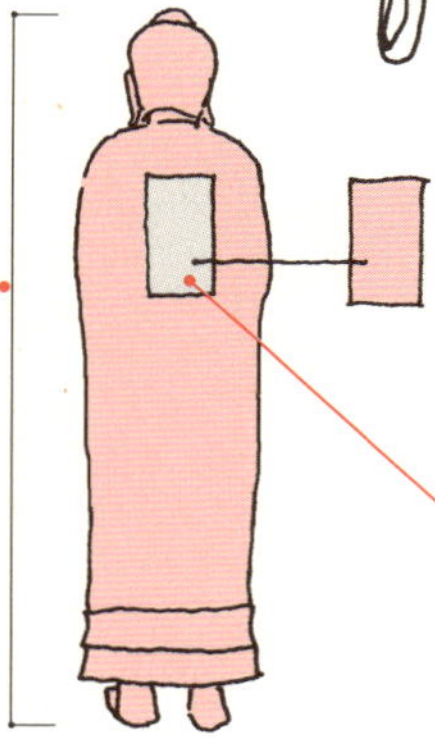
像高160㎝で釈迦の等身像とされる。釈迦は大振りな人とも身長が「丈六」（約480㎝）ともいわれるが、実際はそうでもなかったのか？
内ぐりには鈴（霊力があるとされる）と舎利を納めた絹製の「五臓六腑」が収められた。生身性を高める仕掛けの1つだが、宋時代の医学知識の深さもうかがい知れる

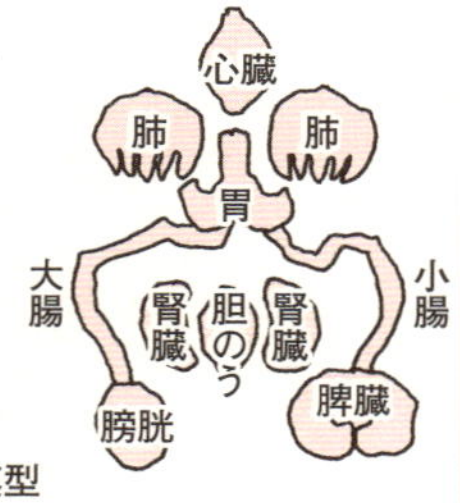
心臓
肺
肺
胃
大腸
小腸
腎臓
胆のう
腎臓
膀胱
脾臓

五臓模型

手のリアルにも注目

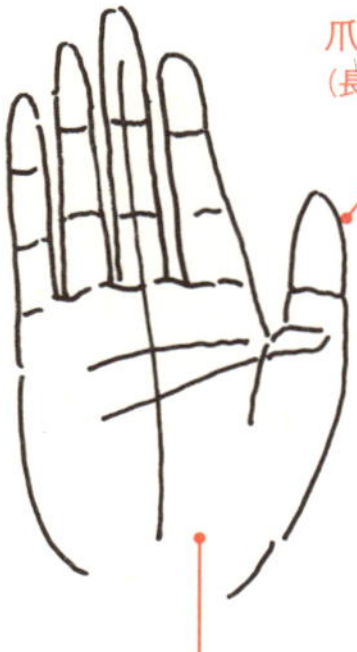
爪まで表現（長い爪は宋風）
手は大きく、指も長い。カタカナのキの字のような手相からは易の影響がうかがえる

光の反射で神々しさを演出

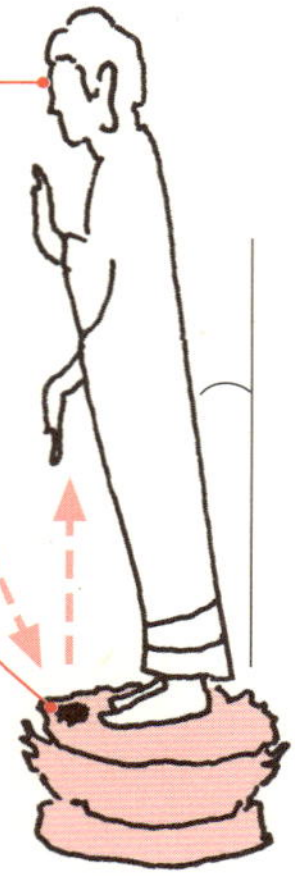
釈迦の白毫はいつも光が放っていたという。化仏（けぶつ）が放たれたとも
後に日本で取り付けられた台座。銅鏡がはめ込まれ、像が傾いている。これは差し込んだ光が上部に反射し、額の白毫にはめ込んだ銀板を光らせる仕掛けか

MEMO：「嵯峨釈迦堂」と通称される清凉寺は浄土宗の寺（もとは華厳宗）。本尊・釈迦如来立像（本堂安置）は中国・北宋時代の作で木造、像高は160㎝。鎌倉時代以降、「清凉寺式釈迦像」は日本中でつくられた。釈迦の教えや釈迦の生きた姿をみなが欲したためだろう

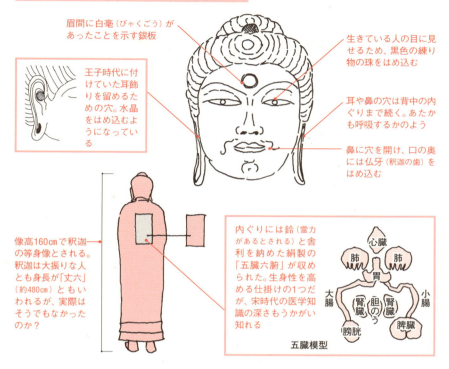

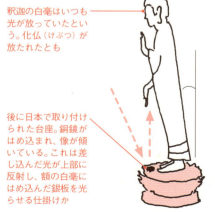

釈迦だけがなぜ見えるの？

釈迦如来／法隆寺　奈良

法隆寺金堂《こんどう》[※1]には、釈迦如来（現世仏）を中心とし、左右に薬師如来（過去仏）と阿弥陀如来（未来仏）が祀られている。

金堂は仏の専有空間。「礼拝石」がお堂の手前にあるのは、堂内への立入りが禁じられていたことを示している。ところが礼拝石に立つと、見えるのは釈迦如来の姿だけ。現世にいる私たちが会えるのは現世仏のみ、というわけだ。

とはいえ、仏となった釈迦が仏界から下り、再びこの世に現れたというなら、ここはいったいどこなのか。答えは2段になった台座に隠されている。

礼拝石から拝めるのは現世仏だけ

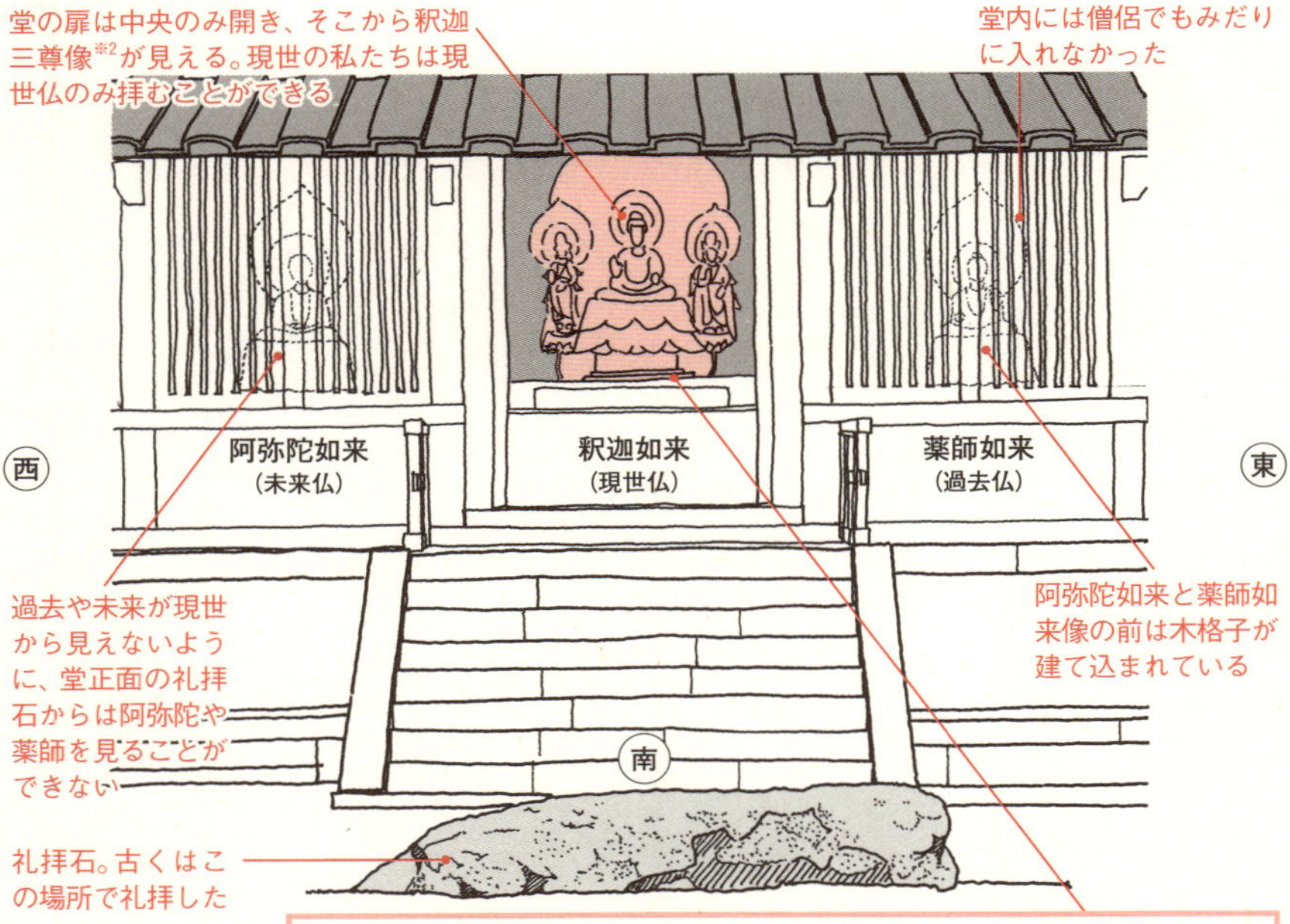
堂の扉は中央のみ開き、そこから釈迦三尊像※2が見える。現世の私たちは現世仏のみ拝むことができる
堂内には僧侶でもみだりに入れなかった
西
阿弥陀如来
（未来仏）
釈迦如来
（現世仏）
薬師如来
（過去仏）
東
過去や未来が現世から見えないように、堂正面の礼拝石からは阿弥陀や薬師を見ることができない
阿弥陀如来と薬師如来像の前は木格子が建て込まれている
南
礼拝石。古くはこの場所で礼拝した

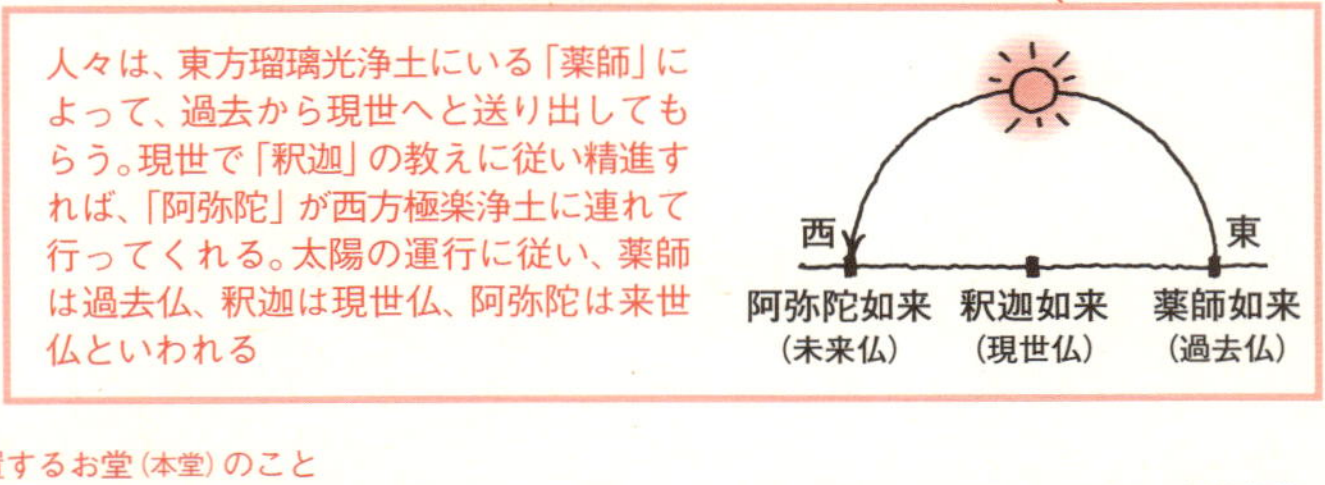
人々は、東方瑠璃光浄土にいる「薬師」によって、過去から現世へと送り出してもらう。現世で「釈迦」の教えに従い精進すれば、「阿弥陀」が西方極楽浄土に連れて行ってくれる。太陽の運行に従い、薬師は過去仏、釈迦は現世仏、阿弥陀は来世仏といわれる
西
東
阿弥陀如来
（未来仏）
釈迦如来
（現世仏）
薬師如来
（過去仏）

国宝　金堂

※1：金堂とは本尊を安置するお堂（本堂）のこと

※2：中心となる仏（中尊）とその左右にいる脇侍、計3体1セットで祀ること。釈迦三尊像は釈迦如来と普賢・文殊菩薩もしくは薬王・薬上菩薩、阿弥陀三尊像は阿弥陀如来と観音・勢至菩薩など

玉虫厨子《たまむしのずし》と比べて分かる――釈迦の居場所は霊鷲山《りょうじゅうせん》

国宝 玉虫厨子

法隆寺に伝わる「玉虫厨子」は台座（須弥座）と宮殿形の厨子からなる。四面に仏教絵が描かれる

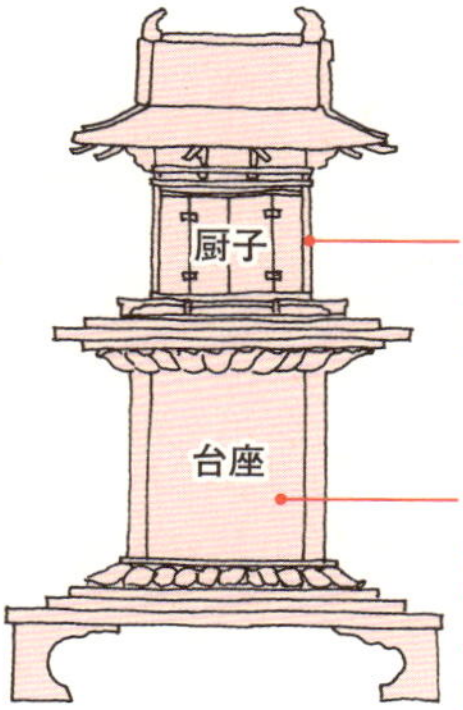

厨子裏面には、霊鷲山の図。霊鷲山はインドにあり釈迦が説法した地

台座の裏面には須弥山の絵。須弥山は現世の中心にあるという山

釈迦三尊像台座

仏像を安置する台座は通常1段だが、法隆寺金堂の釈迦三尊像は台座を2段重ねた「二重宣字座」

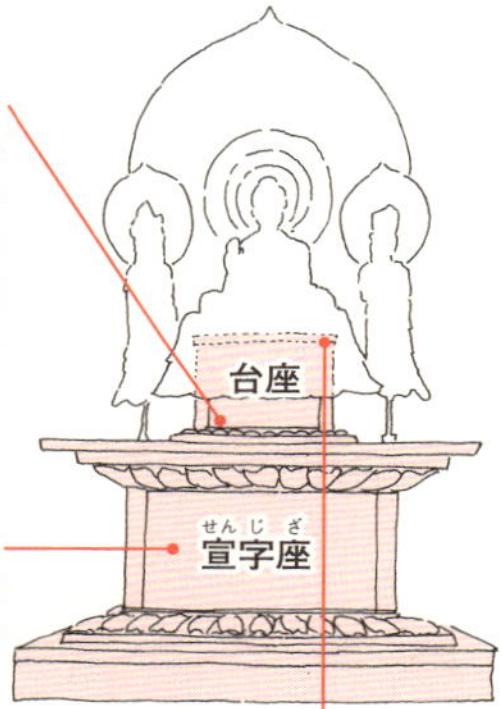

釈迦が座るこの台座には3つの山や大樹が描かれる。玉虫厨子の絵からも、霊鷲山だと分かる

宣字座には須弥山に住む四天王が描かれ、須弥山を表す

釈迦が現世に下り、霊鷲山にいることが分かる

釈迦三尊像は聖徳太子とそのファミリーだった!?

中尊・釈迦如来は、聖徳太子の等身像とされる。太子の死後につくられた釈迦像に、太子の姿を重ねたのだろう

霊鷲山を表す台座に座る釈迦如来。これは聖徳太子が霊鷲山に憧れていたことに由来する

人差し指と中指を2本伸ばして下に向けているのは「悟りに達している」ことを意味する。太子が悟りに至り、彼岸に達することを願った印相

国宝 釈迦三尊像

釈迦の両脇にいるのは薬上・薬王両菩薩。ただし、玉虫厨子の背面（霊鷲山図）に描かれた「釈迦三尊」が「釈迦とその叔母と妻」だという説があり、この脇侍像も聖徳太子の母と妻を表すと考えることもできる

玉虫厨子に描かれた釈迦三尊

MEMO：法隆寺は聖徳宗の総本山。金堂の本尊・釈迦三尊像は金銅造で飛鳥時代の作。像高は86.4㎝。玉虫厨子は飛鳥時代の作で法隆寺大宝蔵院に収蔵・展示されている

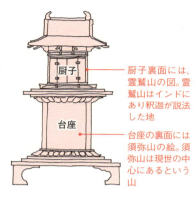

釈迦に隠した太子伝説

塔《とう》本《ほん》四《し》面《めん》具《ぐ》／法隆寺

奈良

五重塔は、釈迦の遺骨（舎利）を納めたストゥーパ（71頁）が原型。つまり釈迦の卒塔婆《そとうば》、墓である。

法隆寺の五重塔も中心に立てた心《しん》柱《ばしら》の地中基礎部分（心礎）に舎利[※1] 6粒と髻髪《もとどりがみ》[※2] 6本が納められたと記録に残る。この五重塔は金堂《こんどう》と対になるもの[※3]。金堂に祀られている釈迦如来が聖徳太子の現《うつ》し身《み》という説（18頁）に従えば、五重塔を太子の塔婆と考えるのが妥当だ。塔の初層には釈迦の生涯を物語る群像（塔本四面具）がある。その姿に太子を重ねると、驚くほど一致する点が多いのだ。

心柱は仏の世界に続くはしご

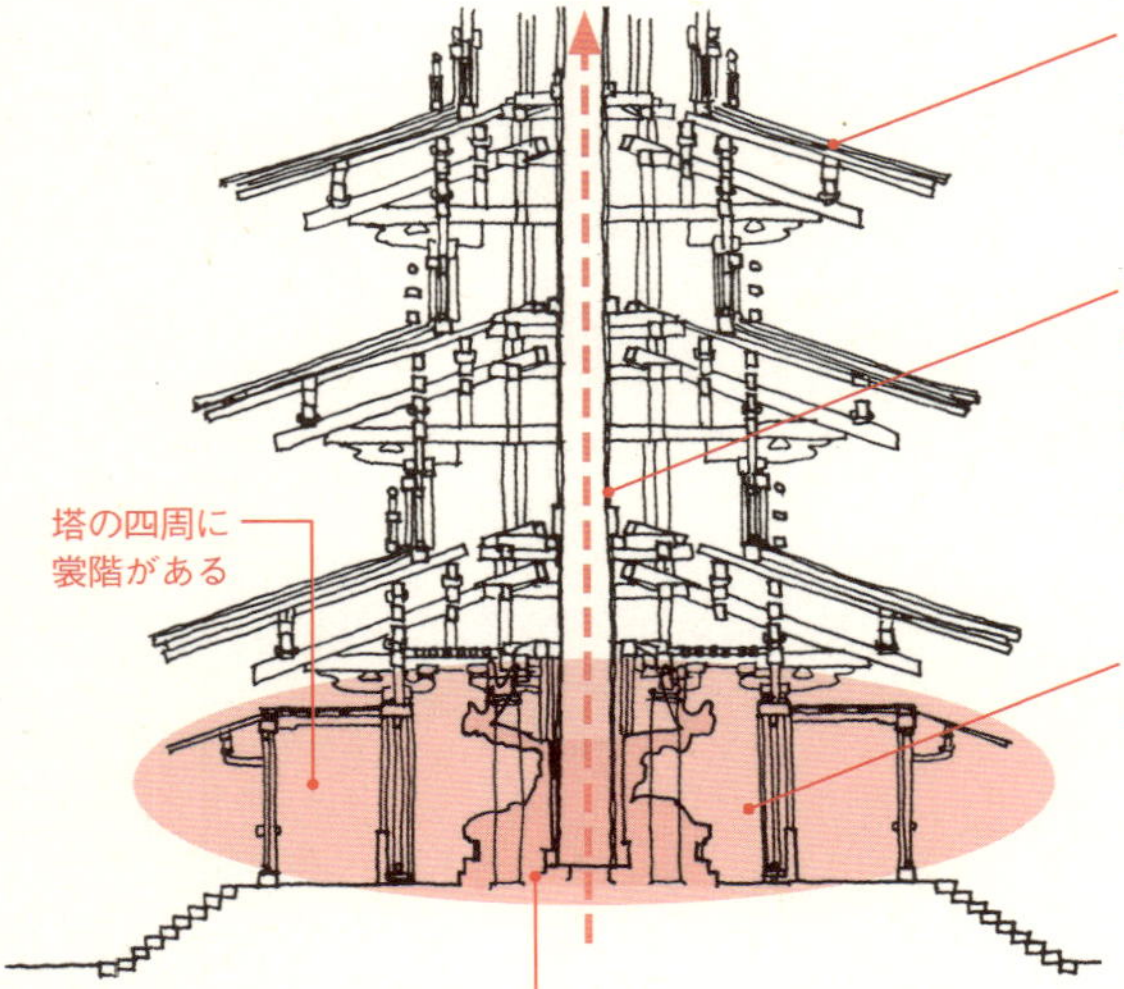
この塔は「現身往生の塔」と呼ばれ、太子は死後、先端の相輪（そうりん）から西の空に飛び立ったといわれる
五重塔の初層は世界の中央にある山、須弥山（しゅみせん）を表す。須弥山の上空には仏の世界がある。五重塔の中心を貫く心柱は、須弥山と仏の世界をつなぐはしごである
塔の四周に裳階がある
初層は須弥山、現世の中でも人間界に近い

塔の内部には東西南北に面するように塑像群が安置される。礼拝は外の石階段より行ったため、図のように見える

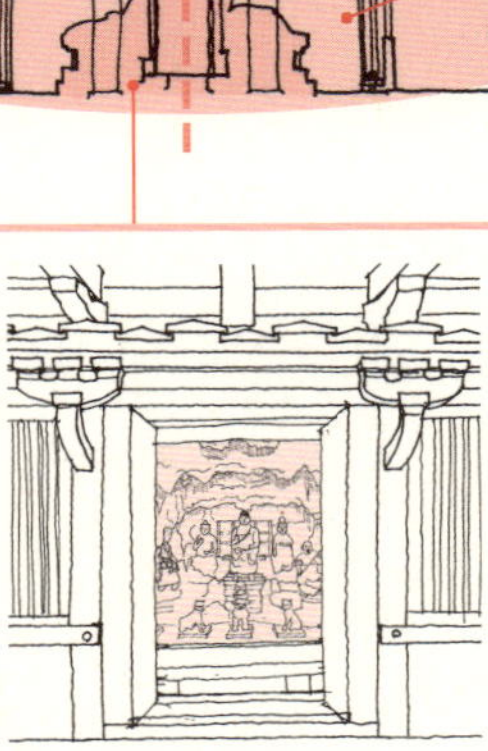

国宝 塔本四面具（詳細は左頁）

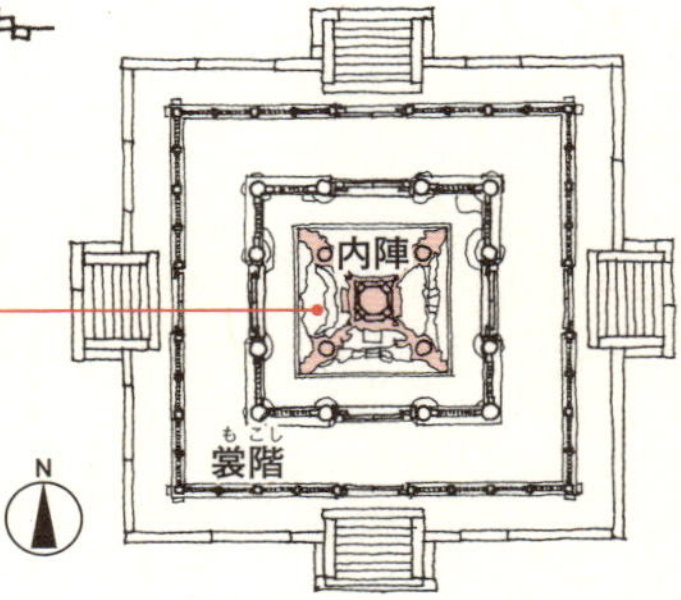
内陣
裳階《もこし》
N

国宝 五重塔　平・断面図

※1：聖者の遺骨、特に釈迦の遺骨をいう
※2：頭上の束ねた髪
※3：法隆寺の伽藍配置は金堂（本堂）と五重塔を対にして左右に並べた、ほかには類を見ないもの

釈迦の生涯に太子を重ねる

1｜生前（東面）

世俗の人でありながら、僧侶よりも仏教を知る維摩居士（ゆいまこじ）と文殊菩薩の問答の場面。「仏教をよく知る世俗の人」とは太子にほかならない

維摩詰像土

文殊菩薩。維摩居士の元に文殊を送り出したのは釈迦

2｜死（北面）

沙羅双樹（さらそうじゅ）の下で釈迦が横たわり涅槃（ねはん）に入る場面。悲しみにくれる菩薩や仏弟子、八部衆らが取り囲む。太子が亡くなったときも、老若男女あらゆる人が嘆き悲しんだ

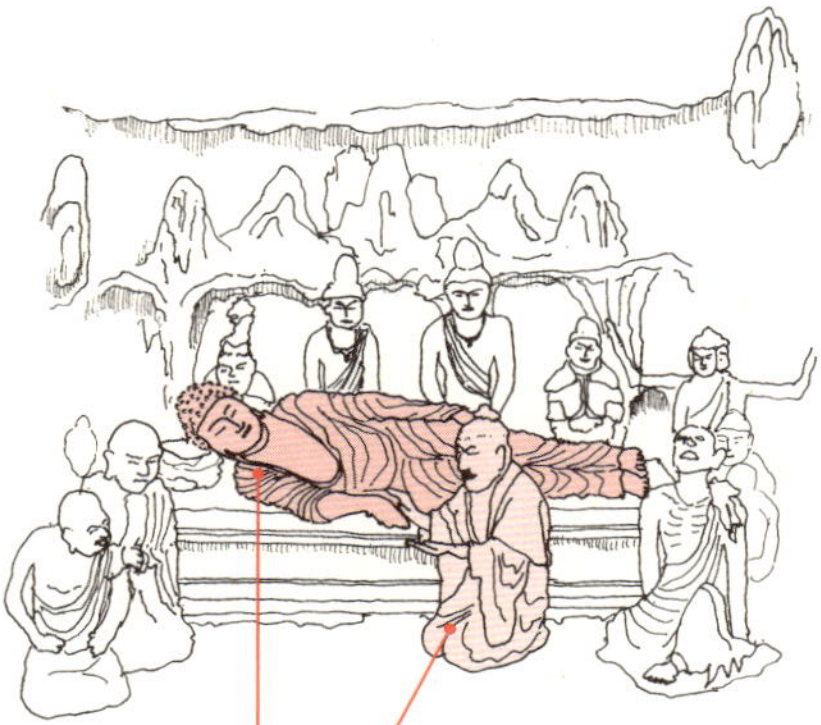

涅槃像土

耆婆（ぎば）大臣（医者）が釈迦の脈を取っている

3｜死後（西面）

中央には釈迦の遺骸を納めた棺と舎利を入れる舎利塔がある。釈迦の遺骨を分け合う場面。太子の遺骨もこのように分けられ、「聖徳太子建立七大寺」の各塔に祀られたのではないか

分舎利仏土

舎利塔。釈迦の遺骨は8つに分けられ、仏舎利を納めるストゥーパがいくつも建てられた

4｜再生（南面）

釈迦の死から56億7千万年後に、弥勒（みろく）菩薩は如来となり、この世の衆生を救済する。太子が弥勒のいる浄土で再生し、人々の元に戻って来ることを願ったとも

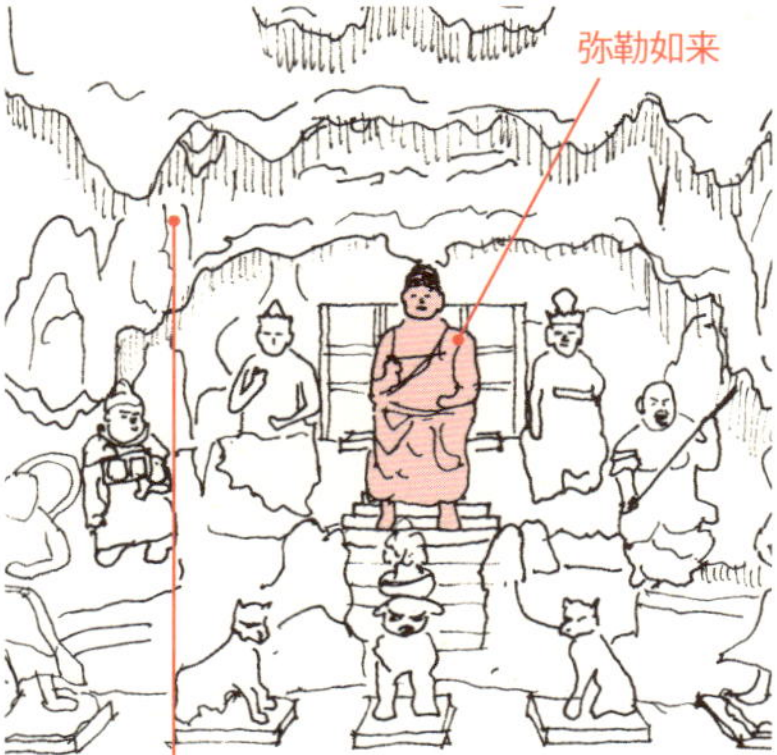

弥勒仏像土

4つの塑像群はいずれも背後に須弥山を背負っている。これは五重塔が須弥山であることを強調している

MEMO：法隆寺は聖徳宗総本山。塔本四面具といわれる塑像群は、五重塔初層の内陣にある。奈良時代の作。塑像とは粘土でつくった像のこと

見返り阿弥陀 眼差しの先は

阿弥陀如来／永観堂《えいかんどう》 京都

正面を見ず、後ろを振り向く阿弥陀像がある。永観堂の「見返り阿弥陀」だ。僧・永観《ようかん》※1が読経しながら堂内を巡る「念仏行道《ぎょうどう》」に励んでいたときのこと。堂の中心にいたはずの阿弥陀像が目の前を歩いていた。足を止めた永観に対し、阿弥陀像は顔を向け「永観遅し」といったそう。見返り阿弥陀はその姿を表すとされている。

人々が極楽浄土※2に行けるよう、先導を務めるのが阿弥陀仏。見返り阿弥陀の姿は、往生する魂がきちんと付いて来ているか気にして振り返っているようにも見える。

見返り阿弥陀のやさしげな眼差し

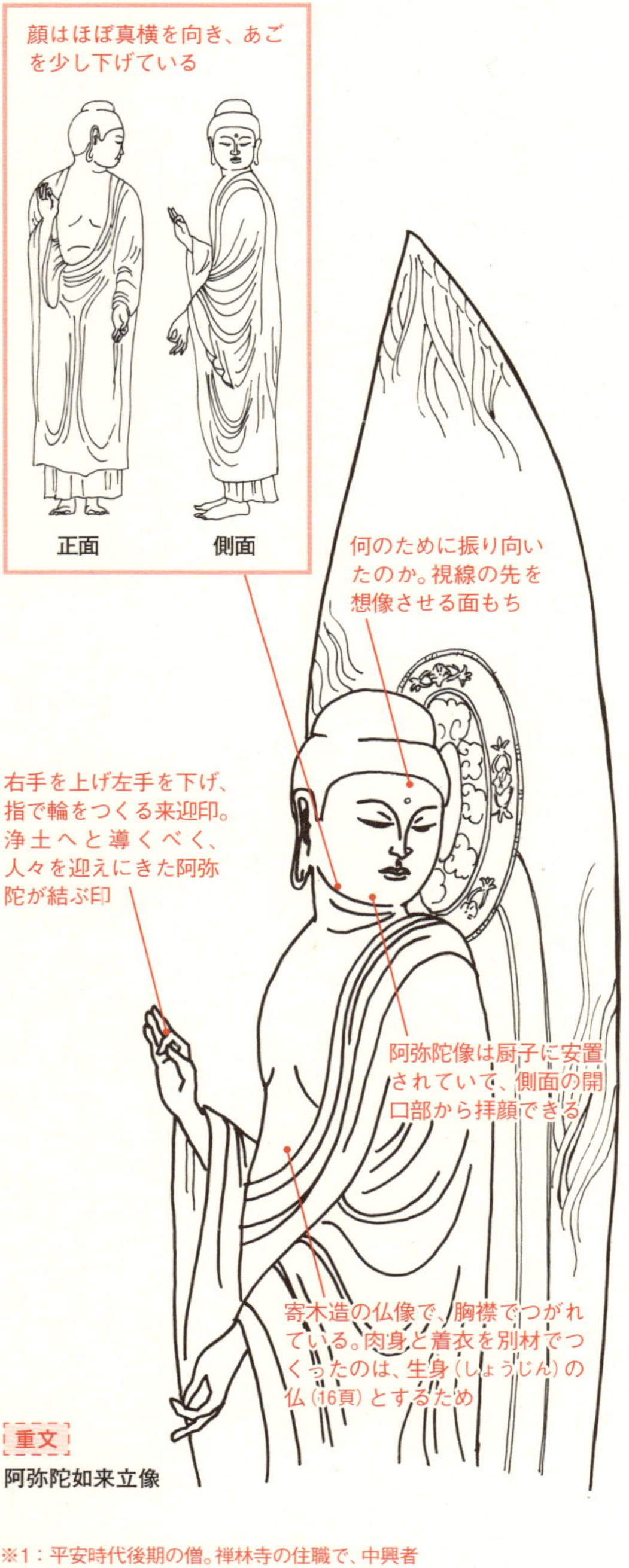
顔はほぼ真横を向き、あごを少し下げている
正面
側面
何のために振り向いたのか。視線の先を想像させる面もち
右手を上げ左手を下げ、指で輪をつくる来迎印。浄土へと導くべく、人々を迎えにきた阿弥陀が結ぶ印
阿弥陀像は厨子に安置されていて、側面の開口部から拝顔できる
寄木造の仏像で、胸襟でつがれている。肉身と着衣を別材でつくったのは、生身（しょうじん）の仏（16頁）とするため

重文
阿弥陀如来立像

※1：平安時代後期の僧。禅林寺の住職で、中興者
※2：西方にあるという阿弥陀の住む世界

阿弥陀はなぜ振り返ったのか

「永観遅し」説にわく疑問

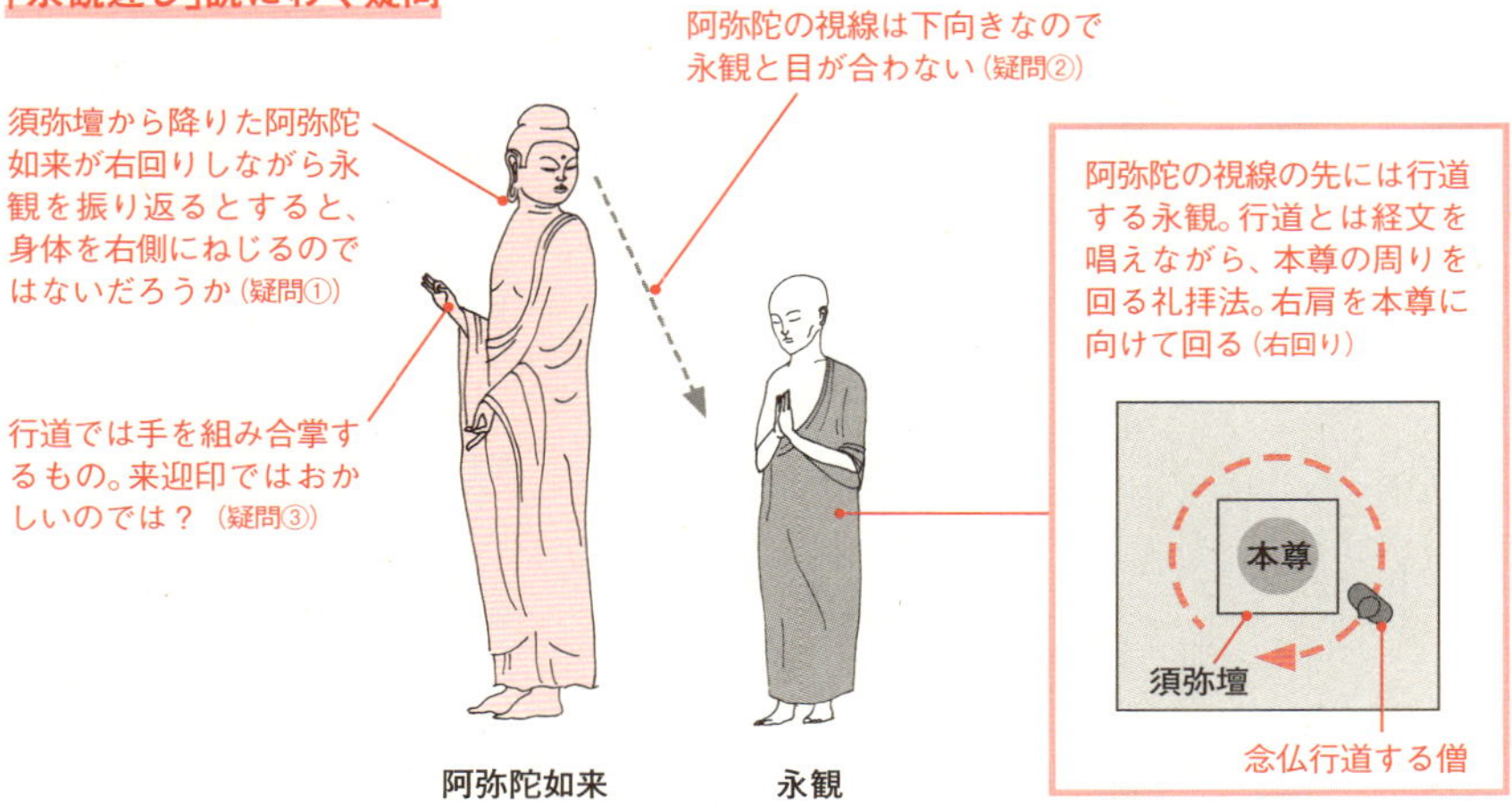

魂を極楽へと連れて帰る姿か

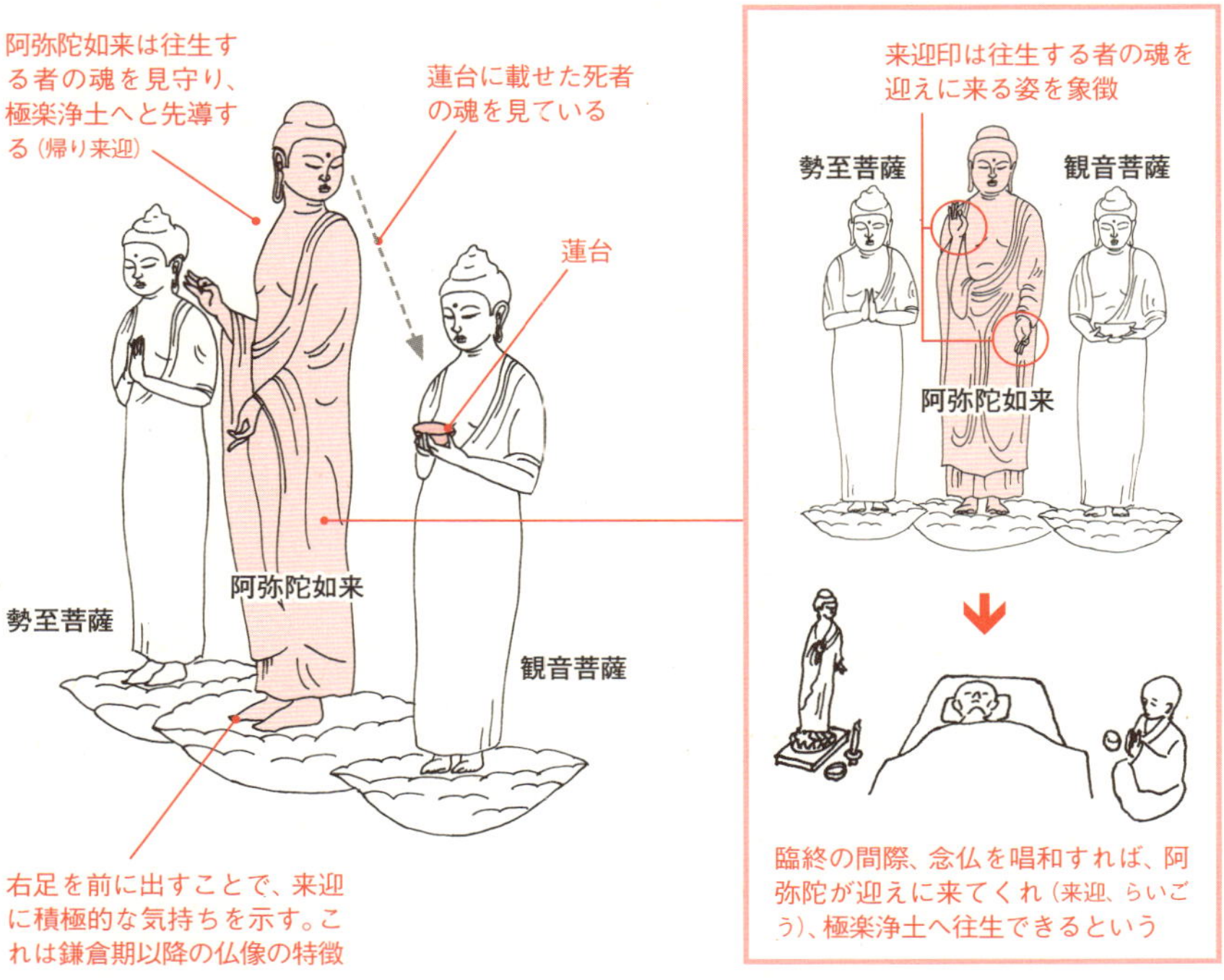

MEMO：永観堂は浄土宗の寺、禅林寺の通称。阿弥陀堂に安置されている本尊・阿弥陀如来立像は平安時代〜鎌倉時代初期の作。木造（寄木造）で、高さは77㎝

9通りある阿弥陀の世界

阿弥陀如来／九品仏浄真寺《くほんぶつじょうしんじ》

東京

阿弥陀如来のいる極楽浄土は9つに分かれている。自分がどこに往生できるかは生前の行い[※1]に応じて決まる。罪深き人は「下品《げぼん》」、仏教に関心のある一般人は「中品《ちゅうぼん》」。「上品《じょうぼん》」に往生するには、1日に3万回以上もの念仏が必要らしい。上品・中品・下品の中でも、善行の数により上中下に分かれるため、九品《くほん》浄土ともいわれる。

阿弥陀如来は九品のそれぞれで印相を変えて説法する[※2]。浄真寺には、印の異なる9体の阿弥陀如来像（九品仏）が安置されている。早速、九品の世界をのぞいてみよう。

九品仏は人々を救う阿弥陀の9つの姿

3つの阿弥陀堂（上品堂、中品堂、下品堂）に3体ずつ、異なる印相をした阿弥陀如来が並ぶ
九品のどこにいる阿弥陀かは扁額でも確認できる。「上品上生」は9つある極楽浄土の最高位
黄金に輝く仏像は頭髪だけ紺青色。仏の特徴とされる「八十種好」（44頁）の1つ
上品上生
上品上生の印相は両手を下げ親指と人差し指で輪をつくった阿弥陀定印[※3]
9体すべてが同じ大きさの丈六坐像（39頁）。印相は1体ずつ異なる（同じ形をしていても、使う指が違う）
九品仏は阿弥陀の九品それぞれの救いの形を表している。阿弥陀如来はあくまでも1体で、9体いるのではない

阿弥陀如来坐像（9体のうち一部）

※1：信仰の深さ（品、ほん）と善行の数（生、しょう）による。これにより、私たちが亡くなったとき、阿弥陀如来の迎える姿も異なる　※2：このときの印相は九品来迎印とも呼ばれる　※3：九品と印相の組み合わせには諸説ある　※4：臨終の際、阿弥陀と共に来迎する菩薩

お堂と手・指の形で「品」と「生」が分かる

境内に並ぶ3つの阿弥陀堂（三仏堂）。お堂の名から「品」を表していることが分かる。お堂の大きさやしつらえは同じ

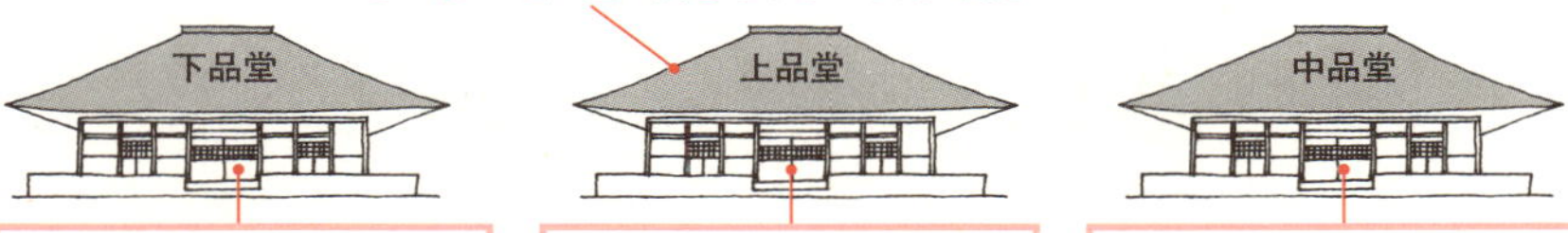

下品堂の阿弥陀は右手を上げ、左手を下げる「来迎印」を結ぶ。2本の指で輪をつくった来迎印は阿弥陀立像に多く見られる

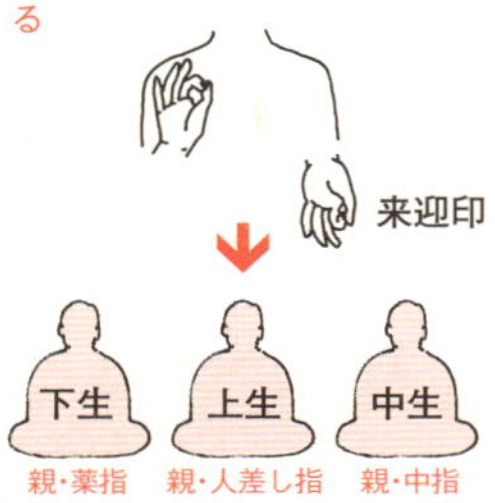

上品堂の阿弥陀は両手を下げ「禅定印」を結ぶ。2本の指で輪をつくった定印は阿弥陀仏の坐像に多く見られる

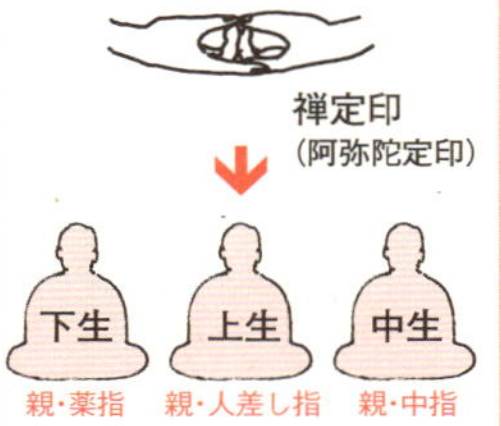

中品堂の阿弥陀は両手を上げ「説法印」を結ぶ。輪をつくる指の違いで、上生・中生・下生のいずれかを示す[※3]

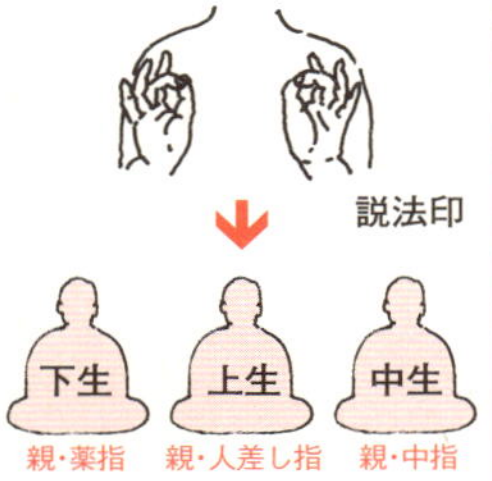

注：印相（手の位置）の違いで「生」を、輪をつくる指の違いで「品」を表すという考え方もある

西方極楽浄土への往生を体験できる

東を向く3つの阿弥陀堂。本堂の西にあるここは西方浄土（あの世、彼岸）である

境内は36の数字で溢れる。敷地は3万6千坪、三仏堂の丸柱や本堂のケヤキ柱はそれぞれ36本、本堂と上品堂は36間離れているそう。いわゆる「108の煩悩」も36という数字を基数としている

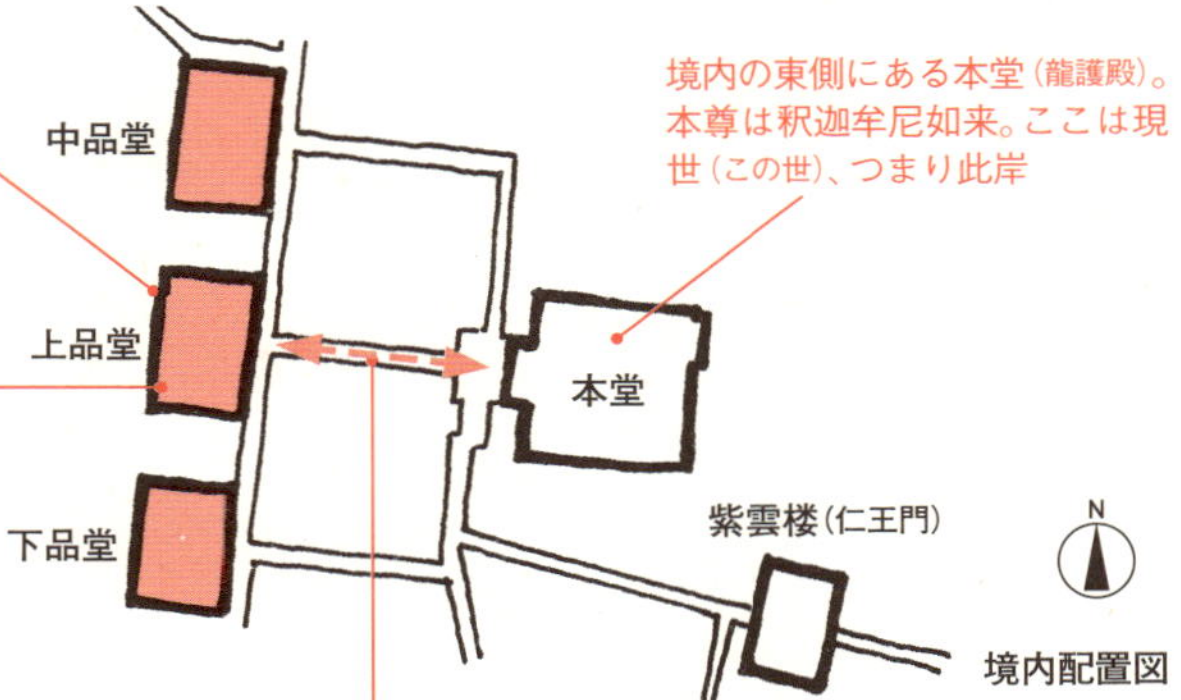

境内の東側にある本堂（龍護殿）。本尊は釈迦牟尼如来。ここは現世（この世）、つまり此岸

3年に1回行われる「来迎会（お面かぶり）」では、本堂のある此岸と三仏堂のある彼岸に橋を渡し、阿弥陀と二十五菩薩[※4]による来迎の様子が演じられる

お面をかぶり菩薩に扮した人々が往生人役の僧らを迎えに行き（来迎）、浄土へと連れて行く（往生）。そして再び此岸へと戻る（還来、げんらい）。3度橋を行き来する行道（ぎょうどう）である

MEMO：九品仏という通称で知られる浄真寺は浄土宗の寺。9体ある阿弥陀如来坐像はいずれも木造で江戸時代の作、像高274〜287㎝。京都の浄瑠璃寺には同じく9体の阿弥陀如来が祀られ、西の「九品仏」が見られる（26頁）

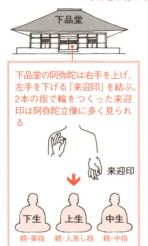

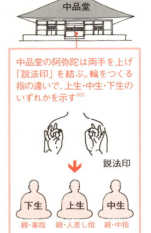

水面に現れた九体阿弥陀

阿弥陀如来／浄瑠璃寺《じょうるりじ》

京都

山門をくぐり、手水《ちょうず》で身を清め、まず本堂にお参りする。ほかのお堂はその後。この順序が一般的な参拝ルールだが、これがすべてではない。

境内のお堂はしばしば太陽の運行に合わせて配置される。浄瑠璃寺では、太陽の昇る東に三重塔を置き、薬師如来を祀る。対して、阿弥陀如来を安置する本堂は、太陽が沈む西に配される。両仏は池をはさんで対置する。

こんな場合は、自然の摂理に従って、東から西へと参拝してみるのもよいだろう。思わぬ仏の世界が見えてくるかもしれない。

大小9体の阿弥陀が本尊

身舎（もや）を桁行9間×梁間2間※1にした横に長い本堂には、9体の阿弥陀如来坐像が安置される
本堂の阿弥陀は東向き。宝池をはさんで、三重塔の薬師如来と向かい合う
本堂
宝池
阿弥陀の9つの世界（24頁）を表す9体の阿弥陀像。中央の1体（中尊）だけがほかの像よりも大きい
9体の仏像を同時に拝むには、境内の東側に立ち、宝池に目をやるとよい（水を見て浄土を思う「水想観」が可能）。古くは本堂近くに水際があり、もっとはっきりと阿弥陀如来の姿が映っていた

国宝　本堂（阿弥陀堂）

※1：柱と柱の間の数を間という。長さは一定でない
※2：弥勒は菩薩であるが、将来、如来になることを約束されている
※3：密教と対比して使われる言葉

覚えておきたい　東の薬師、西の阿弥陀

四方仏と三世仏

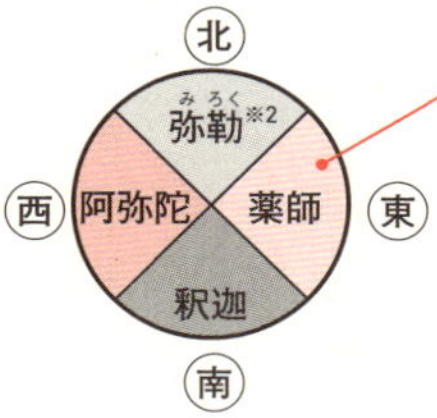
北
弥勒《みろく》※2
西
阿弥陀
薬師
東
釈迦
南

顕教（けんぎょう）※3では、東西南北の仏の世界にそれぞれ1人ずつ如来がいると考える（四方仏）

東・南・西にいる仏に日の出から日の入りまでの太陽の運行（東→南→西）を当てはめる。東の仏は朝・過去を、南の仏は昼・現世を、西の仏は夕・未来を表す（三世仏）。浄瑠璃寺の境内は三世仏の世界を表している

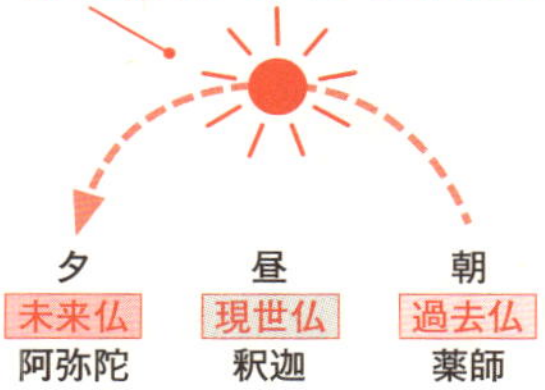
夕
未来仏
阿弥陀
昼
現世仏
釈迦
朝
過去仏
薬師

境内が表現する仏の世界

西に配されるは本堂。本尊・阿弥陀如来（未来仏）は死者のもとに現れ、未来の理想世界（来世、極楽浄土）へと連れて行ってくれる。来迎仏（らいごうぶつ）とも

国宝　阿弥陀如来坐像（中尊）

境内の東に配される三重塔。本尊・薬師如来（過去仏）は、過去から現世に送り出してくれる。遣送仏（けんそうぶつ）とも

重文　薬師如来坐像

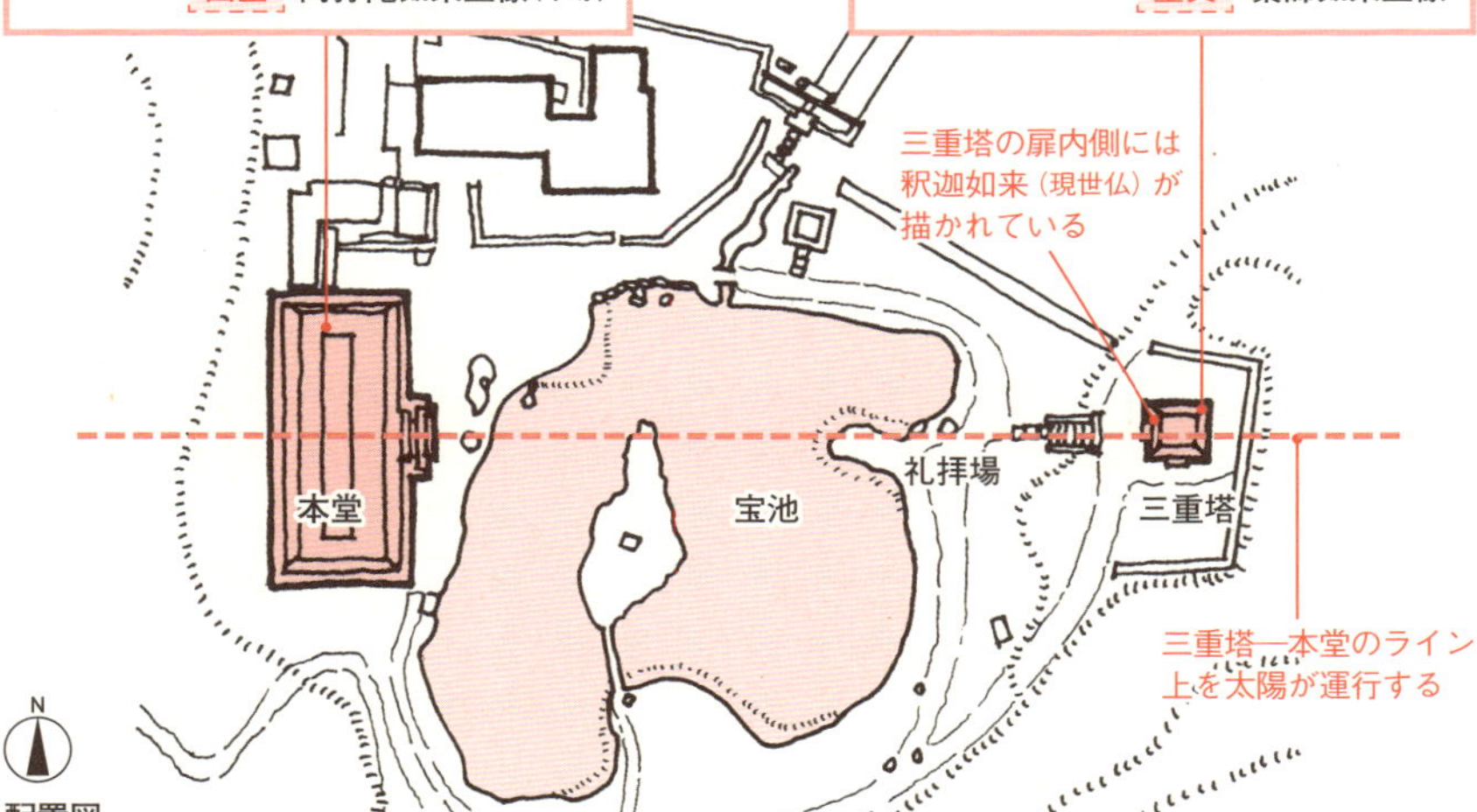
三重塔の扉内側には釈迦如来（現世仏）が描かれている
本堂
宝池
礼拝場
三重塔
三重塔—本堂のライン上を太陽が運行する
N

配置図

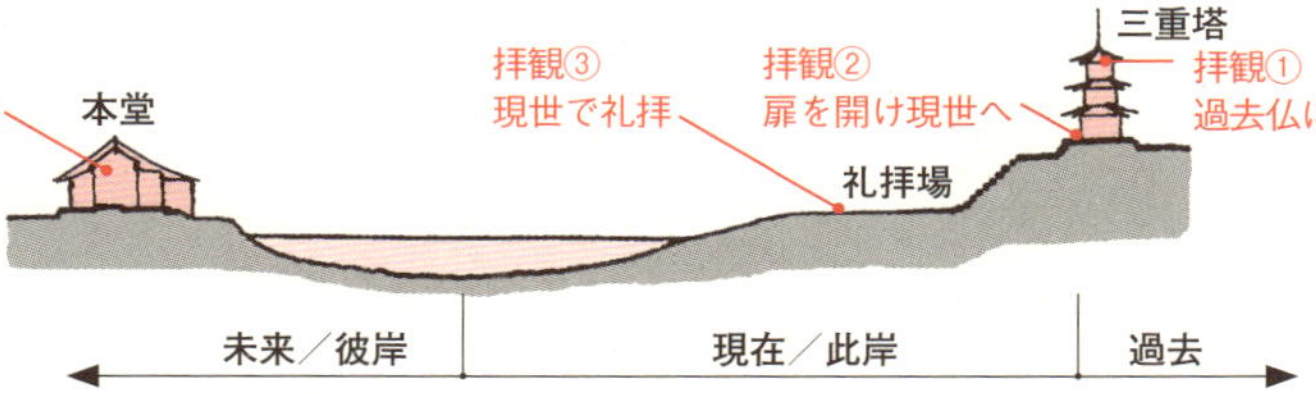
三重塔
拝観①
過去仏に挨拶
拝観②
扉を開け現世へ
拝観③
現世で礼拝
拝観④
来迎した極楽の仏と対面
本堂
礼拝場
未来／彼岸
現在／此岸
過去

断面図

MEMO：浄瑠璃寺は真言律宗の寺。九品寺（くほんじ）とも九体寺（くたいじ）とも呼ばれる。本尊の九体阿弥陀如来坐像は木造で平安時代の作、中尊の像高224㎝。三重塔（国宝）の本尊、薬師如来坐像は秘仏。木造で平安時代の作、像高85.7㎝

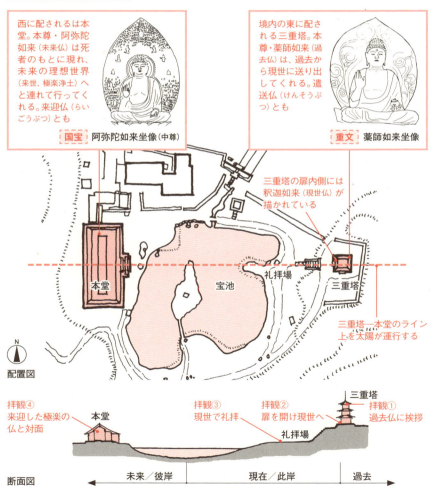

頭を上げるとそこは極楽

阿弥陀如来／富貴寺《ふきじ》 大分

大分県国東《くにさき》半島にある富貴寺の大《おお》堂《どう》（阿弥陀堂）は国宝。お堂に入ると、仏が安置される内陣は一段高くなっているが、参拝の場である外陣は大地とつながっている。外陣は、あくまでも「現世（この世）」なのだ。

仏前に座って頭を下げ、須弥壇※1から阿弥陀仏、天井へと徐々に目線を上げていこう。外陣というこの世にいながらも、極楽浄土※2（あの世）が目前に広がっていることに気づく。浄土を観想する※3というのは、仏教の教えの1つ。この世にいながら、あの世を感じさせる仕掛けを探ってみよう。

垂直方向に見上げるあの世とこの世

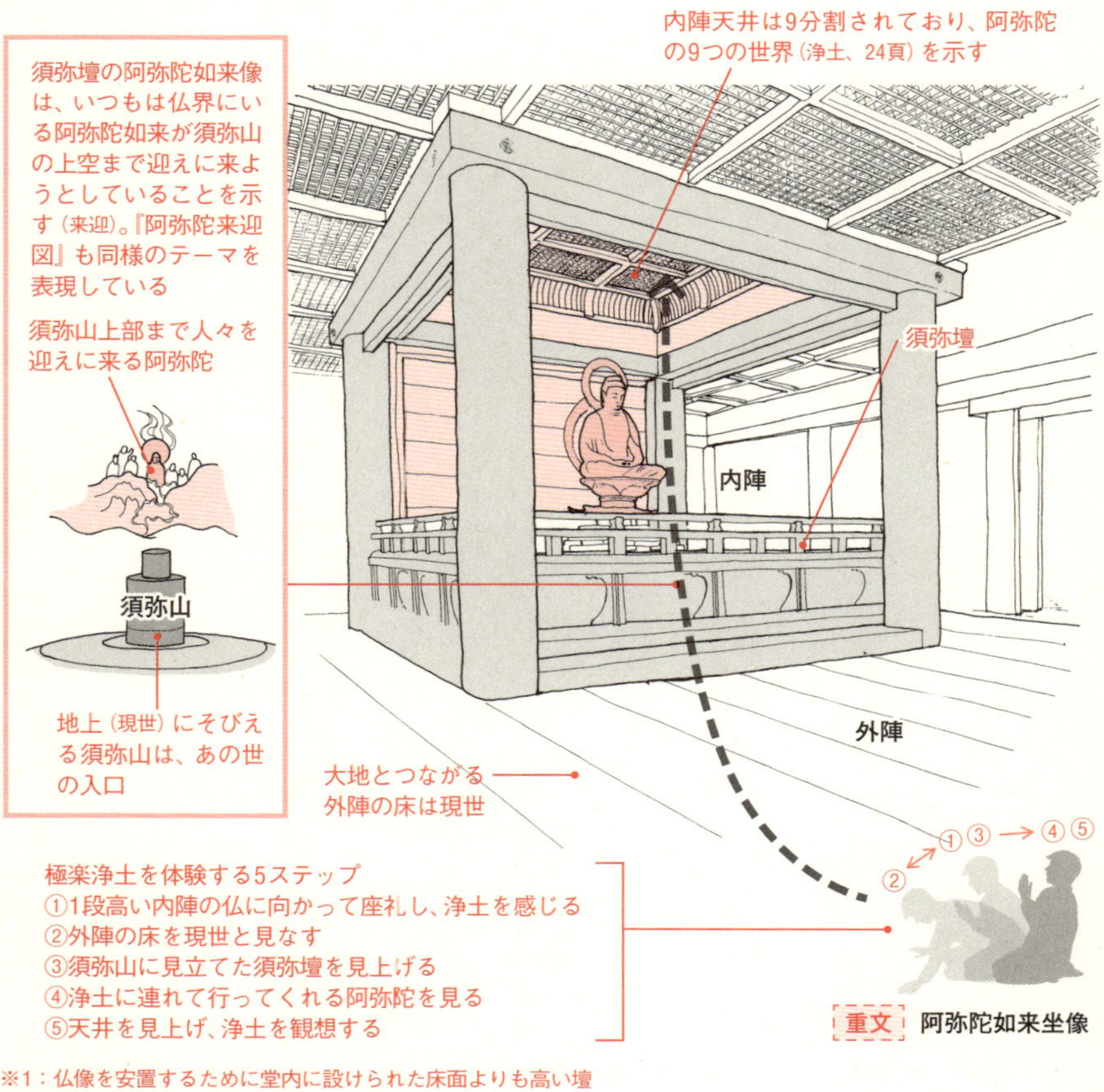
内陣天井は9分割されており、阿弥陀の9つの世界（浄土、24頁）を示す
須弥壇の阿弥陀如来像は、いつもは仏界にいる阿弥陀如来が須弥山の上空まで迎えに来ようとしていることを示す（来迎）。『阿弥陀来迎図』も同様のテーマを表現している
須弥山上部まで人々を迎えに来る阿弥陀
須弥山
地上（現世）にそびえる須弥山は、あの世の入口
須弥壇
内陣
外陣
大地とつながる外陣の床は現世
①③→④⑤
②↔①
極楽浄土を体験する5ステップ
①1段高い内陣の仏に向かって座礼し、浄土を感じる
②外陣の床を現世と見なす
③須弥山に見立てた須弥壇を見上げる
④浄土に連れて行ってくれる阿弥陀を見る
⑤天井を見上げ、浄土を観想する
重文 阿弥陀如来坐像

※1：仏像を安置するために堂内に設けられた床面よりも高い壇
※2：阿弥陀仏のいる世界。西方にあるという
※3：心にじっと思い浮かべ、想像すること

浄土はすぐそこにある

内陣の長押上部の板壁には4面とも阿弥陀仏を描き「浄土」を表現

50体阿弥陀（一部）

須弥壇後方の壁（来迎壁）には極楽浄土の景観が描かれる

阿弥陀浄土変相図

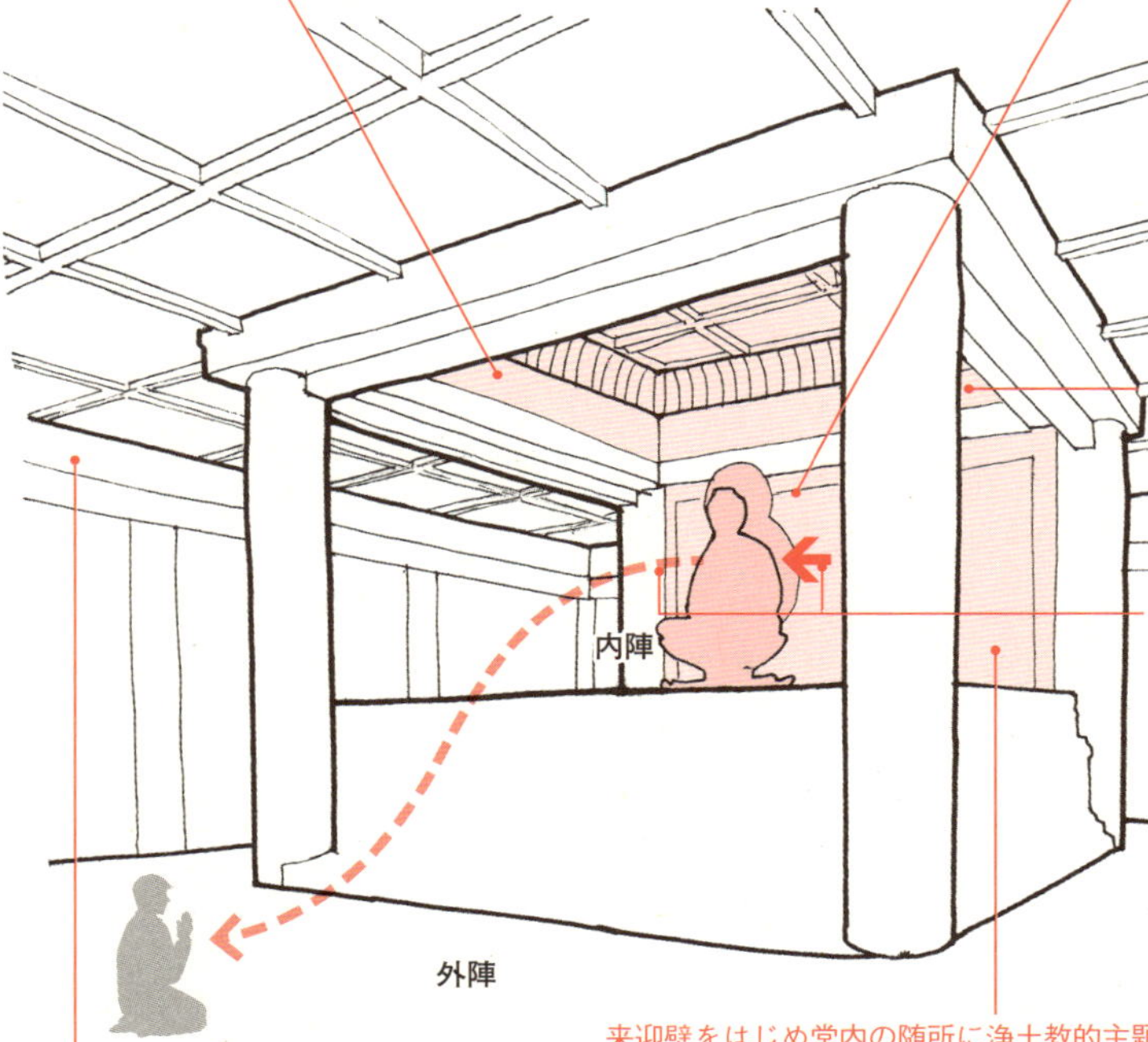

堂内の天井周りには「浄土」の表現に満ちている

背後の来迎壁に描かれた西方浄土の世界から須弥山に降りてきた阿弥陀が私たちに語り掛けてくる

来迎壁をはじめ堂内の随所に浄土教的主題が描かれ、堂内全体が浄土信仰の実践の場としてつくられている

外陣の長押上部の壁には、各面に「四仏浄土」が描かれている。北は弥勒、東は薬師、南は釈迦、西には阿弥陀の浄土といった具合だ

上図は西側の壁に描かれた阿弥陀の極楽浄土

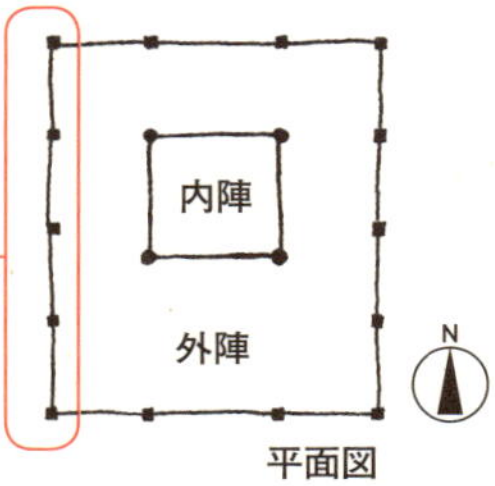

平面図

MEMO：富貴寺は天台宗の寺。本尊・阿弥陀如来坐像は木造（カヤノキ）で平安期の作。大堂は平安後期に建立された木造（カヤノキ）で、須弥壇を中心に周りを外陣が取り囲む阿弥陀堂建築の典型。六郷満山（ろくごうまんざん）の1つ（152頁）。大堂内の壁画は重文

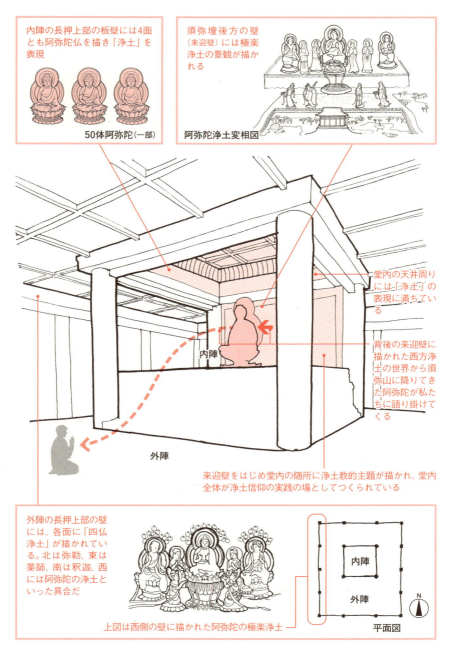

極楽に一番近い場所

阿弥陀如来／三千院《さんぜんいん》 京都

境内の阿弥陀堂は「須弥壇《しゅみだん》」が極めて低い。ここが須弥山《しゅみせん》※の頂上付近にあることを示しているのだ。低く抑えられた天井は、仏の住む浄土が近いことを表している。安置されるのは、極楽浄土から下りてきた阿弥陀三尊像。手を伸ばすと菩薩の膝に触れることができ、仏が身近に感じられるようになっている。

往生極楽院と呼ばれるこのお堂では「この世で最も浄土に近い場」が演出されている。三方を開け放った扉から見える景色まで季節の花で美しく彩り、その表現に抜かりはない。

往生極楽院の中は須弥山の9合目

長押（なげし）などの水平材には、きれいな模様が描かれた薄い板が打ち付けられていた
須弥壇上部の天井は、浄土を表す。天井や小壁には極彩色で飛天雲中供養菩薩や36体の菩薩、宝相華（極楽の花）などが描かれていた
浄土に近いことを示すように、外陣の天井が低い
阿弥陀如来
勢至菩薩
観音菩薩
両菩薩とも等身大の大きさで、現実感をもたせる
勢至菩薩は合掌
仏に触れられるほど距離が近い。菩薩の膝はみんなが触るのですり減っている
観音菩薩がもつ蓮台は往生者（死者）の乗り物。菩薩のほうに蓮台が傾いているので、既に往生者を乗せているようである
正座に近い「大和座り」は相手（私）と向かい合い、対話をする対座の形
須弥壇が非常に低いので、仏がとても近い

国宝 阿弥陀三尊坐像

※：世界の中央にそびえるという山。仏の住む世界（浄土）はその上空にあるとされている

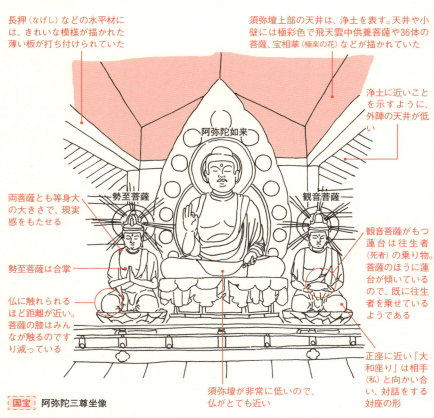

お堂の外はこの世、船底天井があの世を表す

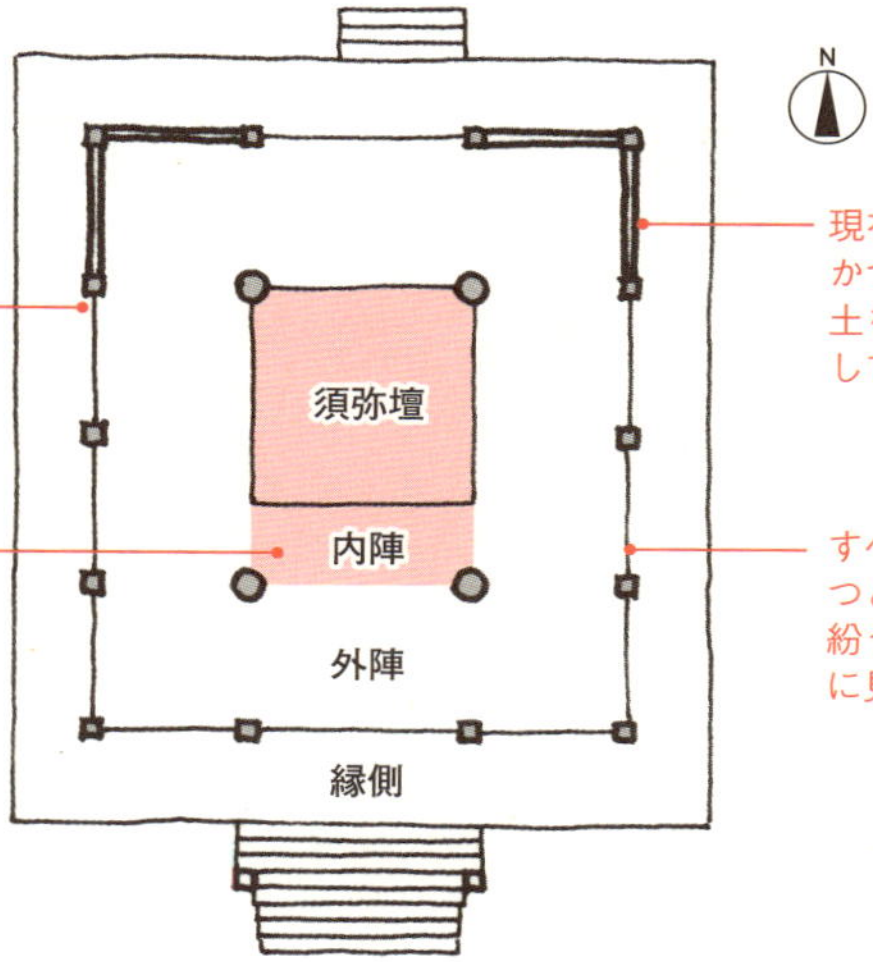

3間×4間の往生極楽院。南・西・東面のほとんどが開口部（扉）になっている。このようなお寺はまれ

船底天井エリア（赤色）は僧の座る場にまでかかっている

現在お堂は南向き。かつては西方極楽浄土を表すように東面していた

すべての扉を開け放つと、仏の世界と見紛うような庭が眼下に見える

重文
往生極楽院　平面図

お堂の大きさに対して本尊が大きい。これは仏がすぐ近くまで来ていることを表す

須弥壇は低いが、それは須弥山の頂部だけが床からのぞいていることを意図している

阿弥陀如来坐像は丈六仏（像高8尺［約2.4m］、39頁）。大きな阿弥陀仏を収めるために、船底天井にした

お堂にしては天井が低い

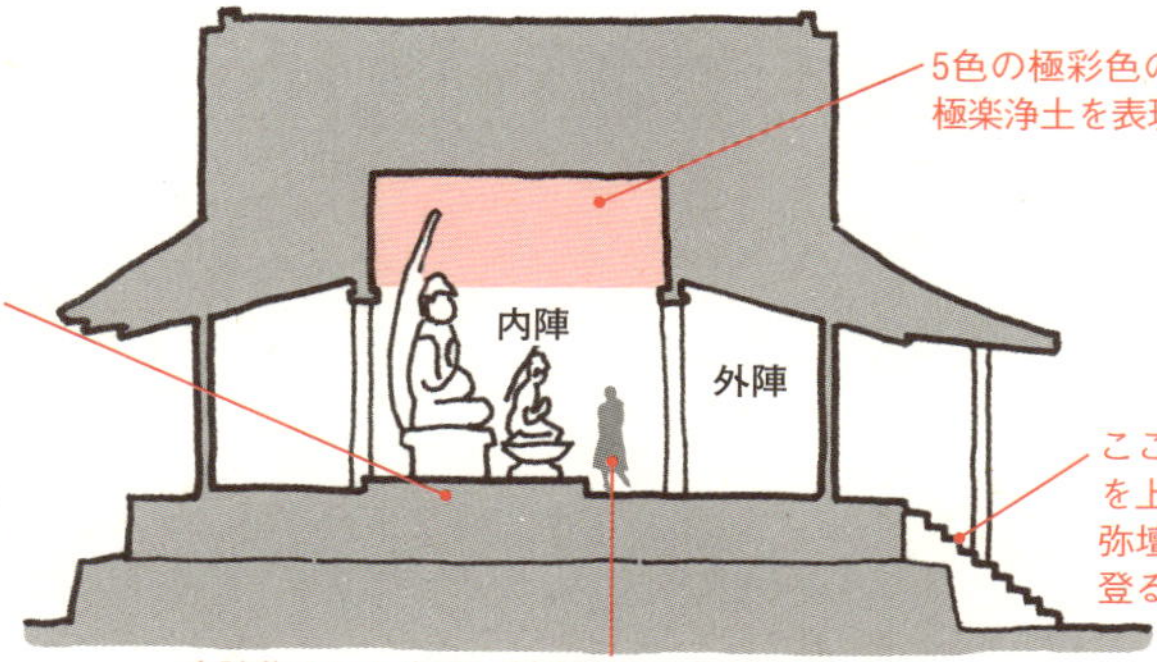

5色の極彩色の絵が極楽浄土を表現

低い須弥壇は、お堂に至る階段も含め、全体が須弥山であることを示す。堂内はすでに須弥山の頂近く、すぐ上に極楽浄土がある

ここでは、階段を上ることが須弥壇（須弥山）を登ることになる

内陣化された空間で対座すると菩薩の膝に触れられ、仏と近い関係にあることが感じられる

断面図

MEMO：三千院は天台宗の寺。往生極楽院の本尊・阿弥陀三尊坐像はヒノキの寄木造、平安時代の作。像高233cm。なお、往生極楽院の船底天井に描かれた極彩色の絵は、そのレプリカを円融蔵（宝物館）で見ることができる

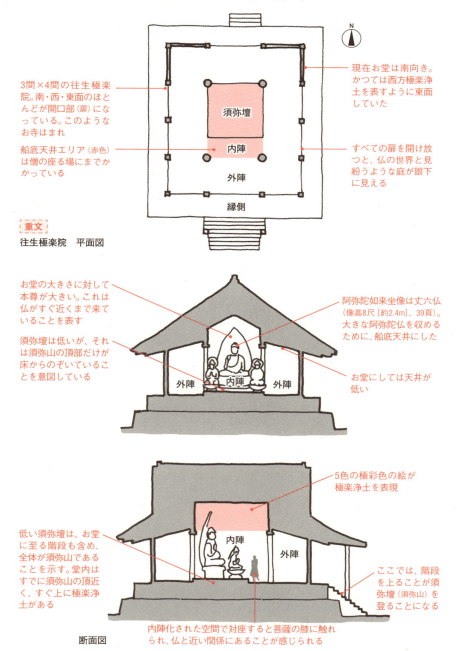

極楽浄土を疑似体験する

阿弥陀如来／平等院《びょうどういん》 京都

平等院は、平安時代後期に関白・藤原頼通《ふじわらのよりみち》によって創建された※1。はるか西方にあるという極楽浄土の楼閣をイメージして建てられた鳳凰堂に座すのは、もちろん阿弥陀如来だ。

堂内で阿弥陀如来像を見上げても、目が合うことはない。仏は丸窓越しに外を見ている。礼拝所はもともとお堂の外部にあった。当初はお堂の前面に広がる池の上に、のちにその延長上にある岸辺に設けられた。手前から奥に移ることで、仏の見え方は変わる。同時に浄土の感じ方も変わるのだ。

頼通の死後、礼拝所は奥へ。極楽浄土は遠のいた

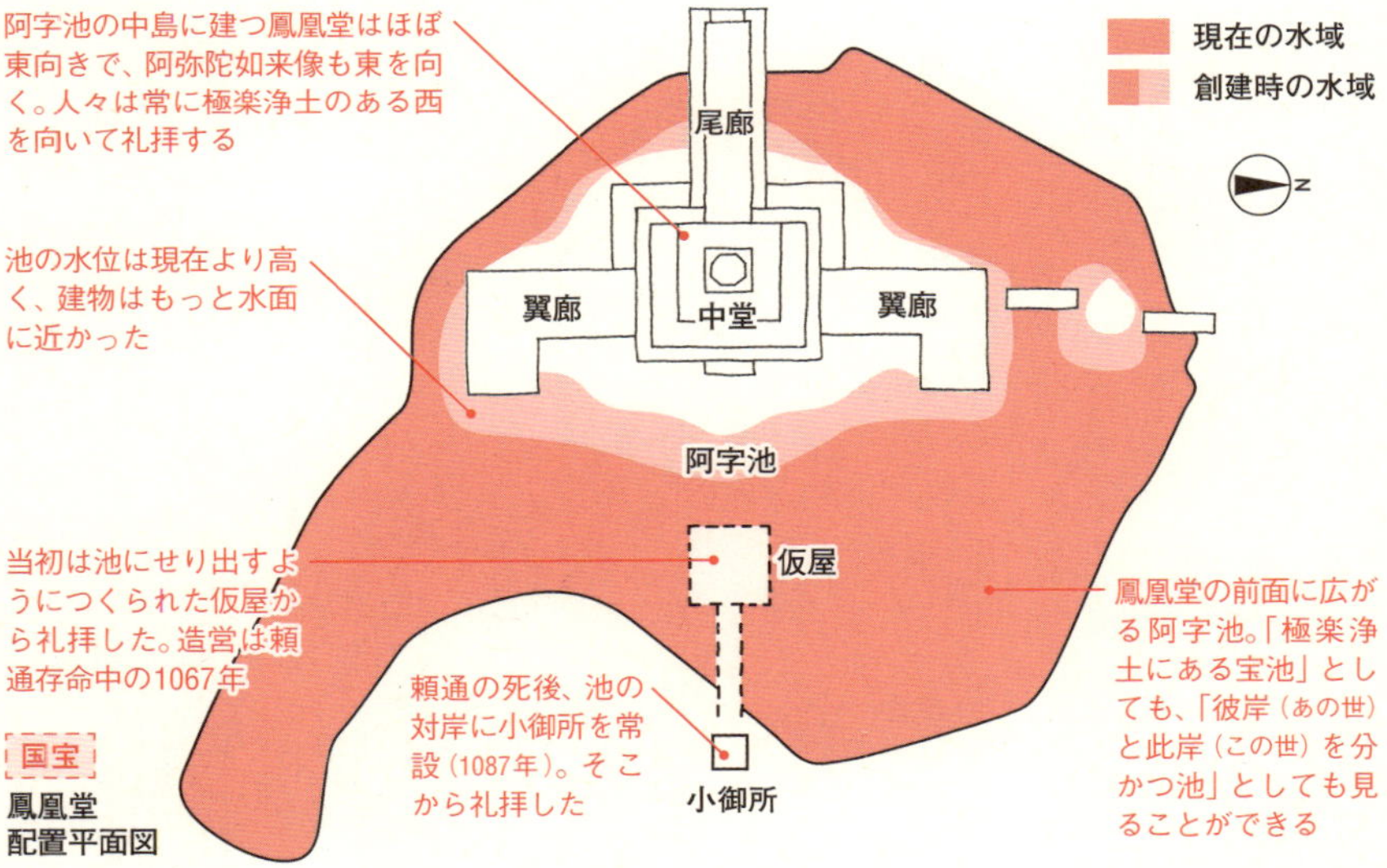
阿字池の中島に建つ鳳凰堂はほぼ東向きで、阿弥陀如来像も東を向く。人々は常に極楽浄土のある西を向いて礼拝する
現在の水域
創建時の水域
尾廊
翼廊
中堂
翼廊
N
池の水位は現在より高く、建物はもっと水面に近かった
阿字池
当初は池にせり出すようにつくられた仮屋から礼拝した。造営は頼通存命中の1067年
仮屋
鳳凰堂の前面に広がる阿字池。「極楽浄土にある宝池」としても、「彼岸（あの世）と此岸（この世）を分かつ池」としても見ることができる
頼通の死後、池の対岸に小御所を常設（1087年）。そこから礼拝した
小御所
国宝
鳳凰堂
配置平面図

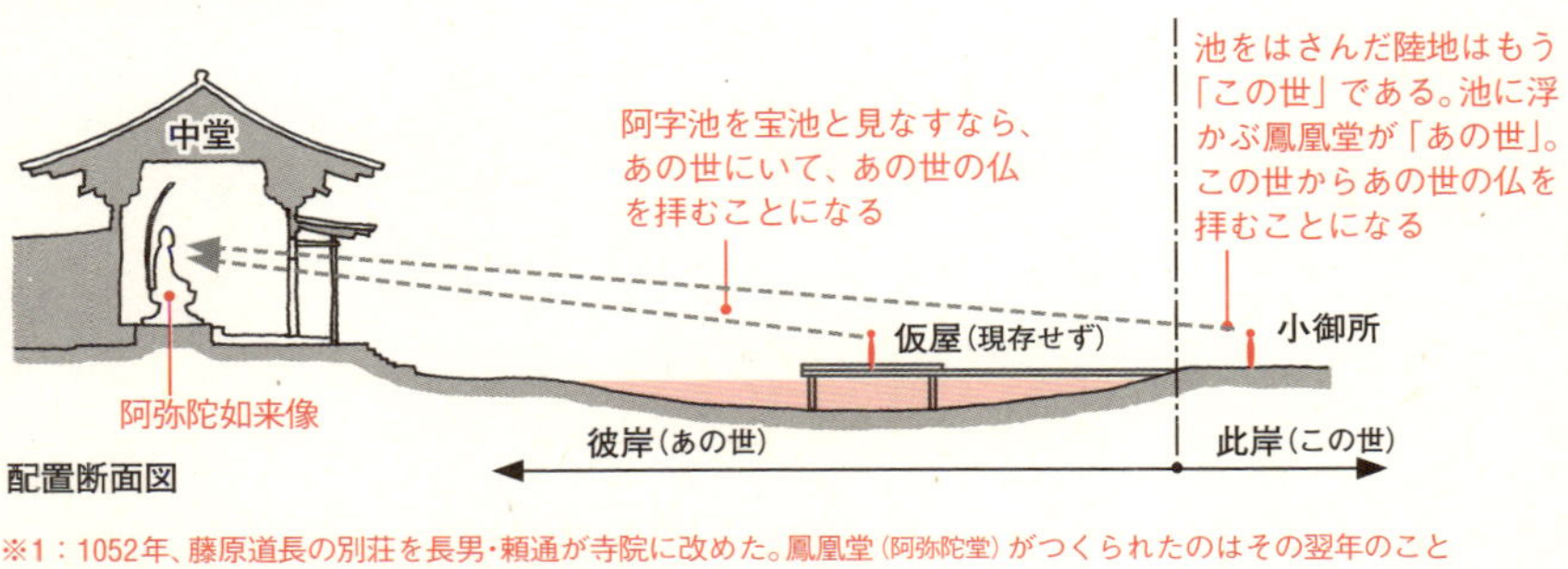
中堂
阿字池を宝池と見なすなら、あの世にいて、あの世の仏を拝むことになる
池をはさんだ陸地はもう「この世」である。池に浮かぶ鳳凰堂が「あの世」。この世からあの世の仏を拝むことになる
仮屋（現存せず）
小御所
阿弥陀如来像
彼岸（あの世）
此岸（この世）
配置断面図

※1：1052年、藤原道長の別荘を長男・頼通が寺院に改めた。鳳凰堂（阿弥陀堂）がつくられたのはその翌年のこと
※2：9つある極楽浄土の最高位が上品上生（24頁）
※3：日想観や水想観など、浄土を思い浮かべる16種の瞑想法「十六観」により、浄土に生まれることができるという

極楽浄土、この世から見るか、あの世から見るか

水上の仮屋から見る—あの世で浄土を体感する

阿字池にあった仮屋からの礼拝は、天皇や関白など、身分の高い、功徳を積んだ者に限定された。阿弥陀如来像の尊顔も鮮明に見ることができたろう

仏の顔が見えるよう、中央の庇を高い位置に設け、丸窓をあけた

親指と人差し指で輪をつくった定印から上品上生※2（じょうぼんじょうしょう）の浄土へと導いてくれる阿弥陀如来であると分かる

池はつくりものの花や鳥などで飾り立てられた

法要用にしつらえた舞台は池に浮かぶ蓮、すなわち「蓮華座」

龍頭鷁首（りゅうとうげきす）の舟で管弦楽が奏され、お堂と池は極楽浄土と化した

対岸の礼拝所から見る—この世から浄土を思い浮かべる

現世である対岸からは建物全体を見渡せ、そのシルエットから鳳凰の姿をイメージできる。しかし阿弥陀如来像までの距離は遠くなる

阿弥陀如来が座す中堂は鳳凰の頭と体を、左右に伸びる翼廊は鳳凰の翼を表す

水に映る鳳凰堂はぼんやりとはっきりとしない。それゆえに極楽浄土の楼閣が思い描ける（水想観※3）

夕日で西の空が赤く染まるとき、鳳凰堂は逆光で影絵と化す。鳳凰が浄土へ飛び立たんとする姿を思う（日想観※3）

MEMO：平等院につくられた阿弥陀堂を鳳凰堂と呼んでいる。本尊・阿弥陀如来坐像は平安時代のスーパー仏師・定朝（じょうちょう，75頁）の作。寄木造で、像高は約227cm

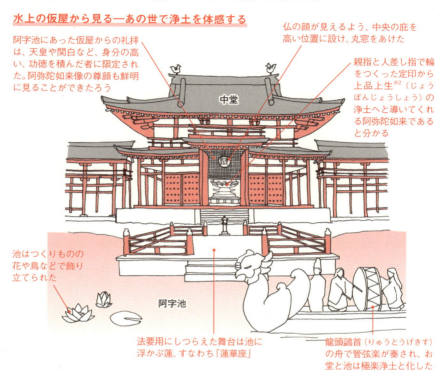

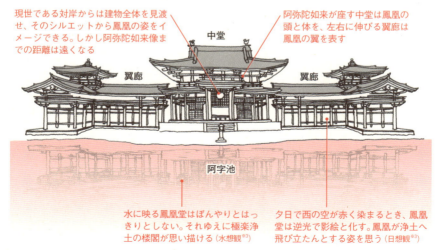

金色に輝く来迎の姿

阿弥陀如来／浄土寺《じょうどじ》

兵庫

浄土寺は、生涯で3度も宋へ渡った僧・重源《ちょうげん》※の創建。浄土堂の建物には宋の建築様式が随所に見られる。快慶作の阿弥陀三尊像も、宋の仏画を手本にしたという。通常の阿弥陀像とは異なる部分が多く、独特な雰囲気をもつ。浄土寺浄土堂では建物と仏像がつくり出す「特別な空間」を体験できる。東を向いた建物の裏手は蔀戸《しとみど》。夕方にそこから西日が入ると、仏像は黄金に輝き、朱塗りの梁《はり》・垂木《たるき》は色鮮やかになる。今まさに西方浄土から阿弥陀如来が来迎したかのような錯覚を起こす、巧みな演出である。

何かが違う阿弥陀三尊

阿弥陀は通常、指で輪をつくるが、ここでは指をまっすぐに伸ばしている。指は長く、尖っている
背後の蔀戸が開け放たれると、西日を受けた阿弥陀如来像が黄金色に輝く
通常、勢至菩薩は合掌するが、蓮華をもっている
勢至菩薩
阿弥陀如来
観音菩薩
阿弥陀の手は通常は右手が上だが、ここでは左手が上（逆手来迎印）。これは、信者だけでなくすべての衆生を救う手である
雲形の肘木は雲中菩薩の代わり
通常は蓮台（死者の魂を載せる台）をもつ観音菩薩が、水瓶をもっている。水瓶には「浄土に行く前に、穢れを浄化する水」が入っている
中尊の印相と脇侍の持物が通常と違うのは、宋の仏画を手本にしたため。重源の宋への強い思いが分かる
台座に立ち上る「雲台」。たった今、西日に乗って西方の極楽浄土から飛来したことを示す

国宝 阿弥陀三尊立像

※：鎌倉初期の僧。字（あざな）は俊乗坊。東大寺（奈良）を再建した

建物は重源が考案した大仏(天竺《てんじく》)様《よう》

天井を張らず、垂木(たるき)をそのまま見せた化粧屋根裏は、装飾もなく無骨
西日を受けると屋根裏の中心から伸びる扇垂木は、浄土に導くために阿弥陀如来が全方向へ発する「光条」と化す。屋外まで伸びた扇垂木に乗って、仏の教えは広く伝わる
柱や梁、化粧屋根裏の部材はすべて朱塗り。白い壁とのコントラストが美しい
朱に塗られた梁は光が当たると輝きを放つ

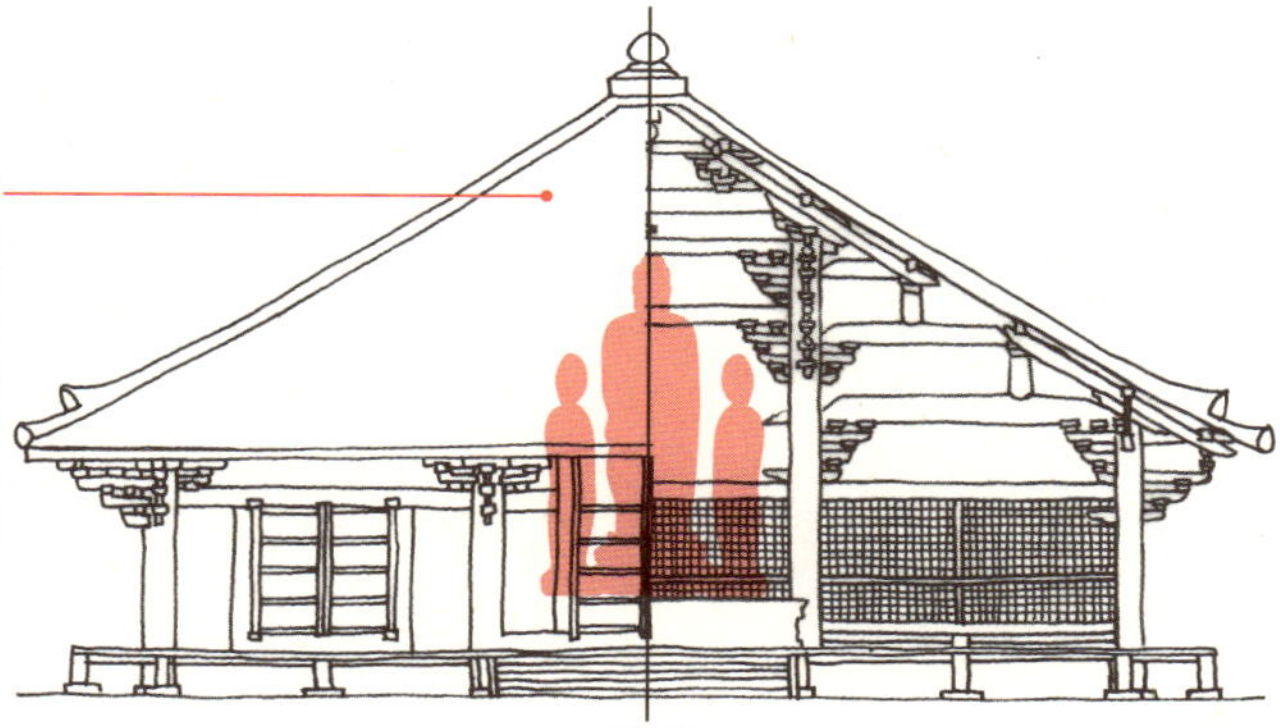
天井のない大仏様の構造が、高さ530㎝もある巨大立像の安置を可能にした。大仏様は重源が当時の宋の建築様式を取り入れ考案したもの。東大寺の南大門も同様式
正面

国宝

浄土堂　立・断面図

地形を生かし、西日を堂内に取り込む

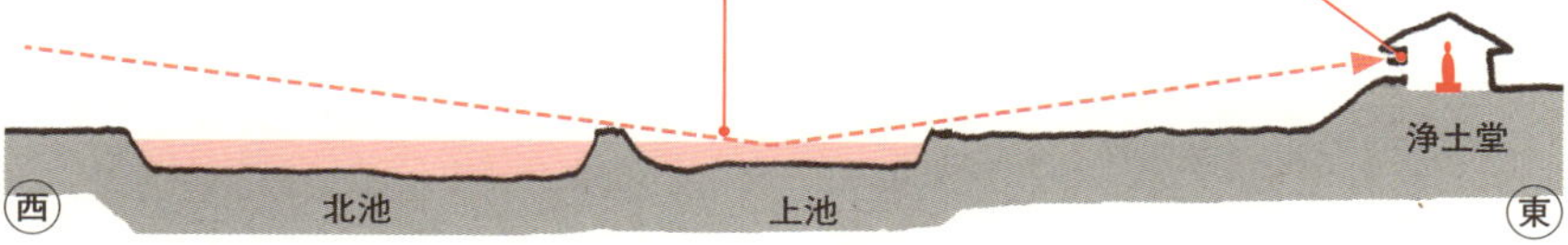
西日がため池に反射
小高い丘上にあるお堂。反射光は蔀戸から差し込み、仏像を背後から明るく照らす
西
北池
上池
浄土堂
東

MEMO：浄土寺は高野山真言宗の寺。本堂は室町時代に建てられた薬師堂（重文）。浄土堂（阿弥陀堂）に安置される阿弥陀三尊立像は創建時の本尊。寄木造で快慶の作

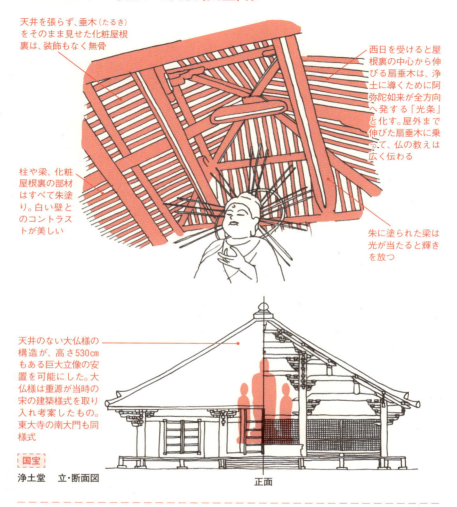

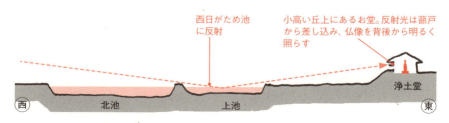

旅する阿弥陀三尊像

阿弥陀如来／善光寺《ぜんこうじ》

長野

善光寺の阿弥陀三尊像※1はインドから朝鮮を経て、日本にやって来たといわれる。もとは釈迦がインドの月蓋《がっかい》長者に授けた像だが、長者の生まれ変わりである百済の聖明王、さらには信濃の本田善光《ほんだよしみつ》のもとへと居を移し、各地で教化《きょうけ》※2を続けた※3。

善光寺で祀られたのちも、この旅好きな阿弥陀三尊像は一所に留まることはなかった。ご開帳などで外に出て信仰を促す。分身の仏をつくり、「善光寺聖《ひじり》」の背中に乗せ国じゅうを巡る。おかげで信者は全国に広がり、善光寺と名のつく寺も数多く残る。

大きな光背をもつ善光寺式阿弥陀三尊像

善光寺の本尊・阿弥陀三尊像は絶対秘仏。ご開帳などで見られる前立(まえだち)本尊(本尊の見代わり仏)からその姿を推察するしかない

1枚の光背が三尊像を包み込む「一光三尊」形式。時代が古く比較的小さな仏像に多い。如来・菩薩・七仏が1つの舟に乗って人々を迎えにきたことを示す「舟形光背」

印相も特徴的。阿弥陀の来迎印は通常、指で輪をつくった施無畏与願(せむいよがん)印(9頁)だが、輪をつくらず左手の与願印が刀印になっている。宗派地域を問わず、分け隔てなく救うことを意味し、全国で祀られる理由の1つでもある

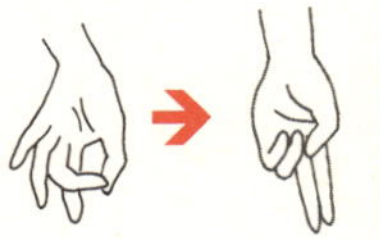

脇侍の観音・勢至両菩が同じ姿というのは、ほかに例がない。梵篋(ぼんきょう)印も通常両菩薩では見られない

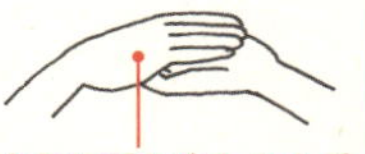

上下に重ね合わせた手のひらには真珠の薬箱があるとされる

重文

一光三尊阿弥陀如来像(前立本尊)

台座は臼形の蓮台。お堂ができるまで本田善光の自宅の臼の上に安置されていたという逸話が残る。臼には死霊の「穢れ」を除く呪力があるとされる

※1：中尊の左右に脇侍を従える三尊像は、仏の組み合わせに決まりがある。阿弥陀如来は観音・勢至菩薩、薬師如来は日光・月光菩薩、釈迦如来は文殊・普賢菩薩など　※2：人々を信仰に向かわせること　※3：阿弥陀三尊像は、本田善光に語り掛け、聖徳太子と手紙をやり取りしたとされ、「生身の仏像」といわれている

秘仏なのに親しまれる理由

ご開帳で触れられる

善光寺のご開帳（居開帳）は6年に1度（子年と午年）。本堂で前立本尊を拝むことができる

国宝 本堂

本堂前には前立本尊（阿弥陀）の右手と金糸で結ばれた回向柱（えこうばしら）が立てられる。回向柱に触れると、阿弥陀と結ばれたことになる（結縁、けちえん）

出《で》開帳《かいちょう》で会える

長野の善光寺を出て、出開帳することも。最初に出開帳されたのは1692（元禄5）年、東京・回向院（えこういん）だった。図は出開帳仏

出開帳先でも回向柱を立てる（回向とは阿弥陀の力によって浄土に往生し、この世に戻り人々を救済すること）

全国に数多く残る善光寺仏

善光寺聖は、「善光寺仏」といわれる代理仏と共に全国を回って布教した

善光寺仏の像高は秘仏と同じ45㎝のものが多い。笈（おい）に背負って運べる大きさだ

善光寺と名の付く寺は110に及ぶとされる。一方、全国に残る善光寺仏は200余体、図は鎌倉・円覚寺（臨済宗）の善光寺仏

本尊が秘仏であるため、姿が異なる善光寺仏もある

重文

善光寺式阿弥陀三尊像
（円覚寺／神奈川）

MEMO：善光寺は無宗派の寺院。本尊・一光三尊阿弥陀如来像を安置する本堂は江戸中期の代表的な仏教建築

ひと味違う鎌倉の大仏

阿弥陀如来／高徳院《こうとくいん》

神奈川

大仏といえば奈良の大仏、そして鎌倉の大仏が思い浮かぶ。大仏とはその名のとおり巨大な仏像のこと。釈迦の身長（1丈6尺）[1※]を基本とし、その倍以上の高さがあれば大仏といってよい。しかし、奈良と鎌倉の大仏は似ているようでまったく別ものだ。

鎌倉幕府の威信を見せつけた「鎌倉の大仏」とは阿弥陀如来坐像のことで、奈良の大仏は盧舎那仏だ。阿弥陀如来は、幕府の守り神・鶴岡八幡宮の「八幡神」本来の姿（本地仏《ほんじぶつ》）と考えられていた[2※]。ここでは阿弥陀の世界観が散りばめられた鎌倉大仏を紹介する。

視線が合う仏

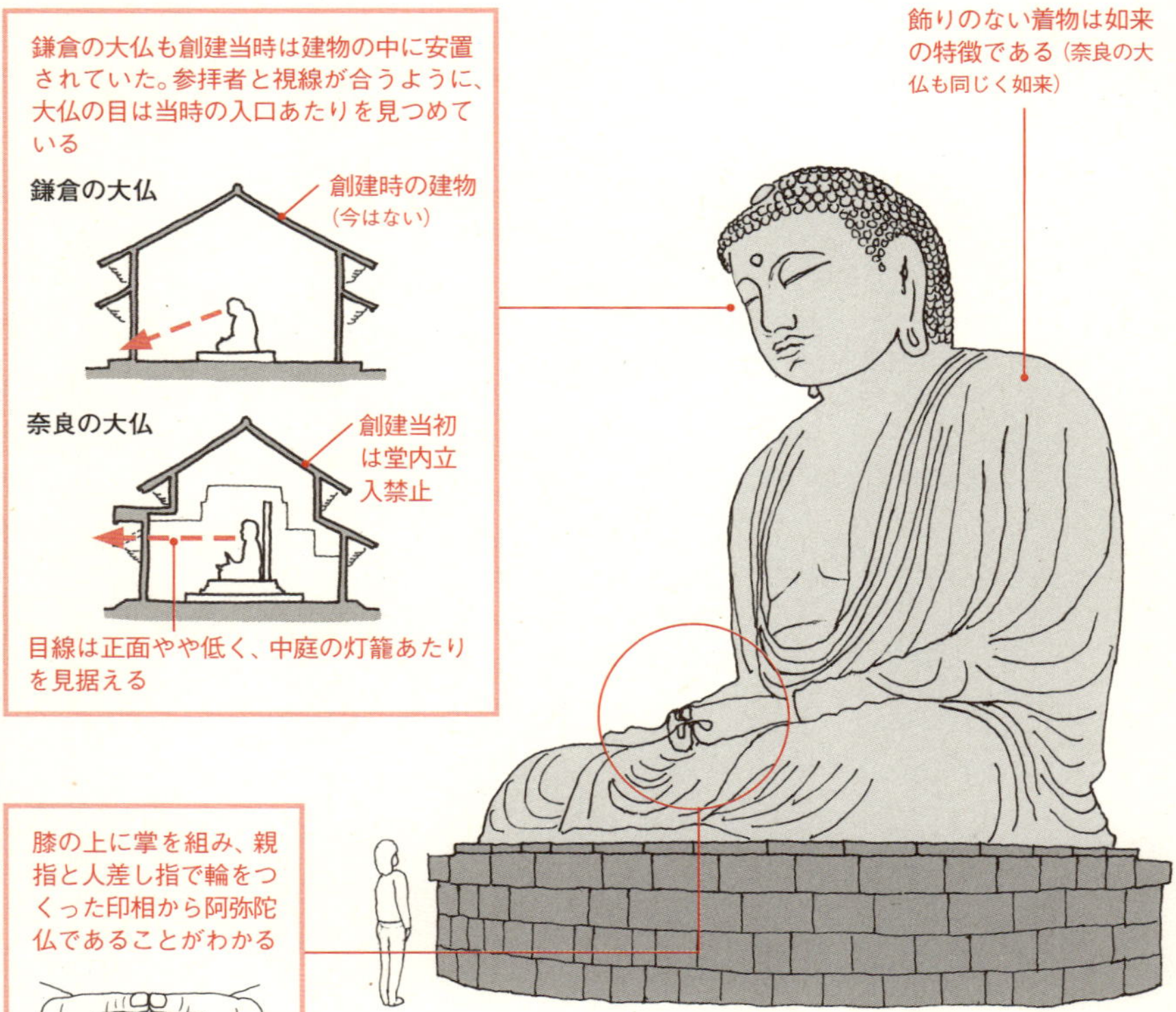
鎌倉の大仏も創建当時は建物の中に安置されていた。参拝者と視線が合うように、大仏の目は当時の入口あたりを見つめている
鎌倉の大仏
創建時の建物
（今はない）
奈良の大仏
創建当初は堂内立入禁止
目線は正面やや低く、中庭の灯籠あたりを見据える
飾りのない着物は如来の特徴である（奈良の大仏も同じく如来）
膝の上に掌を組み、親指と人差し指で輪をつくった印相から阿弥陀仏であることがわかる

国宝 阿弥陀如来坐像

※1：約4.8m　※2：鎌倉時代は神仏習合が進み、仏が衆生を救うため、神などの仮の姿で現れると考えた（本地垂迹説、ほんじすいじゃくせつ）　※3：争いの絶えぬ鎌倉武士は修羅道から救ってくれる十一面観音を長谷寺に祀った

鎌倉の大仏に見る阿弥陀ワールド

8丈の阿弥陀仏

像高11.39m、尺貫法では約4丈。座像の場合は像高を2倍すると仏像が立ったときの高さ（身長）になるとされ、鎌倉の大仏は「8丈大仏」と呼ばれた。ちなみに奈良は「10丈大仏」

8丈大仏の「8」は鶴岡八幡宮の「八」であり、関東武士が吉とする数字であった

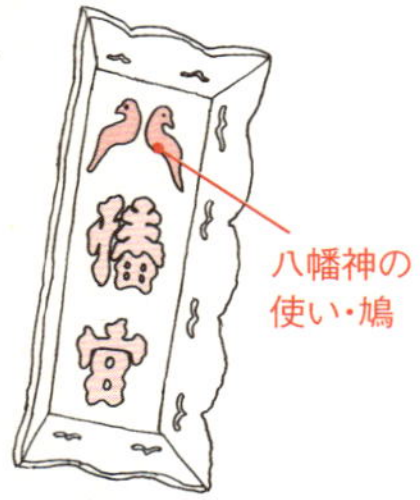
八幡神の使い・鳩

鶴岡八幡宮の扁額

西に広がる死の世界

鎌倉幕府の守り神・鶴岡八幡宮の西方に大仏や長谷観音（長谷寺）があり、かつては閻魔（えんま）王のいる十王堂があった。これらの寺院は浄土信仰（阿弥陀の西方極楽浄土）に基づく情景をつくり出している

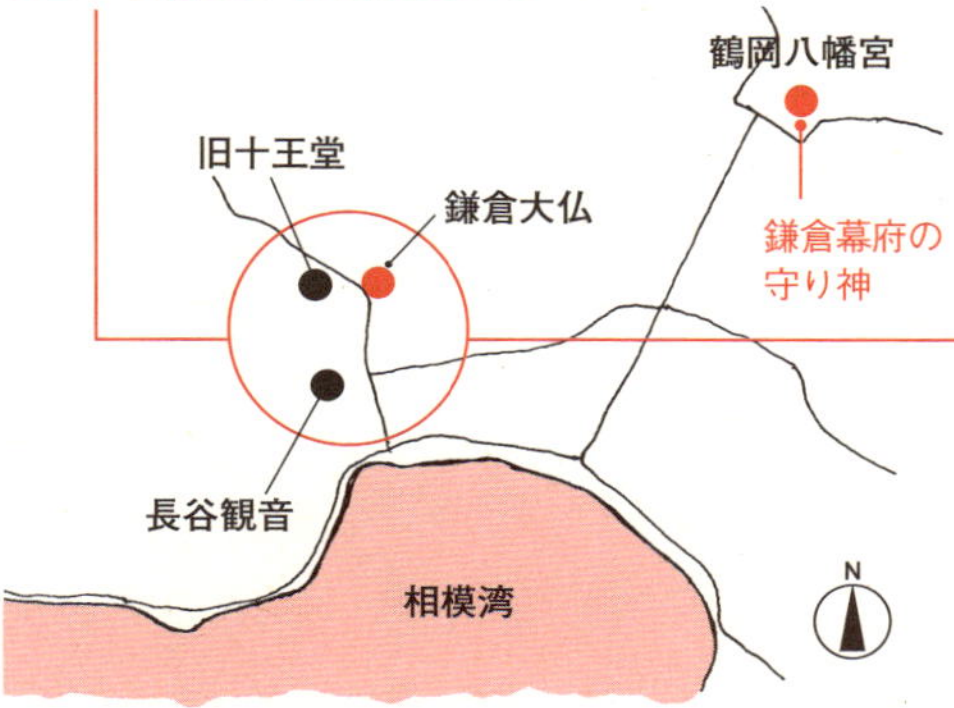

鶴岡八幡宮
鎌倉幕府の守り神
旧十王堂
鎌倉大仏
長谷観音
相模湾
N

人は死ぬと、閻魔王など十王の前で裁きを受ける

↓

人々はその後、地獄や修羅など六道で輪廻する。そこから人々を救ってくれるのが観音だ※3

↓

観音に救出された者は、阿弥陀如来に導かれ浄土へ。鎌倉の西、箱根山の後方に阿弥陀の極楽浄土があると考えられていた

column

お釈迦様の身長は4.8m

高さ1丈6尺（約4.8m）の立ち姿の仏像（立像）を特に「丈六《じょうろく》仏」という。これは釈迦の身長が1丈6尺あったという信仰に基づく。坐像の場合は、その半分の高さである8尺（約2.4m）のものが丈六仏になる。

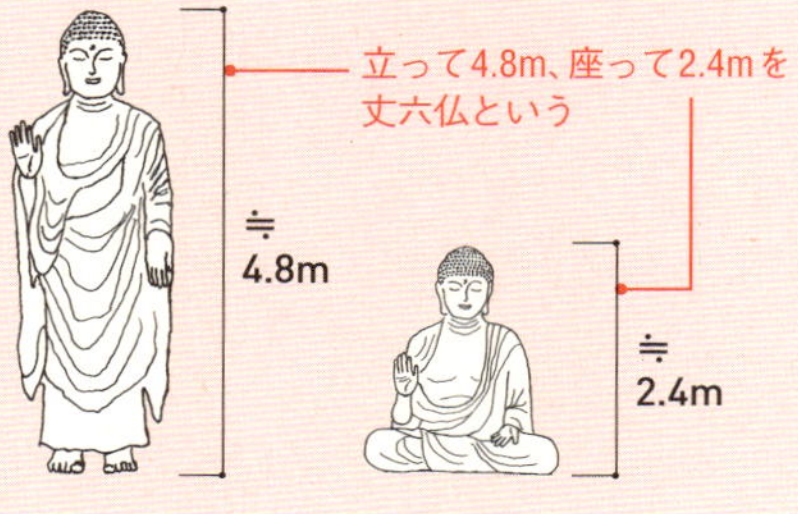

立って4.8m、座って2.4mを丈六仏という
≒4.8m
≒2.4m

MEMO：鎌倉の大仏こと高徳院（浄土宗）の本尊・阿弥陀如来坐像は銅造、像高11.39m。完成した時期は不明

阿弥陀堂の謎を解き明かす

阿弥陀如来／白水《しらみず》阿弥陀堂《あみだどう》

福島

いわきにある白水阿弥陀堂は、奥州藤原氏初代・清衡《きよひら》の娘徳尼《とくに》によって建立された※。平泉の中尊寺金色堂を模した建物は、間口・奥行きとも3間の方形造《ほうぎょうづくり》で、中央に須弥壇がある。

印象的なのは光のコントラスト。須弥壇の前の明るさに対し、奥が非常に暗いのだ。これには本尊・阿弥陀如来の脇侍が時刻・季節の守護者であることと関係する。また両端を固めるのは、四天王（120頁）のうち多聞天《たもんてん》と持国天《じこくてん》だけだ。これも東北地方という土地と大いに関係しているのだ。

中央の須弥壇に安置される5体の像

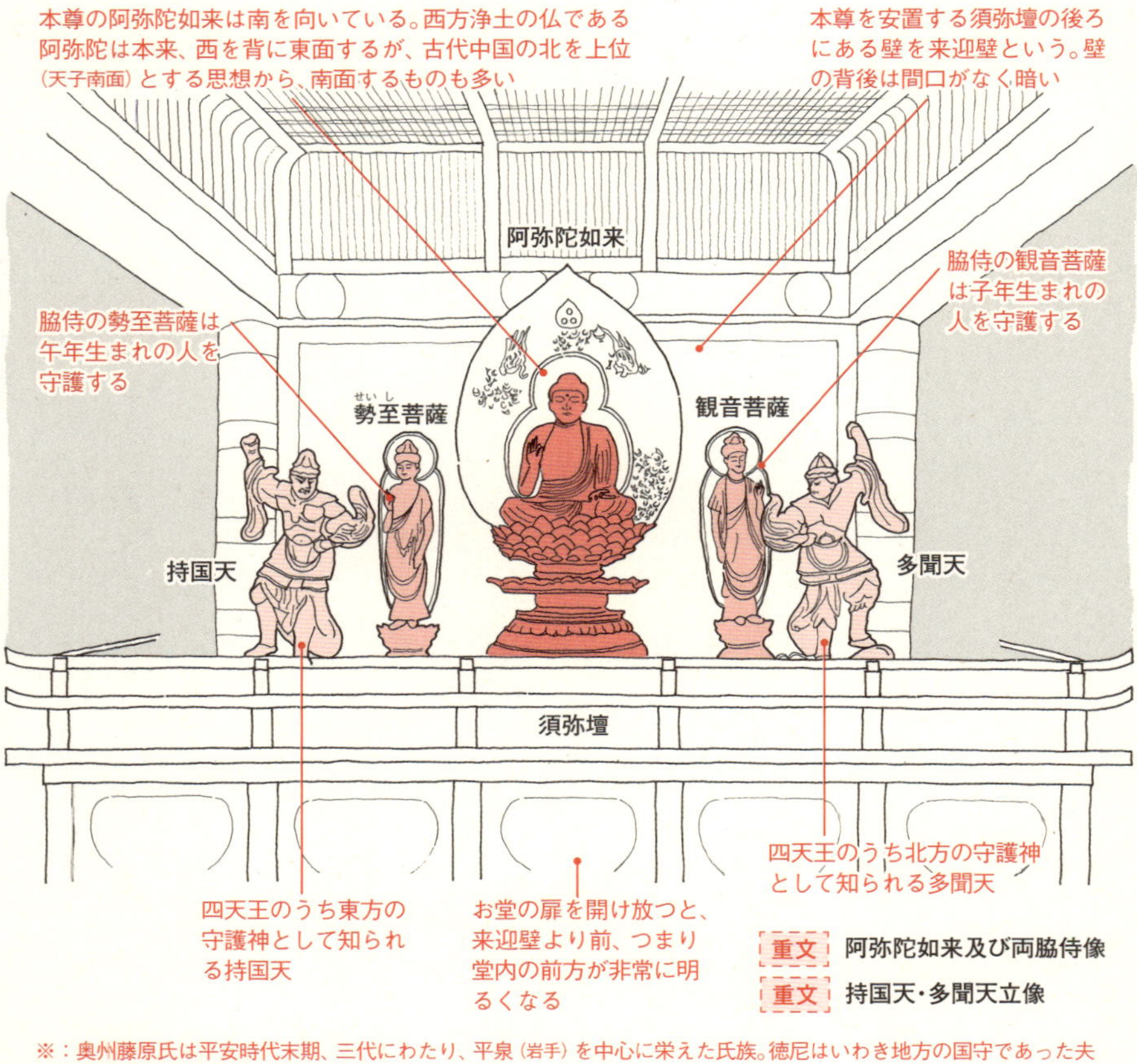
本尊の阿弥陀如来は南を向いている。西方浄土の仏である阿弥陀は本来、西を背に東面するが、古代中国の北を上位（天子南面）とする思想から、南面するものも多い
本尊を安置する須弥壇の後ろにある壁を来迎壁という。壁の背後は間口がなく暗い
阿弥陀如来
脇侍の勢至菩薩は午年生まれの人を守護する
脇侍の観音菩薩は子年生まれの人を守護する
勢至《せいし》菩薩
観音菩薩
持国天
多聞天
須弥壇
四天王のうち北方の守護神として知られる多聞天
四天王のうち東方の守護神として知られる持国天
お堂の扉を開け放つと、来迎壁より前、つまり堂内の前方が非常に明るくなる

重文 阿弥陀如来及び両脇侍像
重文 持国天・多聞天立像

※：奥州藤原氏は平安時代末期、三代にわたり、平泉（岩手）を中心に栄えた氏族。徳尼はいわき地方の国守であった夫の冥福を祈り、阿弥陀堂を建立した

堂内の明暗は脇侍とリンクする

須弥壇の周りを念仏を唱えながら右回りする礼拝（行道、ぎょうどう）が行われていた

明暗のコントラストが強い堂内では、行道の際、半周ごとに「明るい（昼）」と「暗い（夜）」がやって来る。昼と夜を繰り返し、1日、1年と巡ることになる

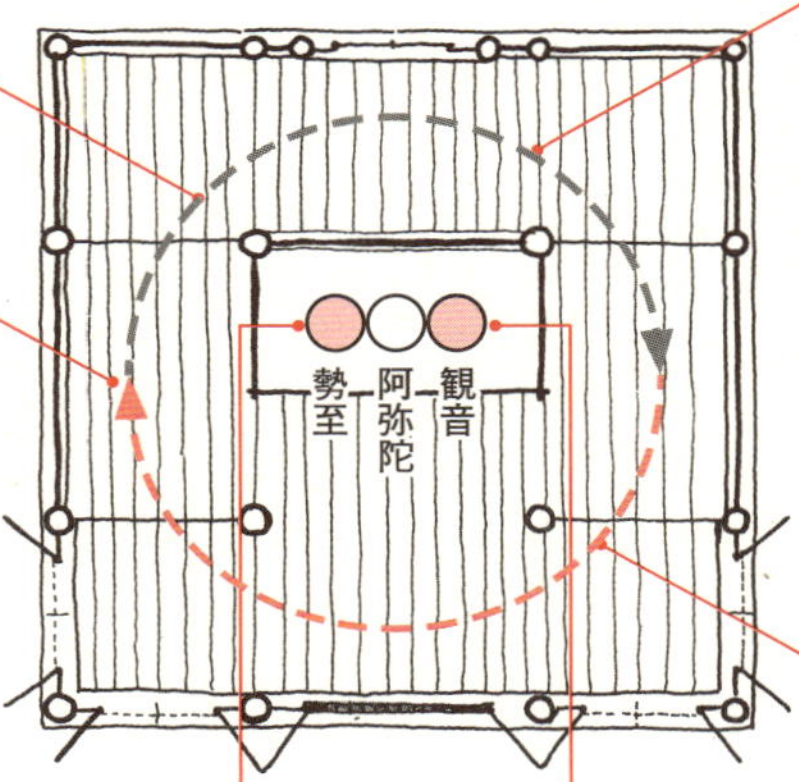

暗い

壁に囲まれ、堂の後方は暗い

堂の前方は、3方が開口で明るい

明るい

国宝 阿弥陀堂　平面図（二天除く）

明暗を巡ることは脇侍によってより明確になる。観音菩薩は「0時や冬至」を指す「子」の守護。勢至菩薩は「正午や夏至」を指す「午」の守護

子刻から午刻に太陽が昇ることから、陰陽道では「陽転」という

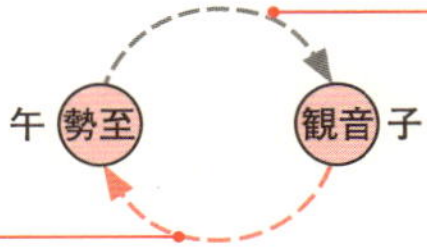

午刻から子刻は太陽が下がり暗転（「陰転」）する。暗さを象徴

二天だけの理由は東北という立地にあり

一般的な四天王配置

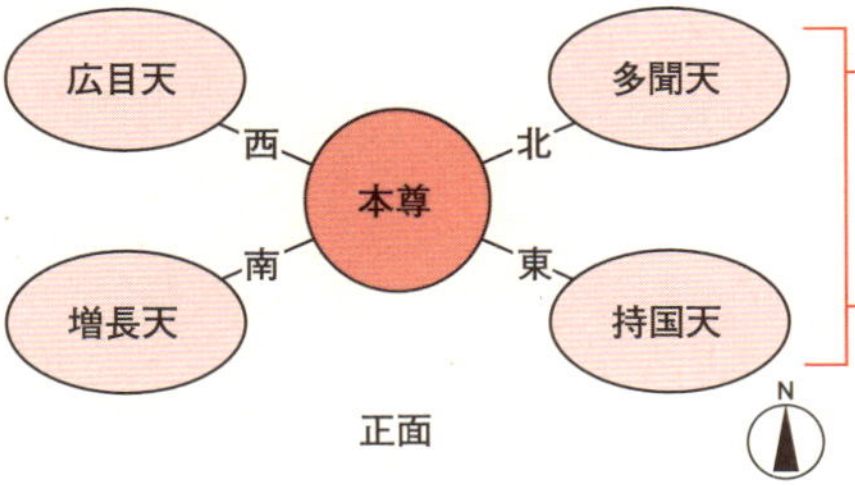

須弥壇の中央には南向きの本尊、四隅には本尊を守護し、東西南北を守る四天王を置く

四天王が本尊と重ならないよう、本来の方位から右45度ずらして配置

二天を安置する理由

四天のうち東の持国天、北の多聞天のみを置き「東北」の守護を表す。この二天の配置は東北地方に多い。蝦夷を封じ込めるという朝廷の願いなのだろう

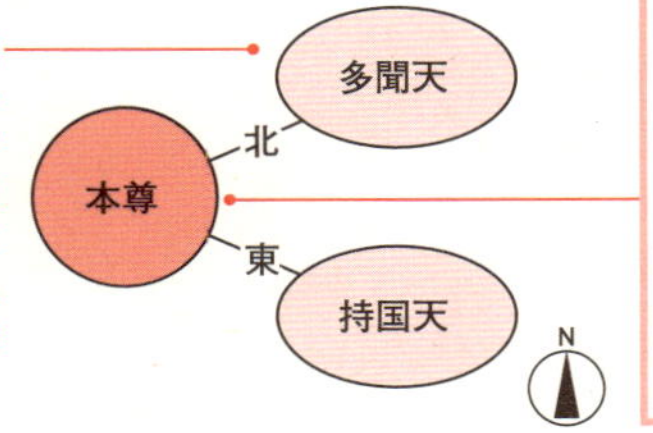

阿弥陀は通常東向き。左手に多聞天、右に持国天を置く。白水阿弥陀堂の阿弥陀は南面するが、東面するかのごとく左に多聞天、右に持国天を従える

MEMO：白水阿弥陀堂とは通称で、真言宗の寺、願成寺（がんじょうじ）の阿弥陀堂を指す。阿弥陀堂は池の中島に建ち、安置される本尊の阿弥陀如来坐像は平安時代末期の作で寄木造、像高は84cm

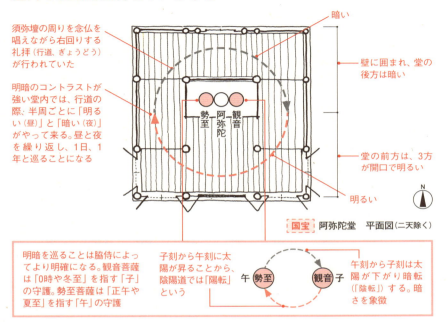

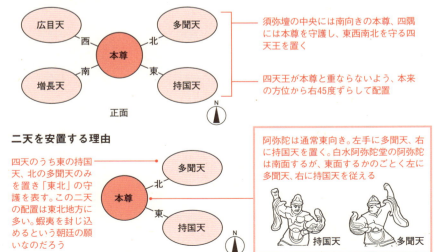

歩き続けて仏に出会う

阿弥陀如来／輪王寺《りんのうじ》

栃木

「常《じょう》行三昧《ぎょうざんまい》」という行がある。本尊・阿弥陀如来の周りを歩きながら念仏する行道《ぎょうどう》を90日間昼夜問わず行う厳しい修行である。

世界遺産にもなっている日光山輪王寺には、常行三昧を行った常行堂が残る。方形造《ほうぎょうづくり》の建物は一般的な阿弥陀堂よりもひと回り以上大きい[※1]。堂内に入ると、阿弥陀如来は宝冠を頂き、孔雀に乗るという特殊な姿。脇侍も観音・勢至の二菩薩ではなく、四方に配された四菩薩だ。この五仏は密教[※2]の仏、このお堂は曼荼羅《まんだら》に描かれた阿弥陀の世界そのものなのだ。

密教の阿弥陀像はちょっと違う

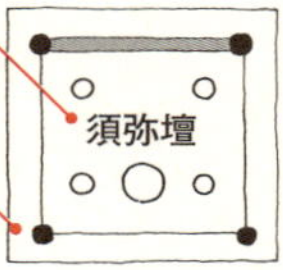
常行堂の中心にある須弥壇。本尊・阿弥陀如来の四方に四菩薩を安置
須弥壇
須弥壇の周囲は1段低い瑠璃壇。行道に使われる

常行堂須弥壇　平面図

孔雀に座り宝冠を載せた阿弥陀如来。如来の周りには四菩薩がいる。この五尊像の「5」は密教でいう金剛界を示すキーワード。この阿弥陀は金剛界での姿を表す
阿弥陀の奥にもう1体菩薩がいる
右手に法輪をもつ
阿弥陀如来
金剛法菩薩
金剛因菩薩
金剛利菩薩
この菩薩は利剣をもつ。持物は仏の功徳だけでなく尊名を知る手掛かりになる
右手に未開敷（みかいふ）蓮華[※3]をもつ

重文　宝冠阿弥陀如来及び四菩薩坐像

※1：堂行堂は正面5間×側面6間。阿弥陀堂の平面は通常、3間四方　※2：日本では平安時代に最澄と空海により密教が伝えられた。密教世界（金剛界・胎蔵界）の中心は大日如来。ほかの仏は大日如来が変化した姿と説く　※3：今にも開花しそうな状態にある蓮華。もう少しで悟りを開ける状態を表す

金剛界曼荼羅と常行堂を見比べよう

密教世界を視覚化した金剛界曼荼羅は上が西、下が東になる。曼荼羅の中心「成身会（じょうじんね）」の真ん中（灰色部分）に描かれるのは大日如来の世界、すぐ上（赤色部分）は西の阿弥陀如来の世界である

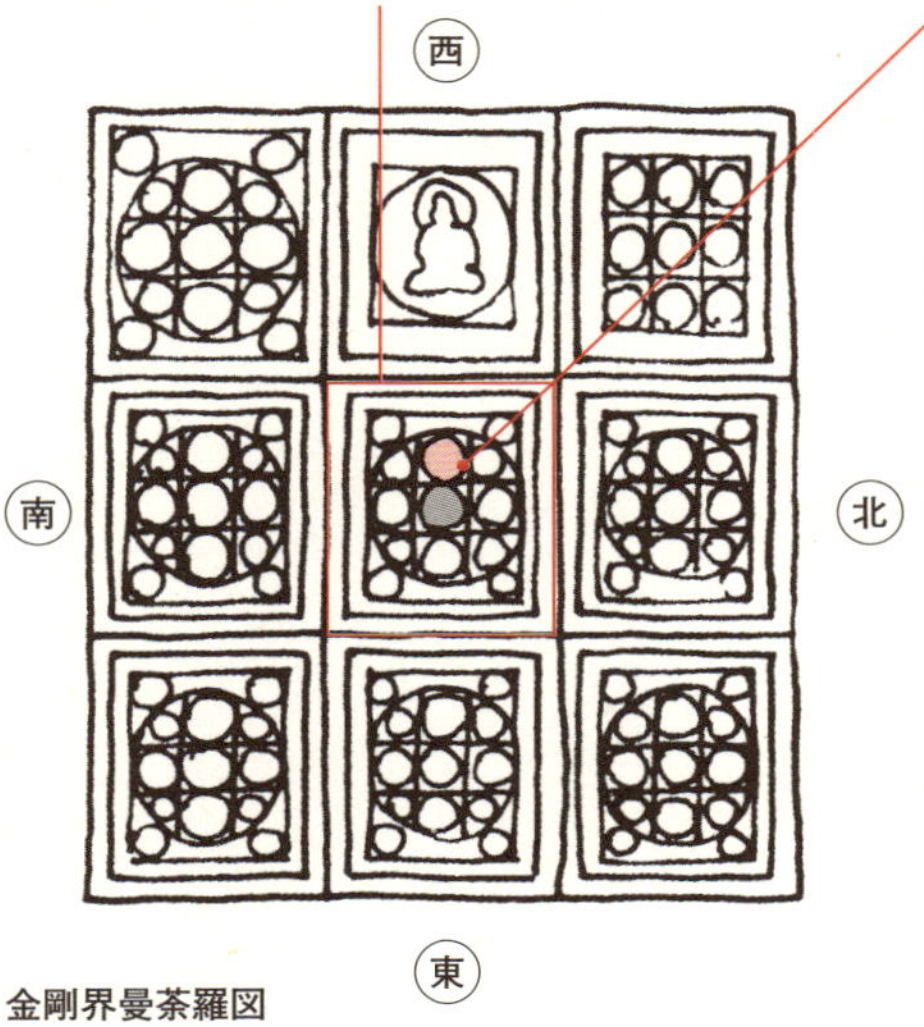

金剛界曼荼羅図

曼荼羅に描かれた阿弥陀の世界。阿弥陀如来（①）を中心に、西に金剛語（②）、北に金剛因（③）、東に金剛法（④）、南に金剛利（⑤）の四菩薩。常行堂の須弥壇にも曼荼羅どおりに配置される

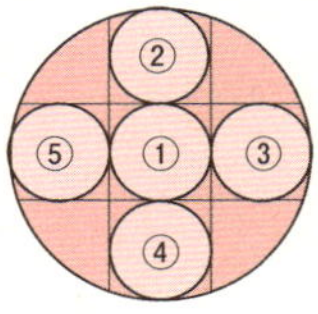

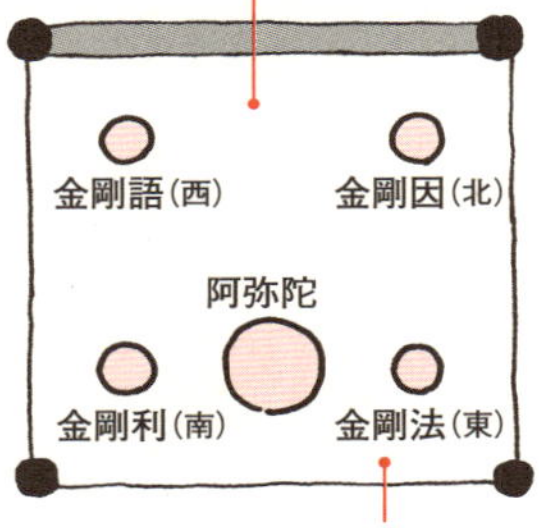

四菩薩は本尊と重ならないよう45度ずらして配置する

常行堂須弥壇　平面図

常行堂と法華堂で1セット

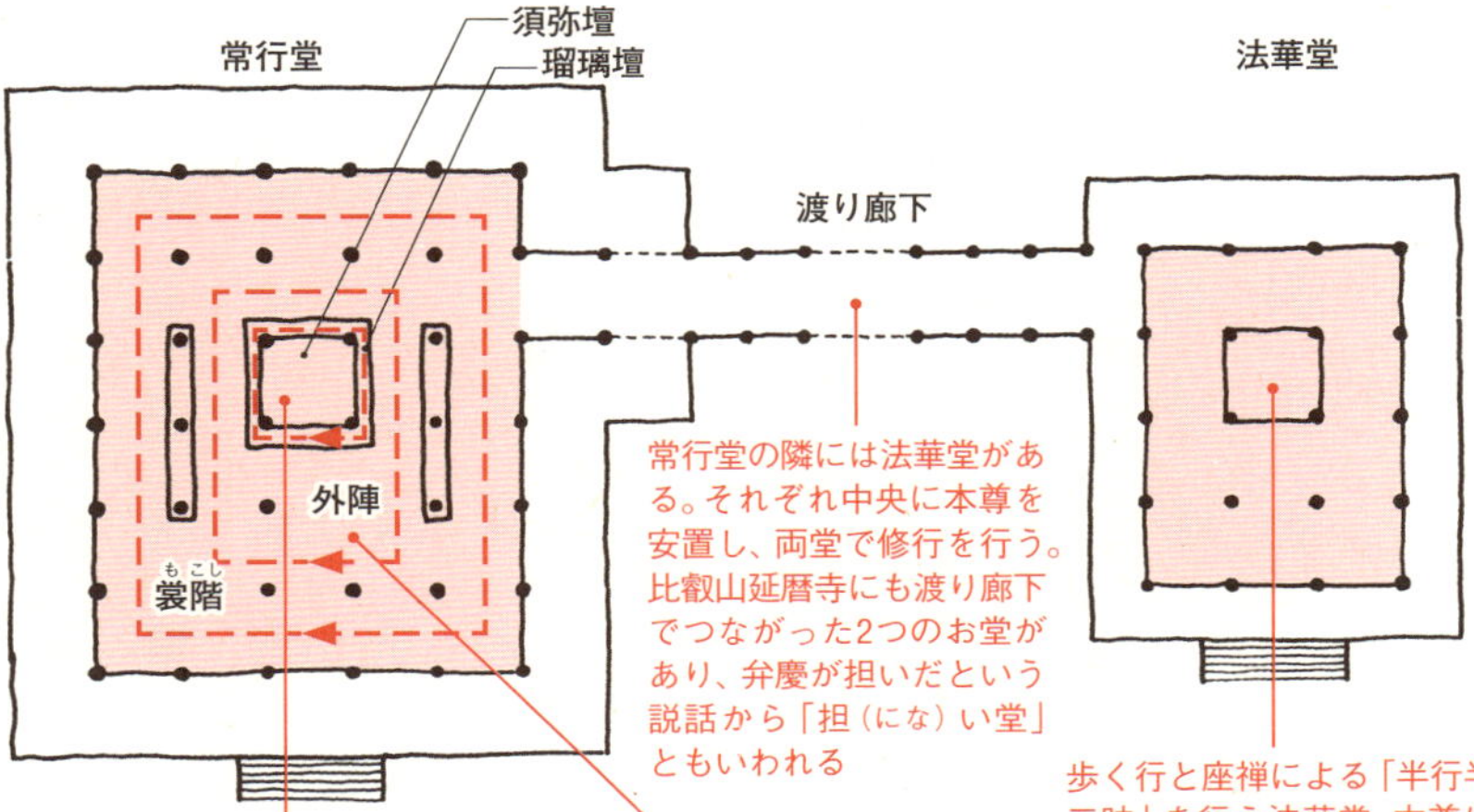

常行堂の隣には法華堂がある。それぞれ中央に本尊を安置し、両堂で修行を行う。比叡山延暦寺にも渡り廊下でつながった2つのお堂があり、弁慶が担いだという説話から「担（にな）い堂」ともいわれる

常行三昧を行う常行堂では、死後の極楽浄土を願う。本尊は阿弥陀如来。仏の名を唱え、浄土の世界を心に描きながら歩き続ける

行道は瑠璃壇だけでなく、外陣やその外側（裳階、孫庇部分）でも行われていたようだ

歩く行と座禅による「半行半座三昧」を行う法華堂。本尊は普賢菩薩。ここでは生前の罪を懺悔し、往生の妨げを除く

重文　担《にな》い堂　平面図

MEMO：輪王寺は天台宗の寺。明治の神仏分離令で日光東照宮と分離した。常行堂の本尊・宝冠阿弥陀如来坐像は木造で平安時代の作、像高は約70㎝

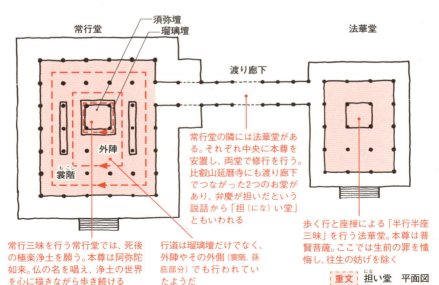

薬師如来に釈迦を見る

薬師如来／薬師寺《やくしじ》

奈良

仏像をつくるようになったのは、釈迦（仏陀《ぶっだ》）の入滅から数百年も経った後のこと。釈迦のイメージを追い求め、伝えられる特徴を「三十二相《そう》八十種好《しゅこう》」※としてまとめ、ついには仏像＝仏陀の像として釈迦の姿を刻むようになった。ほかの仏の像もこれにならっている。

仏像には人間離れした特徴もあるが、意外にも赤ちゃんに通じるものも多い。仏とは赤子のように清らかで穢れのない存在。それを示す特徴を白鳳《はくほう》期（645〜710年）の傑作・薬師寺の薬師如来像に探してみよう。

清らかな赤子のような特徴

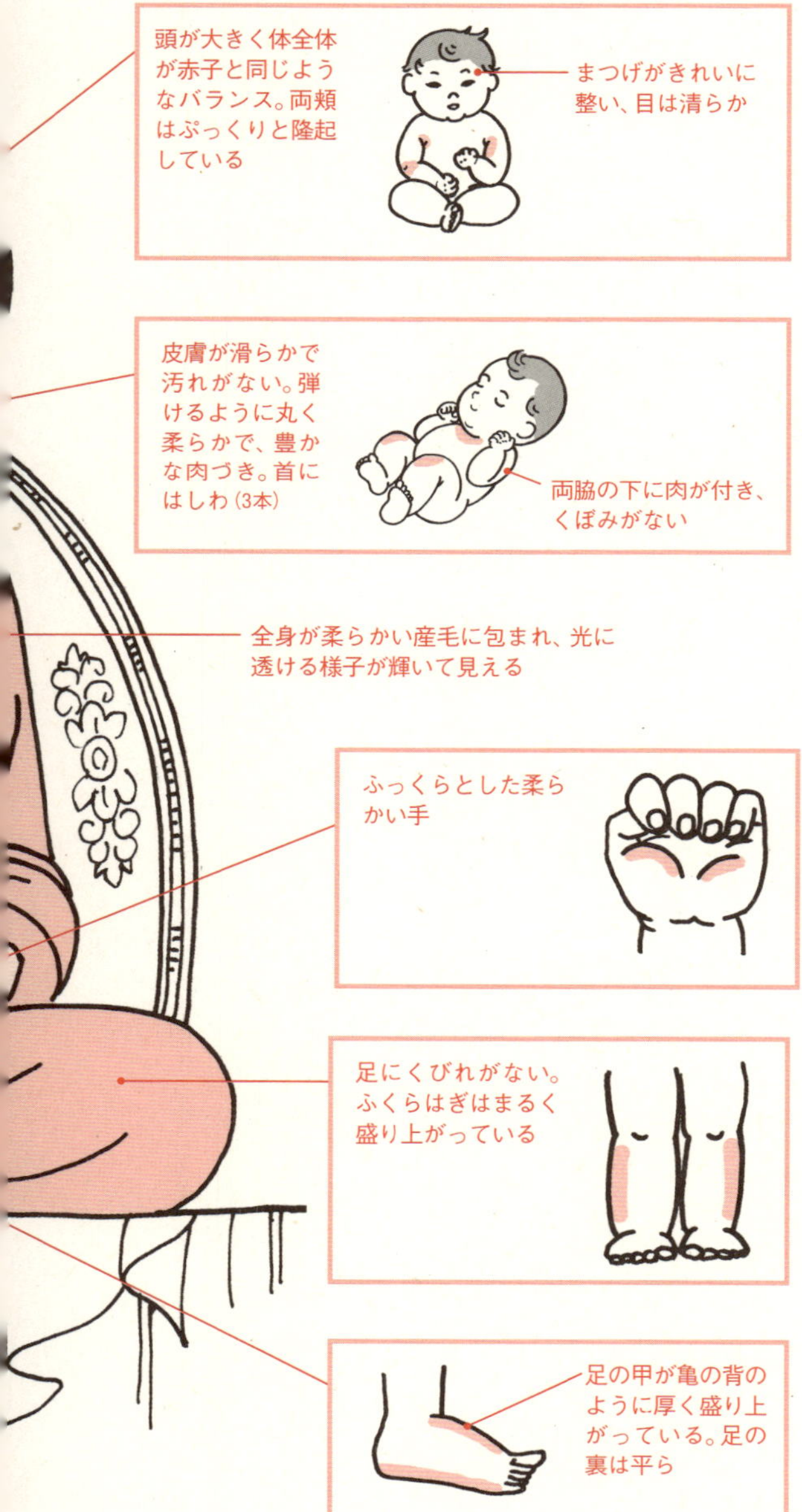
頭が大きく体全体が赤子と同じようなバランス。両頬はぷっくりと隆起している
まつげがきれいに整い、目は清らか
皮膚が滑らかで汚れがない。弾けるように丸く柔らかで、豊かな肉づき。首にはしわ（3本）
両脇の下に肉が付き、くぼみがない
全身が柔らかい産毛に包まれ、光に透ける様子が輝いて見える
ふっくらとした柔らかい手
足にくびれがない。ふくらはぎはまるく盛り上がっている
足の甲が亀の背のように厚く盛り上がっている。足の裏は平ら

※：32の特徴（三十二相）とそれを細かくした80の特徴（八十種好）のこと

2つの側面から仏像を解剖する

悟りを開いた釈迦の人間離れした特徴

悟りに達した証として、頭の肉がこぶのように隆起している

螺髪（らほつ）といわれる、右巻きにカールした頭髪。右を清浄とする考えから。髪は瑠璃色

眉間にある白毫は右旋回し、光を放つ。迷いの苦悩から衆生を救う（本像には見当たらない）

顔を覆うほど舌が長く広い。ありのままで嘘がないことを示す。また白く鋭利な四牙は、煩悩を制する

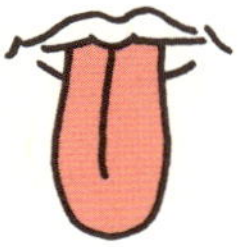

身体は黄金色に輝き、四方各1丈（約3m）に放つ光明は煩悩を打ち砕く

1つひとつの毛穴から瑠璃色の毛が生え、すべて右巻き。ありのままであることの尊さを表す

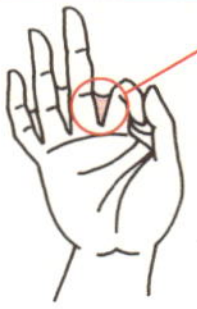

手と足の指と指の間に水かきがあり、悩む衆生を漏れなく救う

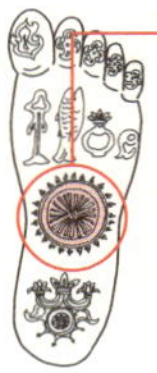

足の裏や手のひらには煩悩を鎮める「千輻輪相（せんぷくりんそう）」などの相が表れる

国宝　薬師如来坐像

MEMO：薬師寺は法相宗（南都六宗の1つ）の大本山。本堂となる金堂に安置される本尊・薬師如来坐像は金銅造で白鳳時代の作、像高254.7㎝

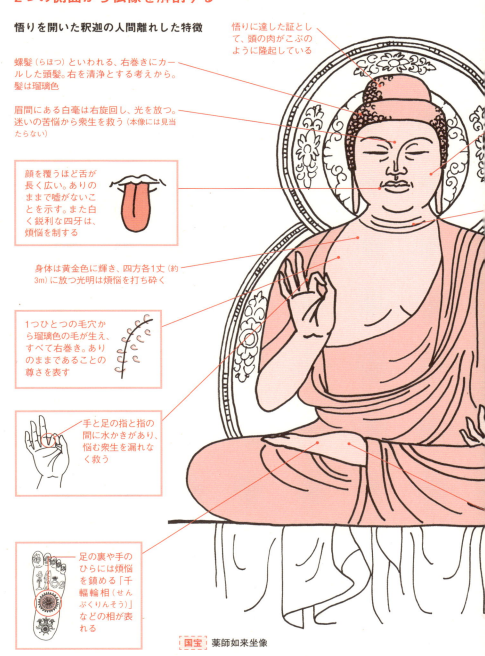

薬師如来は東方浄土の仏

薬師如来／不動院《ふどういん》 広島

薬師如来の仏国土《ぶっこくど》は、瑠璃を大地とした「瑠璃光浄土」[※1]。はるか東方にあるこの浄土は、夜明け前の青い空のような清浄の地で、七宝のように美しく光り輝く世界であるという。そのことから薬師如来は東を背に西向きに安置されることが多い。

一方、薬師如来の脇侍《わきじ》は日光《にっこう》・月光《がっこう》菩薩、眷属《けんぞく》[※2]を務めるのは十二支と結び付いた12の神々「十二神将《しんしょう》」だ。これらの従者たちは昼と夜、十二時《とき》[※3]といった具合にいずれも時と関係し、方位を示している。薬師如来と従者たちの配置を「方位」から見てみよう。

薬師如来とその仲間たち

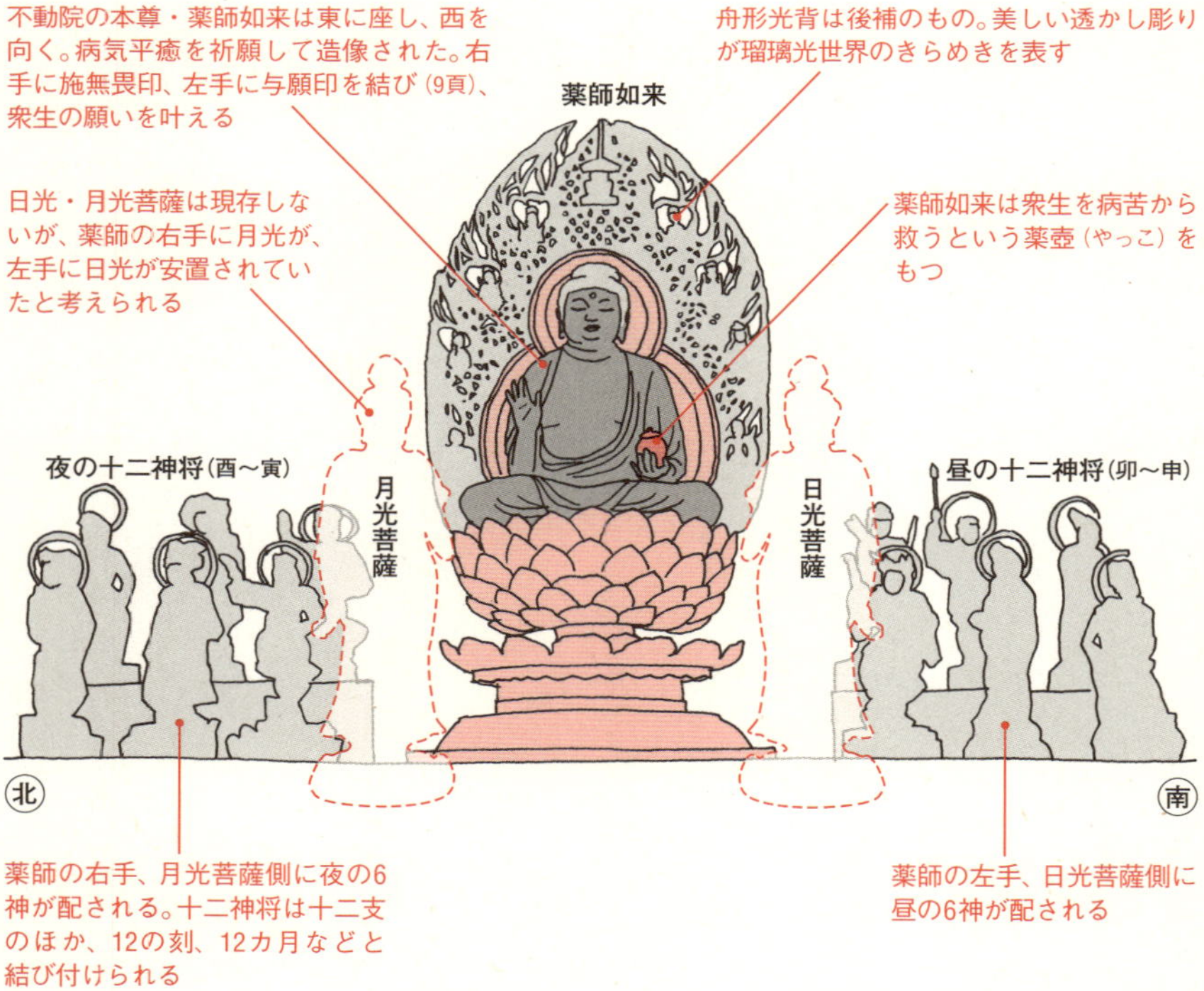
不動院の本尊・薬師如来は東に座し、西を向く。病気平癒を祈願して造像された。右手に施無畏印、左手に与願印を結び（9頁）、衆生の願いを叶える
舟形光背は後補のもの。美しい透かし彫りが瑠璃光世界のきらめきを表す
薬師如来
日光・月光菩薩は現存しないが、薬師の右手に月光が、左手に日光が安置されていたと考えられる
薬師如来は衆生を病苦から救うという薬壺（やっこ）をもつ
夜の十二神将（酉〜寅）
月光菩薩
日光菩薩
昼の十二神将（卯〜申）
北
南
薬師の右手、月光菩薩側に夜の6神が配される。十二神将は十二支のほか、12の刻、12カ月などと結び付けられる
薬師の左手、日光菩薩側に昼の6神が配される

重文 薬師如来坐像

※1：仏国土は仏それぞれの浄土のこと。瑠璃光浄土は浄瑠璃浄土ともいう
※2：その仏の親族、一族
※3：一昼夜。昼に卯・辰・巳・午・未・申、夜に酉・戌・亥・子・丑・寅を割り当てる

西に開いた土地は薬師如来を祀るには最適

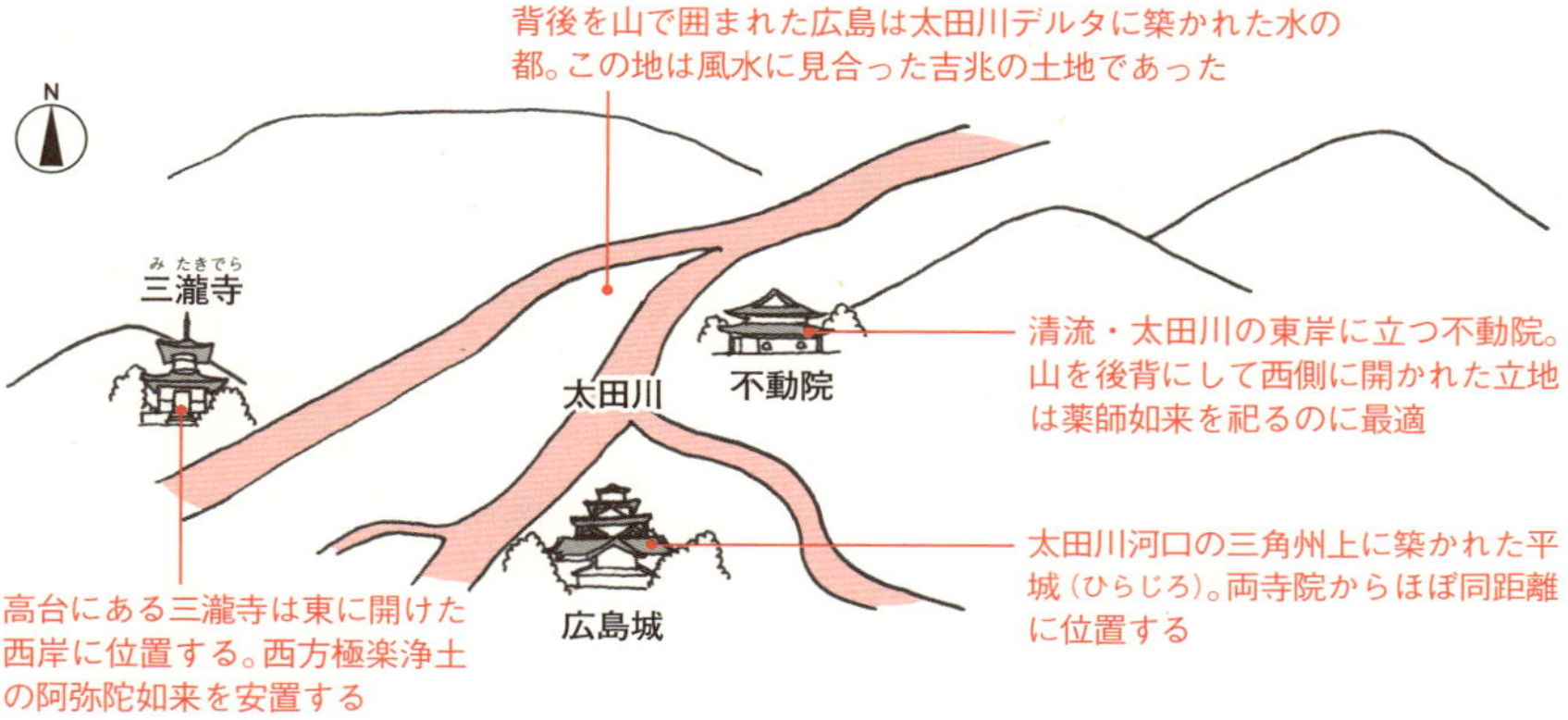
背後を山で囲まれた広島は太田川デルタに築かれた水の都。この地は風水に見合った吉北の土地であった
N
三瀧寺《みたきでら》
太田川
不動院
清流・太田川の東岸に立つ不動院。山を後背にして西側に開かれた立地は薬師如来を祀るのに最適
広島城
太田川河口の三角州上に築かれた平城（ひらじろ）。両寺院からほぼ同距離に位置する
高台にある三瀧寺は東に開けた西岸に位置する。西方極楽浄土の阿弥陀如来を安置する

東西南北にいる仏たち

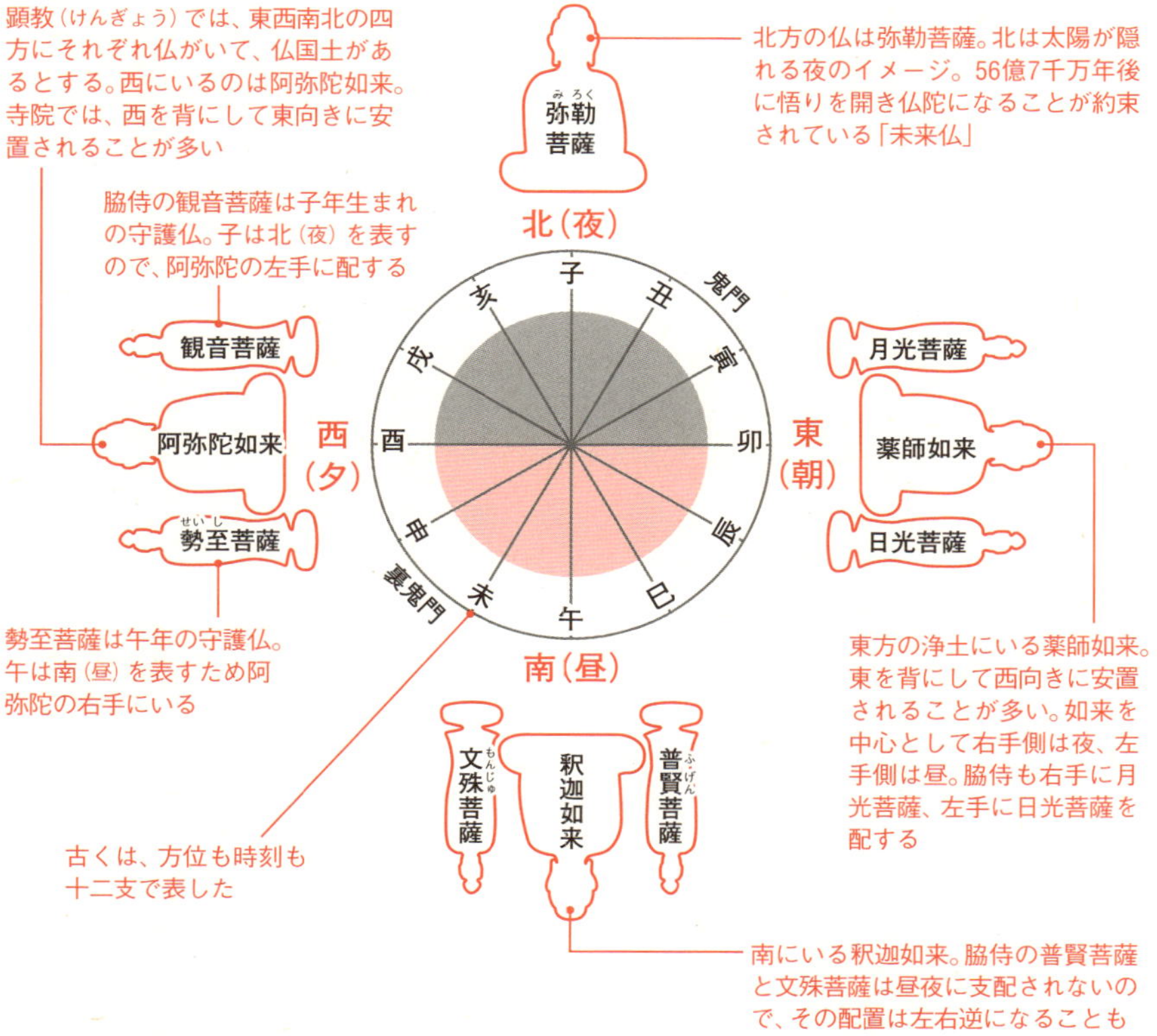
顕教（けんぎょう）では、東西南北の四方にそれぞれ仏がいて、仏国土があるとする。西にいるのは阿弥陀如来。寺院では、西を背にして東向きに安置されることが多い
弥勒《みろく》菩薩
北方の仏は弥勒菩薩。北は太陽が隠れる夜のイメージ。56億7千万年後に悟りを開き仏陀になることが約束されている「未来仏」
脇侍の観音菩薩は子年生まれの守護仏。子は北（夜）を表すので、阿弥陀の左手に配する
北（夜）
子
丑
鬼門
寅
卯
辰
巳
午
未
裏鬼門
申
酉
戌
亥
観音菩薩
阿弥陀如来
勢至《せいし》菩薩
西（夕）
東（朝）
月光菩薩
薬師如来
日光菩薩
勢至菩薩は午年の守護仏。午は南（昼）を表すため阿弥陀の右手にいる
南（昼）
東方の浄土にいる薬師如来。東を背にして西向きに安置されることが多い。如来を中心として右手側は夜、左手側は昼。脇侍も右手に月光菩薩、左手に日光菩薩を配する
文殊《もんじゅ》菩薩
釈迦如来
普賢《ふげん》菩薩
古くは、方位も時刻も十二支で表した
南にいる釈迦如来。脇侍の普賢菩薩と文殊菩薩は昼夜に支配されないので、その配置は左右逆になることも

MEMO：不動院は真言宗別格本山。本尊の薬師如来坐像が安置される金堂（国宝）は、天正年間（1573～1593年）に安国寺恵瓊（あんこくじえけい）が移築したとされ、禅宗様仏殿建築として最大規模を誇る。薬師如来坐像は平安時代の作で寄木造、像高は140㎝

蓮から仏が浮かび上がる

薬師如来／覚園寺《かくおんじ》

神奈川

お堂に足を踏み入れたとき、違和感や疑問がわいてくることがある。たとえば覚園寺の薬師堂。正面にある須弥壇が随分と高い。中尊※の薬師如来像は頭でっかちで、プロポーションがあまりよくない。自分の足元に目をやると、土間床の一部になぜか石が敷かれている。

このような「堂内で不思議に感じる部分」を見過ごしてはいけない。そこには仏とどう接するべきか、ヒントが隠されていることがある。きちんと読み解いて正しく仏と接することで、仏との一体感が高まるのだ。

1人の仏師が長年かけてつくった仏たち

定印（9頁）を結び両手の上に薬壺（やっこ）をのせる珍しい形の薬師如来像。一般的には右手は施無畏（せむい）印、左手に薬壺をもつ
脇侍が日光、月光菩薩、眷属が十二神将ならば中尊は薬師如来だ
薬師如来
月光《がっこう》菩薩
日光《にっこう》菩薩
脇侍の日光・月光両菩薩は仏師・朝祐（ちょうゆう）の手による。朝祐は長年にわたり覚園寺の造仏に携わり、三尊像の左右の壁ぎわに並ぶ十二神将像は1体につき約1年かけてつくられたとされる
この須弥壇は通常より高い

重文　薬師三尊坐像

※：一群の仏像のうち中心をなす像のこと。薬師三尊像の中尊は薬師如来像

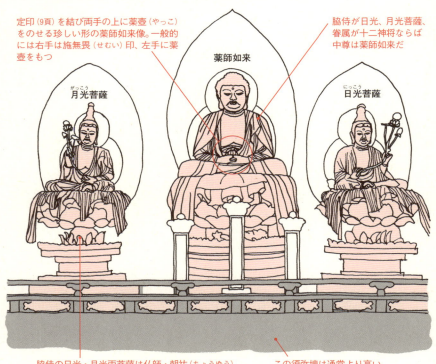

自分が動けば仏も動く

堂内の不思議が導く正しい礼拝法

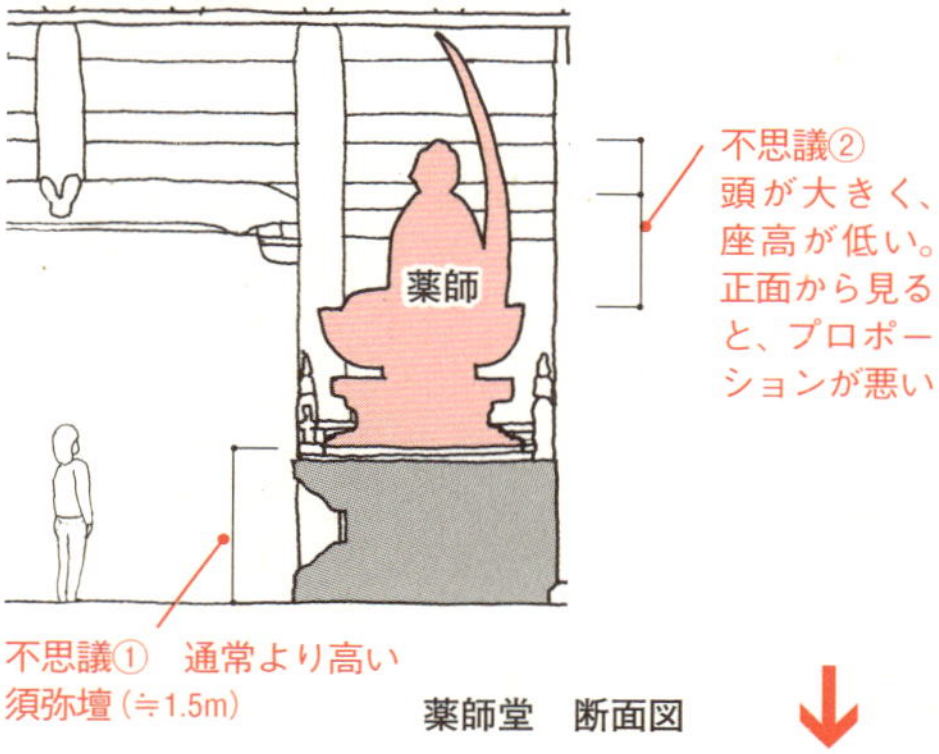
薬師
不思議②
頭が大きく、
座高が低い。
正面から見る
と、プロポー
ションが悪い
不思議①　通常より高い
須弥壇（≒1.5m）

薬師堂　断面図

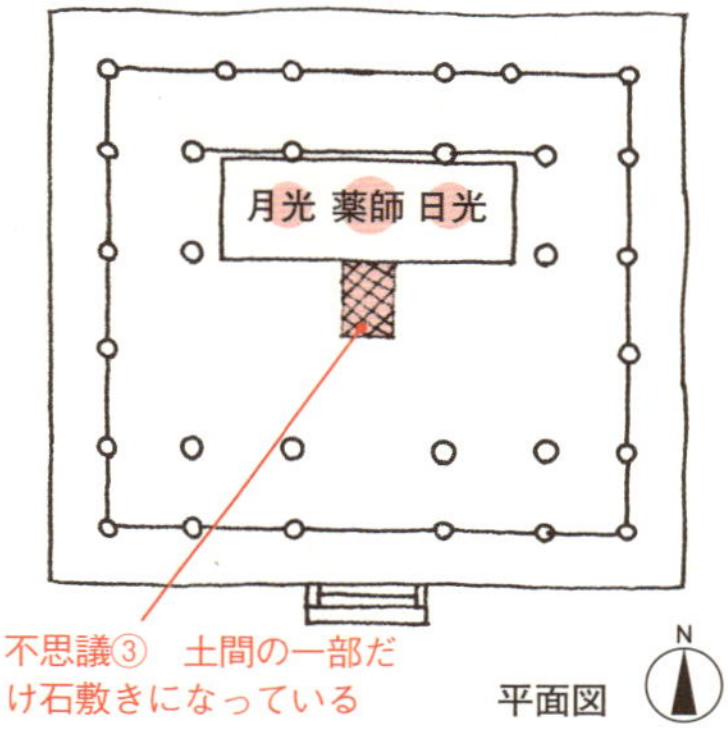
月光 薬師 日光
不思議③　土間の一部だ
け石敷きになっている
N

平面図

須弥壇の高さからすると立って拝むべき仏像のようだが、それにしてはプロポーションが悪い。土間に石敷き部分があることから、両ひざ・両ひじ・頭を地に着けて拝む（投地礼拝する）仏像だということに気が付く

投地《とうち》礼拝で仏と一体になる

③さらに身を起こしていくと
仏が蓮台から立ち上がるよう
に姿を現す
薬師如来
②ゆっくり腰を上げていくと
徐々に仏の頭部が見えてくる
蓮台
①投地礼拝して仏を見上げる
と蓮台によってその全容がつ
かめない

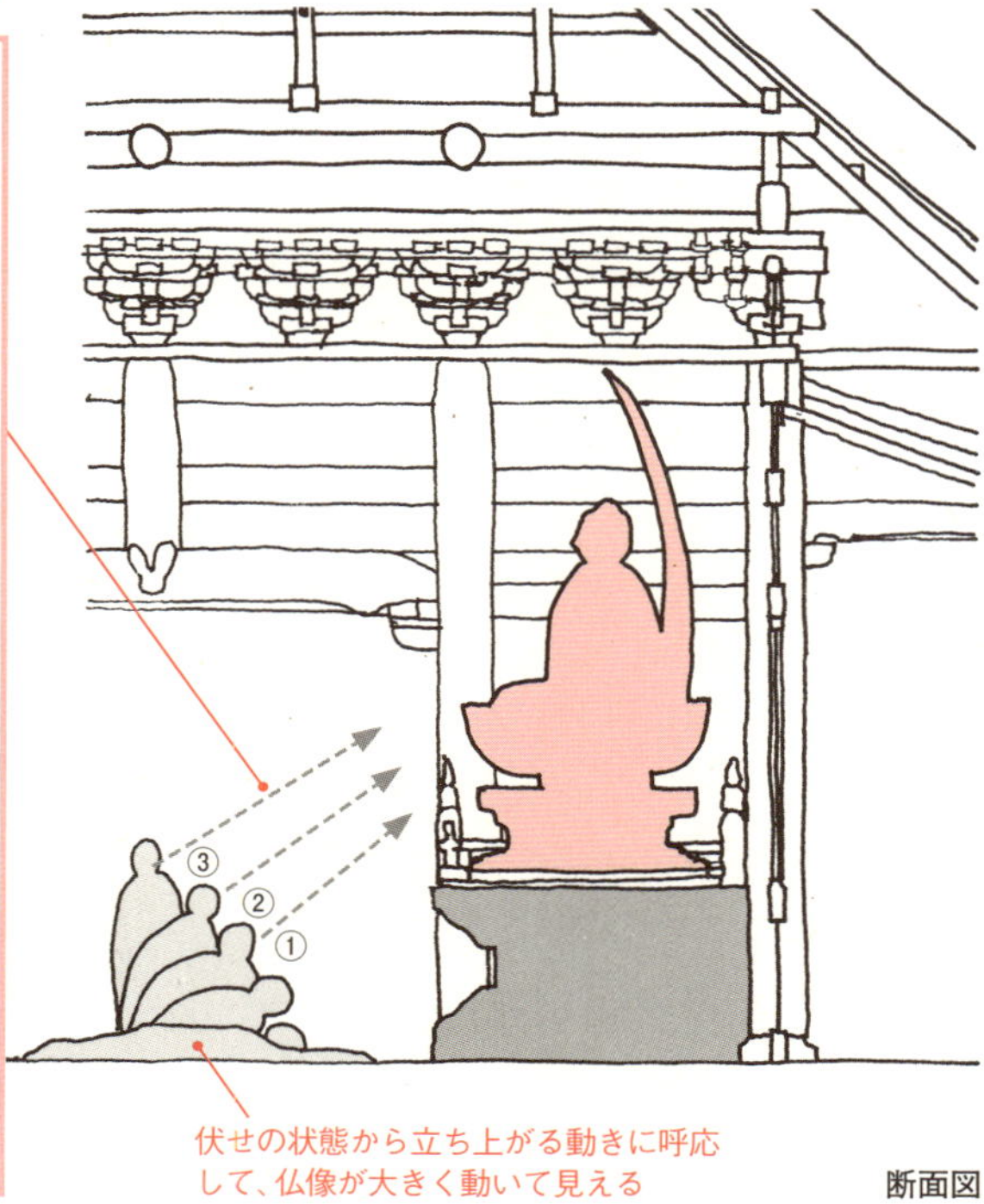
③
②
①
伏せの状態から立ち上がる動きに呼応
して、仏像が大きく動いて見える

断面図

MEMO：覚園寺は真言宗の寺。本堂である薬師堂に安置される薬師三尊坐像や十二神将像はいずれも木造。中尊・薬師如来坐像は一部が鎌倉時代の作、その他の部分が室町時代の作という説が有力

東北の魂残る薬師如来

薬師如来／黒石寺《こくせきじ》

岩手

黒石寺はかつて蝦夷《えみし》と坂上田村麻呂が激戦を繰り広げた地にある。蝦夷の勇者・アテルイが処刑されてから60年後※1、この寺に祀られたのは薬師如来。朝廷はこの地に薬師如来を配することで、国家鎮護を図ったのだ※2。

黒石寺の本尊となったこの像は、奈良・薬師寺の薬師如来像と同様、「三十二相八十種好」（44頁）に従ってつくられ、釈迦の姿が原型になっている。しかしそこには都の仏とは違う、勇ましい東北人の姿が垣間見える。

お手本は奈良・薬師寺の薬師如来像

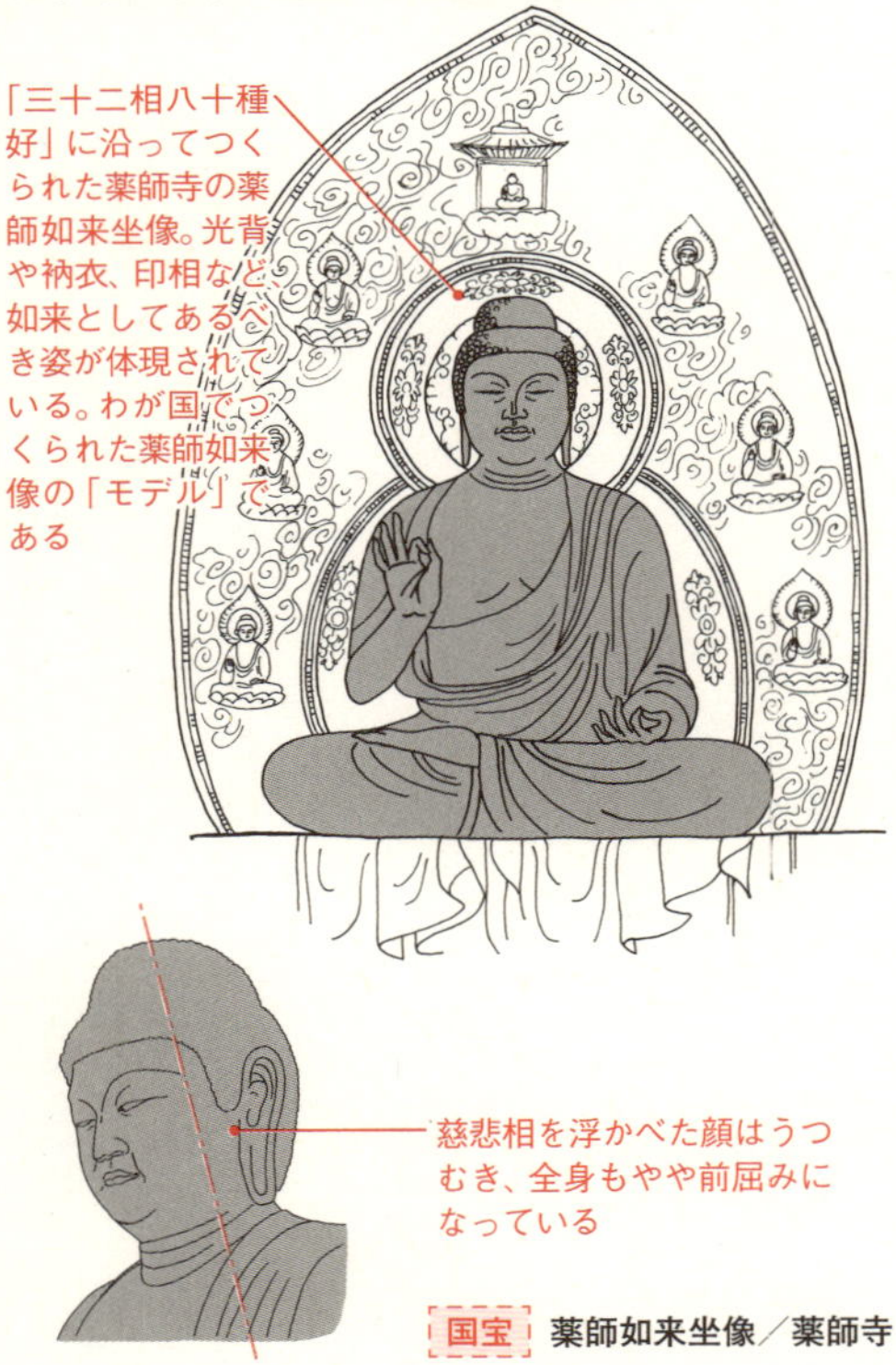
「三十二相八十種好」に沿ってつくられた薬師寺の薬師如来坐像。光背や衲衣、印相など如来としてあるべき姿が体現されている。わが国でつくられた薬師如来像の「モデル」である
慈悲相を浮かべた顔はうつむき、全身もやや前屈みになっている

国宝　薬師如来坐像／薬師寺

脇侍の違いを探せ

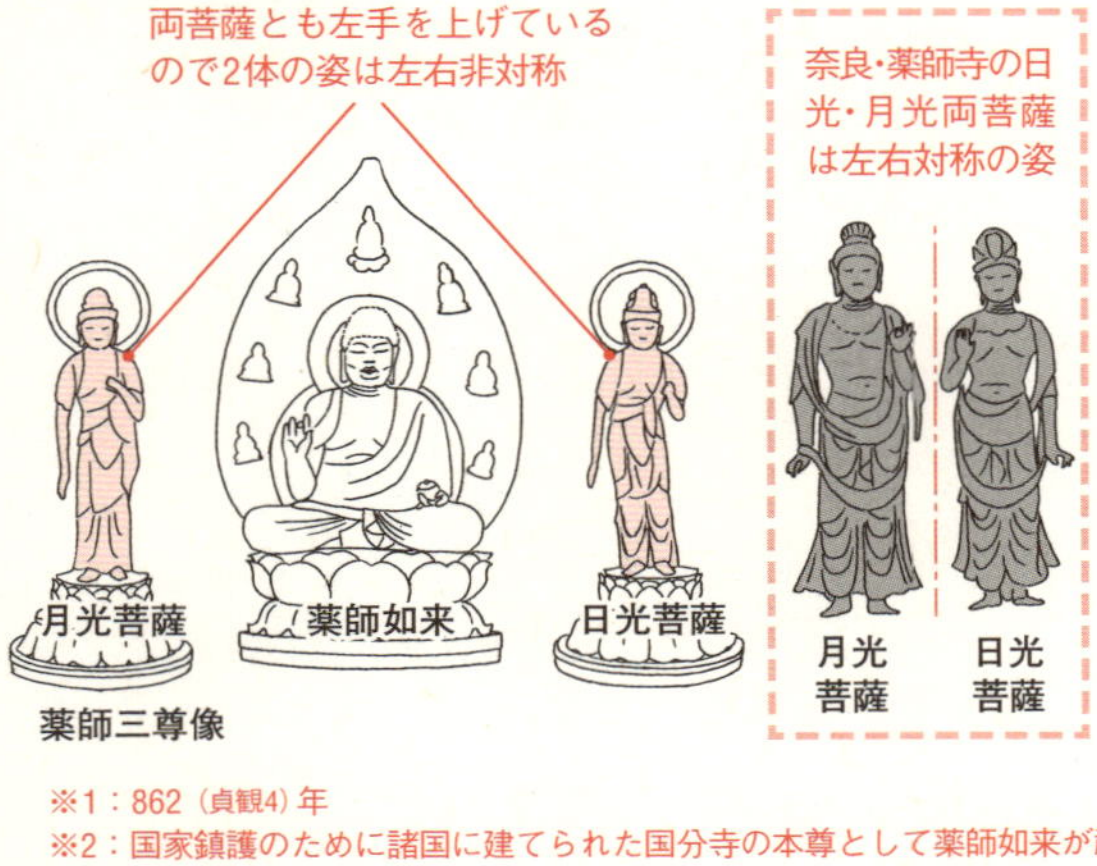
両菩薩とも左手を上げているので2体の姿は左右非対称
月光菩薩
薬師如来
日光菩薩
薬師三尊像
奈良・薬師寺の日光・月光両菩薩は左右対称の姿
月光菩薩
日光菩薩

※1：862（貞観4）年
※2：国家鎮護のために諸国に建てられた国分寺の本尊として薬師如来が祀られていることも多い

「みちのく仏」を「都の仏」と比べる

薬師如来像の違いを探せ

相違点

薬師寺の薬師如来像がやや前屈みなのに対し、腰を反るかのように背筋を正している。胴回りや腰付きもどっしりとしている。これは「東北の勇者の姿」

親指で輪をつくらず、前に突き出す印相。薬師寺では上げた手の親指と人差し指で輪をつくっている

共通点

光背には「七仏薬師」を配し、頭や体の後ろ部分が二重円光になっている

首には3本の筋が入っている

主に如来が着る衲衣（のうえ、如来などがまとう布）をまとう

右手を上げ、左手を下げ、手のひらを見せる施無畏与願印（せむいよがんいん）。手には薬壺（やっこ）をもつ（薬師寺の像は手にしていないが、薬師如来に一般的な持物）

重文　薬師如来坐像（薬師三尊像のうち）

如来に典型的な頭頂部の隆起部分（肉髻、にっけい）が明確でなく、螺髪（らほつ、巻き毛の粒）も都の如来像より大きい。都から遠い北東北の仏師にまで造像に関する情報が伝達するにはもう少し時を要したのだろう

威嚇的な相は朝廷側の強い制圧の意思の表れか。顔を起こし正面を向くのは、はるかかなたの都を見据え、圧政に対する苦渋の表情とも取れる。団子鼻に厚い唇といった野性味溢れる顔立ちからは東北人の気概も感じられ、この仏像は私たちの想像力をかき立てる

頭部拡大図

MEMO：黒石寺は天台宗の寺。本尊・薬師如来坐像は木造で平安時代（862年）の作、像高126cm。薬師寺の薬師如来坐像については44頁参照

1列に並ぶ5体の仏

薬師如来／室生寺《むろうじ》

奈良

室生寺・金堂《こんどう》の本尊は伝・釈迦如来像。本来は薬師如来としてつくられたという説が有力で、金堂もかつては薬師堂と呼ばれていた。薬師如来の守護神・十二神将像（128頁）が安置されていたり、建物に薬壺《やっこ》が描かれていたりと、その名残も多い。

現在、金堂には本尊を含め、5体の仏像が祀られている。3間※1の須弥壇に横一列に並ぶ様子は、やや窮屈そう。作風も一定ではない。これも「薬師如来」をヒントに解読すれば、三尊形式※2という創建当時の姿が浮かび上がってくる。

今も残る薬師堂の痕跡探し

礼堂の東西にある蟇股（かえるまた）には薬師如来の持物・薬壺の線刻がある

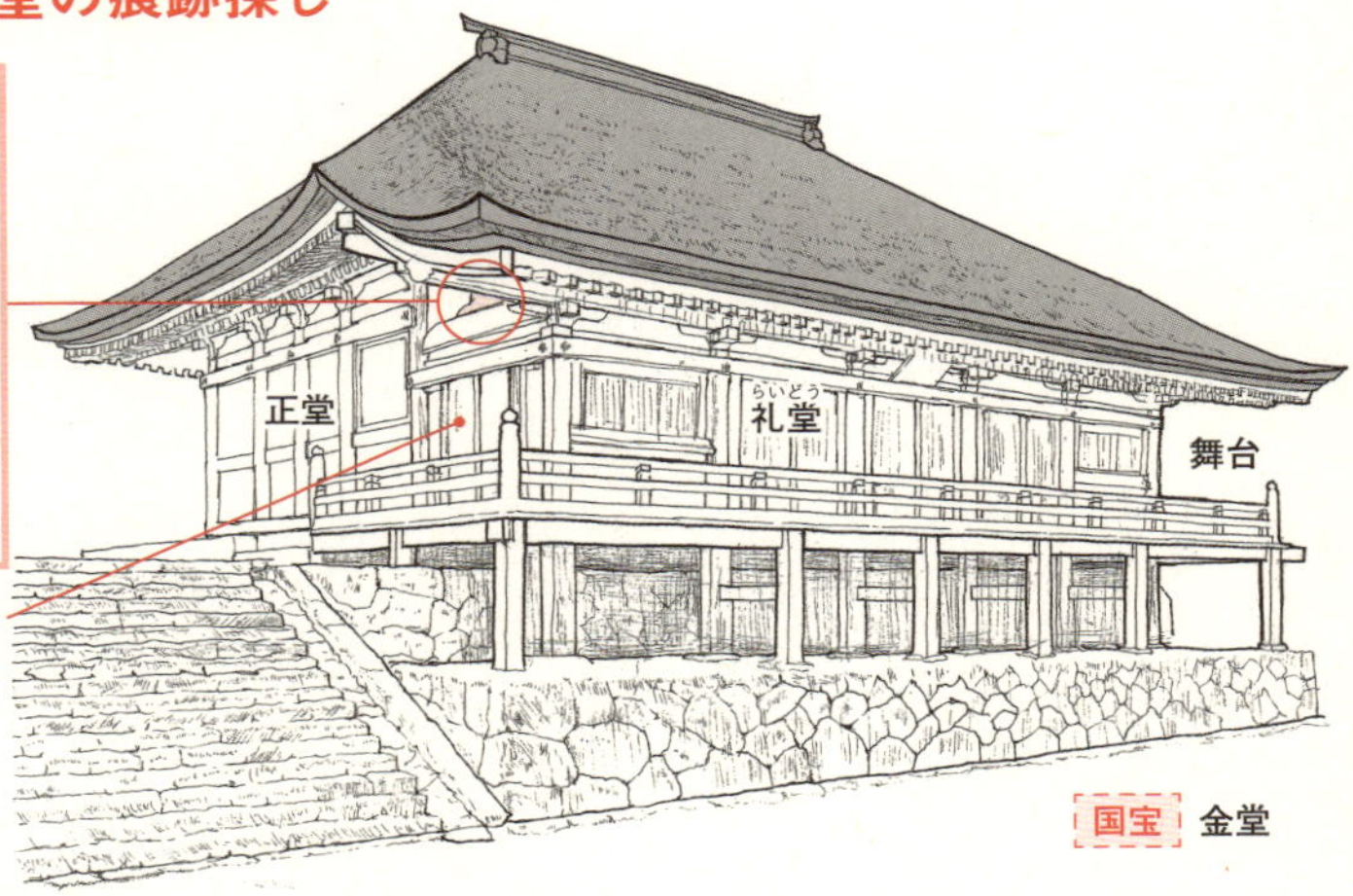

金堂は正堂・礼堂と外部に面した舞台からなる懸造（かけづくり）

国宝 金堂

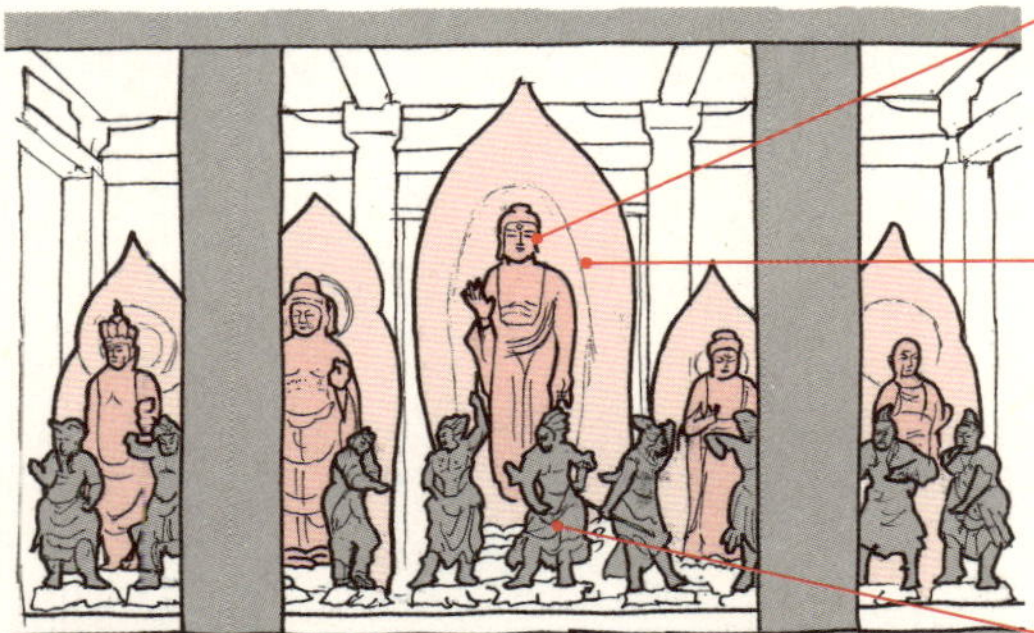

金堂内部

舞台から見た、金堂内部。3間の須弥壇に五仏が並ぶには狭すぎる感じ

伝・釈迦如来像の光背には七仏薬師が描かれている。薬師如来は衆生を救うため7つの姿に変化するという

七仏薬師（一部）

五仏の足元には薬師如来の守護神・十二神将像が並ぶ

※1：柱と柱の間の数を間という。長さは一定でない

※2：中心となる仏（中尊）とその左右にいる脇侍、計3体1セットで祀ること。釈迦三尊像は釈迦如来と普賢・文殊菩薩もしくは薬王・薬上菩薩、阿弥陀三尊像は阿弥陀如来と観音・勢至菩薩など

薬師如来だったころの古株メンバーは誰？

仏を見て、三尊を想像する

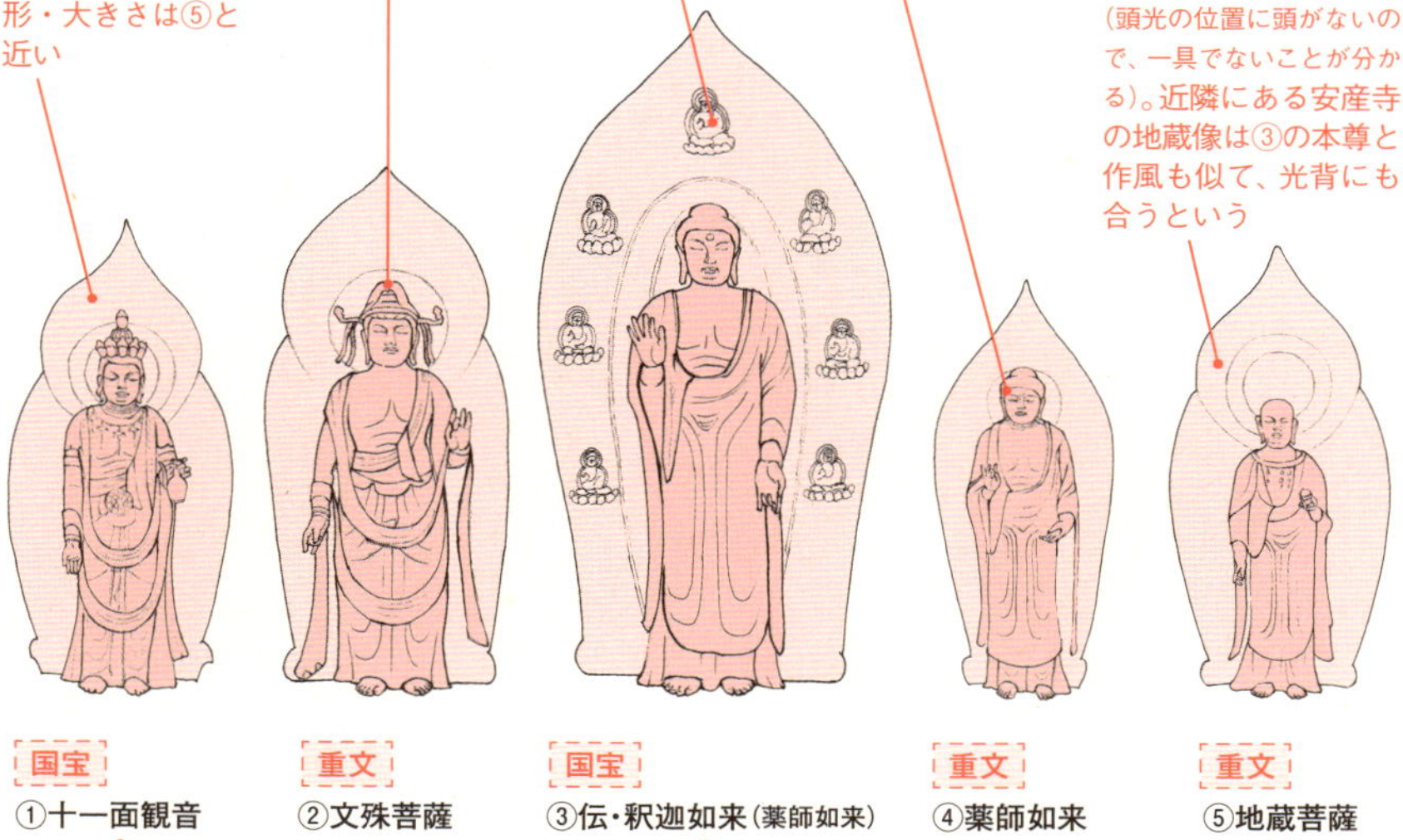
仏像を間近にすると、③の本尊と作風が近い。光背の形・大きさは⑤と近い
作風が③の本尊と異なる
七仏薬師が描かれた光背
像が小さく、作風も本尊と異なる
光背を見ると①とペアのようだが、光背と像の大きさが合わない（頭光の位置に頭がないので、一具でないことが分かる）。近隣にある安産寺の地蔵像は③の本尊と作風も似て、光背にも合うという
国宝
①十一面観音
重文
②文殊菩薩
国宝
③伝・釈迦如来（薬師如来）
重文
④薬師如来
重文
⑤地蔵菩薩

③の本尊を薬師如来と考えると、①の観音、⑤の地蔵を脇侍とした薬師三尊像が本来の姿だったと想像できる。いずれも衣文線（しわ）の描き方は漣波式、光背高さのバランスもいい

薬師三尊像の脇侍は日光・月光菩薩が多いが、図のように観音と地蔵菩薩で脇侍をなすことも
像だけ安産寺の地蔵と考える。光背と像の頭の位置がピタリと合う
①十一面観音
③薬師如来（伝・釈迦如来）
⑤地蔵菩薩

五仏の理由を考える

5体の仏はいずれも藤原氏の氏神・春日神（春日大社の5神）の本来の姿（本地仏）。鎌倉後期、真言密教に押されつつあった室生寺に対し、本寺の興福寺（藤原氏の氏寺）が勢力巻き返しのために三尊を五尊にしたのだ

春日大社5神	本地仏
一宮	釈迦如来（③）
二宮	薬師如来（④）
三宮	地蔵菩薩（⑤）
四宮	十一面観音（①）
若宮	文殊師利菩薩（②）

MEMO：室生寺は真言宗（もとは法相宗）の寺。創建は奈良時代、興福寺の僧・賢璟（けんきょう）によるが、金堂は平安前期に建立とされ、当時の山寺の仏堂としては現存唯一の遺構。本尊の伝・釈迦如来立像をはじめ、5体とも平安時代の作。本尊はカヤの一木造で、平安前期（9世紀末）を代表する仏像とされる

東北の霊山で仏と出会う

薬師如来／立石寺《りっしゃくじ》

山形

「閑《しず》かさや岩にしみ入る蝉の声」という芭蕉の句で有名な立石寺。山寺《やまでら》という通称が示すように、参道入口には「登山口」の表記が。石段1つひとつを踏むこともまた修行なのだ。

まずは本堂となる根本中堂《こんぽんちゅうどう》へ。薬師如来が私たちを苦しみから解き放ち、浄土へと送り出してくれる。東から西へと小1時間歩けば奥の院。西方浄土の阿弥陀如来が迎えてくれる。ここまで石段の数は千あまり。道すがら「死者の魂は山に集まる」という山岳信仰にも出会える。この山は古くからの霊山なのだ※。

根本中堂からお参りはスタートする

本尊の薬師如来坐像はみちのくの仏らしいふくよかな体つき。50年に1度だけ開帳される秘仏で、次回は2064年。長生きしよう

重文 薬師如来坐像

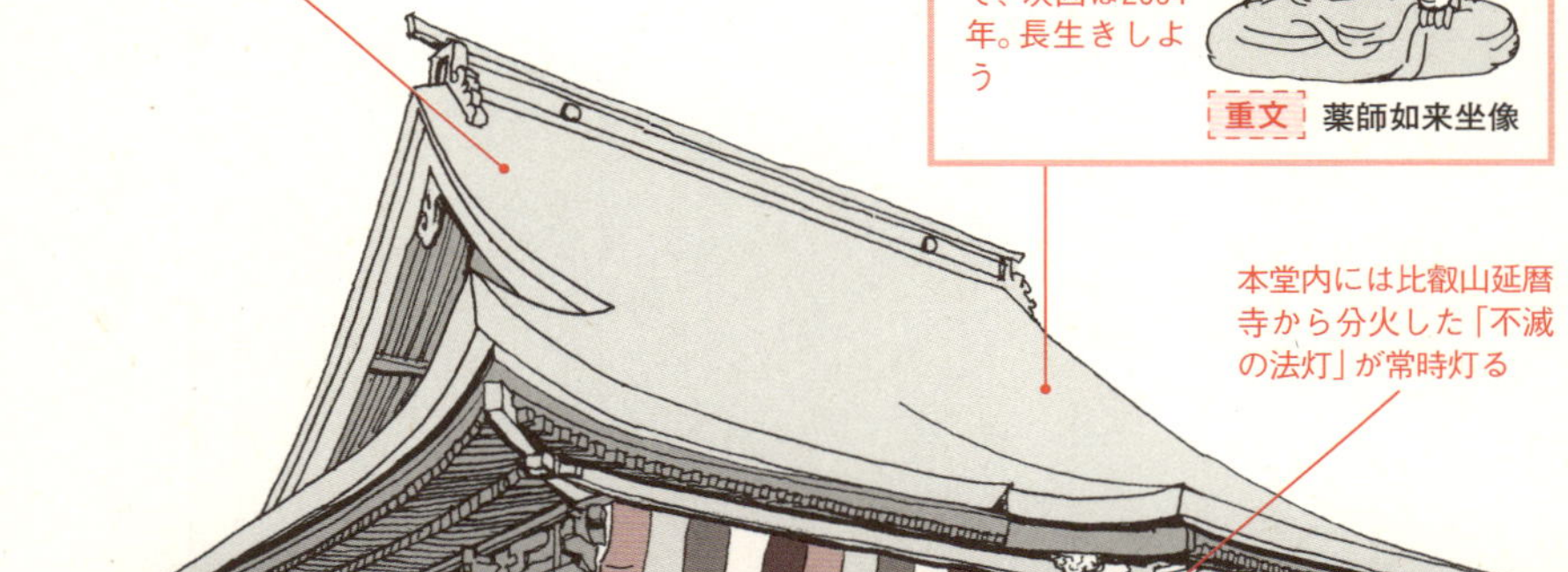
入母屋造・5間四方の根本中堂は本堂に当たる。現在の建物は南北朝時代の1356年に再建されたもの
本堂内には比叡山延暦寺から分火した「不滅の法灯」が常時灯る

重文 根本中堂

※：火砕岩が浸食し岩肌がむき出しになったこの山には、もともと山岳信仰があり、山に立ち入るということは神に近づく行為そのものであった。やがて天台密教や修験道などがからみ合って独自の発展を遂げ、山全体が修行の場となる

東西軸と上下軸で構成された境内

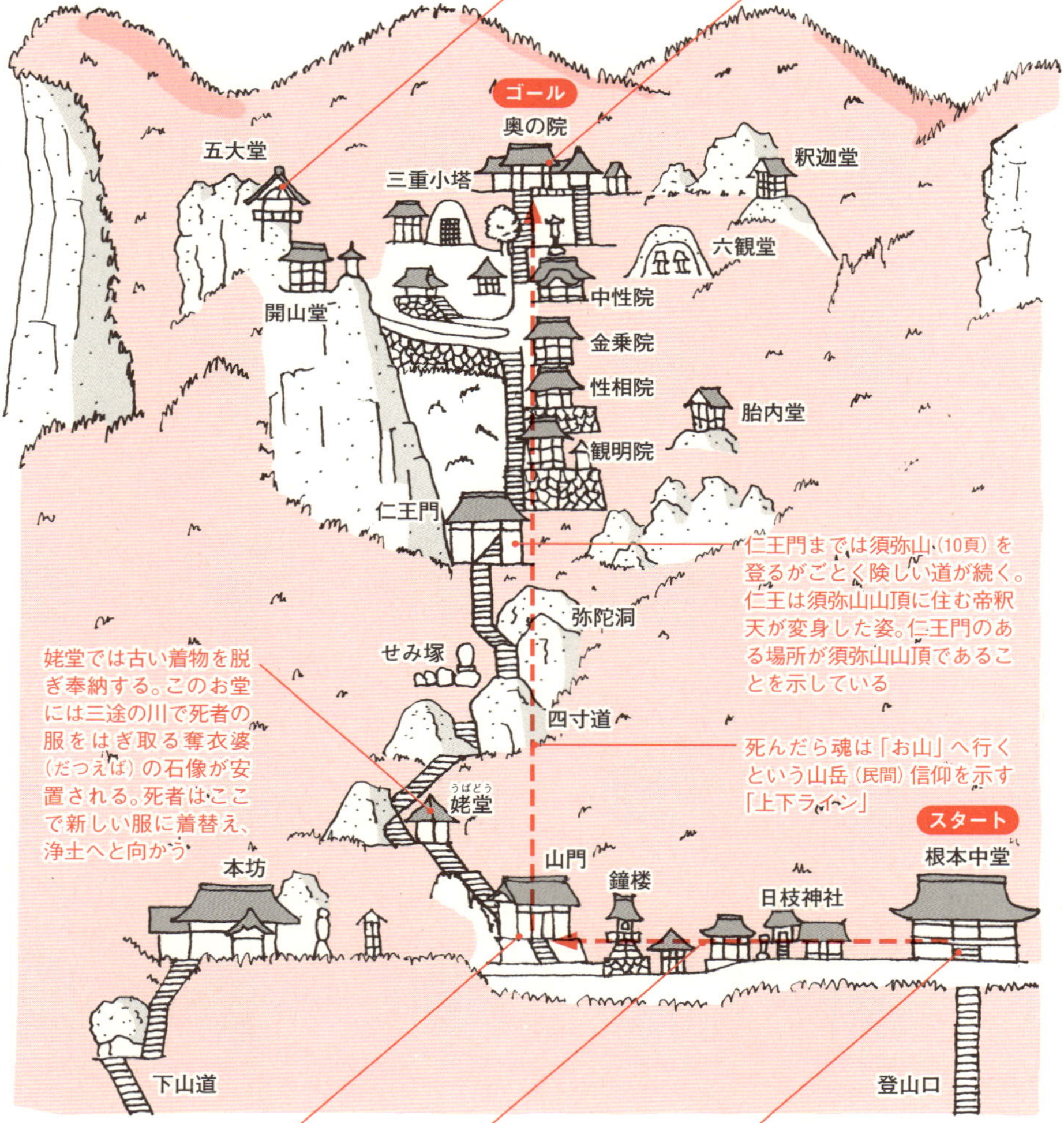
奥の院参拝後、疲れた体で五大堂に立つと、眼下にパノラマが広がる。まるで浄土から下界を見るようだ
阿弥陀如来は頂上にある奥の院大仏殿に安置されている。像高5mの丈六仏（39頁）だ
ゴール
奥の院
五大堂
三重小塔
釈迦堂
六観堂
開山堂
中性院
金乗院
性相院
胎内堂
観明院
仁王門
仁王門までは須弥山（10頁）を登るがごとく険しい道が続く。仁王は須弥山山頂に住む帝釈天が変身した姿。仁王門のある場所が須弥山山頂であることを示している
弥陀洞
せみ塚
姥堂では古い着物を脱ぎ奉納する。このお堂には三途の川で死者の服をはぎ取る奪衣婆（だつえば）の石像が安置される。死者はここで新しい服に着替え、浄土へと向かう
四寸道
死んだら魂は「お山」へ行くという山岳（民間）信仰を示す「上下ライン」
姥堂《うばどう》
スタート
根本中堂
山門
本坊
鐘楼
日枝神社
下山道
登山口
山門は阿弥陀如来を祀る奥の院への入口
薬師如来から阿弥陀如来の元へ、東から西へと向かうルート。仏教的な「東西ライン」
立石寺の本尊・薬師如来を祀る

MEMO：立石寺は天台宗の寺。860年に慈覚大師円仁によって建立された。本尊の薬師如来坐像は平安時代の作でカツラの一木造、像高130cm

古《いにしえ》の礼拝は外から行った

盧舎那仏《るしゃな》／唐招提寺《とうしょうだいじ》

奈良

僧侶になるための授戒《じゅかい》の儀式を行うべく、唐の僧鑑真《がんじん》が来朝したのは奈良時代のこと[※1]。唐招提寺はその鑑真が創建した寺である。

金堂《こんどう》[※2]に祀られるのは、本尊・盧舎那仏に脇《わき》侍《じ》の千手観音と薬師如来。他に類を見ない組み合わせに驚くが、脇侍が本尊のように大きいというのも珍しい。本尊も顔が大きくややアンバランスだ。

三尊はそろって正面を見据える。視線の先はお堂の先。外に出て金堂に納まる三尊像を見てみよう。新しい発見があるに違いない。

たくさんの釈迦を送り出す本尊・盧舎那仏

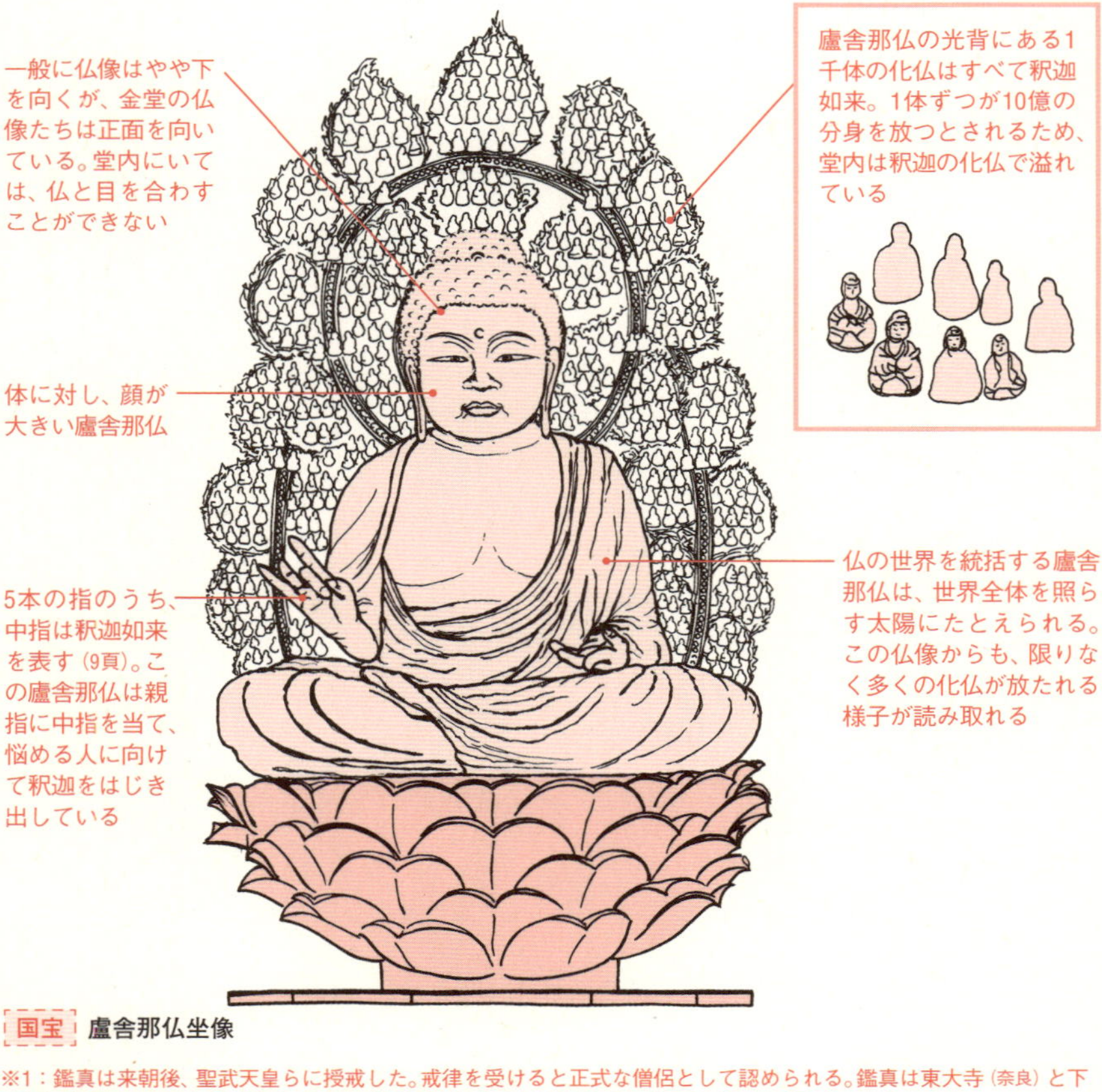
一般に仏像はやや下を向くが、金堂の仏像たちは正面を向いている。堂内にいては、仏と目を合わすことができない
盧舎那仏の光背にある1千体の化仏はすべて釈迦如来。1体ずつが10億の分身を放つとされるため、堂内は釈迦の化仏で溢れている
体に対し、顔が大きい盧舎那仏
仏の世界を統括する盧舎那仏は、世界全体を照らす太陽にたとえられる。この仏像からも、限りなく多くの化仏が放たれる様子が読み取れる
5本の指のうち、中指は釈迦如来を表す（9頁）。この盧舎那仏は親指に中指を当て、悩める人に向けて釈迦をはじき出している

国宝　盧舎那仏坐像

※1：鑑真は来朝後、聖武天皇らに授戒した。戒律を受けると正式な僧侶として認められる。鑑真は東大寺（奈良）と下野薬師寺（廃寺、栃木）と観世音寺（福岡）に授戒を行う壇（戒壇）を設けたが、これらを三戒壇といった
※2：金堂は鑑真の弟子によって完成した　※3：柱間のバランスの取り方はアテネのパルテノン神殿と共通する

お堂の外から礼拝しよう

仏と視線が合う前庭から礼拝する

創建当初、金堂は回廊で囲まれ、前庭では法会(ほうえ)が営まれていた

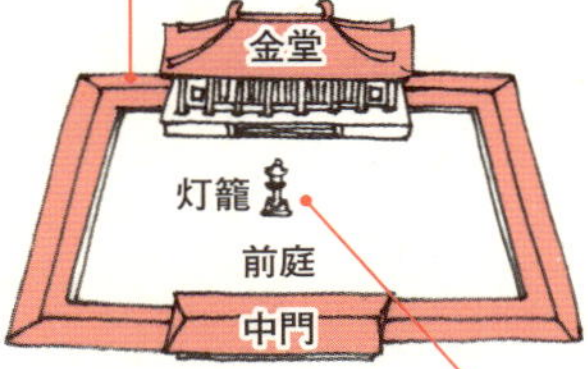

金堂(創建時)

仏の顔は正面を見据えているので、離れて見ると視線が合う。堂内で参拝しても目が合わない

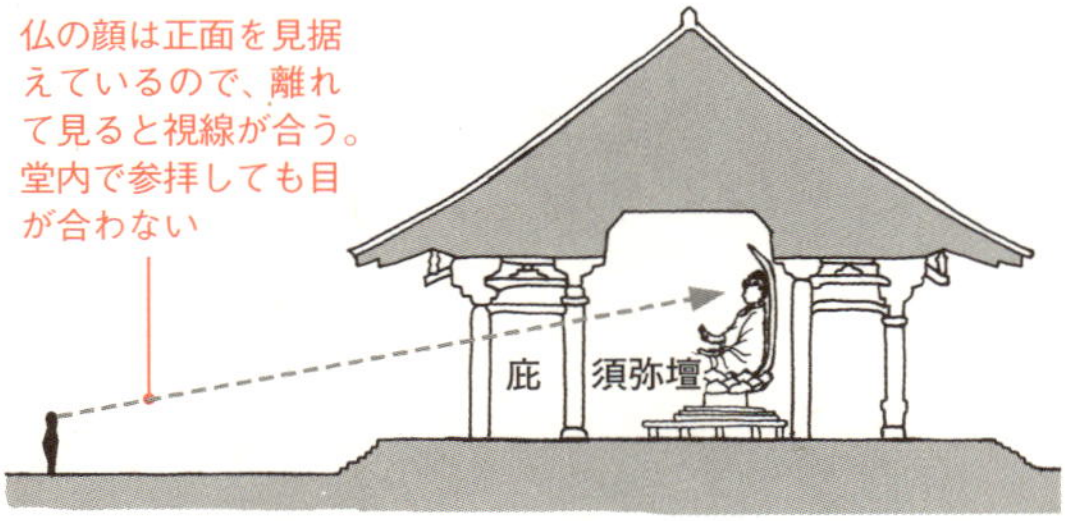

断面図

灯籠あたりから拝仏すると、中央の柱間に盧舎那仏が納まる。大きな頭も遠目だとバランスよく見える

三尊像の組み合わせが珍しく、脇侍も大きいのは、三戒壇※1の本尊を集めたからとも

中門からも礼拝しよう

金堂正面のバランスは見事。中央3間の間口が等しく大きいのに対し、両サイドの柱間は端に行くほど狭くなっている※3

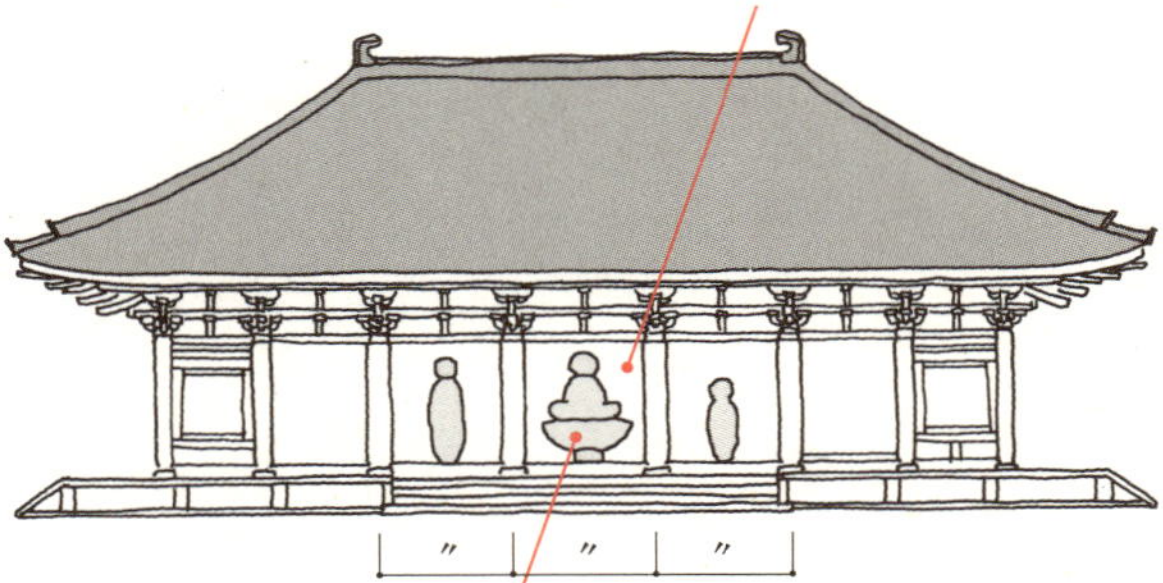

中門から礼拝すると三尊は中央の柱間にぴったり収まって見える。金堂は仏像を納める厨子のよう

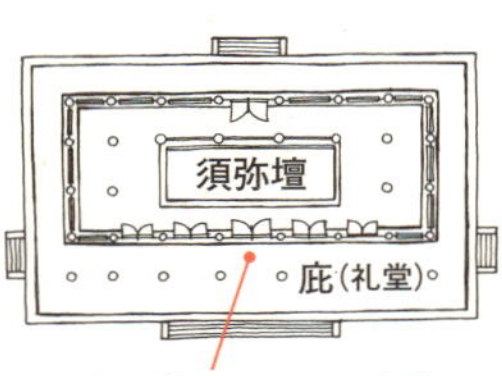

平安時代になると、吹放しの庇下から礼拝するようになる。本堂内での礼拝はさらにしばらく経ってから

国宝　金堂　立・平面図

MEMO：唐招提寺は律宗(南都六宗の1つ)の総本山。本堂となる金堂の本尊、盧舎那仏坐像は脱活乾漆造で奈良時代の作、像高304.5㎝。薬師如来立像は木芯乾漆造で平安時代の作、像高336.5㎝、千手観音立像は木芯乾漆造で奈良時代の作、像高536㎝。三尊とも国宝

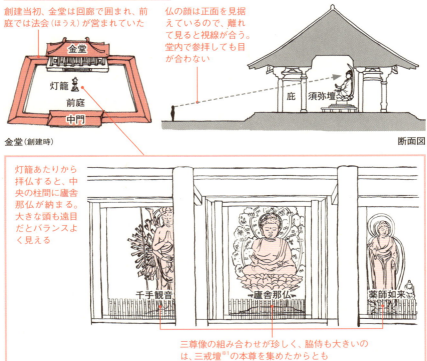

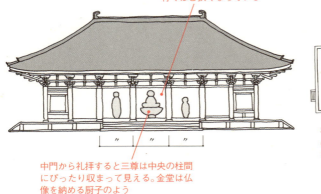

数字の5で読み解く密教

大日如来／金剛三昧院《こんごうさんまいいん》

和歌山

宇宙が地・水・火・風・空の5つの要素で構成されていると考えるのはインドの五大思想。同様に密教※1でも「5」は聖数とされる。

密教では、大日如来がすべての仏、森羅万象の根本であり最高神。太陽神である大日如来と東西南北の各方位を担当する四如来（四仏《しぶつ》）を合わせて「五仏」（五智如来）と呼んでいる。大日如来を中心に四仏が囲む「中央＋四方」の構成は基本の形であり、曼荼羅《まんだら》※2の構成にも見られる。そのほか、密教儀式やそこで使う道具においても、「5」を見つけることができる。

「5」は密教の基本

四仏
大日如来
五仏を手で表すと、四指（四仏）を押さえられる親指が大日如来。四仏の統括者である
南の担当は宝生如来。南は黄色を、黄は日中の太陽を表し、季節でいえば夏。暑い夏は厳しい修行の象徴。このように方位に割り当てられた色や季節は、太陽の動きや修行過程を表現する
西の担当は阿弥陀如来。西は赤色を、赤は夕日を表し、季節でいえば秋。収穫の秋は修行過程においては菩提（ぼだい、悟り）を象徴
宝生《ほうしょう》如来（南）
阿弥陀如来（西）
大日如来
阿閦《あじゅく》如来（東）
不空成就《ふくうじょうじゅ》如来（北）
東の担当は阿閦如来。東は青色を、青は朝日を表し、季節でいえば春。始まりの季節である春は、修行への第一歩となる発心（ほっしん）を象徴
北の担当は不空成就如来。北は黒色を、黒は日没を表し、季節でいえば冬。季節の終わりの冬は悟りの境地である涅槃（ねはん）を象徴

重文
五智如来坐像
（金剛界五仏）

※1：日本では平安時代に、中国に渡った最澄と空海により密教が伝えられた
※2：密教における仏の世界を2つ（金剛界と胎蔵界）に分類し、それぞれを視覚化したものが曼荼羅。あくまでも世界は1つなので金胎不二（こんたいふじ）といわれる

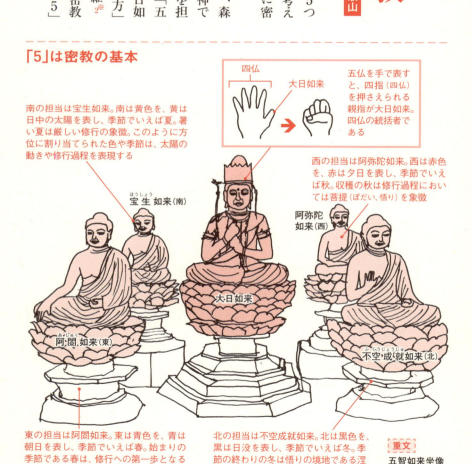

曼荼羅も中央＋四方の「5」が基本

金剛界曼荼羅は入れ子構成

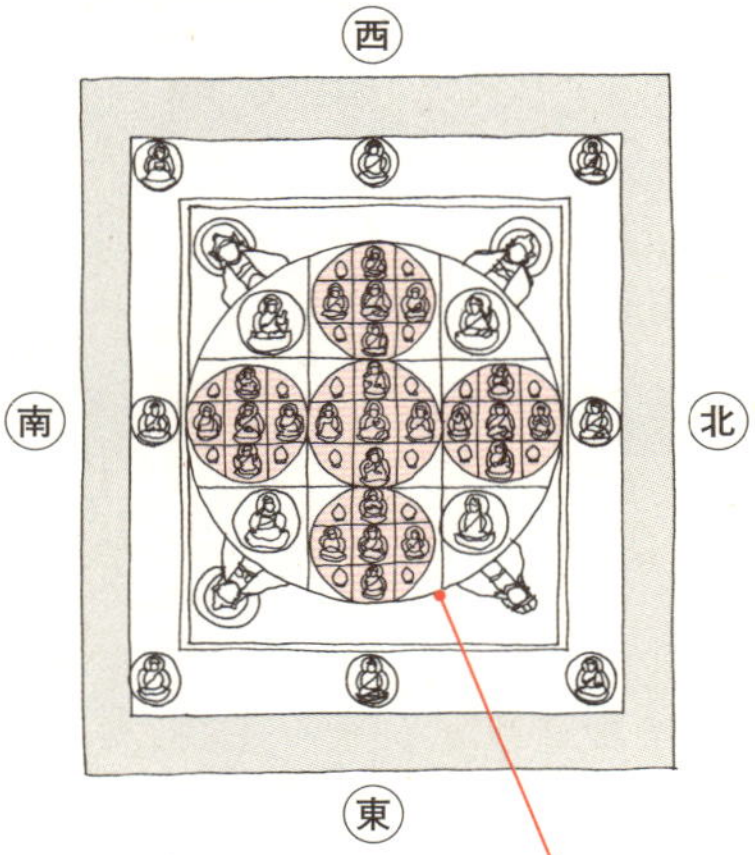
西
南
北
東

金剛界曼荼羅（成身会のみ）

胎蔵界曼荼羅はクロス構成

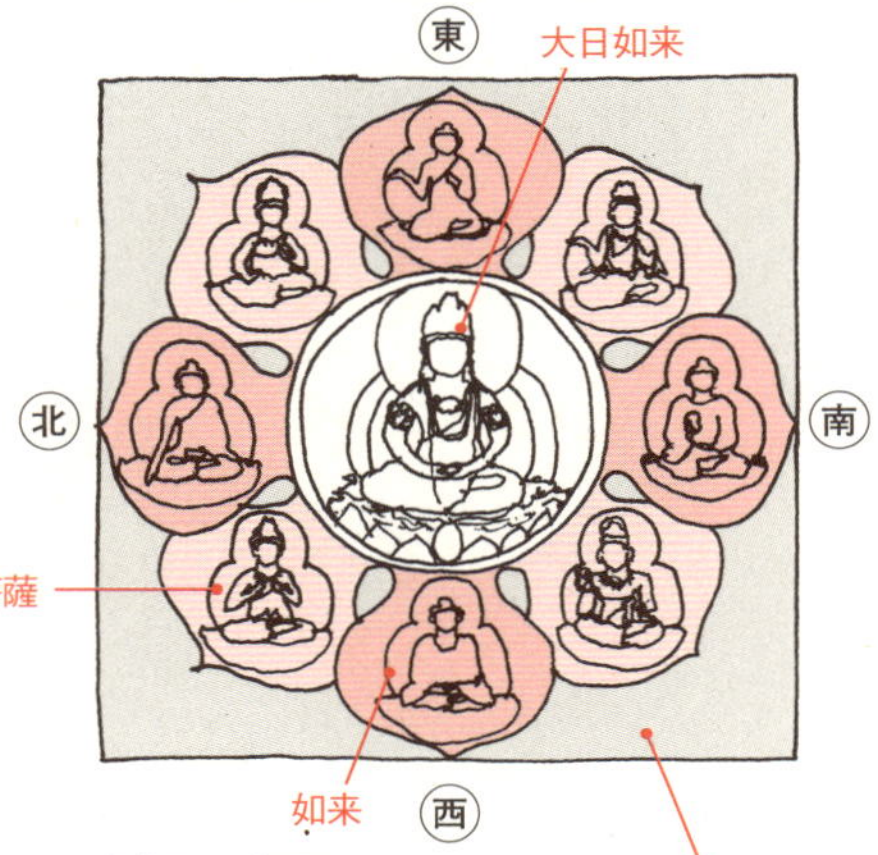
東
大日如来
北
南
菩薩
如来
西

胎蔵界曼荼羅（中大八葉院のみ）

大日如来を囲むのは四仏。その四仏はそれぞれが四親近菩薩に囲まれている

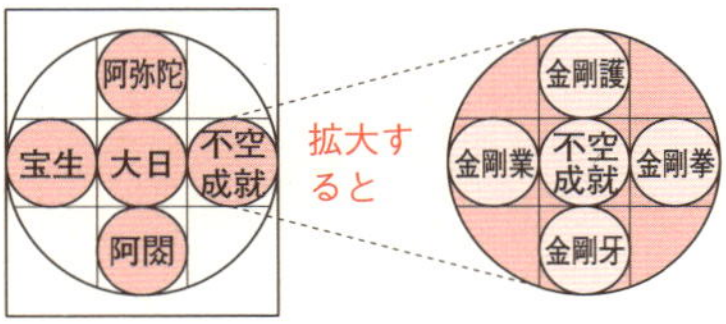
阿弥陀
宝生
大日
不空成就
阿閦
拡大すると
金剛護
金剛業
不空成就
金剛拳
金剛牙

中央の大日如来を「四仏＋四菩薩」が囲んでいるこの図では、「5」の構成がクロスしている

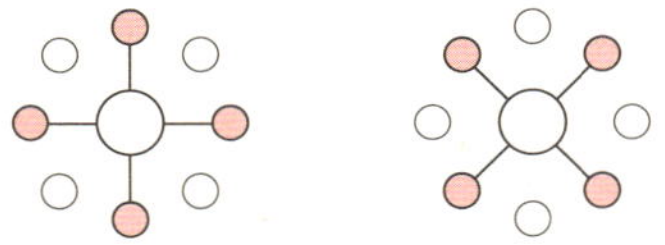
大日如来＋四仏
大日如来＋四菩薩

「5」の儀式・五山《ござん》の送り火

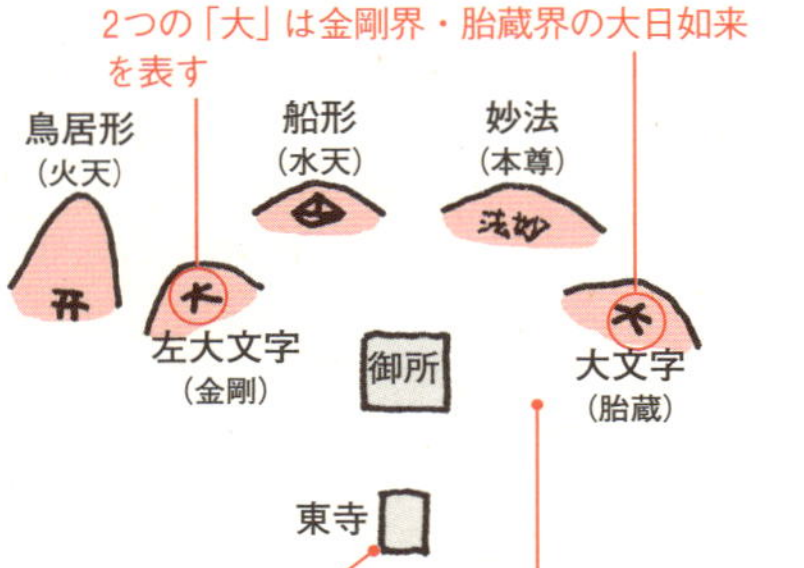
2つの「大」は金剛界・胎蔵界の大日如来を表す
鳥居形
（火天）
船形
（水天）
妙法
（本尊）
左大文字
（金剛）
御所
大文字
（胎蔵）
東寺

御所を護摩壇と見立て、弘法大師が東寺で加持祈祷した

京都五山の山腹にともされる「大」の字形などの5つの送り火は、疫病の流行を払う密教儀式が始まり

イラスト引用『密教入門』（新潮社）

「5」の道具・五鈷杵《ごこしょ》

密教儀式で使われる五鈷杵。両端が5つに分かれていて、それぞれ金剛界と胎蔵界の五仏を表す

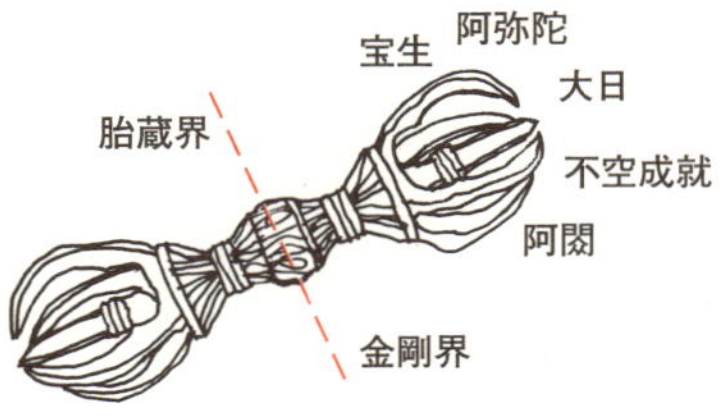
宝生
阿弥陀
大日
胎蔵界
不空成就
阿閦
金剛界

中央を握ることで金剛界と胎蔵界を掌握し、大日如来と一体化できるという、強力な法具

MEMO：金剛三昧院は高野山真言宗の総本山・金剛峯寺の塔頭（たっちゅう）寺院。多宝塔（国宝）に安置される五智如来坐像（運慶作）は木造で鎌倉時代の作

金剛界での大日如来の姿

大日如来／円成寺《えんじょうじ》

奈良

円成寺の大日如来像は仏師・運慶※1のデビュー作。鎌倉幕府が成立する直前、1176年につくられた。その特徴はリアルで力強い表現。武家社会の到来を先取りしたかのような仏像表現は、それまでのおしとやかな貴族風のものとは異なる。

大日如来とは、密教の本尊である。密教の仏世界は金剛界と胎蔵界（金胎《こんたい》）※2で説明され、それぞれに大日如来が存在するという。円成寺の仏像は金剛界の大日如来像だ。金剛界と胎蔵界の違いとは何か、そしてその見分け方について見ていこう。

運慶のデビュー作

平安時代に主流であった小さな髻（もとどり、結い上げた髪のこと）とは対照的に高く立派な髻
如来なのに、宝冠やアクセサリーで着飾った菩薩（在家）の格好をしている。これは聖なる如来が俗化した姿で、俗世に下りて来てまで皆を導こうとしていることを表す
水晶を使った玉眼（ぎょくがん）という技法で本物の目のように見せる（143頁）
厚みがあり肉付きのいい体躯。慶派の特徴である
裙（くん、裳［も］）はひだを強調した力強い表現。時代が貴族社会から武家社会に移るさなか、仏像表現も力強く変化していく

蓮肉部の天板裏側には、運慶製作の墨書きがある

国宝
大日如来坐像

※1：慶派を代表する仏師（75頁）
※2：密教がインドから中国に入ってから中国固有の陰陽道の影響を受け、金剛界と胎蔵界の対で考えられるようになった

大日如来を陰陽で考える

金剛界と胎蔵界の大日如来が1つになった姿が盧舎那（るしゃな）仏。宇宙の真理をすべての人に照らし悟りに導く仏といわれる

盧遮那仏

陰陽道では、「陽」と「陰」が合わさって1つの世界（太極、たいきょく）を生むと考える。万物は陰陽からなり、男・昼・奇数などが「陽」、女・夜・偶数などが「陰」とされる

陽と陰。全体で盧舎那仏を表す

太極図

「陽」（男性的な姿）が見える金剛界大日如来

「陰」（女性的な姿）が見える胎蔵界大日如来

凛々しく締まった表情

逆三角形で引き締まった体躯

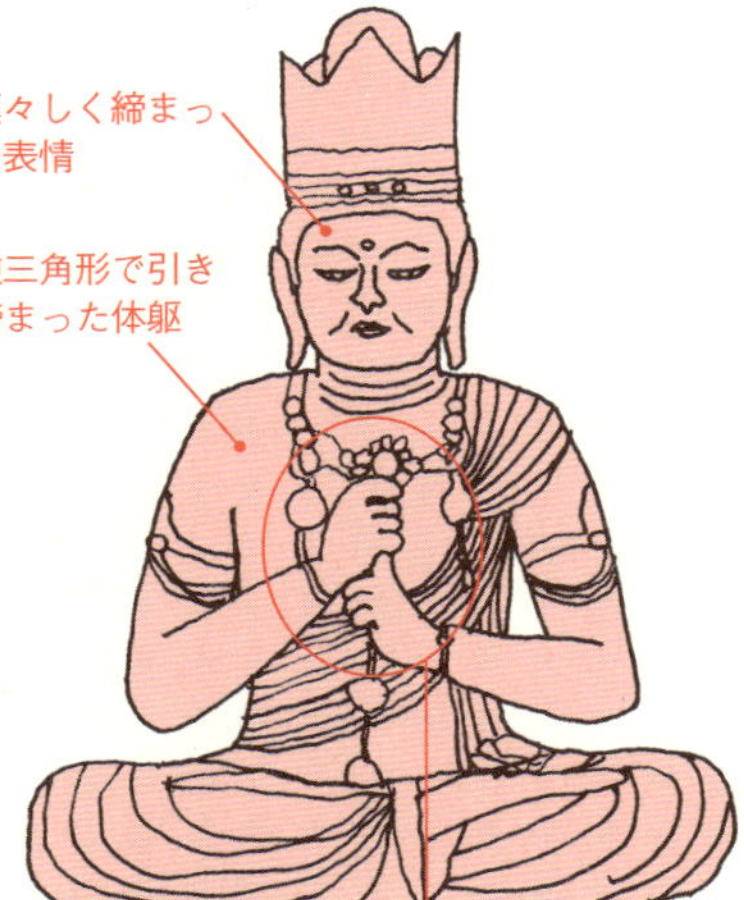

金剛界大日如来

ふっくらとした頬でやわらかい表情

腰回りが太めでしっかりしている

胎蔵界大日如来

智拳印（ちけんいん）は金剛界大日如来だけが結ぶ印。陰陽で考えると、1本だけ立てた左の人差し指は男根を表し、陽である男を象徴する

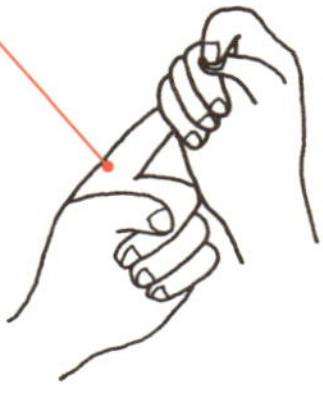

胎蔵界大日如来は法界定印（ほっかいじょういん）を結ぶ。印がつくる隙間（穴）は子宮を表し、陰である女を象徴する。金剛界・胎蔵界の判別は印相を見ると判別しやすい

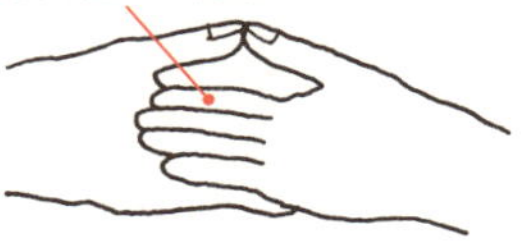

MEMO：円成寺は真言宗の寺。多宝塔に安置されている大日如来坐像は木造で平安時代の作、像高98.8㎝。なお、円成寺の本尊は阿弥陀如来である

塔に舞い降りた3D胎蔵界

大日如来／根来寺《ねごろじ》

和歌山

根来寺大塔《だいとう》※1は密教の最高仏・大日如来を祀る。須弥壇で8体の仏に囲まれた大日如来は、宙に浮くかのように、ひときわ高く安置されている。それはまさに、四如来四菩薩に迎えられながら、天から大日如来が下りて来た、そんな情景なのだ。

この情景は大塔のかたちからも読み取ることができる。大塔の外観を印象付ける白漆喰の2つの亀腹《かめばら》は、そのかたちから「天」と「地」を表している※2。天を突きさすように伸びる相《そう》輪《りん》を伝い、天から地へと下りて来る大日如来の姿が思い浮かぶだろう。

胎蔵界曼荼羅を立体化

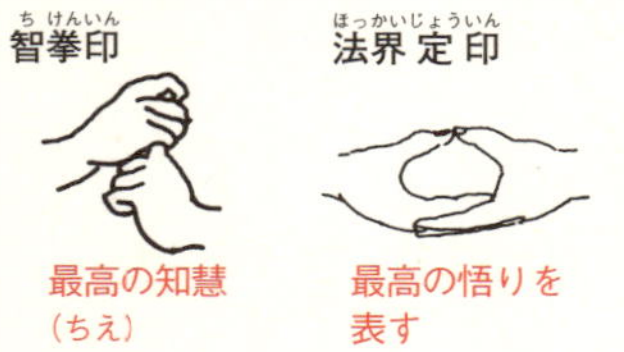
智拳印《ちけんいん》
最高の知慧（ちえ）
法界《ほっかい》定《じょう》印《いん》
最高の悟りを表す

根来寺大塔の大日如来は、「智拳印」ではなく「法界定印」を結ぶ。金剛界ではなく、胎蔵界の大日如来であることを示す

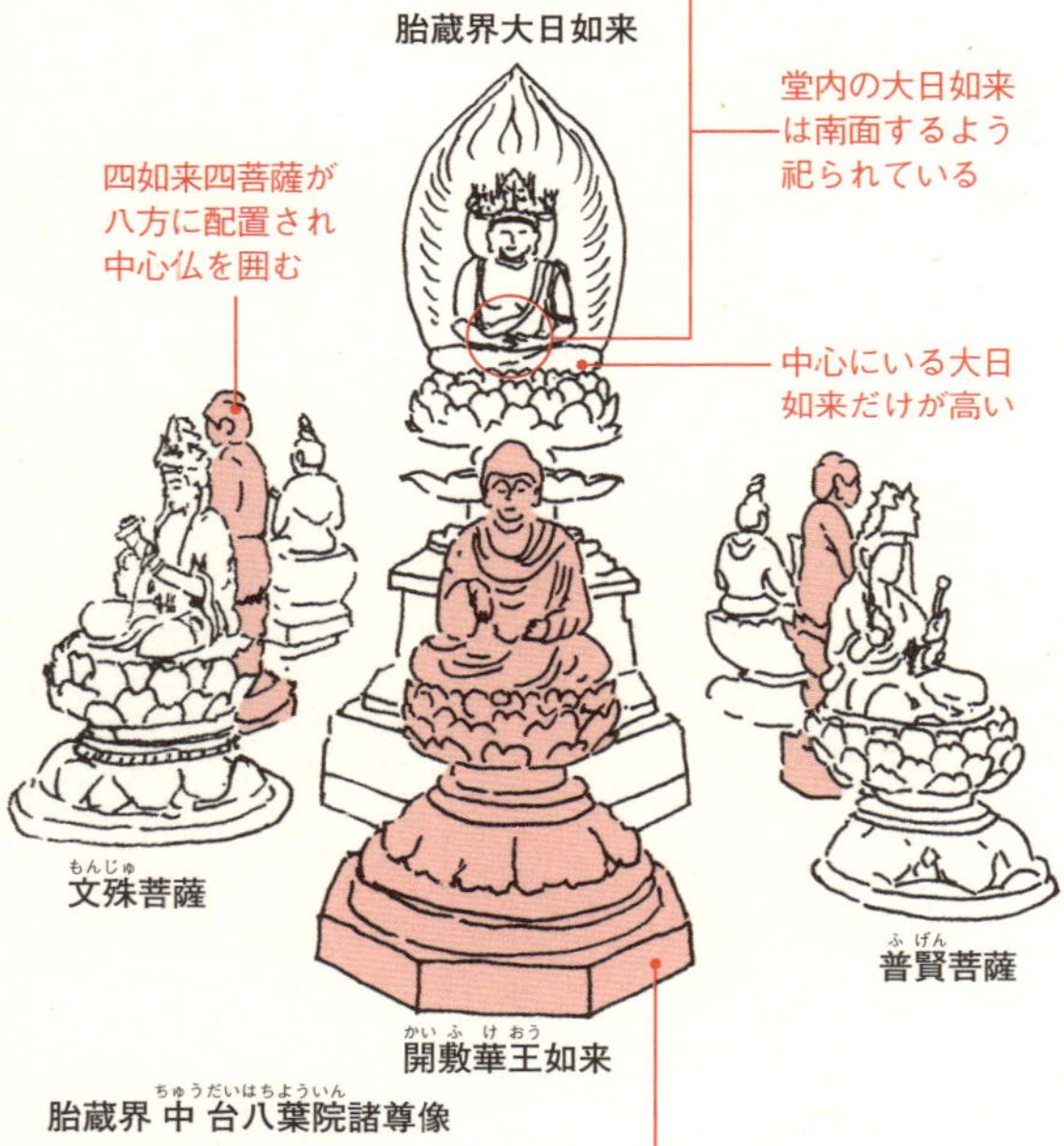
胎蔵界大日如来
堂内の大日如来は南面するよう祀られている
四如来四菩薩が八方に配置され中心仏を囲む
中心にいる大日如来だけが高い
文殊《もんじゅ》菩薩
普賢《ふげん》菩薩
開《かい》敷《ふ》華《け》王《おう》如来

胎蔵界 中台八葉院《ちゅうだいはちよういん》諸尊像

「胎蔵界曼荼羅」の中心をなす「中台八葉院」には、大日如来を中心に如来と菩薩が4体ずつ描かれている。これを立体化したものが大塔の仏像群。大塔は南向きなので、大日如来の手前に開敷華王如来を安置し、曼荼羅の世界を正確につくり上げている

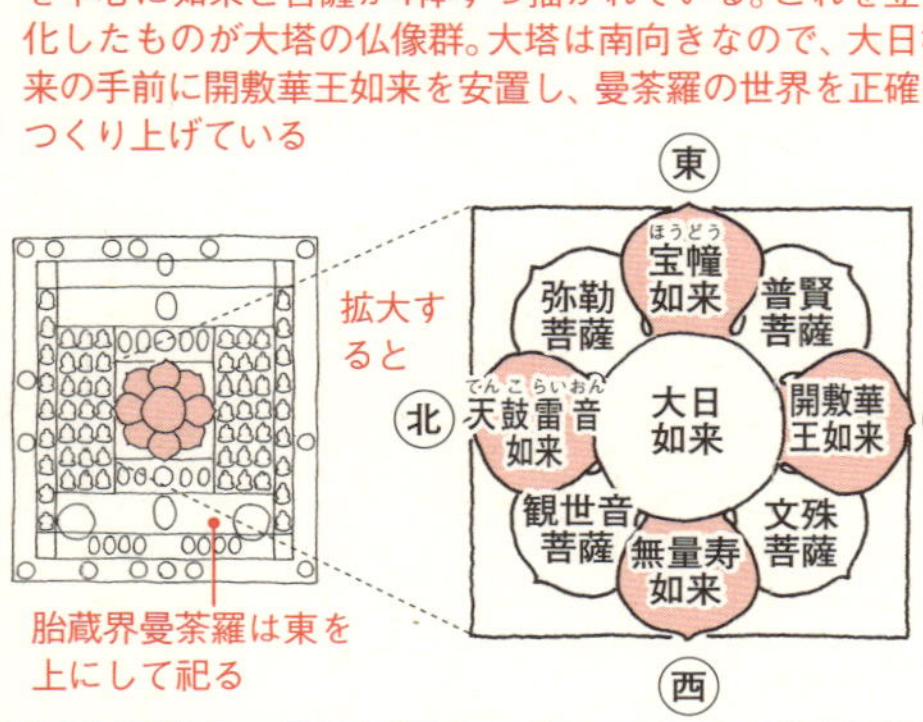
拡大すると
東
宝幢《ほうどう》如来
弥勒菩薩
普賢菩薩
北
天鼓雷音《てんこらいおん》如来
大日如来
開敷華王如来
南
観世音菩薩
文殊菩薩
無量寿如来
西

胎蔵界曼荼羅は東を上にして祀る

※1：大塔とは規模の大きな多宝塔のこと。多宝塔は平面が方形と円形で構成される2層の仏塔

※2：古代中国の思想「天円地方」によれば、天は丸く地は四角いという。根来寺大塔は、半球形の亀腹が天を、方形の亀腹が地を暗示する

大塔に仏が下りてくる

建物のかたちで下生《げしょう》を表現

大塔（多宝塔）は天を示す○と地を示す□で構成された建物。正方形の下層部に円形の上層部を載せている。外観に表れた2つの白い亀腹が○と□を強調する

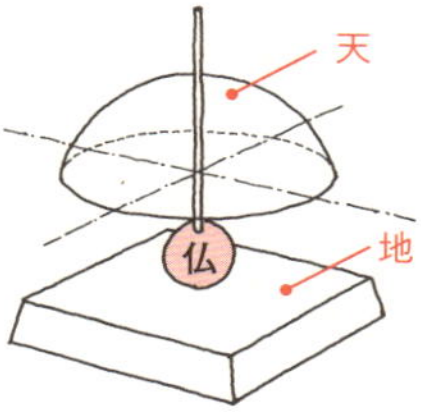
天
仏
地

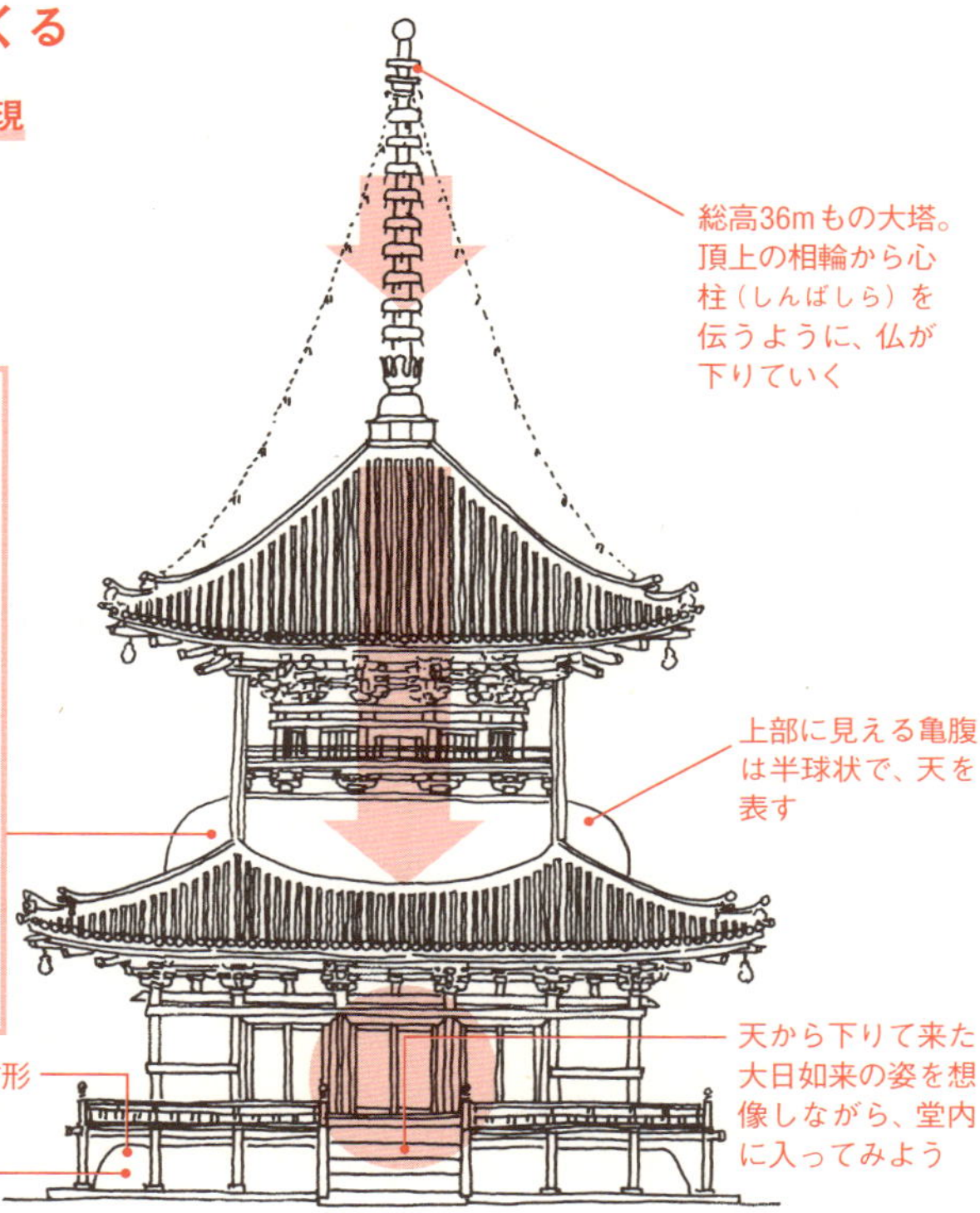
総高36mもの大塔。頂上の相輪から心柱（しんばしら）を伝うように、仏が下りていく
上部に見える亀腹は半球状で、天を表す
床下の亀腹は方形状で、地を表す
天から下りて来た大日如来の姿を想像しながら、堂内に入ってみよう

国宝 大塔

今下りて来た、大日如来

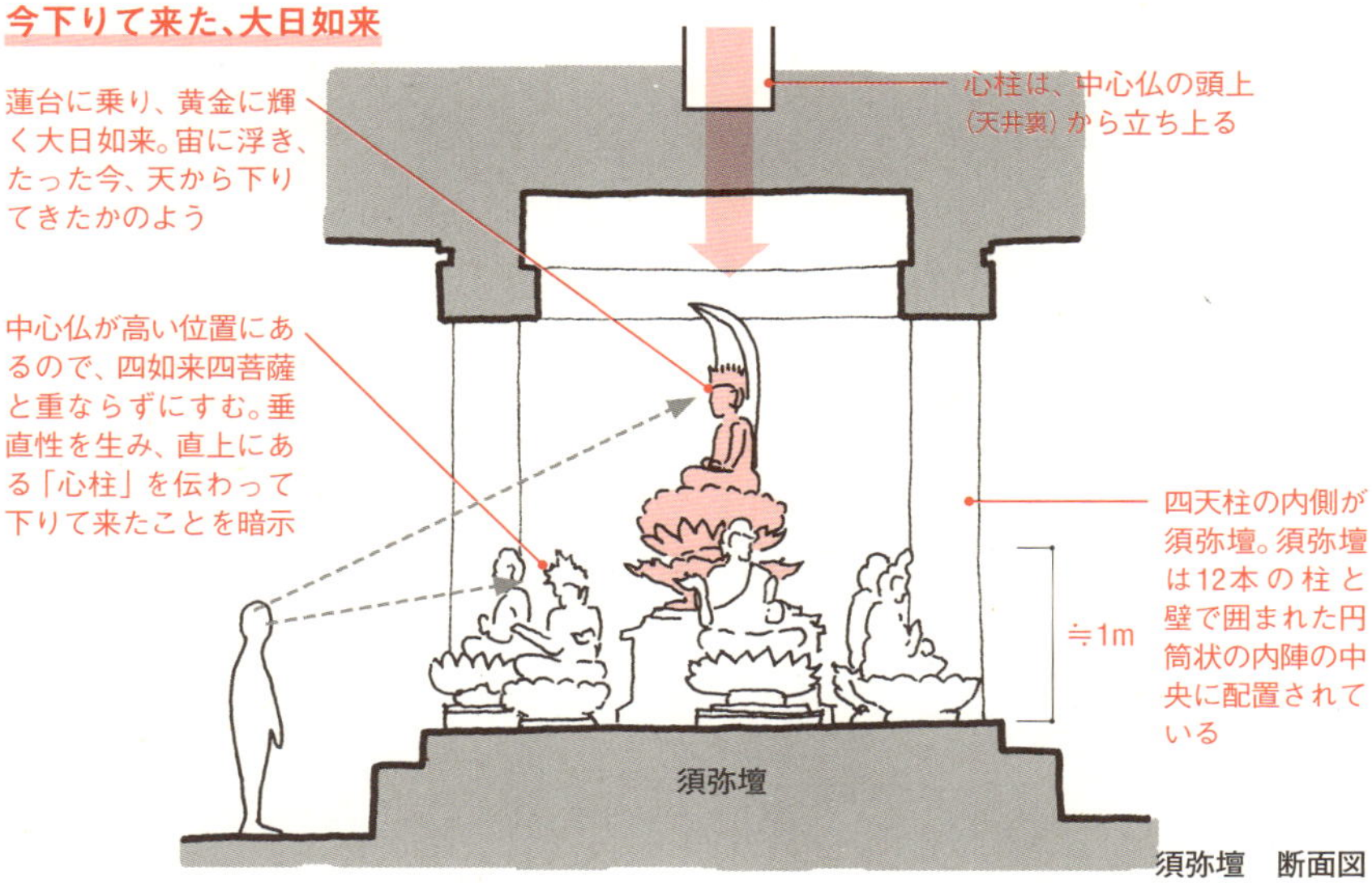
蓮台に乗り、黄金に輝く大日如来。宙に浮き、たった今、天から下りてきたかのよう
心柱は、中心仏の頭上（天井裏）から立ち上る
中心仏が高い位置にあるので、四如来四菩薩と重ならずにすむ。垂直性を生み、直上にある「心柱」を伝わって下りて来たことを暗示
四天柱の内側が須弥壇。須弥壇は12本の柱と壁で囲まれた円筒状の内陣の中央に配置されている
≒1m
須弥壇

須弥壇　断面図

MEMO：根来寺は真義真言宗の総本山。大塔は国宝。胎蔵界中台八葉院諸尊像の中心となる大日如来坐像は大塔の本尊

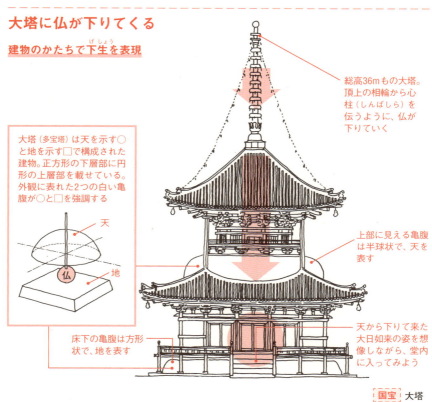

密教世界に没頭する環境

両界曼荼羅《りょうかいまんだら》／室生寺《むろうじ》 奈良

密教寺院で目にする曼荼羅※1は、「胎蔵界」と「金剛界」の一対からなる。仏の世界を「理」と「智」という2面から図示したものだ。灌《かん》頂《じょう》※2などの儀式や修行をするお堂では、2つの曼荼羅を対で祀る※3。

密教の修行の目的は悟り（即身成仏）。本尊を思い描きながら曼荼羅（仏界）を感じることで、仏と「私」が一体化するという。室生寺の灌頂堂では、僧の座る座を中心に、胎蔵界と金剛界が向き合う※3。この配置は、仏界に包まれていることを感じさせる仕掛けなのだ。

僧は曼荼羅にはさまれる

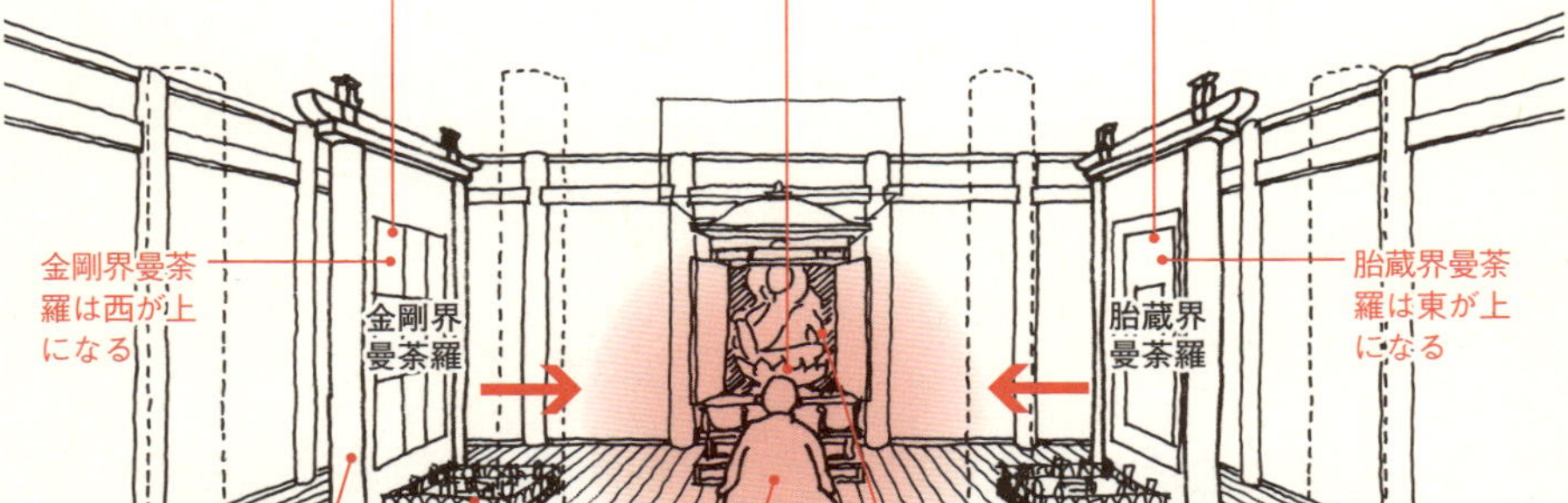
僧の座る座の左（西）側に金剛界曼荼羅が祀られる。金剛界は仏の「智」の世界を表す
向き合う曼荼羅の中心に僧が座る
僧の座る座の右（東）側に胎蔵界曼荼羅が祀られる。胎蔵界は仏の「理」の世界を表す
金剛界曼荼羅は西が上になる
金剛界
曼荼羅
胎蔵界
曼荼羅
胎蔵界曼荼羅は東が上になる
創建当初から曼荼羅を祀るための壁がつくり付けられている
曼荼羅の手前にあるのは壇。護摩などを焚く台である。護摩は密教の行法の1つ
本尊の前に座り、悟り（即身成仏）の心で仏（本尊）を自身に取り込む。左右の曼荼羅に包み込まれることで私と仏は一体化し、「理」と「智」の世界が切り離せないものだと感じる

国宝 灌頂堂（本堂）

厨子（春日厨子）に安置される本尊（如意輪観音）は、護摩の煙で肌が黒く荒れている

重文 如意輪観音坐像

※1：両界曼荼羅のこと
※2：灌頂とは仏や曼荼羅と一体になる儀式で、密教で最も大切な教え。もともとは頭に水を注いだ
※3：このような配置で曼荼羅を祀る寺は、室生寺灌頂堂のほか、観心寺金堂（大阪、84頁）や神護寺本堂（京都）など

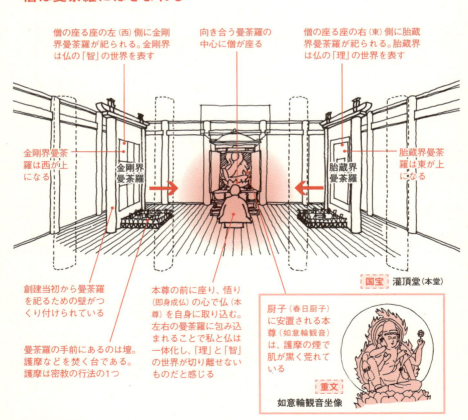

両手を開くと曼荼羅が見える

仏の世界は球体である

仏の合掌は両手を丸めた形。これは仏の世界（宇宙）を表している

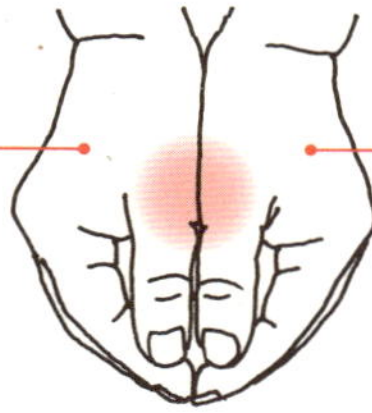

仏の世界は球体で、球体の中心にいるのが盧遮那（るしゃな）如来である

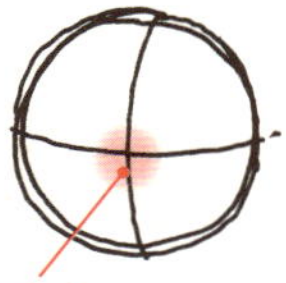

盧遮那如来

球体の仏界を2D化すると？

金剛界曼荼羅

曼荼羅は球体の仏界を平面的に図示したもの。仏の世界の「智」、つまり仏の働き（機能）などを図示したのが金剛界曼荼羅。中心には大日如来が描かれる

合掌の手を開くとそれぞれの中心に大日如来が現れる。左手は胎蔵界、右手は金剛界の大日如来で、2つの大日如来を合わせると盧遮那如来になる（金胎不二）。胎蔵界と金剛界という切り離すことのできない2つの世界によって、球体の仏界が平面的に表現される

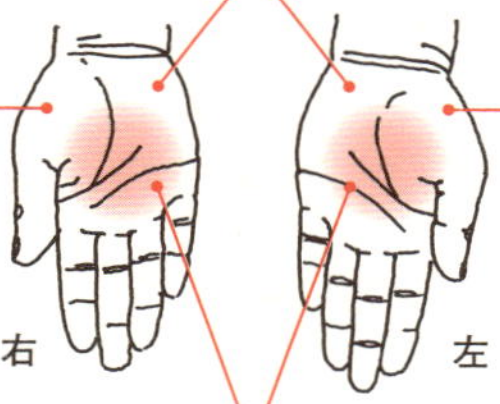

右手と左手が少しずつ違うように、両界の大日如来には異なる役割がある

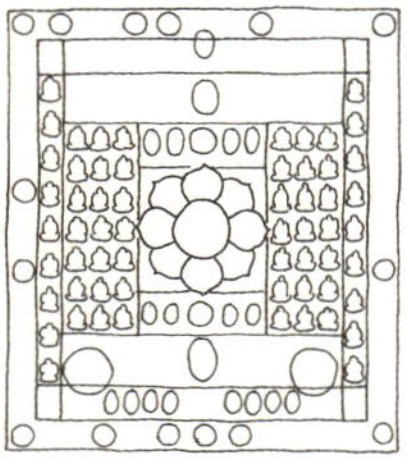

胎蔵界曼荼羅

仏の世界の「理」、つまり仏の形や位置などを図示したのが胎蔵界曼荼羅。中心に描かれるのはやはり大日如来

球体の中心を感じる

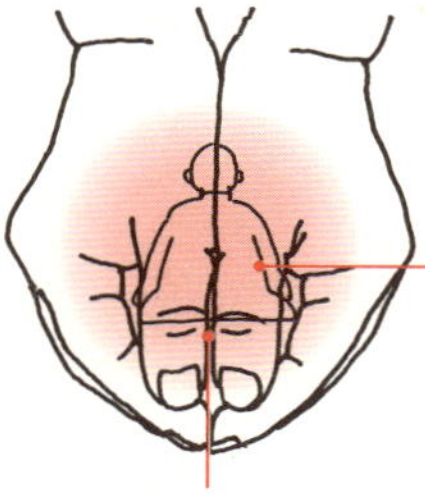

仏の右手（金剛界）と左手（胎蔵界）で包まれる位置に座ることで、曼荼羅の中心にいることを感じ、仏と一体となることができる

室生寺灌頂堂では、両界曼荼羅が僧侶を中心に向き合っている。これは仏と僧侶が一体化するための仕掛けである

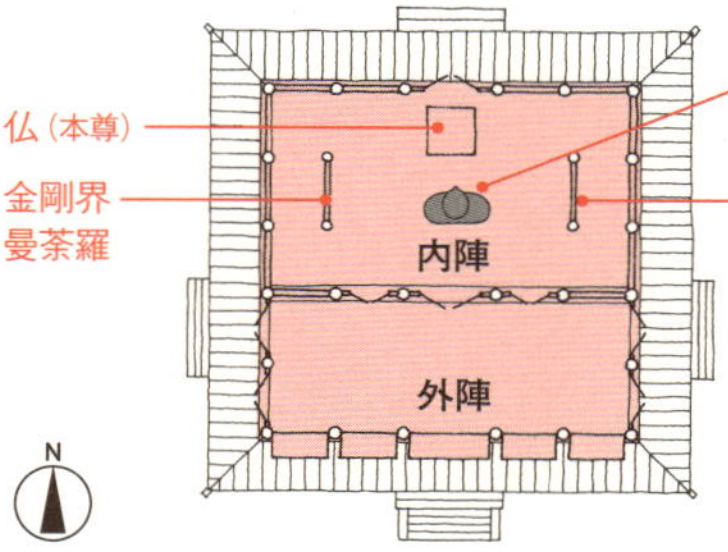

灌頂堂平面図

MEMO：室生寺は真言宗の寺。灌頂堂（本堂、1308年建立）の本尊の如意輪観音坐像はヒノキの一木造で平安中期の作、像高78.7㎝。観心寺・神呪寺（かんのうじ、兵庫）と共に日本三如意輪の1つ

立体曼荼羅《まんだら》はチーム分けで

立体曼荼羅／東寺

京都

東寺の講堂には「立体曼荼羅」[※1]といわれる21体の仏像群がある。複雑に見えるが、仏像をセットで考えれば理解しやすい。

横長の須弥壇に並ぶ仏はみな正面を向くが、中央の大日如来と右の金剛波《こんごうは》羅蜜多《らみった》菩薩、左の不動明王が抜きん出て大きい。この3つはいずれも教えを説く大日如来の姿という[※2]。さらにこの3体がそれぞれ中尊になり、四方を別の仏が囲んでいると考えれば、五智如来、五大菩薩、五大明王という姿が見えてくる。須弥壇の周囲に配されるのは仏の守護神・天部たちである[※3]。

大きな像は教えを説くときの3つの姿

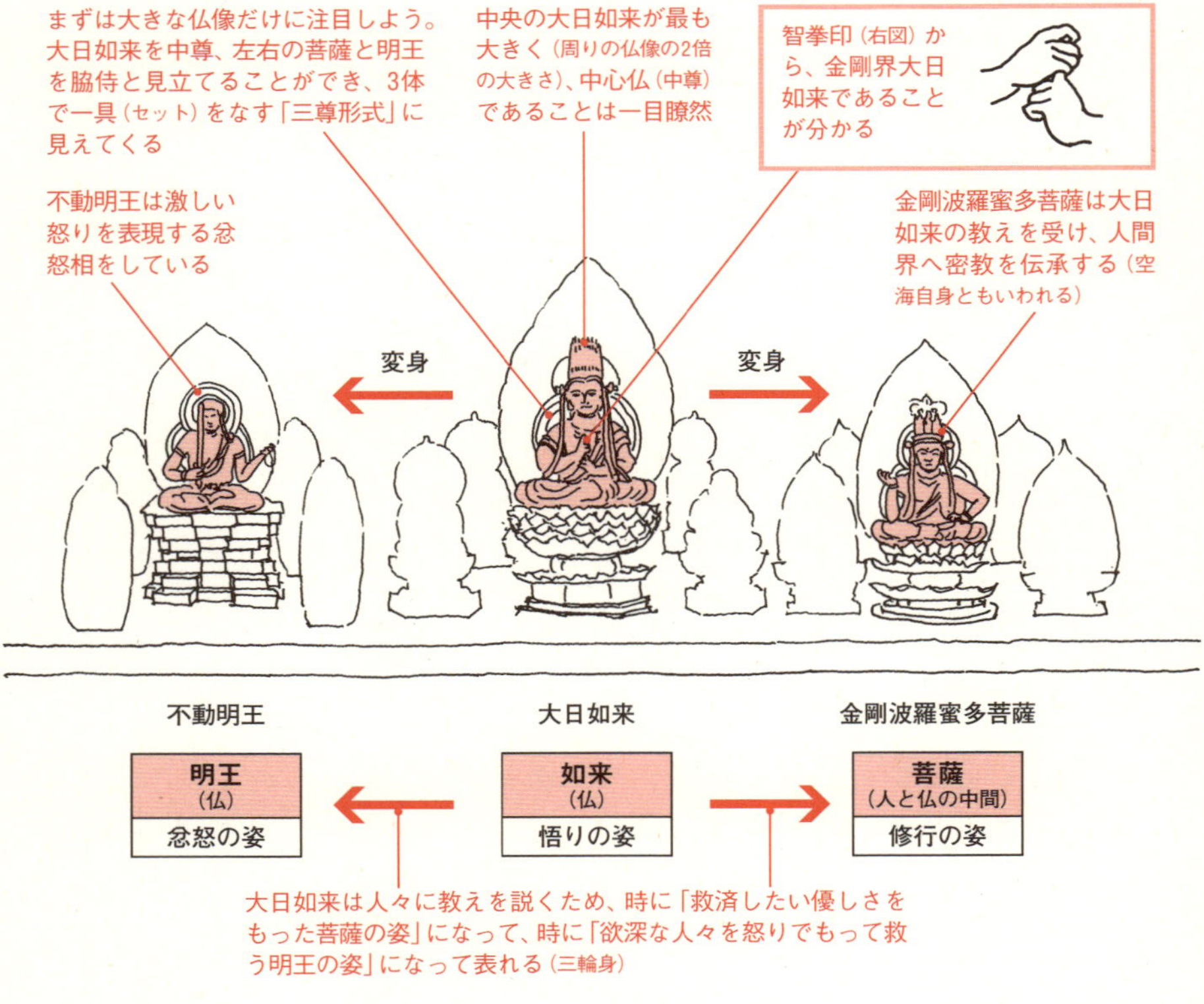
まずは大きな仏像だけに注目しよう。大日如来を中尊、左右の菩薩と明王を脇侍と見立てることができ、3体で一具（セット）をなす「三尊形式」に見えてくる
中央の大日如来が最も大きく（周りの仏像の2倍の大きさ）、中心仏（中尊）であることは一目瞭然
智拳印（右図）から、金剛界大日如来であることが分かる
不動明王は激しい怒りを表現する忿怒相をしている
金剛波羅蜜多菩薩は大日如来の教えを受け、人間界へ密教を伝承する（空海自身ともいわれる）
変身
変身
不動明王
大日如来
金剛波羅蜜多菩薩
明王
（仏）
忿怒の姿
如来
（仏）
悟りの姿
菩薩
（人と仏の中間）
修行の姿
大日如来は人々に教えを説くため、時に「救済したい優しさをもった菩薩の姿」になって、時に「欲深な人々を怒りでもって救う明王の姿」になって表れる（三輪身）

※1：密教において、仏の教えを図示した「曼荼羅」を、仏像で立体化したものが「立体曼荼羅」
※2：姿を変えて教えを説く大日如来の現れ方を「三輪身（さんりんしん）」という
※3：天部（天）は、古代インドの神で仏教に取り入れられた守護神．

基本は2つの曼荼羅

金剛界で見る―セットで考える中央の仏たち

金剛界曼荼羅（右図）では中心仏を四仏が囲む五仏を1セットと考える。四仏は東西南北それぞれに配されるが、実はいずれも中心仏が変身した姿

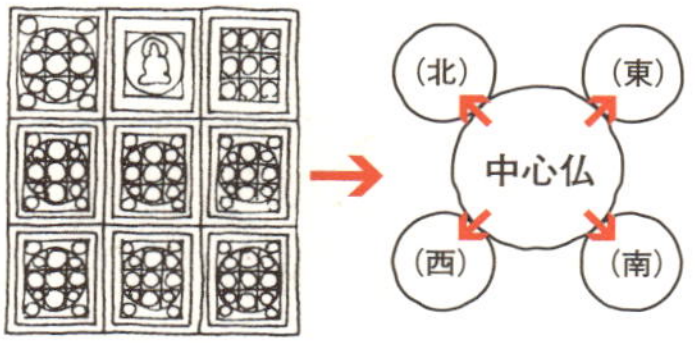

（北）
（東）
中心仏
（西）
（南）

細長い講堂の中心にある須弥壇は土壇のつくり。所狭しと仏像が並ぶ。仏像はみな南を向いている

万物の中心・大日如来は立体曼荼羅の中央に位置する。周りを囲む四如来とともに五智如来（五仏）と呼ばれる

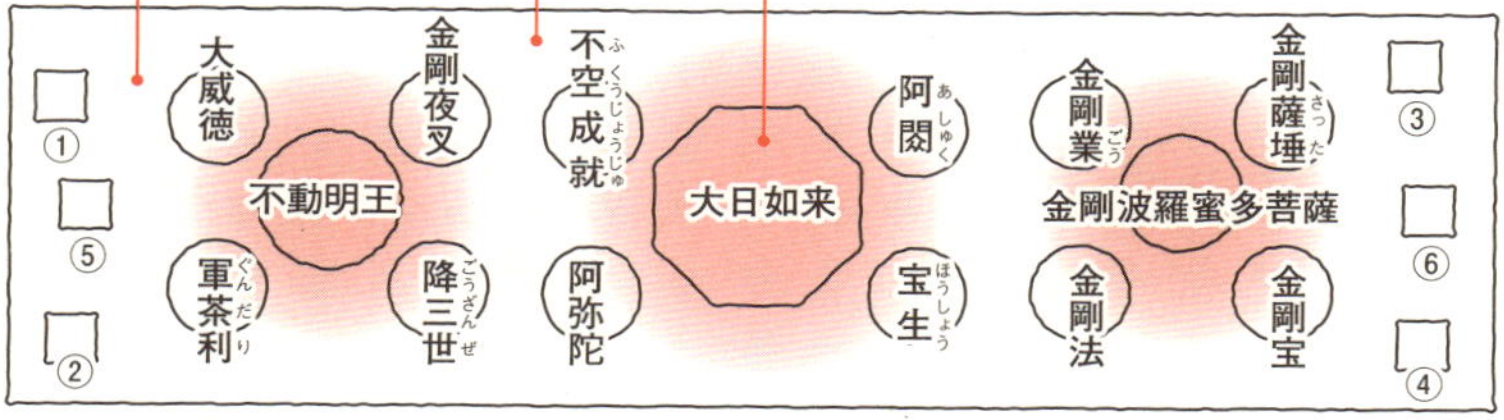

①
⑤
②
大威徳
金剛夜叉
不動明王
軍荼利《ぐんだり》
降三世《ごうざんぜ》
不空成就《ふくうじょうじゅ》
阿閦《あしゅく》
大日如来
阿弥陀
宝生《ほうしょう》
金剛業《ごう》
金剛薩埵《さった》
金剛波羅蜜多菩薩
金剛法
金剛宝
③
⑥
④

国宝 **五大明王**　重文 **五智如来（五仏）**　国宝 **五大菩薩**

講堂須弥壇　平面図　○○：仏（如来・菩薩・明王）　□：天部（尊名は下段参照）　N

胎蔵界で見る―周りを守護する天部たち

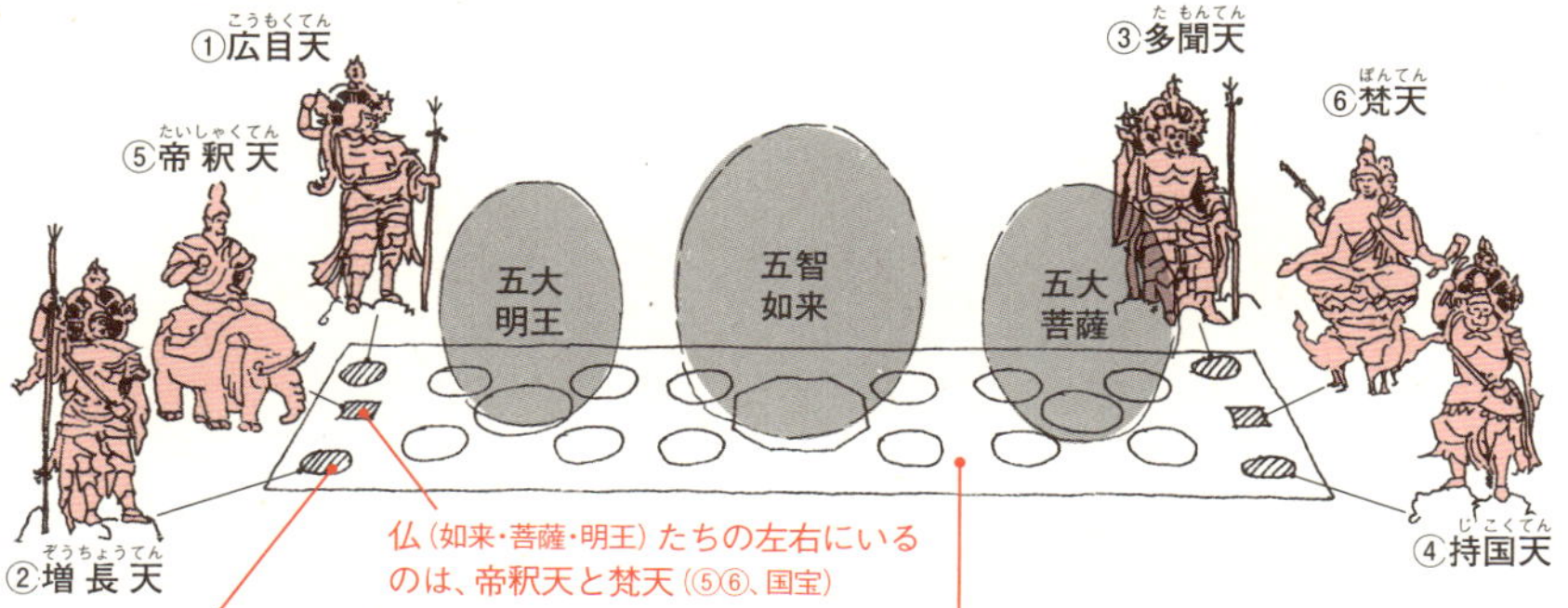

①広目天《こうもくてん》
⑤帝釈天《たいしゃくてん》
②増長天《ぞうちょうてん》
五大明王
五智如来
五大菩薩
③多聞天《たもんてん》
⑥梵天《ぼんてん》
④持国天《じこくてん》

仏（如来・菩薩・明王）たちの左右にいるのは、帝釈天と梵天（⑤⑥、国宝）

武装した四天王（①～④、国宝）は須弥壇の4隅（東西南北）を守る。東は持国天、南は増長天、西は広目天、北は多聞天

須弥壇には仏たちが中心に、周りに天部が配されている（下図）。これは胎蔵界曼荼羅（右図）と同じ。

壇上には仏界のすべてのカテゴリ（如来・菩薩・明王・天部）の代表的な尊像が配されている

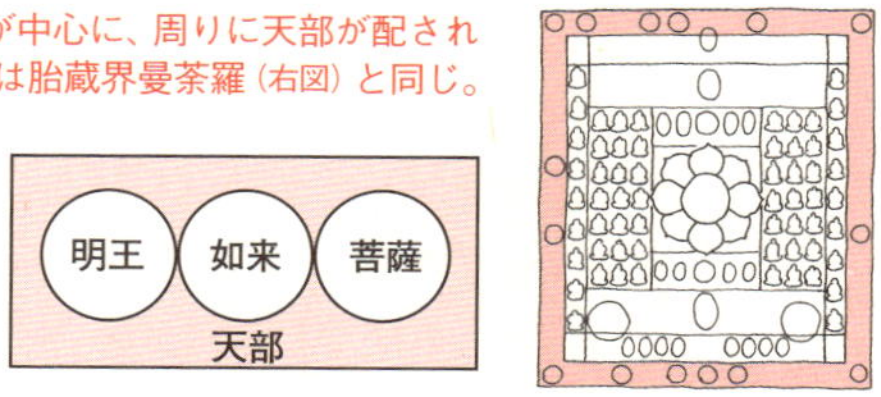

明王
如来
菩薩
天部

MEMO：東寺は教王護国寺ともいわれ、真言宗総本山。講堂（重文）の立体曼荼羅は真言宗の創設者、空海によるもの。木造、平安時代の作。なかでも帝釈天半跏像は日本一のイケメン仏像として人気

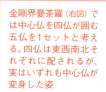

2章

菩《ぼ》薩《さつ》はただいま修行中

菩薩とは、まだ悟りに至らない仏。修行しつつも、人々を救済する。

本章で取り上げる菩薩像

観音《かんのん》(観世音《かんぜおん》)菩薩

[変化観音]

千手観音／十一面観音／不空羂索《ふくうけんさく》観音／如意輪《にょいりん》観音／馬頭《ばとう》観音 など

この世にあるという補陀落山《ふだらくさん》(補陀落山浄土)に住む。現世利益《りやく》を叶える仏。救う相手によって33の姿形に変身するが、基本となるのは聖《しょう》観音

地蔵《じぞう》菩薩

釈迦入滅後、弥勒菩薩が如来になるまでの無仏の間、六道(地獄・餓鬼・畜生・修羅・人間・天)に苦しむ人々を救ってくれる仏。阿弥陀如来や薬師如来の脇侍となることも

文殊《もんじゅ》菩薩

この世にある五大山(五大山浄土)に住むとされる。悟りに至るまでに必要な知恵を司る仏

弥勒《みろく》菩薩

釈迦の弟子。釈迦の入滅後56億7千万年後に如来としてこの世に現れることが約束されている。現在は兜率天《とそつてん》という、仏界の中でもこの世に近い浄土で修業している

微笑《ほほえ》む姿は太子＝観音？

観音菩薩／法隆寺

奈良

聖徳太子の威徳をしのぶため、高僧行信《ぎょうしん》によって建てられたのが法隆寺・東院伽藍《とういんがらん》[※1]。その中心となる建物が「夢殿《ゆめどの》」である。

夢殿の本尊・観音菩薩像[※2]は、明治期の学者フェノロサがその扉を開けるまで、数百年もの間、誰も見ることのなかった秘仏だ。聖徳太子の等身像で、一説には太子自身の化身ともいわれるもの。夢殿は太子の霊を祀る霊廟とされる。実物そっくりの像を人目にさらすのは恐れ多いとして、いつしか秘仏化するようになったのかもしれない。

死のイメージに満ちた観音像

光背は宝珠形。宝珠の原型は仏舎利を納めたストゥーパ(卒塔婆)、つまり「墳墓」である。この像には太子の墓標が暗示されているのだ

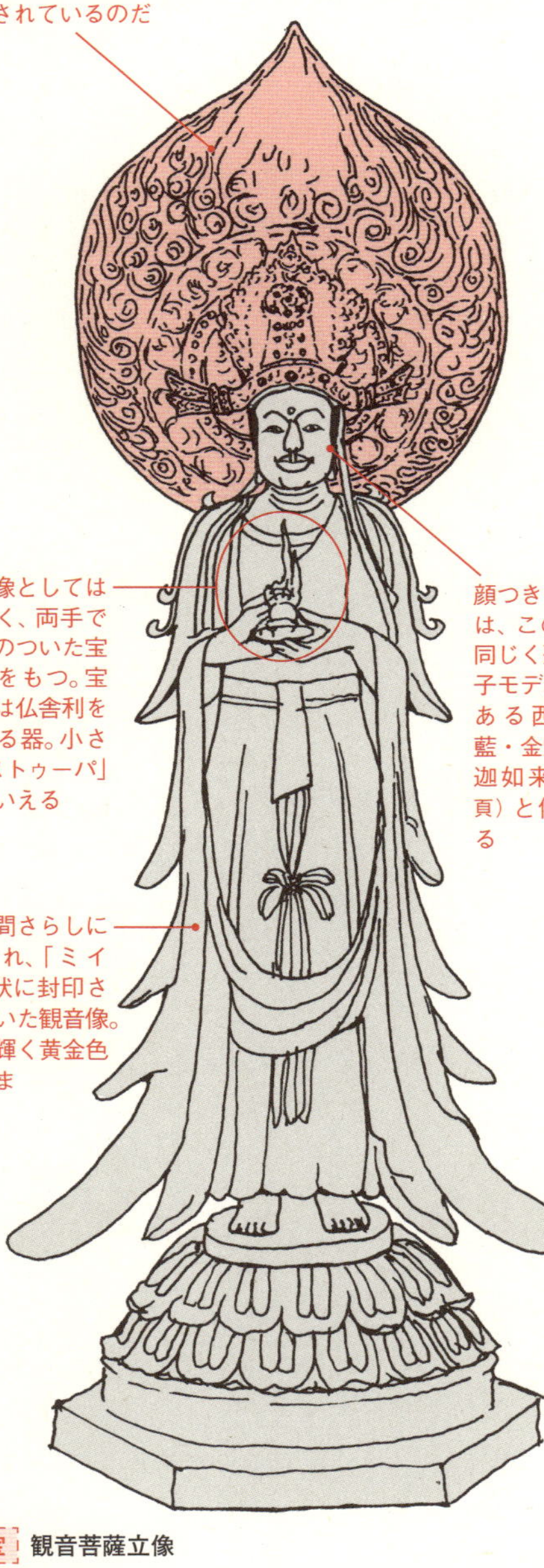

観音像としては珍しく、両手で火炎のついた宝珠壺をもつ。宝珠壺は仏舎利を納める器。小さな「ストゥーパ」ともいえる

顔つきや背丈は、この像と同じく聖徳太子モデル説がある西院伽藍・金堂の釈迦如来像（18頁）と似ている

長い間さらしに巻かれ、「ミイラ」状に封印されていた観音像。今も輝く黄金色のまま

国宝 観音菩薩立像

※1：法隆寺は、7世紀に聖徳太子が建立した「西院伽藍」と太子の死後、奈良時代になってから造営された「東院伽藍」からなる　※2：観音像は救世（ぐぜ）観音という名で知られる。救世観音は聖観音（しょうかんのん）の別名。観音菩薩の基本となる聖観音とは千手観音など変化観音と区別していったもの

夢殿は太子の霊を供養する廟

夢殿の頂部には宝珠。この建物がストゥーパであることを象徴する

建物は何度か改修が行われており、鎌倉時代の様式が見受けられる

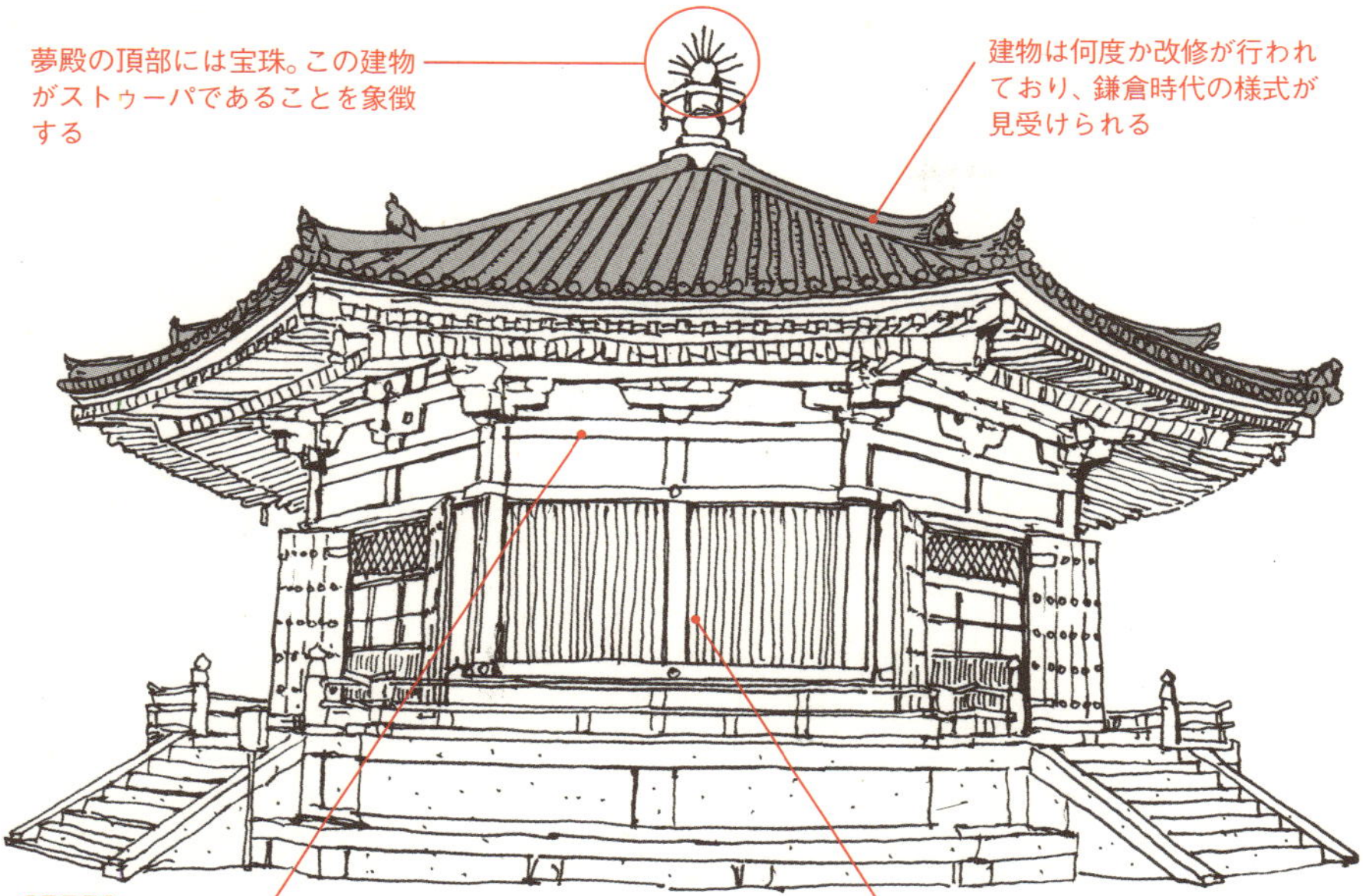

国宝　夢殿

夢殿は日本最古の八角円堂。八角が円を表すとされることからその名がある。八角円堂はドーム状の墳墓であるストゥーパに見立てた建物。夢殿が太子の霊廟として建てられたことが分かる

聖徳太子が生前、古墳にこもって擬死再生（生まれ変わり）の儀礼を行っていたことにならい、太子の化身とされる観音像を八角円堂に収め、太子の再生を願った

観音像は現在、中央の厨子に収まり春と秋に開帳される。堂内には行信の像（国宝）なども祀られている

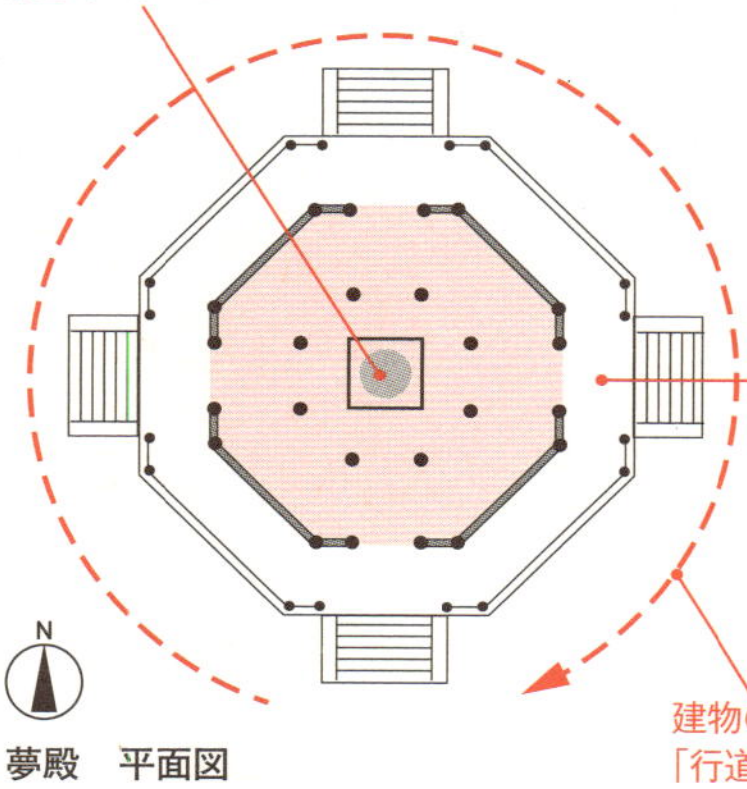

夢殿　平面図

四方に出入口があり、周囲を巡れるようなつくりになっているのはインドなどのストゥーパと同じ

ストゥーパの周りには柵が立てられ、四方に鳥居に似た塔門がある。この外側を巡る

建物の周りを巡りながら拝む「行道」が行われていた

MEMO：法隆寺は聖徳宗の総本山。夢殿の本尊・観音菩薩立像（救世観音）はクスノキの一木造で7世紀の作、像高は179.9㎝。飛鳥時代の様式である左右対称型

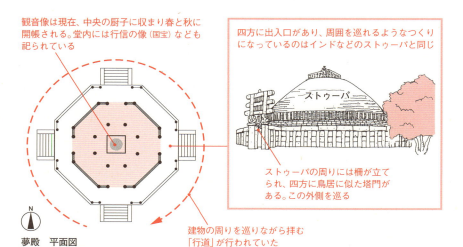

ノミの跡に宿る経文

観音菩薩／天台寺

岩手

みちのくを代表する仏像、桂泉《けいせん》観音（聖《しょう》観音立像）は「鉈彫仏《なたぼりぼとけ》」とも呼ばれる。実際に鉈を振り上げて彫られたのではなく、丁寧に丸ノミで仕上げられている。表面には波打つノミ目がくっきりと残る[1※]。

寺伝によれば、この観音像は僧・行《ぎょう》基《き》[2※]の手によるもの。八葉山《はちようざん》と名付けた山からカツラの大木を切り出し、1目彫るたびに三礼し、この地の神が宿る霊木を仏へと変えていったという。

東北は木の実を糧とする縄文文化が長く続いた地方。桂泉観音には東北人の「木への敬意」も込められている。

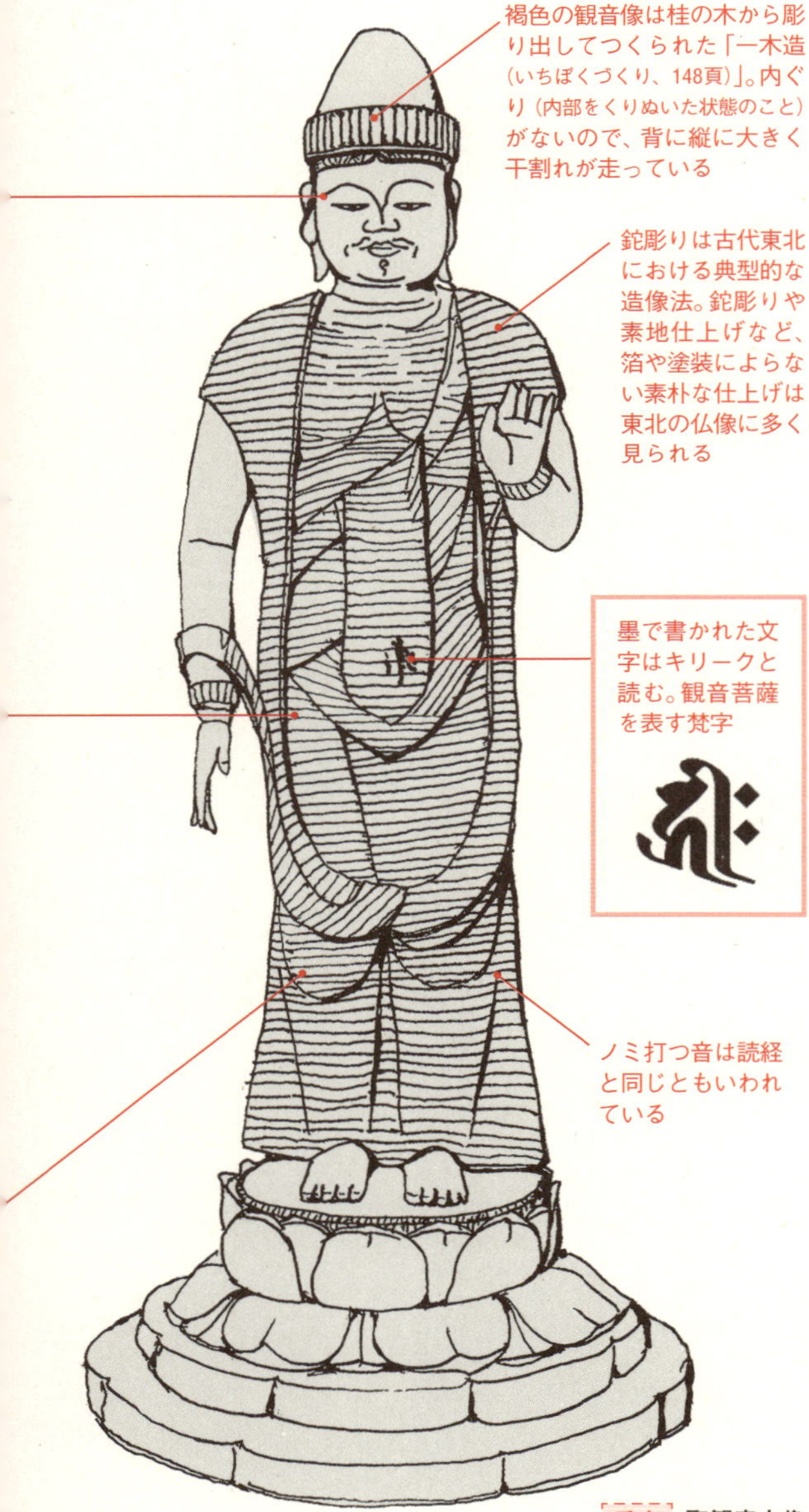
褐色の観音像は桂の木から彫り出してつくられた「一木造（いちぼくづくり、148頁）」。内ぐり（内部をくりぬいた状態のこと）がないので、背に縦に大きく干割れが走っている
鉈彫りは古代東北における典型的な造像法。鉈彫りや素地仕上げなど、箔や塗装によらない素朴な仕上げは東北の仏像に多く見られる
墨で書かれた文字はキリークと読む。観音菩薩を表す梵字
ノミ打つ音は読経と同じともいわれている

重文　聖観音立像

※1：表面に丸ノミの跡を残して造像したものを鉈彫仏という

※2：行基（668-749）は奈良時代の日本の僧。奈良の大仏造立の責任者として知られる

桂泉観音の名の由来

参道入口には2本の巨木がそびえ立つ。カツラの木の根元からは清水が枯れることなくわき出している（桂清水）。桂泉観音の名の由来である

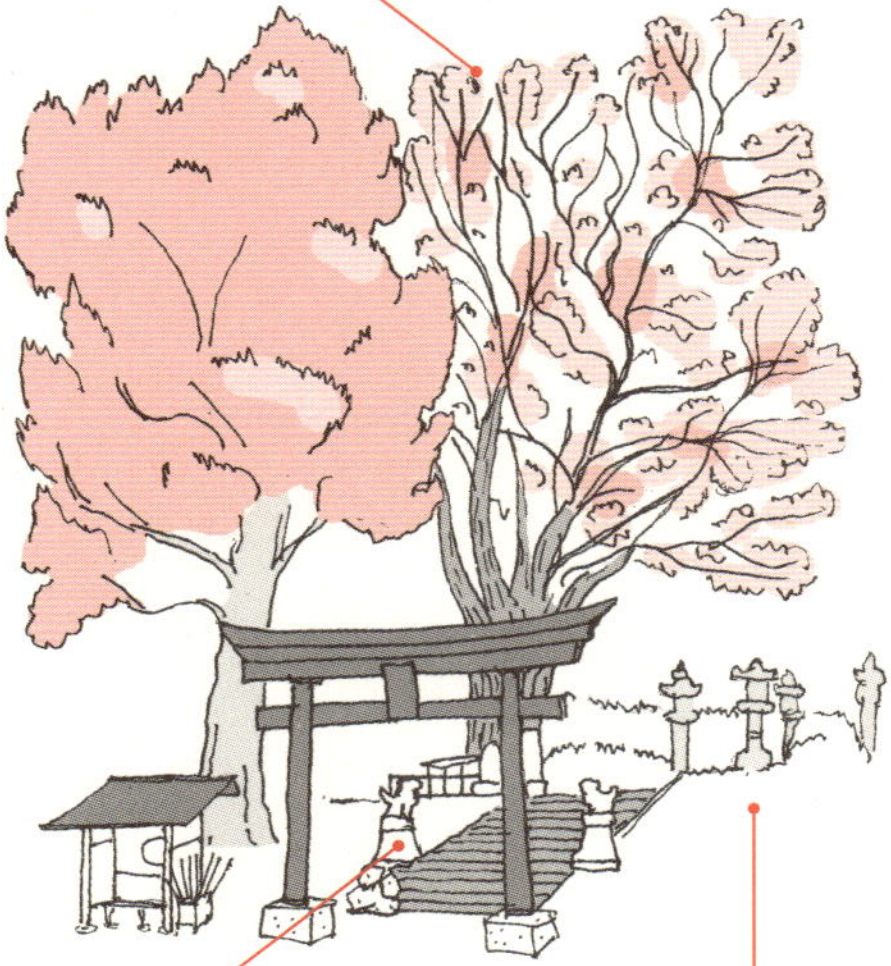

天台寺の参道には、神仏習合の名残で鳥居や狛犬がある。「寺」で間違いないので、慌てず参道を登ろう、その先に仁王門、本堂（観音堂）がある

天台寺のある山は古くからの聖地。時が経ち、土着の宗教が仏教に置き換わっていった

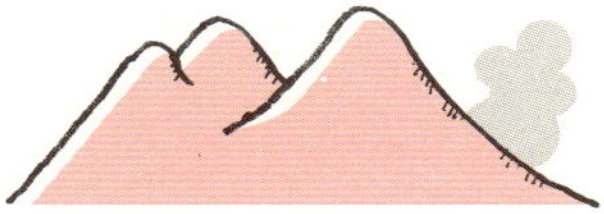

①水や食物を産し、時に災いをもたらす山は信仰の対象となった

②その山の巨木は神の宿る神木・霊木として崇められた

③木に仏を刻むことで、神は仏の形となって現れる。桂泉観音もその1つ

波打つノミ跡のもつ意味は？

細部は彫らずに墨で書き込んである（赤部分）

波立つノミ跡は、霊木がさざ波を打ちながら観音の姿に変わる（化現、けげん）瞬間を表現したもの

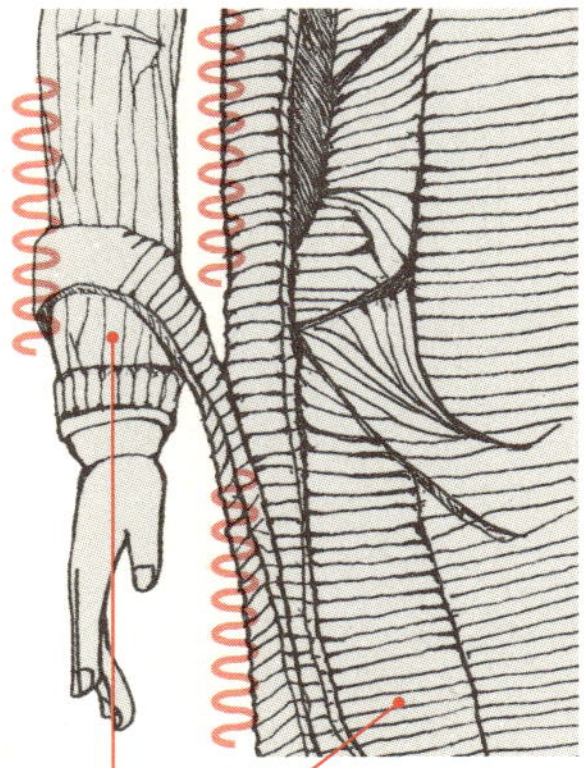

衣に丸ノミが、腕にはかすかに平ノミの跡が残る

木目に逆らい横に波立つノミ跡は、読経のリズムが視覚化したがのよう

MEMO：天台寺は天台宗の寺。桂泉観音と呼ばれる聖観音立像はカツラの一木造、平安時代10世紀末～11世紀初めの作。像高は116.5㎝。なお本尊は十一面観音（重文）。いずれも収蔵庫に安置されている

仏の森に見る仏師の競演

千手観音／三十三間堂《さんじゅうさんげんどう》 京都

平安時代後期、仏像を寄進するなど善行を積むことで極楽浄土へ往生できるという考えが広がった。三十三間堂の仏像もその1つ。広い堂内に1千1体の千手観音像が所狭しと並び、見る者を圧倒する。

千手観音像は本尊の丈六坐像とその左右に配される千体の等身立像からなる。創建当初と鎌倉時代に再建されたものが入り混じるので[※1]、時代の違いが見て取れる。また、鎌倉時代は慶派《けいは》・円派《えんぱ》・院派《いんぱ》などの仏師が活躍した、仏像彫刻の隆盛期。三十三間堂は彼らの仏像を一度に堪能できる空間でもある。

33の数字に隠された意味

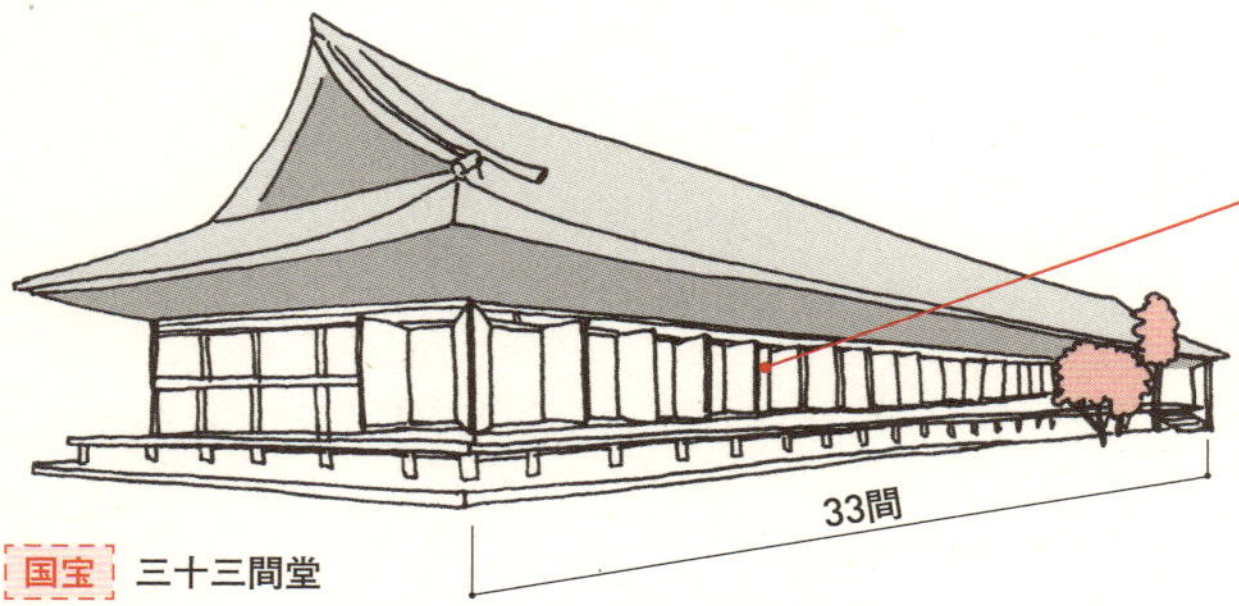
33間
南北に細長く延びる本堂内陣の柱間が33（33間）あるので三十三間堂と呼ばれる。33という数字は、観音菩薩が三十三身に変化して衆生を救うことに由来

国宝 三十三間堂

堂内にいる1千1体の千手観音が三十三変化するので、そこには3万3千33もの仏が存在するということに。ゆえに三十三間堂で拝めば無限の救いを受けられるとされる
千手観音の手は42本。42本なのに千本とされるのは理由がある。合掌している真手を除くと40本、観音は1手で25の煩悩を救済することから「40×25＝1000」で千手と見なすからだ[※2]
運慶の子・湛慶（たんけい）により再建された中尊は、慶派に特徴的な量感ある体躯をもち、重厚な迫力がある。衣紋もうねりの強い動的な表現。厚ぼったい張りのある容貌と温和な表情は湛慶の特徴的作風だ

国宝 千手観音坐像

※1：1165年創建の三十三間堂は、1249年に火災で建物と大部分の仏像を焼失。1266年に再建した

※2：千手観音は十一面四十二臂像が多い。実際に千手ある観音は過去・現在・未来の利益（りやく）を、42手ある観音は現在における利益を叶えるといわれている

時代と仏師の特徴を見つける

鎌倉時代初期の復興時、大仏師・湛慶の一門である慶派をはじめ、多くの仏師が千手観音立像を造像した。火災で救出された、平安時代後期の創建仏（長寛仏）との調和を図るためか、全体的に穏やかな作風となっている

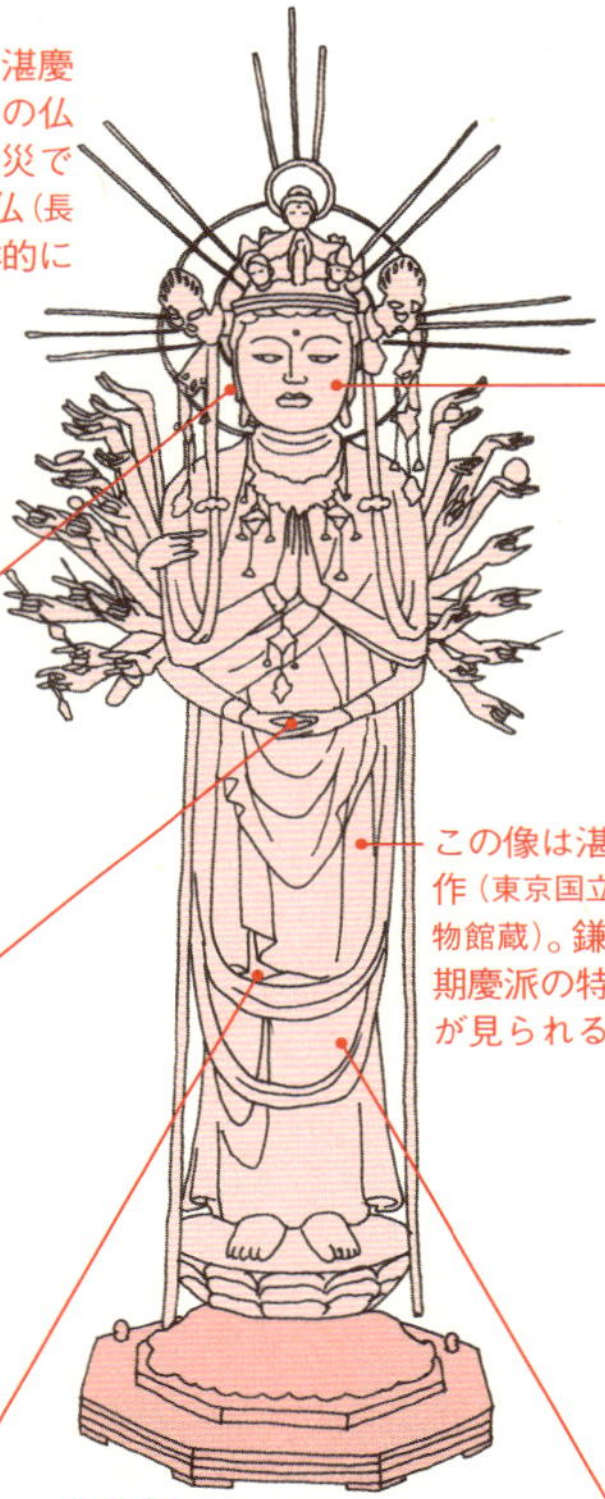

重文　千手観音立像

この像は湛慶作（東京国立博物館蔵）。鎌倉期慶派の特徴が見られる

耳にかかる巻き毛の有無で時代を見分けられる

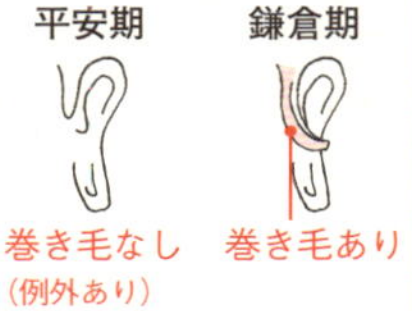
平安期
鎌倉期
巻き毛なし
（例外あり）
巻き毛あり

手があるため見えづらいが、石帯（せきたい）の有無で時代を見分けられる

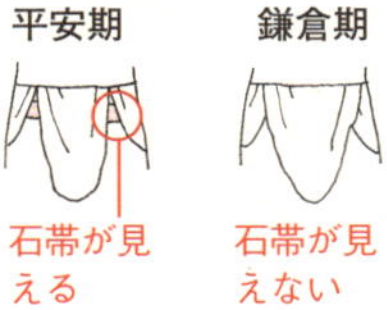
平安期
鎌倉期
石帯が見える
石帯が見えない

同寸同形の仏像のため顔は比較が容易で、仏師の特徴も判読しやすい

平安期

穏やかで品格のある顔。目鼻立ちは大振り

鎌倉期

慶派の仏像は大顔で頬に張りがあり、肉感的

院派の仏像は小顔でほっそり。頬に張りがある

円派の仏像は院派と似ており小顔だが、ややふくよか

衣紋は時代の別だけでなく、復興仏の系統を見分けるのにも有効。創建時の長寛仏はほぼ左右対称で表面的な衣文（えもん）。復興仏のうち慶派は彫りが深く、表情のある衣文の流れで体躯を動的に見せているが、院派・円派による像は浅い彫り

体躯にも違いが見られる。長寛仏は肩幅が大きく丸みがある。復興仏のうち慶派は肩幅が大きく全体的に量感があるが、院派・円派は細身

column

仏師の系図

平等院鳳凰堂（32頁）の阿弥陀如来像を手掛け、「和様《わよう》の仏像」を確立した平安中期の仏師・定朝《じょうちょう》。定朝から始まった仏師の系図は、京都仏所の院派と円派、奈良仏所の慶派、計3つの勢力に継承された。慶派は写実的で力強い作風。鎌倉でも造像した。一方、円派は定朝様に温雅さ力強さが加わった作風。院派は保守的で定朝様の形式化に努めた。

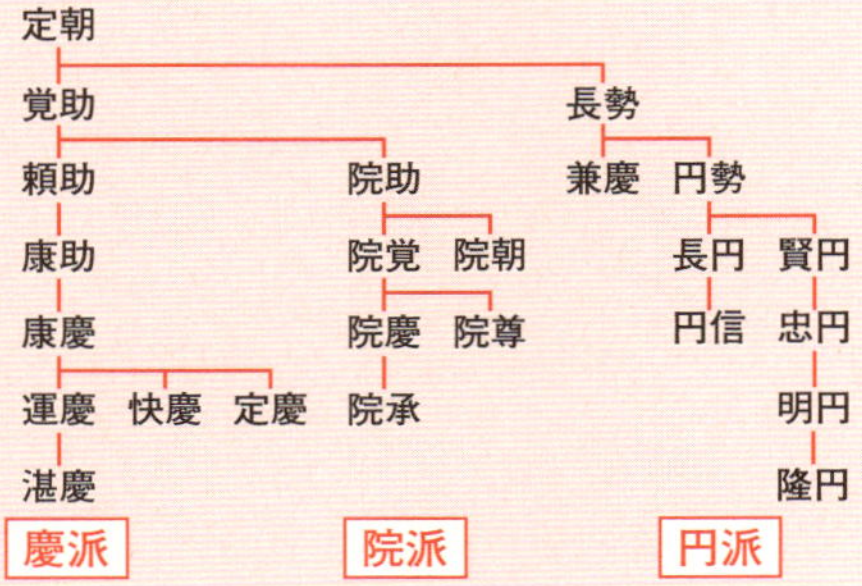
定朝
覚助
長勢
頼助
院助
兼慶
円勢
康助
院覚
院朝
長円
賢円
康慶
院慶
院尊
円信
忠円
運慶
快慶
定慶
院承
明円
湛慶
隆円
慶派
院派
円派

MEMO：三十三間堂は天台宗の寺、蓮華王院本堂の通称。本尊・千手観音坐像は湛慶の作、寄木造で像高は約335cm。千手観音立像のうち、湛慶と院承、隆円による3体が東京国立博物館に、湛慶作の2体は奈良国立博物館と京都国立博物館に寄託

戦死者を救う淡海《おうみ》の観音

十一面観音／向源寺《こうげんじ》

滋賀

壬《じん》申《しん》の乱[※1]や戦国期の織田・浅《あざ》井《い》の戦いなど、琵琶湖周辺では古より数多くの戦が繰り広げられてきた。戦では大量の死者が出る。葬られなかった人々は琵琶湖に沈められたと考えられる。

琵琶湖周辺を訪ねると、十一面観音が多いことに気付く。十一面観音は、地獄など6つの世界（六道《ろくどう》）にあって人々を救う六観音の1つ[※2]。修羅《しゅら》[※3]の世界の救済者である。修羅にたどり着いた戦死者を救い、戦で穢れた湖水を浄化するために、たくさんの十一面観音が琵琶湖周辺に祀られたのだろう。

最も美しい国宝の十一面観音

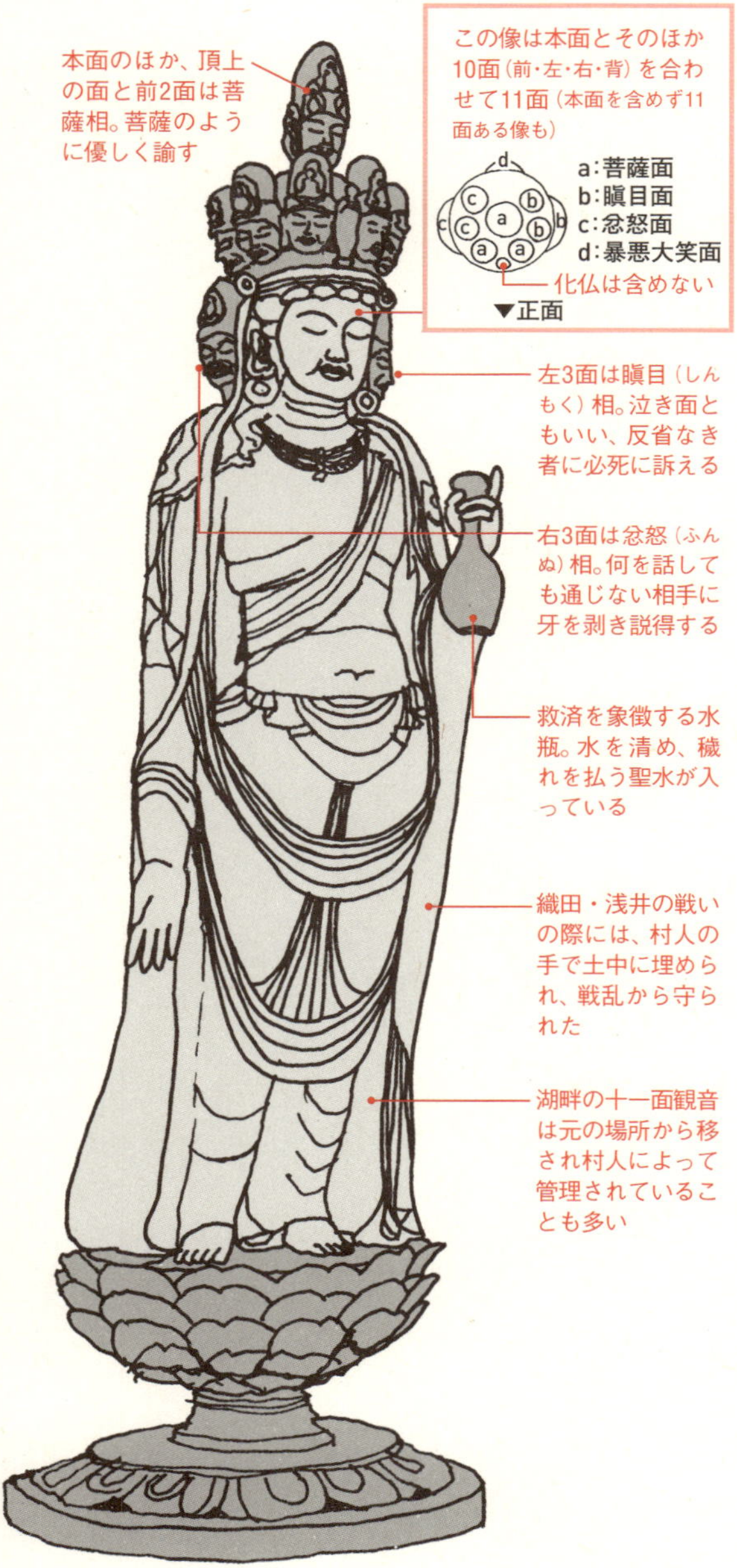
本面のほか、頂上の面と前2面は菩薩相。菩薩のように優しく諭す
この像は本面とそのほか10面（前・左・右・背）を合わせて11面（本面を含めず11面ある像も）
a：菩薩面
b：瞋目面
c：忿怒面
d：暴悪大笑面
化仏は含めない
▼正面
左3面は瞋目（しんもく）相。泣き面ともいい、反省なき者に必死に訴える
右3面は忿怒（ふんぬ）相。何を話しても通じない相手に牙を剥き説得する
救済を象徴する水瓶。水を清め、穢れを払う聖水が入っている
織田・浅井の戦いの際には、村人の手で土中に埋められ、戦乱から守られた
湖畔の十一面観音は元の場所から移され村人によって管理されていることも多い

国宝　十一面観音立像

※1：天智天皇亡き後の皇位継承をめぐる争い（672年）　※2：六観音とは衆生が輪廻する地獄・餓鬼・畜生・修羅・人間・天の「六道」にそれぞれ配された観音のこと。聖（しょう）観音・千手・馬頭・十一面・准胝（じゅんでい。または不空羂索）・如意輪　※3：修羅は常に争いの絶えない世界

戦場に祀られた仏たち

争いの絶えなかった琵琶湖

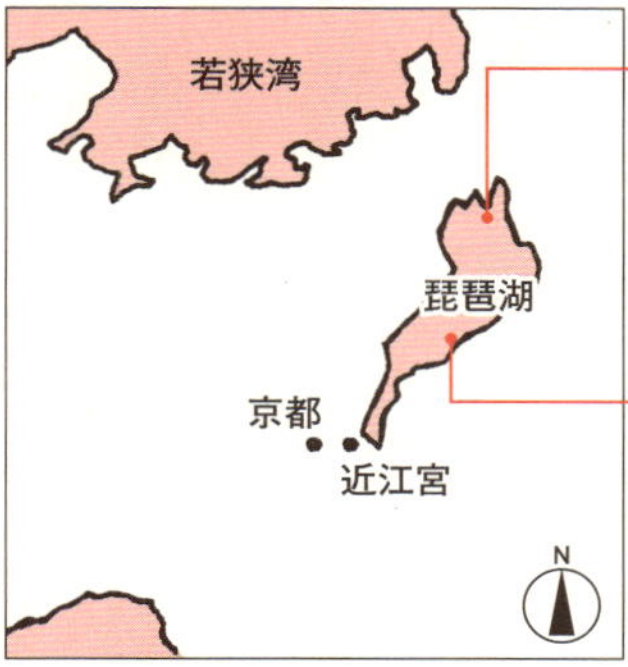

琵琶湖は都に近く、交通や物流の要衝だったため、その周辺は古くより争いが多かった

琵琶湖は都の重要な水源である。琵琶湖の水を戦の穢れから守ることは重要なことだった

湖畔に数多くの十一面観音（図中の黒丸印）を祀ることで、戦死者を供養し、穢れた湖水を清めたと考えられる

十一面観音は修羅道からの救済を担当するとともに、水を司る仏でもある

戦死者をいち早く助ける姿

戦では同時期に多くの戦死者が出る。十一面観音の姿は、方々で救済を求める人々をいち早く助けられるようにできている。11の顔で全方位をチェックし、救済すべき者を素早く見つける

罪深い人、反省している人など、その人ごとに応じた表情で対応する

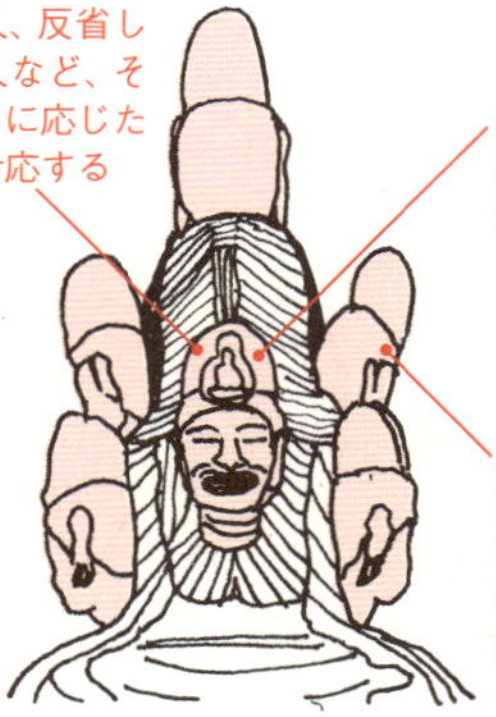

背面は暴悪大笑面という。煩悩や悪を大笑いで吹き飛ばす

正面の化仏は阿弥陀如来。観音は阿弥陀の脇侍であり、修羅道の人々を極楽へと導く

頭部の顔の下にはそれぞれ胴体がある。1体に見えて、11体分の救済力がある。死者の多い戦場にぴったりのパワーだ

腕が長いのは、遠くにいる死者にもすぐに救いの手を伸ばせるようにであろう

すぐに助けに行けるように、右足は1歩踏み出している

MEMO：向源寺（真宗）の十一面観音立像は木造で平安時代の作。慈雲閣（収蔵庫）に安置されている。なお本堂には本尊の木造阿弥陀如来坐像が安置されている

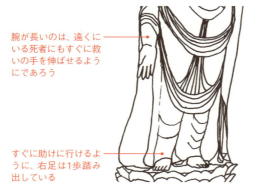

若狭で奈良の水を清める仏

十一面観音／羽賀寺《はがじ》

福井

福井県西部、若狭地方には十一面観音が多い。その分布に着目すると、海際や川沿いといった水辺に多く祀られていることに気付く。それはなぜか。謎を解く鍵は奈良との位置関係にある。日本海に面した若狭は奈良のほぼ真北にあり、古くはここを入口として大陸文化などを都に運んだ。水も奈良に通じていると考えられ、東大寺の「お水取り」[※1]で仏前に供えられる聖水も若狭から送られた水だとされる。

十一面観音は水瓶《すいびょう》をもち、水を司る仏。若狭の十一面観音は水辺に立ち、南へ通じる水を今も清め続けている。

水を清める十一面観音

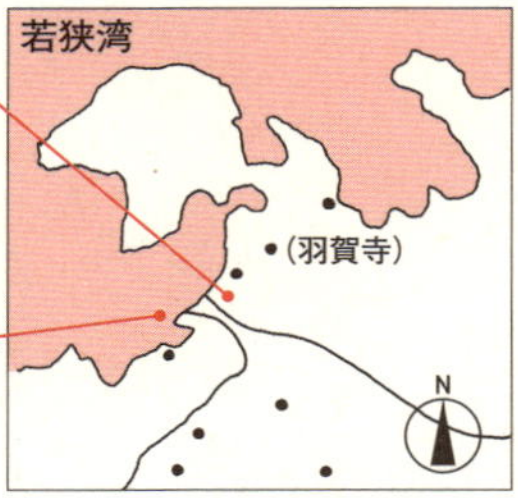
若狭湾
（羽賀寺）
N
若狭の地名には「若水」という意味がある。ここに十一面観音（図中の黒丸印）が多く祀られているのは、そこが聖なる水の水源だから
若狭では海際や川沿いに十一面観音が点在する。ここから奈良に聖水が送られるという

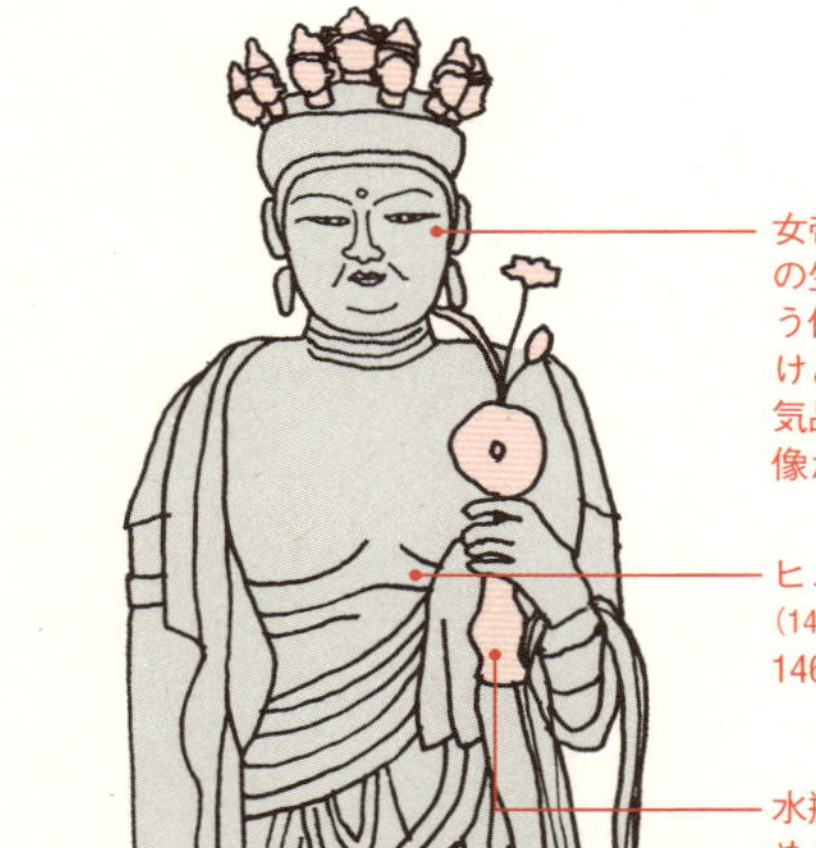
女帝・元正天皇の生き写しという伝承があるだけあり、優雅で気品に満ちた仏像だ
ヒノキの一木造（148頁）。像高は146cm
水瓶には水を清める聖水が入っている
長らく秘仏であったため、当時の彩色が残されている

重文　十一面観音立像

※1：東大寺・二月堂における修二会（しゅにえ）の行事の1つ。境内にある若狭井という井戸からくみ上げ、本尊に供える。修二会の行を勤める僧たちの道明かりとして灯される松明（たいまつ）から「お松明」ともいわれる

※2：下根来八幡宮で行われる「山八神事」はお水送りの最初の儀式

若狭と奈良の深い関係

互いを暗示するモノがある

若狭は奈良や京都といった歴代の都の北に位置する

若狭は天皇家の食料を献上する「御食国（みけつくに）」として、また大陸文化の入口として重要な地だった

五行思想（89頁）では北は「水」、南は「火」を表す

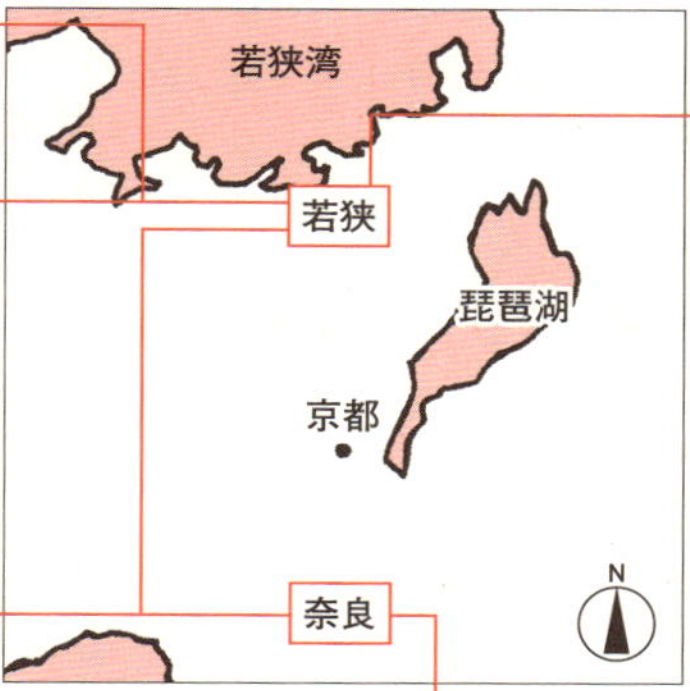

下根来《しもねごり》八幡宮

聖水の送り元・鵜の瀬の上流にある下根来八幡宮は、東大寺鎮護のために建てられたとされる[※2]

東大寺・二月堂の周囲には、遠敷社や興成社（鵜の宮）、若狭井など若狭の神が祀られている

二月堂（国宝）の本尊も十一面観音だが、絶対秘仏で誰もその姿を見ることはできない

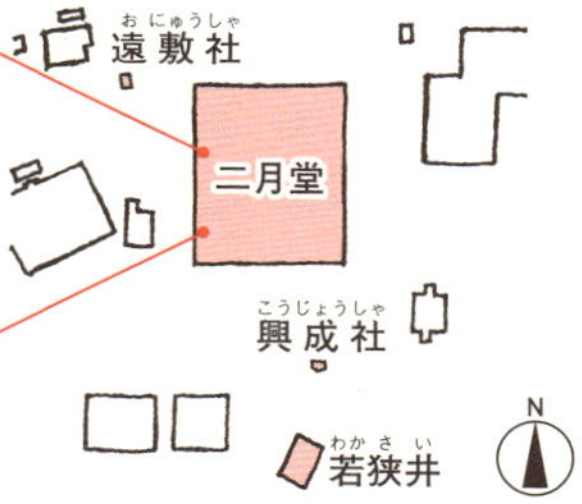

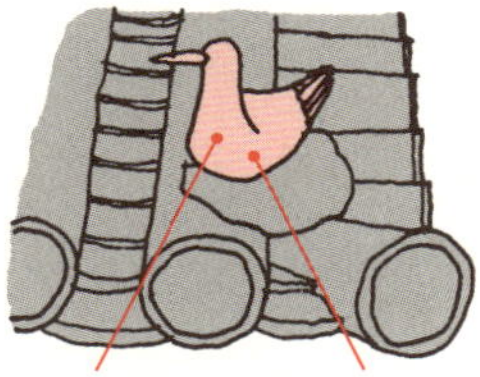

若狭井の屋根には鵜が祀られている

鵜は黒を表す。五行では黒は北を象徴する

水と火で豊作を祈る

若狭・お水送り

若狭から水を送る「お水送り」

毎年3月2日、若狭「鵜の瀬」で遠敷川に聖水を注ぐ。水は地下を通って10日間かけて奈良に届くとされる

奈良・お水取り

奈良で水を受け取る「お水取り」。水と火を用いた行を行う。北（若狭）の水は雨、南（奈良）の火は太陽を表し、南と陽のバランスが五穀豊穣を生む

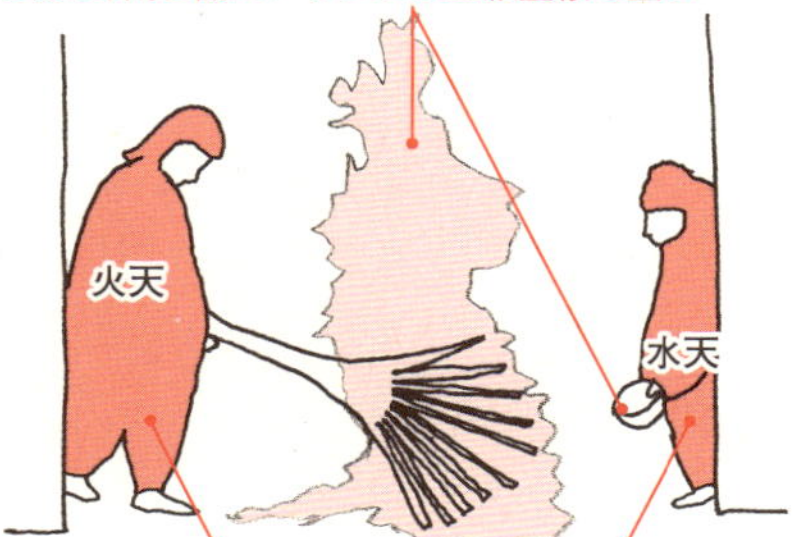

松明（たいまつ）を振り回す「火天」と水を撒く「水天」。達陀（だったん）という行（達陀は若狭でも行われる）

MEMO：羽賀寺は高野山真言宗の寺。本尊・十一面観音立像は木造で平安時代の作、像高146cm。本堂（重文）に安置されている。羽賀寺は元正天皇の勅命寺であるため、御影の像がつくられたと考えられる

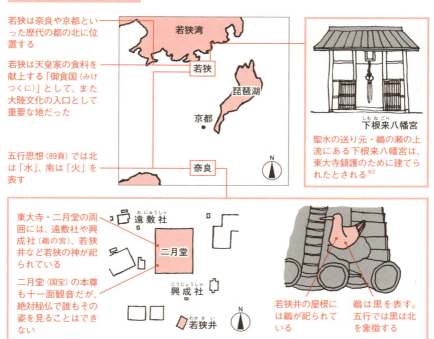

樹海に広がる観音浄土

十一面観音／長谷寺《はせでら》

奈良

長谷寺は三方を山に囲まれた谷あいにあり、中腹にかけて伽藍《がらん》※1が広がる。仁王門をくぐり、399段の登廊《のぼりろう》を上り切ると、本堂前の外舞台がまず目に入る。外舞台に立つと、広大な樹海の景色が迫り来る。視界の先ははるか南にあるという観音浄土。外舞台からの視野の広さは仏の力の大きさと浄土の広がりを感じさせる大切な装置なのだ。

本尊の十一面観音像は高さ10m超、その力に比すかのように巨大である。水《すい》瓶《びょう》のほかに地蔵菩薩がもつ錫杖《しゃくじょう》を携え、特に長谷式観音といわれる。

大役を果たす外舞台

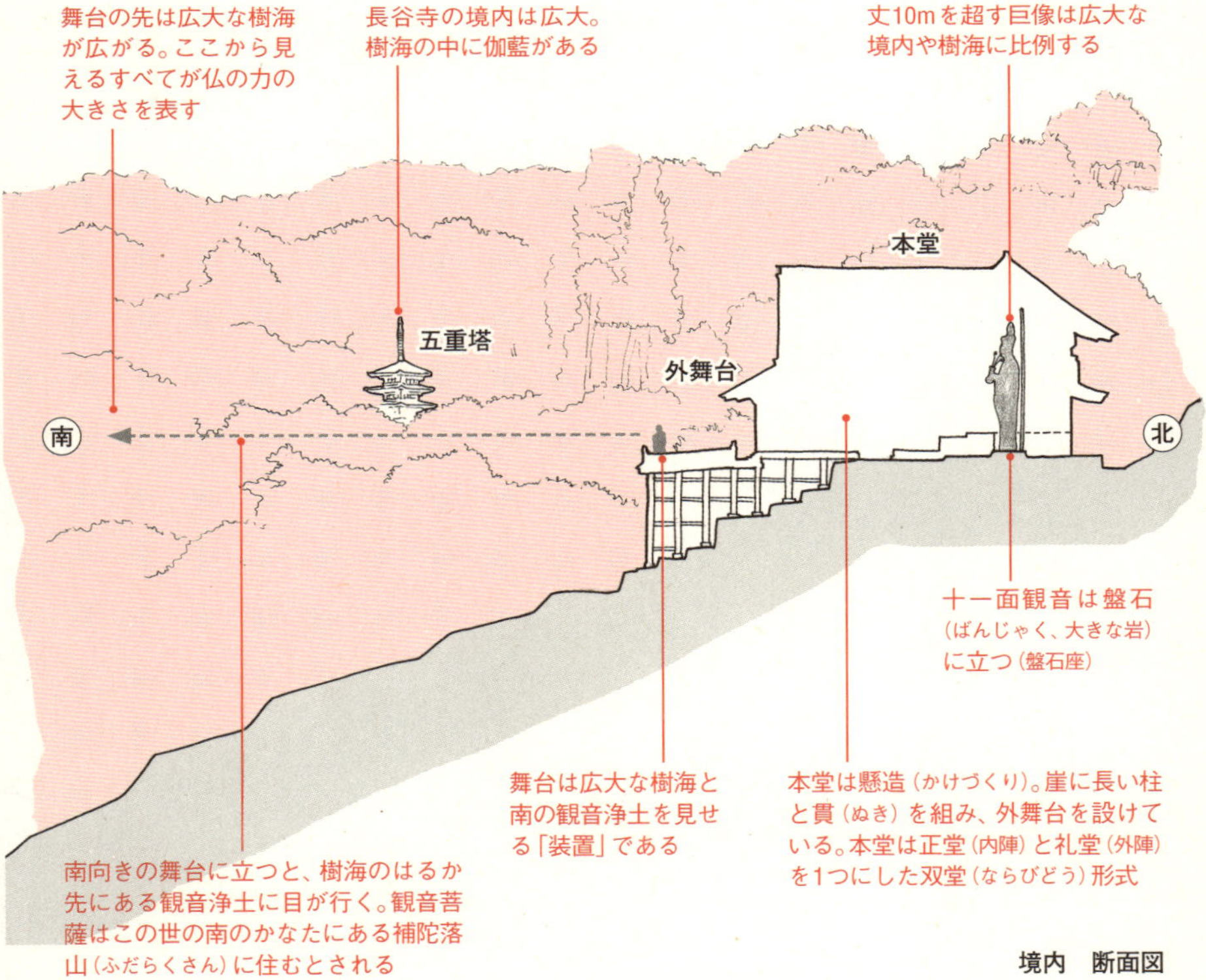
舞台の先は広大な樹海が広がる。ここから見えるすべてが仏の力の大きさを表す
長谷寺の境内は広大。樹海の中に伽藍がある
丈10mを超す巨像は広大な境内や樹海に比例する
本堂
五重塔
外舞台
南
北
十一面観音は盤石(ばんじゃく、大きな岩)に立つ(盤石座)
舞台は広大な樹海と南の観音浄土を見せる「装置」である
本堂は懸造(かけづくり)。崖に長い柱と貫(ぬき)を組み、外舞台を設けている。本堂は正堂(内陣)と礼堂(外陣)を1つにした双堂(ならびどう)形式
南向きの舞台に立つと、樹海のはるか先にある観音浄土に目が行く。観音菩薩はこの世の南のかなたにある補陀落山(ふだらくさん)に住むとされる

境内　断面図

※1：お堂や塔など寺の建物のこと
※2：十一面観音は修羅道に落ちた亡者を救済する(76頁)

観音と地蔵が一体化した巨大像

右手の錫杖、念珠から「地蔵による救済」が読み取れる。「観音・地蔵合体」の姿は、観音が地蔵と同様に六道で苦しむ人々を救済することを意味する[※2]

観音・地蔵合体の姿で盤石座に乗った姿を長谷式観音と呼ぶ

盤石座は観音浄土である補陀落山と見なされる

左手にもつ蓮華付きの水瓶は「観音による救済」を象徴

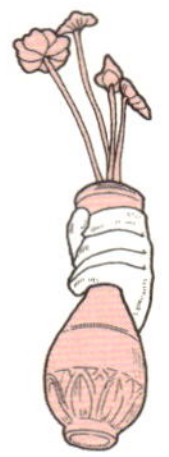

重文　十一面観音立像

さらに十一面観音の中には阿弥陀が

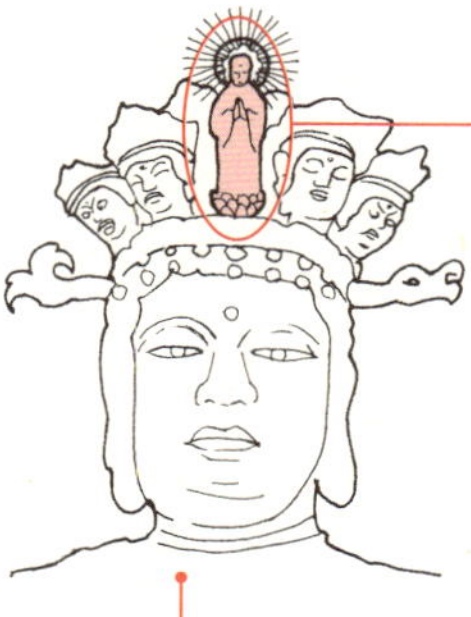

阿弥陀の化仏（けぶつ、小型の仏像）

観音菩薩は阿弥陀如来の脇侍。その証に、十一面観音の頭上には複数の面のほか阿弥陀の化仏を載せる

本尊・十一面観音は南を向く

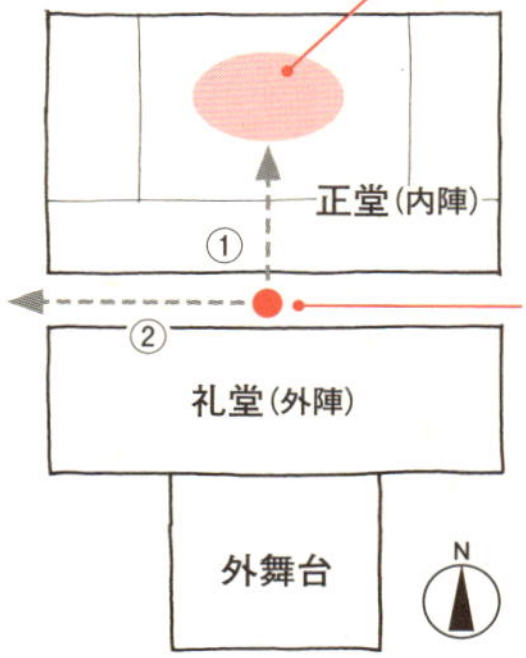

まず本尊・十一面観音を拝み（①）、次に阿弥陀仏がいる極楽浄土の西を向いて拝みたい（②）

本堂　平面図

MEMO：長谷寺は真言宗豊山派の総本山。現存する十一面観音立像は木造で室町時代の作、国宝の本堂に安置される

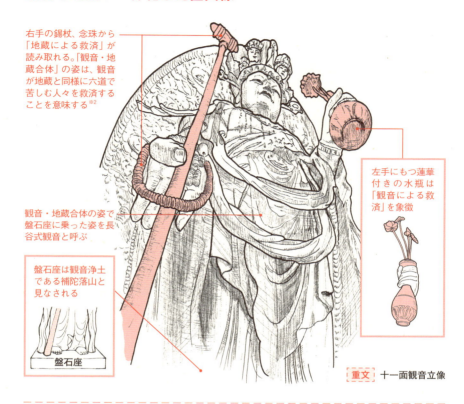

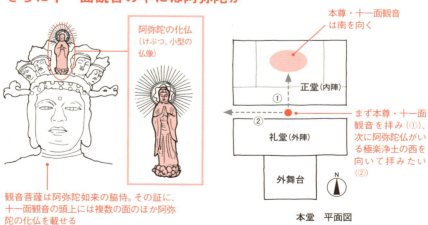

観音に秘めた聖武天皇の願

不空羂索観音《ふくうけんさくかんのん》／東大寺 奈良

東大寺は聖武天皇の発願《ほつがん》により創建された寺。その一画に建つ法《ほっ》華《け》堂《どう》の仏像にも聖武天皇の願いが込められている。

1つは「死後、仏の世界に至る」こと。本尊・不空羂索観音の豪華な宝冠、鹿皮の衣、八角形の須弥壇からは、天皇自身が仙人となって観音のいる補陀《ふだ》落山《らくさん》に向かおうという思惑が読み取れる。もう1つは「朝敵を調伏《ちょうぶく》する」[※1]というもの。特別チームを編成するかのごとく、観音は両脇に日光・月光《がっこう》菩薩を、背中合わせに執金剛神《しゅこんごうしん》を従えるという、異例の組み合わせだ[※2]。

不空羂索観音の特徴と込められた願い

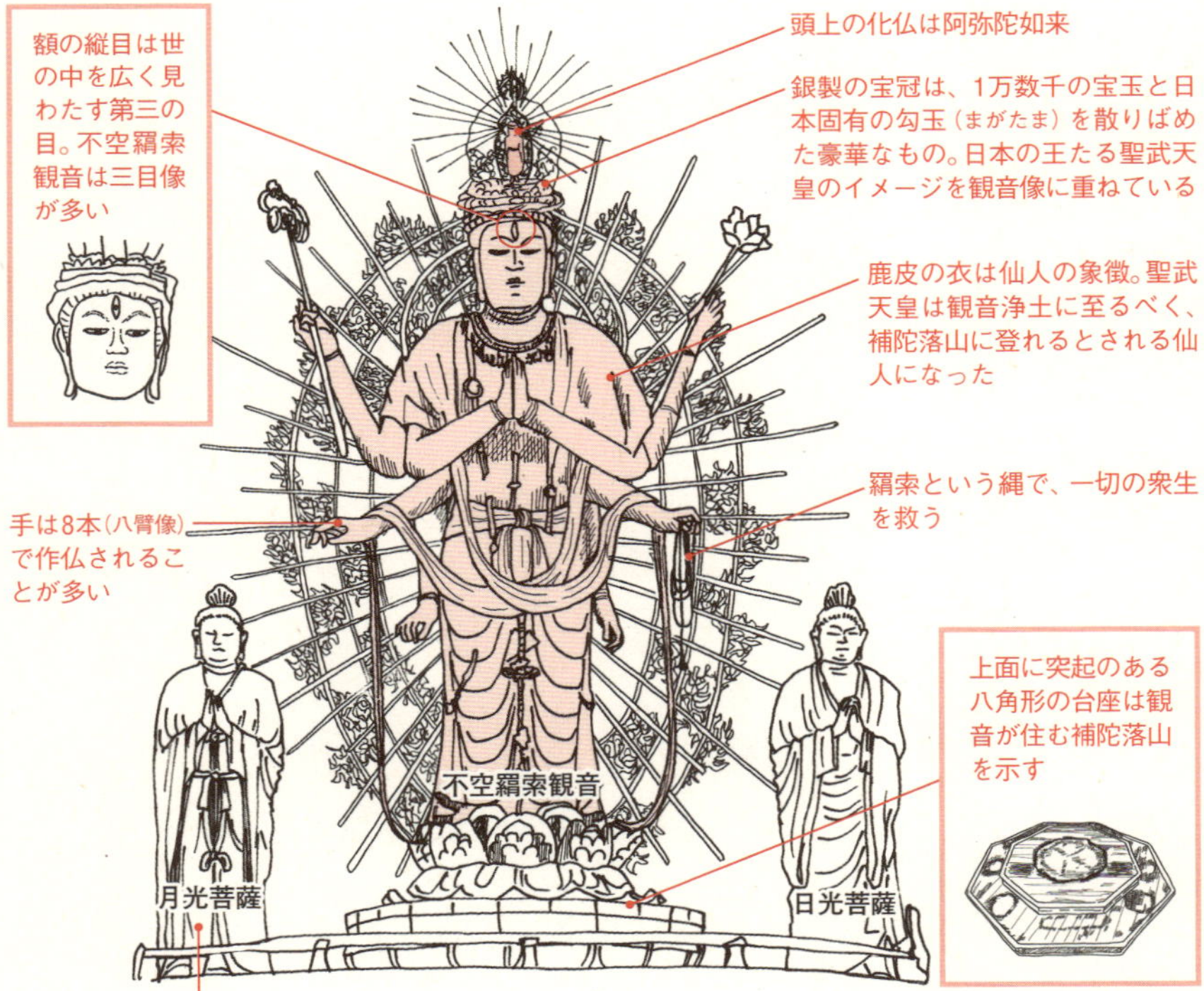
額の縦目は世の中を広く見わたす第三の目。不空羂索観音は三目像が多い
頭上の化仏は阿弥陀如来
銀製の宝冠は、1万数千の宝玉と日本固有の勾玉（まがたま）を散りばめた豪華なもの。日本の王たる聖武天皇のイメージを観音像に重ねている
鹿皮の衣は仙人の象徴。聖武天皇は観音浄土に至るべく、補陀落山に登れるとされる仙人になった
羂索という縄で、一切の衆生を救う
手は8本（八臂像）で作仏されることが多い
不空羂索観音
月光菩薩
日光菩薩
上面に突起のある八角形の台座は観音が住む補陀落山を示す
本尊の左右にいた※2日光・月光菩薩は本来、薬師如来の脇侍

国宝 不空羂索観音立像
国宝 日光・月光菩薩立像

※1：調伏とは、仏の力で敵などを下すこと　※2：日光・月光菩薩立像は現在、東大寺ミュージアムに安置。なお発掘調査により、観音と両菩薩、執金剛神立像が安置されていた八角二重須弥壇には、あと4体の台座跡が見つかった。4体は戒壇堂（120頁）の四天王像と見られている　※3：著者独自の見解による

朝敵に立ち向かう仏たち

戦う執金剛神

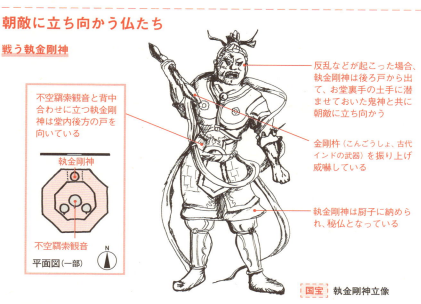

不空羂索観音と背中合わせに立つ執金剛神は堂内後方の戸を向いている

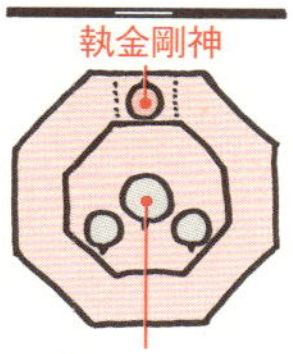

平面図（一部）

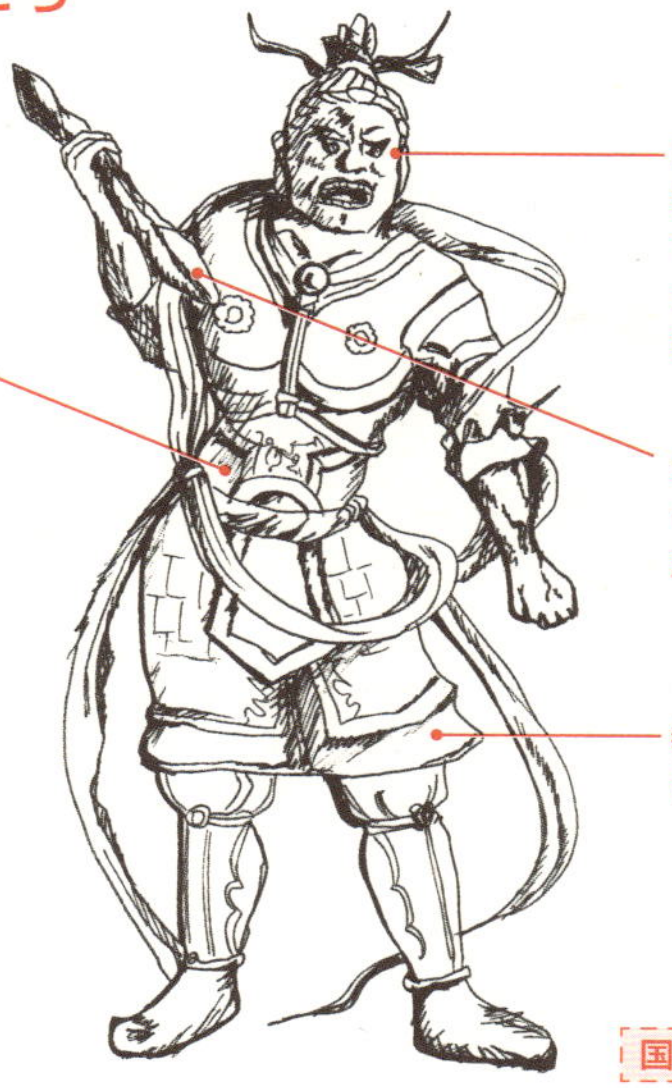

反乱などが起こった場合、執金剛神は後ろ戸から出て、お堂裏手の土手に潜ませておいた鬼神と共に朝敵に立ち向かう

金剛杵（こんごうしょ、古代インドの武器）を振り上げ威嚇している

執金剛神は厨子に納められ、秘仏となっている

国宝　執金剛神立像

仏は金・銀2つの光のパワーを送る※3

銀は阿弥陀＋月光

金は観音＋日光

阿弥陀の化仏は銀製。朝敵が現れると、銀色の光を放ち、パワーを送る

化仏の銀色の光背からは放射状に銀光が放たれる

金めっきが施され、金色に輝く観音像。光のパワーで調伏の念を送る

金色の本体光背からは全方位に金の光が放たれる（光背は合掌を中心に取り付けられていたが、現在はイラストより下の位置にある）

月光菩薩は銀色の光をサポートする

日光菩薩は金色の光をサポートする

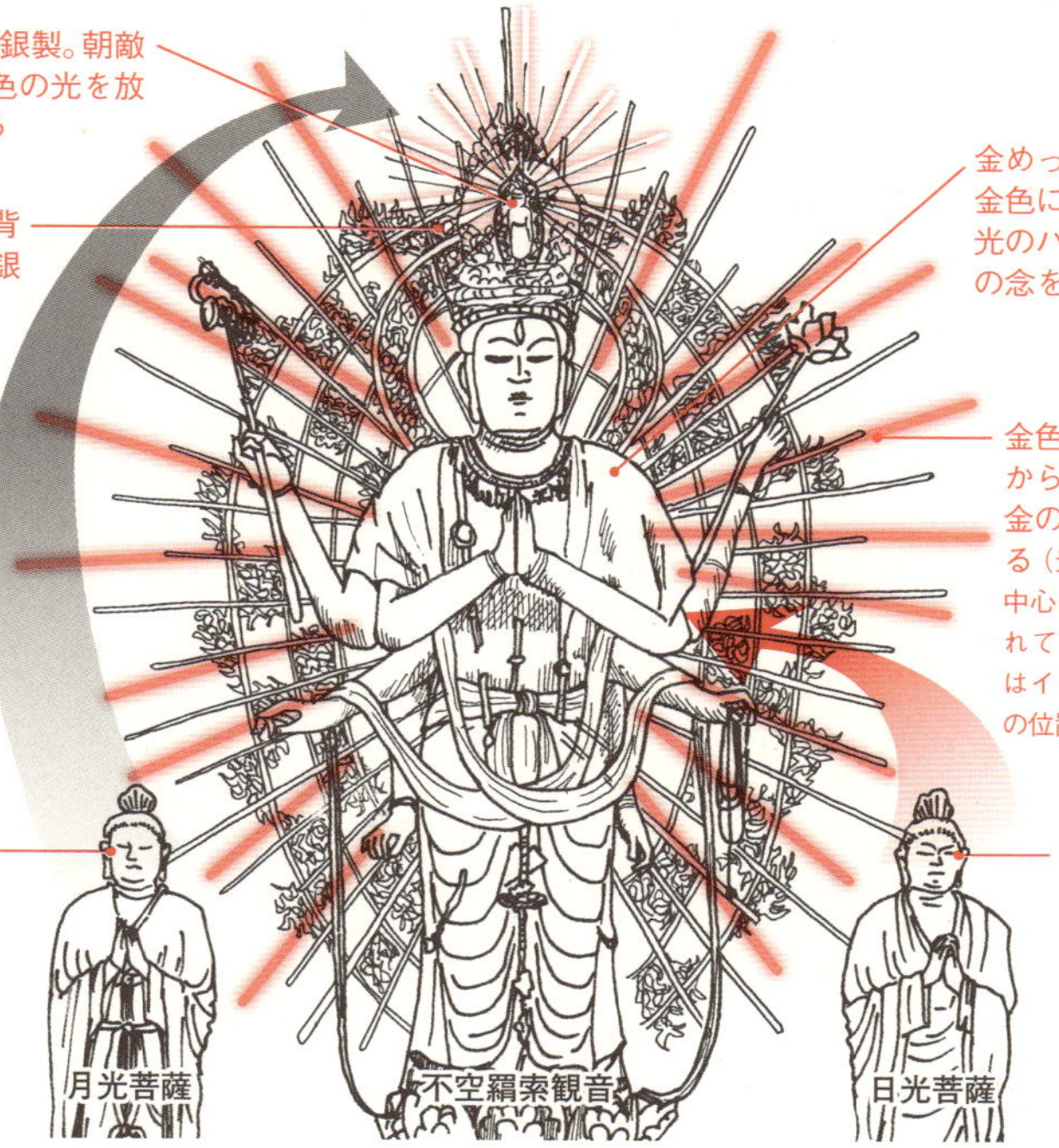

MEMO：法華堂にはここで紹介した以外にも多くの仏像が安置される。不空羂索観音立像は脱活乾漆造、奈良時代の作。執金剛神立像は塑造、奈良時代の作で、東大寺を開山した良弁（ろうべん）の念持仏とされる

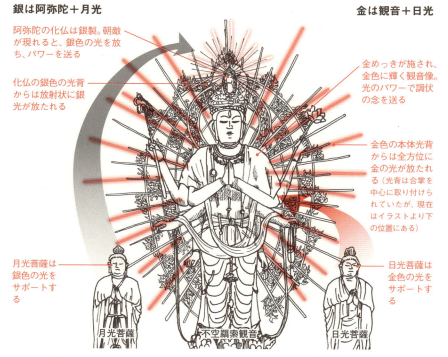

細部にも宿る仏の御心

如意輪観音《にょいりんかんのん》／観心寺《かんしんじ》 大阪

如意輪観音は、文字通り「意の如《ごと》く」願いを叶えてくれる仏。手にした宝珠《ほうじゅ》※1がその証である。このように、仏それぞれがもつ法力《ほうりき》やその性格は、手に何をもつか、足をどう組むかなど仏像から読み取ることができる。

如意輪観音は6本の手をもつ六臂《ろっぴ》像でつくられることが多い※2。その手を1本ずつ見ていくと、六道《ろくどう》で苦しむ者を救う六観音※3それぞれの役割が分かる。一方、左右一対で見ると、如意輪観音としての本来の役割が浮かび上がってくる。

それぞれの手に現れる六観音の心

仏力が強い右手で下位道（地獄・餓鬼・畜生）を救う。左手は上位道（修羅・人・天）を救う

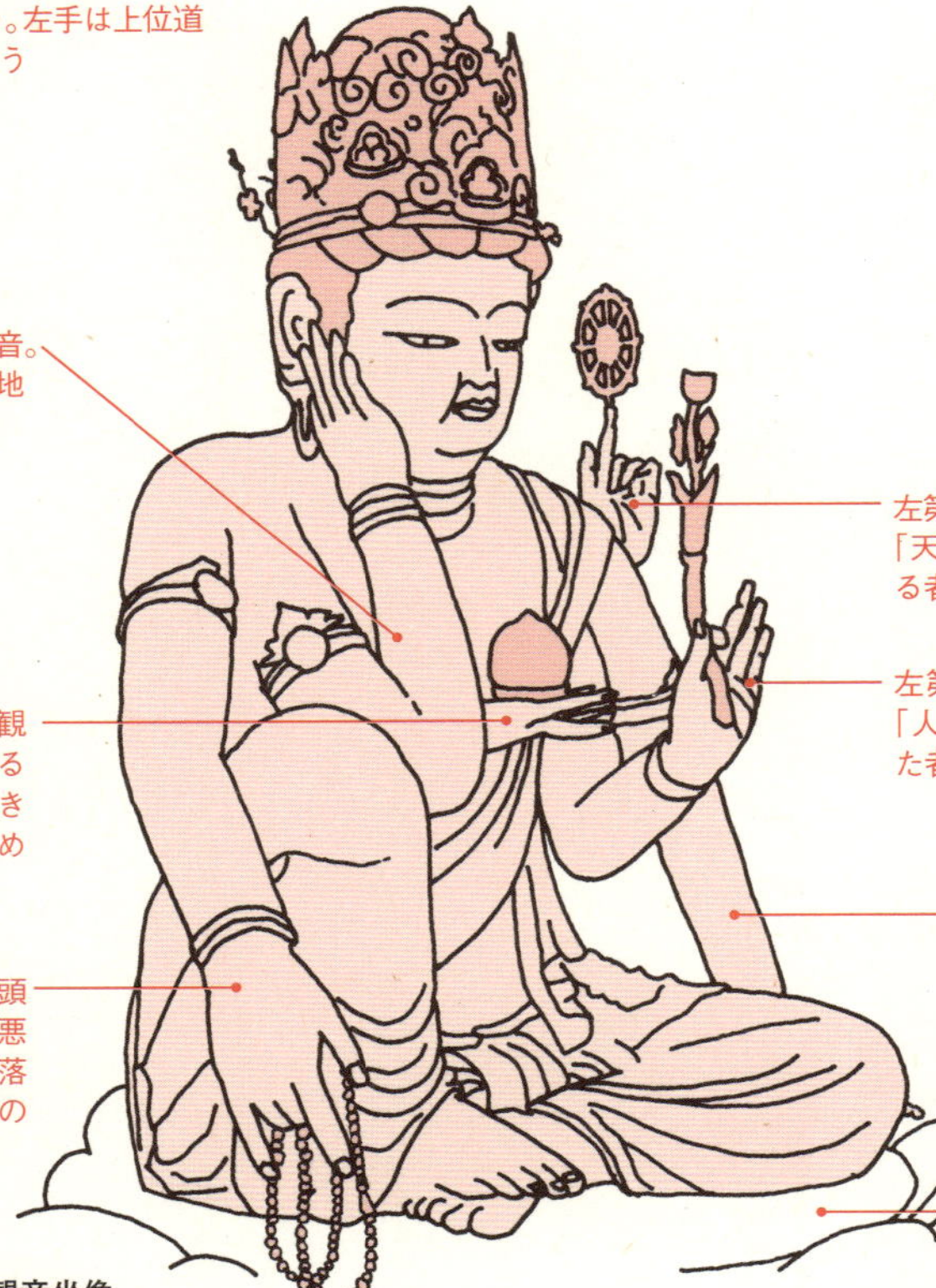
右第一手は聖観音。思慮深い手で「地獄」を救う
右第二手は千手観音。宝珠から出る財宝力で欲強き「餓鬼」をいさめる
右第三手は馬頭（ばとう）観音。悪行で「畜生」に落ちた者を、知恵の数珠で救う
左第三手は如意輪観音。「天」で享楽におぼれる者を法輪で砕く
左第二手は准胝観音。「人」で欲望に染まった者を蓮華で浄化する
左第一手は十一面観音。観音のいる補陀落山（ふだらくさん）に手を置き、「修羅」の怒りを鎮める
台座は観音浄土である補陀落山を表している

国宝 如意輪観音坐像

※1：「宝珠」とは望みを叶えてくれる玉。如意宝珠とも　※2：平安時代になって密教の影響を受ける以前は、二臂像の如意輪観音がつくられていた　※3：地獄・餓鬼・畜生・修羅・人間・天の「六道」にそれぞれ配された観音のこと。聖（しょう）観音・千手・馬頭・十一面・准胝（じゅんでい。または不空羂索）・如意輪

左右一対で見ていくと現れるモノが変わる

素手に現れた仏の本性

左右とも第一手は素手。素手にこそ仏の本性が現れる

頬に右手のひらを当て、いかに人々を救済するか思索している

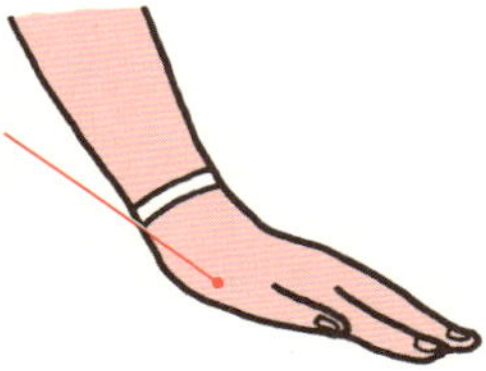

左手は台座を触り、観音浄土のある補陀落山への道を指し示す

如意輪観音を示す持物をもつ手

左右の手で如意宝珠と法輪をもち、「如意輪観音」であることをを示している

右手がもつ宝珠からは意のままに財宝が取り出せる

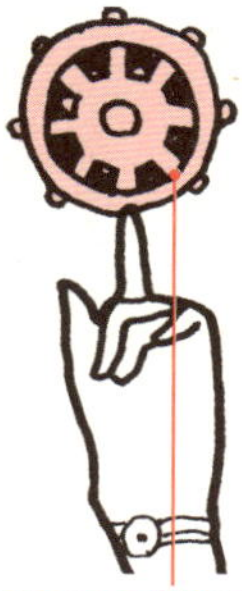

左手にある法輪を回し、煩悩を打ち砕く

仏道に導く左右の手

欲望に染まった心を蓮華で浄化し、数珠で仏教徒になることをすすめる

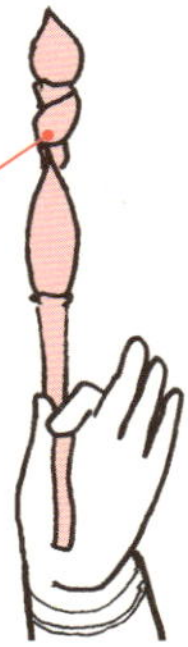

左手でもつのは欲を浄化する蓮のつぼみ

右手がもつ数珠は仏界にいる108の仏の存在を示す

足の組み方から分かる禁欲と救済

片方の膝を立て、左右の足裏を合わせる座り方を輪王座（りんのうざ）という。右は仏、左は自己を表すため、右の膝を立てた図のような輪王座には、仏の知恵で自己の欲望を抑えるという意味がある

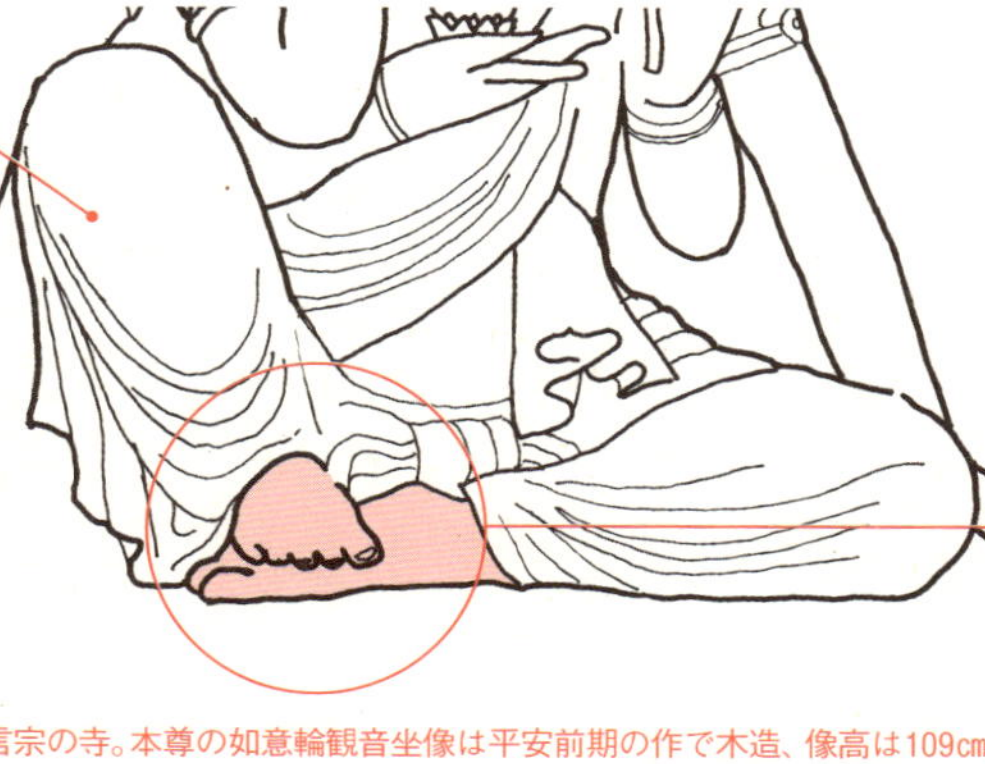

足裏を上下に向け合わせることで、天地間すべての者の救済を考えていることを示す

MEMO：観心寺は高野山真言宗の寺。本尊の如意輪観音坐像は平安前期の作で木造、像高は109㎝。金堂の厨子に安置されている

岩盤に感じる観音浄土

如意輪観音／石山寺《いしやまでら》

滋賀

石山寺はその名のとおり岩盤※1の上に建つ。勅封秘仏《ちょくふうひぶつ》※2の本尊・如意輪観音は、むき出しの岩に直接鎮座するという。本堂は斜面に張り出すようにつくられた懸造《かけづくり》、下から美しい岩肌を拝めるようになっている。いったいなぜこの岩山は信仰の対象となったのだろうか。

観音菩薩が下り立つことができるという補陀落山《ふだらくさん》は、海のはるか南方に突き出た岩山のこと。この世（此岸《しがん》）にあるとされる。古の人は、淡海《おうみ》（琵琶湖）の南端に位置する石山の地、その岩山に観音の聖地を重ねたのだ。

浄土にいる姿で下生《げしょう》する、ありがたい仏

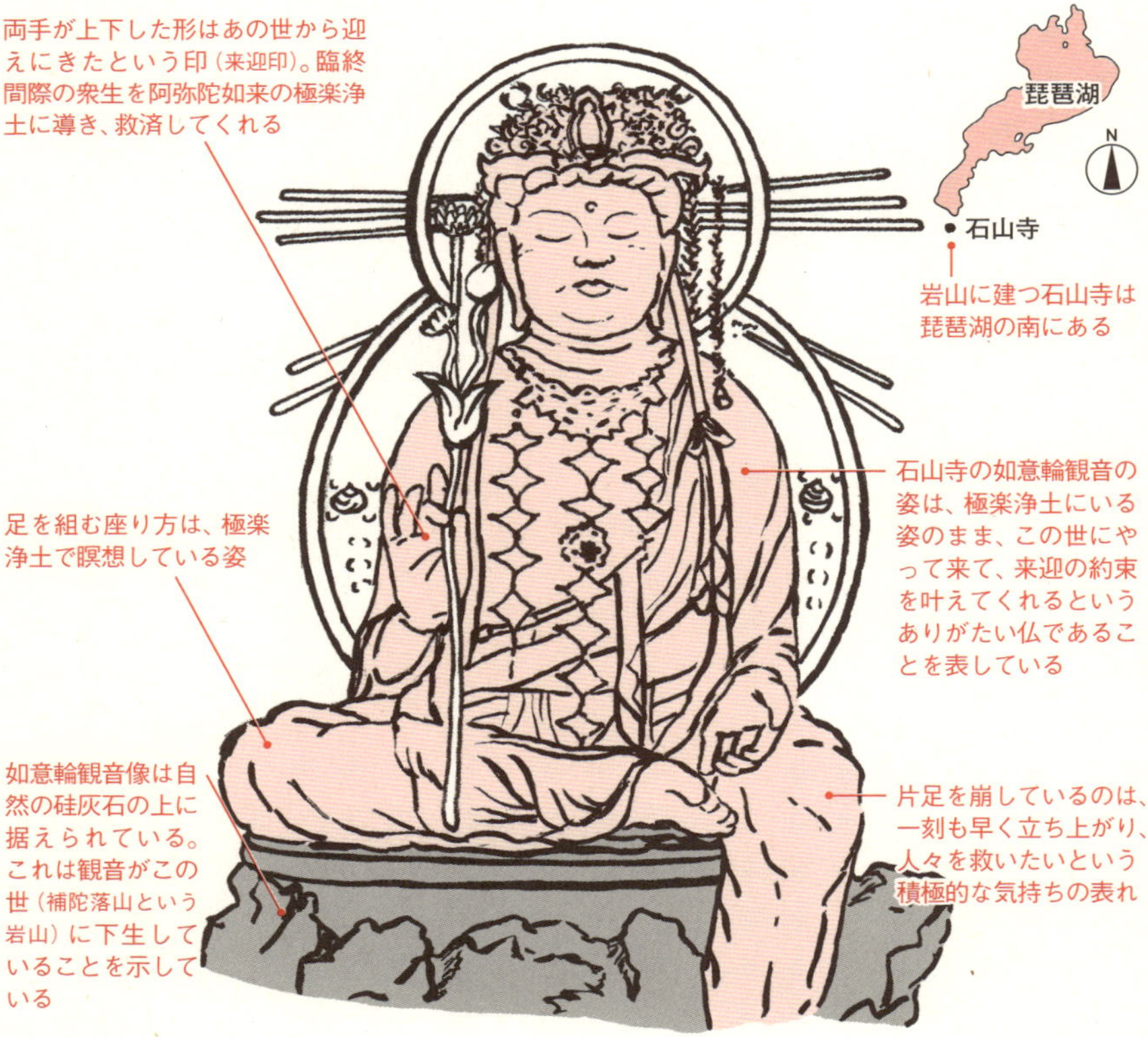
両手が上下した形はあの世から迎えにきたという印（来迎印）。臨終間際の衆生を阿弥陀如来の極楽浄土に導き、救済してくれる
琵琶湖
N
石山寺
岩山に建つ石山寺は琵琶湖の南にある
石山寺の如意輪観音の姿は、極楽浄土にいる姿のまま、この世にやって来て、来迎の約束を叶えてくれるというありがたい仏であることを表している
足を組む座り方は、極楽浄土で瞑想している姿
如意輪観音像は自然の硅灰石の上に据えられている。これは観音がこの世（補陀落山という岩山）に下生していることを示している
片足を崩しているのは、一刻も早く立ち上がり、人々を救いたいという積極的な気持ちの表れ

重文　如意輪観音半跏像

※1：石山寺硅灰石（けいかいせき）といい、天然記念物にもなっている
※2：天皇の命によって封印されることを勅封という。石山寺の如意輪観音半跏像は勅封された唯一の仏像、ご開帳は33年に一度とされる

岩を望むか、寝て待つか——仏に接する2つの方法

石山寺の本尊は秘仏。秘仏と出会うため、寺にこもって心身を清め、「夢」で啓示を受けるという霊験信仰が平安時代に流行した。おこもりをする人は礼堂や舞台で寝泊まりし、仏の啓示や霊験を願った

本堂は白く美しい硅灰石の岩盤に建つ。内陣（正堂）は奥に本尊を安置する厨子があり、外陣（礼堂）と相の間でつながっている

岩の上に鎮座する本尊・如意輪観音。最初に観音を覆うように正堂がつくられ、岩山を祀る懸造に増改築されていった

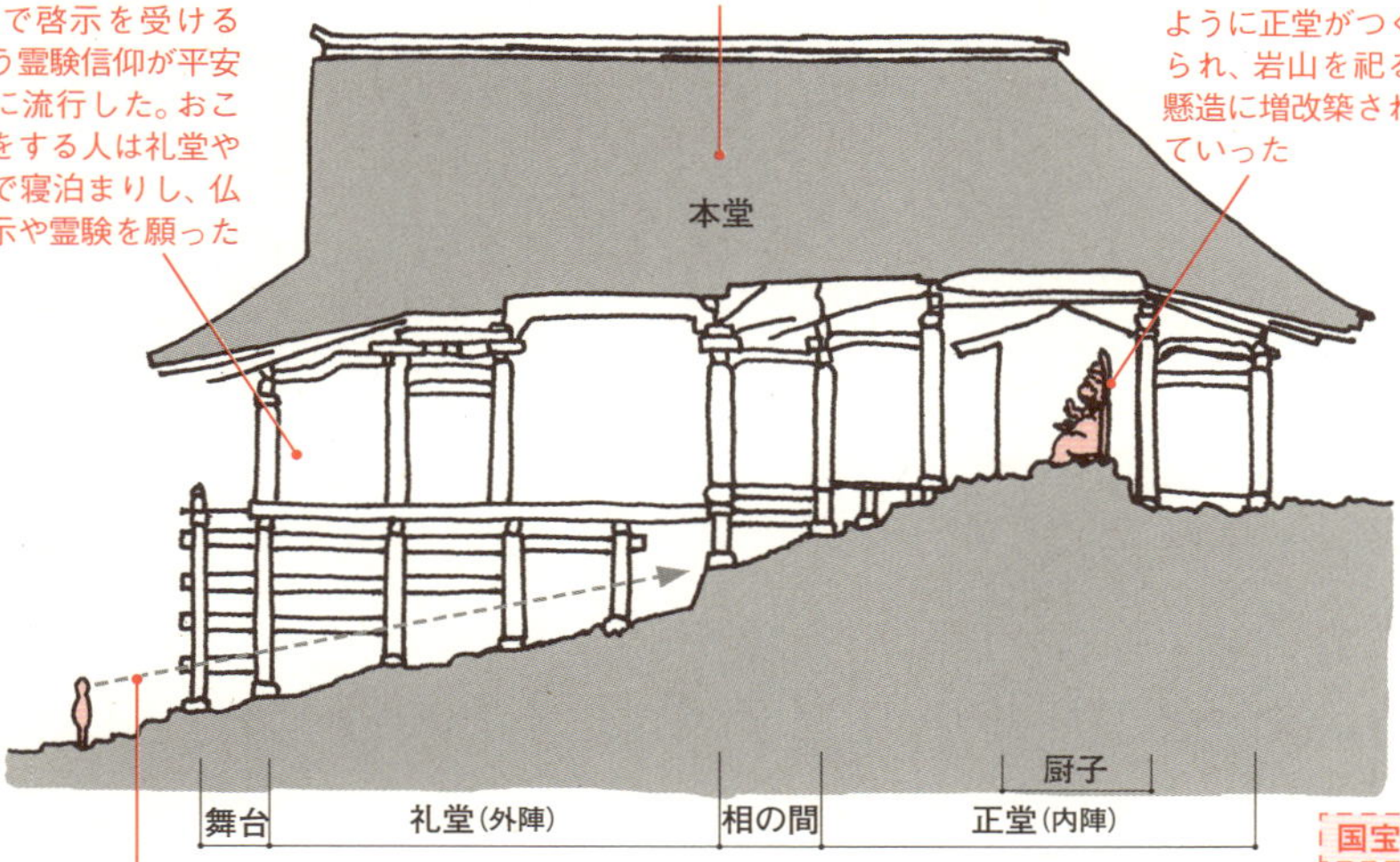
本堂
厨子
舞台
礼堂（外陣）
相の間
正堂（内陣）

国宝

本堂　断面図

懸造の足場の隙間から岩山（補陀落山）を拝む「岩場礼拝」。岩全体が祀られる対象なのだ

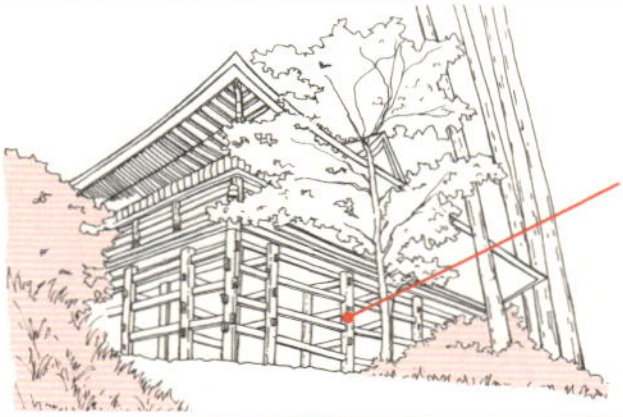

本堂下に広がる岩山を見せるかのように、礼堂や舞台は懸造になっている。観音堂に多い

秘仏本尊は厨子・正堂・相の間と3重に結界され、礼堂にいる人々と固く分かたれている

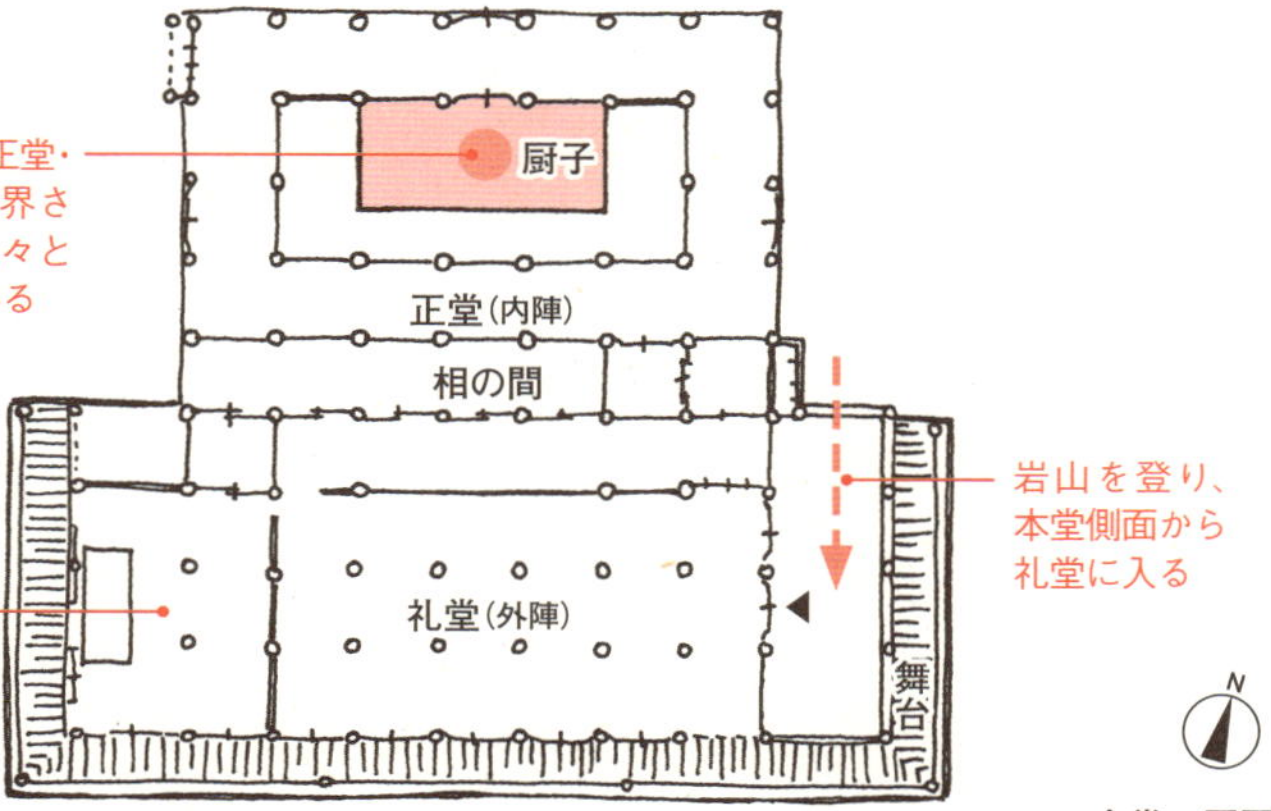
厨子
正堂（内陣）
相の間
礼堂（外陣）
舞台
N

大きな礼堂は寝泊まりした人の多さを想像させる

岩山を登り、本堂側面から礼堂に入る

本堂　平面図

MEMO：石山寺は真言宗の寺。本堂に安置される本尊・如意輪観音半跏像は木造（ヒノキの寄木造）で、平安後期の作（2代目）。像高は約500㎝。寺の縁起によれば、岩の上に如意輪観音を安置し、祈願したところ、陸奥国（むつのくに）で金が産出。東大寺の大仏に鍍金することができたという

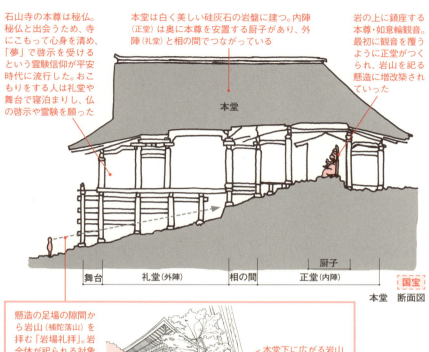

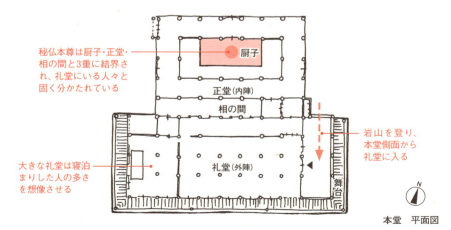

若狭に集まる馬頭《ばとう》観音菩薩

馬頭観音／中山寺《なかやまでら》 福井

観音菩薩といえば、その柔和な表情（慈悲相）が特徴的。ところが観音の中でも馬頭観音は違う。明王のように怒りの形相（忿怒相《ふんぬそう》）をしている。つまり、馬頭観音は「観音の心と明王の力を併せもつ仏」なのだ。

頭上に「馬の頭」を載せた馬頭観音が、家畜の守り神として道端に祀られるようになったのは近世以降のこと。それより前には祀られることも少なかった。とはいえ日本海沿岸、とりわけ福井県若狭地方を中心としたエリアだけは別である。それはなぜなのか、謎を読み解いていこう。

持物《じもつ》で見る菩薩と明王

明王的な持物

①〜⑦は明王的要素の持物。右半身に多い。大半は武器であり、魔物や煩悩を打破する

菩薩的な持物

㋐〜㋕は菩薩的要素の持物。左半身に多い。慈悲の心で人々を救済する

馬頭
①鋭剣
②焔髪（えんぱつ）
③鉞斧（えっぷ）
④第三眼
⑤忿怒面
与願印
⑥朱色の肌
敵を倒す圧倒的な力を意味する色
⑦瑟瑟座（しつしつざ）
不動明王の台座
㋐輪宝（りんぽう）
どこへでも転がり仏法を広める。如意輪観音などがもつ
㋑如来の化仏（けぶつ）
左右の面の上部には、菩薩の師匠・如来の化仏が
㋒宝冠
菩薩に許された冠
㋓水瓶（すいびょう）
水を浄化する。観音菩薩の持物
㋔念珠
念誦（ねんじゅ）※1により功徳（くどく）を得る
㋕蓮華座（れんげざ）
菩薩の多くが座る台座

重文 馬頭観音坐像

※1：仏を念じ、経文や仏名を唱えること

※2：『西遊記』で「西」に取経しに行く三蔵法師が乗っていたのもやはり馬であった

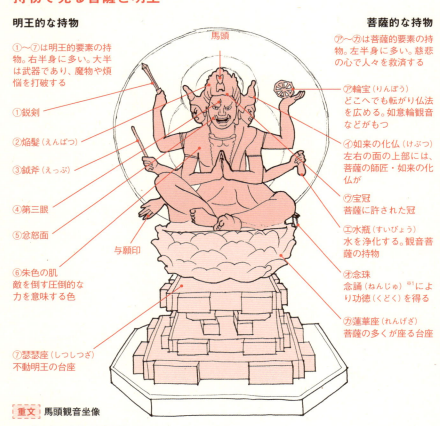

日本海沿岸に多い馬頭観音

西からの外圧を感じる土地

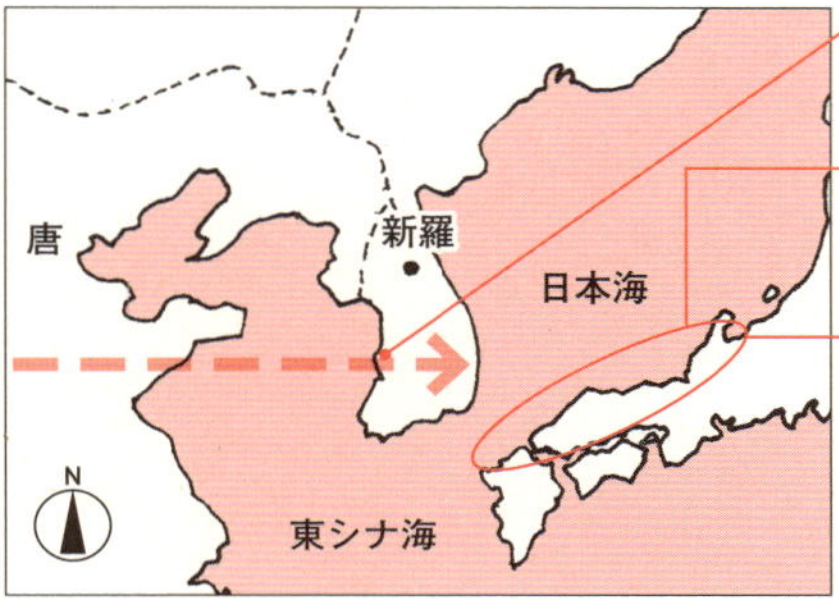

古来より、日本海・東シナ海を越え、大陸と交流していたが、常に外圧も感じていた

日本海沿岸には大陸からの漂着物も多い。流れ仏として沿岸の寺で祀られたものも（134頁）

日本海沿岸では馬頭観音を祀る寺が集中して見られる

- 豊財院（石川）
- 中山寺、馬居寺（まごじ、福井）
- 松尾寺（京都）
- 金剛寺（島根）
- 観世音寺（福岡）など

西の外圧を制するのは馬

西の外圧を制するには、どんな仏が必要か。西の方角を五行説（column参照）でいうと「金」になる。「金」に打ち勝つのは「火」。火を十二支に当てはめると午（馬）。馬頭を頭上に載せた馬頭観音が日本海沿岸に多いのはこういった理由にある※2

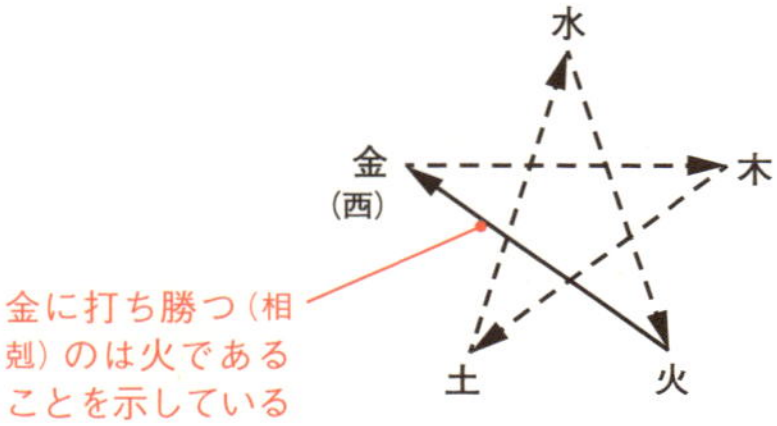

五行相剋図

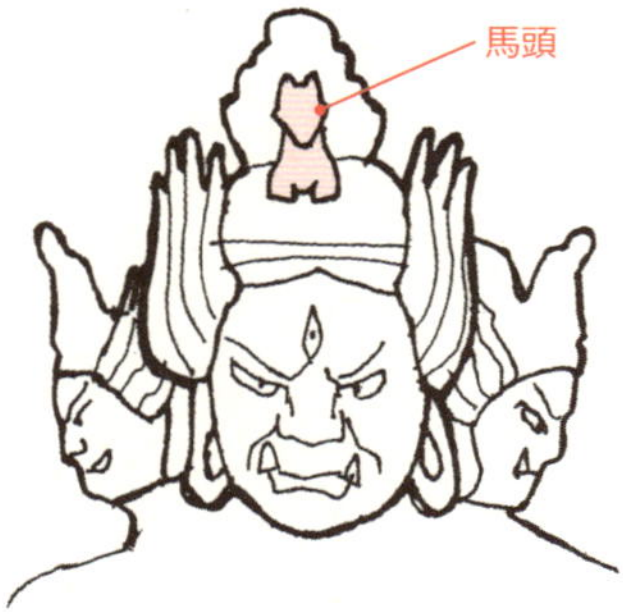

馬頭観音坐像（拡大）

column

知っておきたい五《ご》行《ぎょう》説《せつ》

寺の配置などには、古代中国の思想である五行説が深く関係している。

五行説とは木《もく》・火《か》・土《ど》・金《ごん》・水《すい》の5つの要素で自然現象を解釈するというもの。この順で前者が後者を生み出すという循環関係を相生《そうしょう》、水・火・金・木・土の順に前者が後者に打ち勝つという循環関係を相剋《そうこく》といった。五行は方角や色、十二支などいろいろなものに当てはめることができる（五行配当表）。

■五行配当表

	五行				
	木	火	土	金	水
方位	東	南	中央	西	北
色	青	赤	黄	白	黒
十二支	寅卯辰	巳午未		申酉戌	亥子丑

■五行の関係

MEMO：中山寺は真言宗の寺。本堂（重文）に安置された本尊が馬頭観音坐像。ヒノキの寄木造で鎌倉時代の作、像高79.3㎝

江戸の入口で見守る六地蔵

地蔵菩薩／眞性寺《しんしょうじ》

東京

巣鴨の旧中山道口に鎮座する地蔵菩薩坐像は江戸六地蔵の1つ。六地蔵とは死後の世界（六道《ろくどう》※1）で人々を救済してくれる6体の地蔵のこと。江戸六地蔵は、1706（宝永3）年に地蔵坊正元《しょうげん》が発願《ほつがん》し、民衆から多くの寄進を受けて造立された。

この六地蔵はいずれも江戸の外れ、市中に向かう街道※2そばにある。江戸の入口をなぜ地蔵菩薩が守るのか。それは「境の神」という側面ももつからだ。道祖神※3と結び付いた地蔵菩薩は、外から入って来る災いを防ぐという役目を担うようになったのだ。

私たちの一番身近なところにいる地蔵菩薩

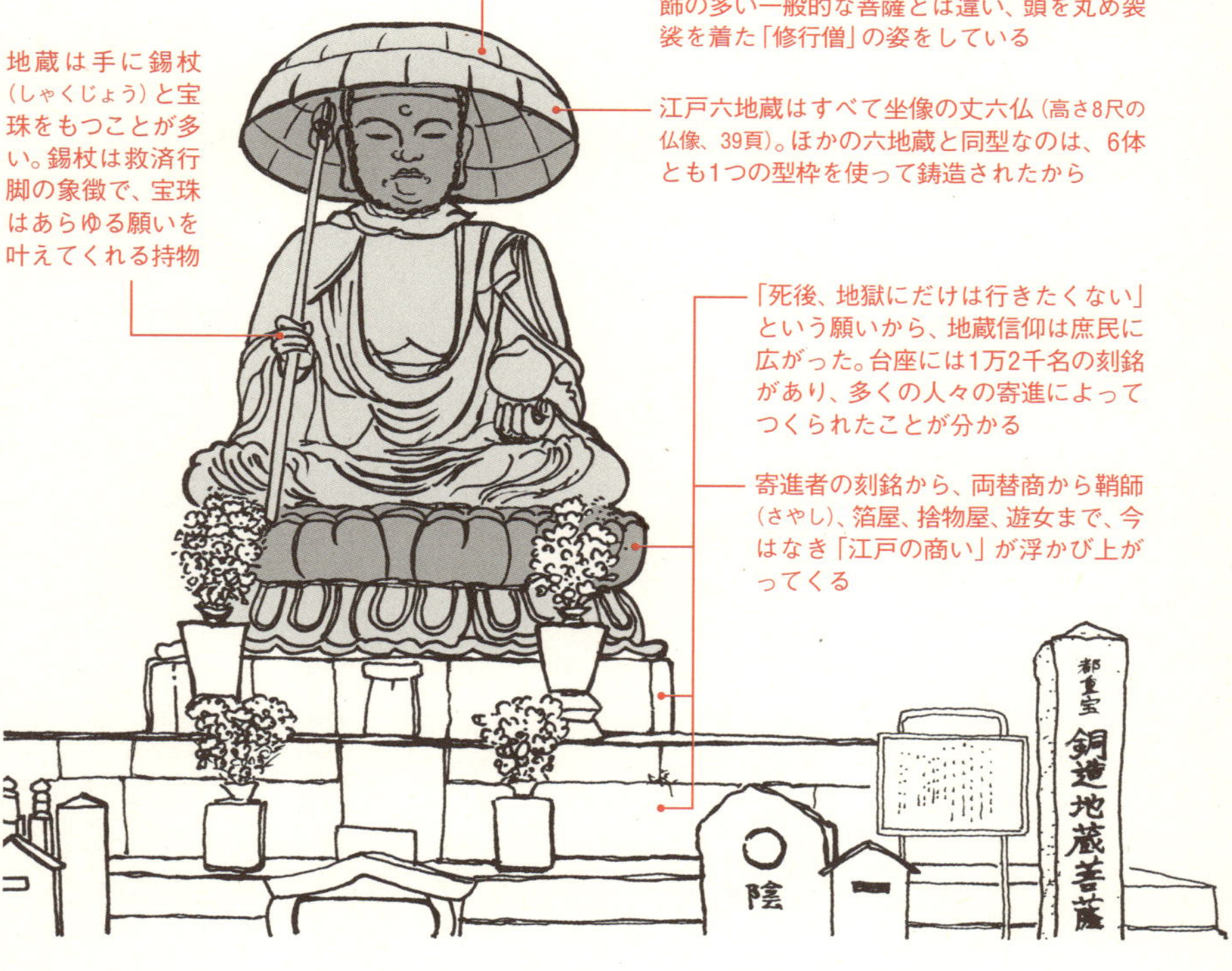
人々の身近なところにいる仏が地蔵菩薩。装飾の多い一般的な菩薩とは違い、頭を丸め袈裟を着た「修行僧」の姿をしている
地蔵は手に錫杖（しゃくじょう）と宝珠をもつことが多い。錫杖は救済行脚の象徴で、宝珠はあらゆる願いを叶えてくれる持物
江戸六地蔵はすべて坐像の丈六仏（高さ8尺の仏像、39頁）。ほかの六地蔵と同型なのは、6体とも1つの型枠を使って鋳造されたから
「死後、地獄にだけは行きたくない」という願いから、地蔵信仰は庶民に広がった。台座には1万2千名の刻銘があり、多くの人々の寄進によってつくられたことが分かる
寄進者の刻銘から、両替商から鞘師（さやし）、箔屋、捨物屋、遊女まで、今はなき「江戸の商い」が浮かび上がってくる
都重宝
銅造地蔵菩薩
陰

地蔵菩薩坐像

※1：仏教では、人は地獄・餓鬼・畜生・修羅・人間・天の6つの世界（六道）を輪廻転生するといわれ、ここから解脱するためには日ごろの信仰が重要だと説く。解脱した先に仏のいる浄土がある　※2：東海道、中山道、甲州街道、日光街道、水戸街道と上総道（現在の千葉街道）　※3：塞（さえ）の神とも。境界の神、旅の安全を司る神

六道で人々を救う六地蔵

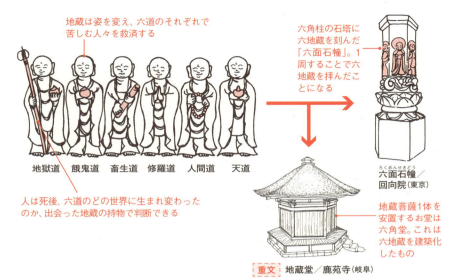

地蔵は姿を変え、六道のそれぞれで苦しむ人々を救済する

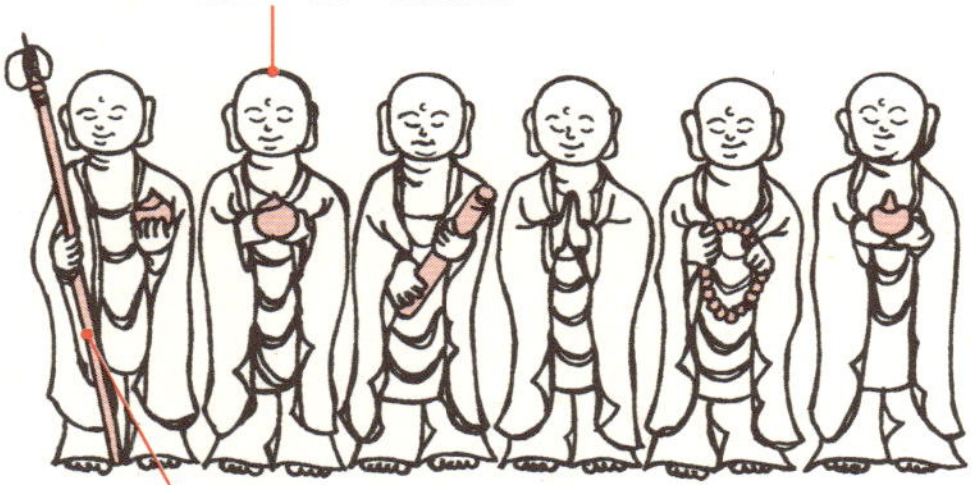
地獄道
餓鬼道
畜生道
修羅道
人間道
天道

人は死後、六道のどの世界に生まれ変わったのか、出会った地蔵の持物で判断できる

六角柱の石塔に六地蔵を刻んだ「六面石幢」。1周することで六地蔵を拝んだことになる

六面石幢《ろくめんせきどう》／回向院（東京）

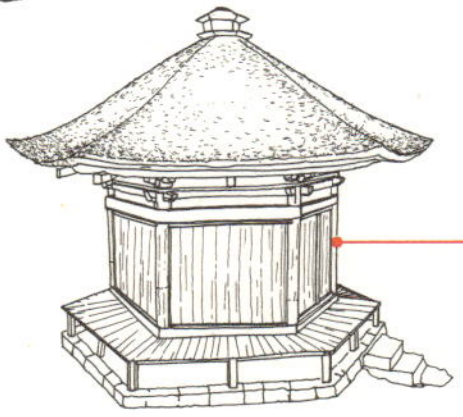

地蔵菩薩1体を安置するお堂は六角堂。これは六地蔵を建築化したもの

重文 地蔵堂／鹿苑寺（岐阜）

境に立つ地蔵菩薩

坂にいる地蔵

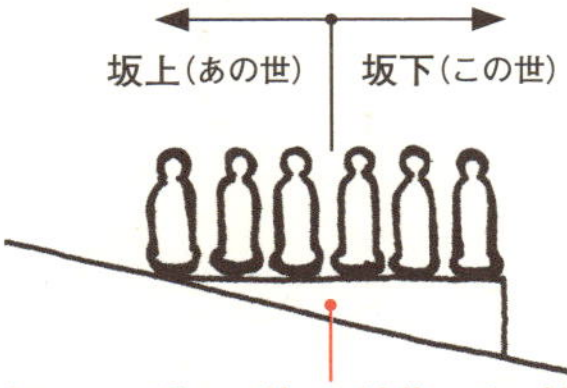
坂上（あの世）
坂下（この世）

坂はあの世との境。六地蔵はその接点になる（坂下をあの世と考える場合もある）

寺の門前に立つ地蔵

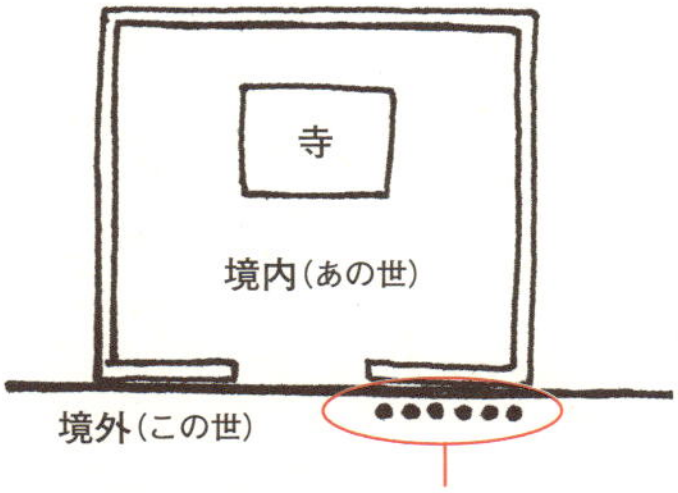
寺
境内（あの世）
境外（この世）

寺院は町の中にあるあの世。入口に立つ六地蔵は「境」を明示している

村境にいる地蔵

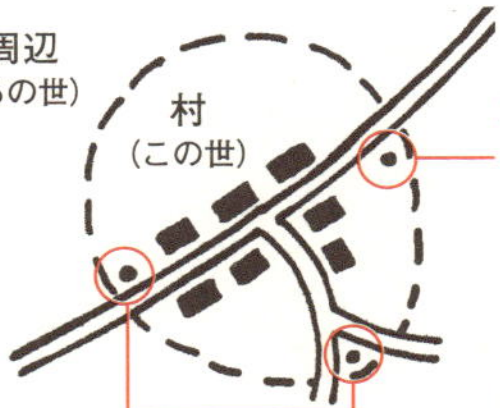
周辺
（あの世）
村
（この世）

地蔵菩薩は村境界の道端に祀られる。村境の先にある「あの世」から災いや魔物が侵入するのを防ぐ

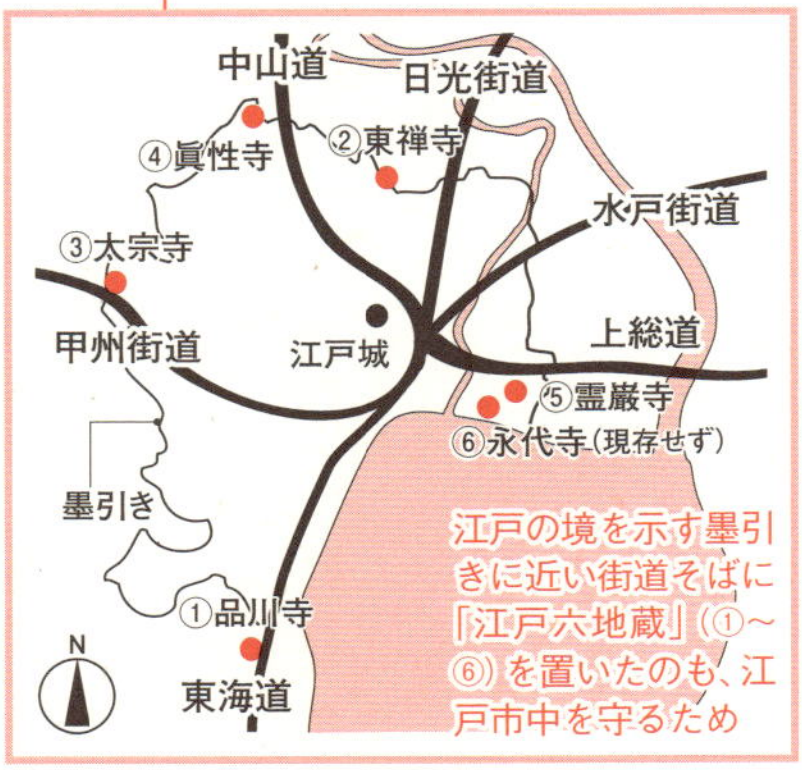
中山道
日光街道
④眞性寺
②東禅寺
水戸街道
③太宗寺
甲州街道
江戸城
上総道
⑤霊巌寺
⑥永代寺（現存せず）
墨引き
①品川寺
N
東海道
江戸の境を示す墨引きに近い街道そばに「江戸六地蔵」（①～⑥）を置いたのも、江戸市中を守るため

MEMO：眞性寺は真言宗の寺。地蔵菩薩坐像は銅造で江戸時代（1714年）の作。像高は268㎝。江戸六地蔵の4番目として造立された

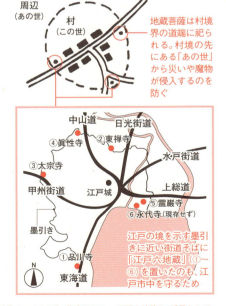

お地蔵さんの意外な一面

地蔵菩薩／建長寺《けんちょうじ》

神奈川

鎌倉の建長寺は日本で最初の禅宗寺院※1。ところが本尊は、禅寺に一般的な釈迦如来ではなく、地蔵菩薩である。

建長寺が建つのは「地獄谷」と呼ばれた地。もともとは墓地や処刑場があった。地獄にさまよう霊を鎮めるには、地蔵菩薩が欠かせない※2。建長寺は廃寺《はいじ》となっていた地蔵堂の縁起を引き継いだとされる。

鎌倉市中から坂を越え建長寺に至る、その道すじをたどってみよう。中世の人々※3が抱いていた「死」のイメージを垣間見ることができるだろう。

鎌倉五山第一位の本尊はおなじみの地蔵さん

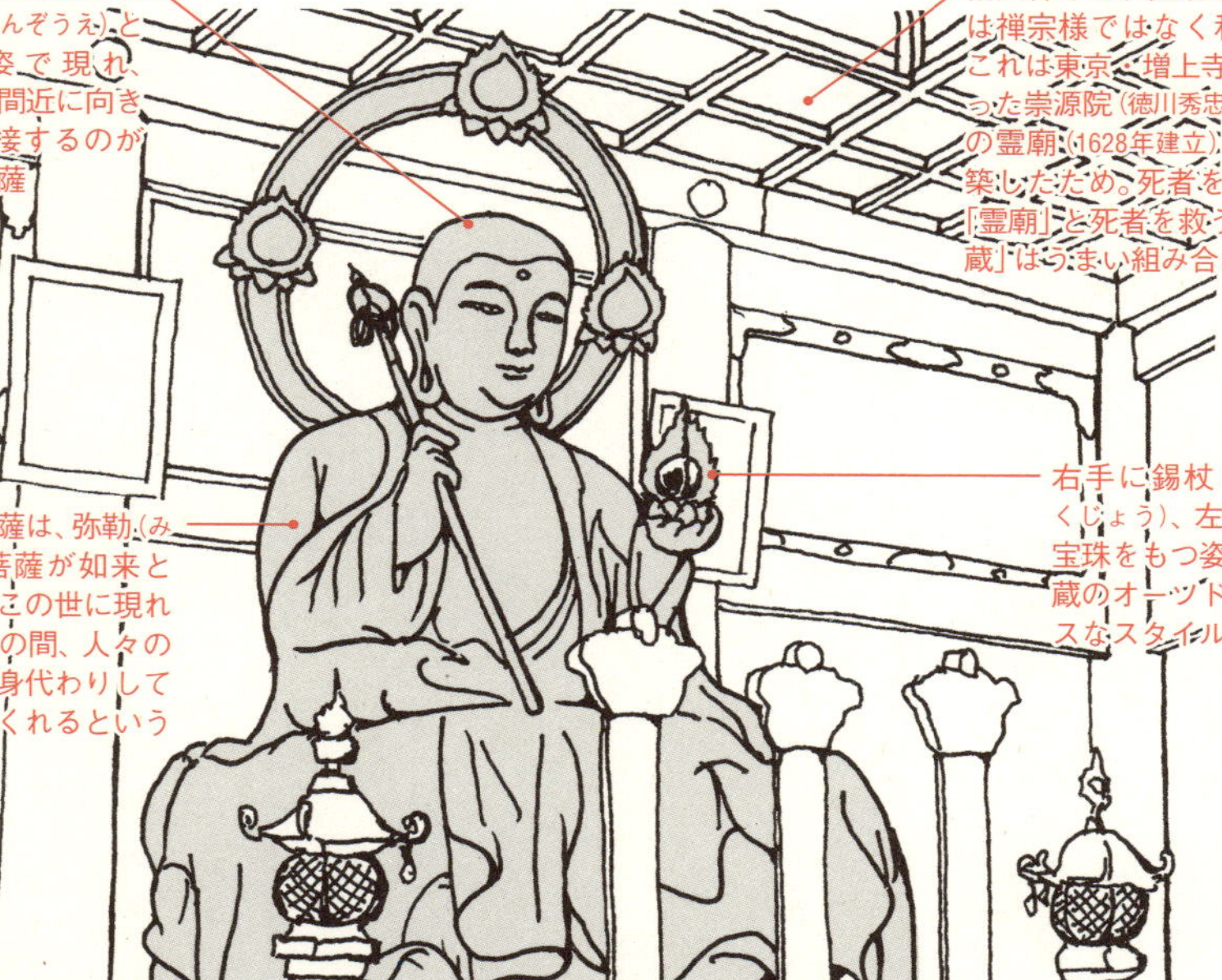
坊主頭に僧衣（糞掃衣、ふんぞうえ）という姿で現れ、人々と間近に向き合い、接するのが地蔵菩薩
格天井など、仏殿（重文）は禅宗様ではなく和様。これは東京・増上寺にあった崇源院（徳川秀忠の妻）の霊廟（1628年建立）を移築したため。死者を祀る「霊廟」と死者を救う「地蔵」はうまい組み合わせ
地蔵菩薩は、弥勒（みろく）菩薩が如来となってこの世に現れるまでの間、人々の苦難を身代わりして救ってくれるという
右手に錫杖（しゃくじょう）、左手に宝珠をもつ姿は地蔵のオーソドックスなスタイル

地蔵菩薩坐像

※1：禅宗とは臨済宗・曹洞宗・黄檗（おうばく）宗の総称。鎌倉時代の初めに臨済宗と曹洞宗が伝えたられたのが始まり
※2：地蔵菩薩は地獄をはじめ六道で苦しむ人々を救うとされる　※3：平安後期から鎌倉時代にかけ末法思想が広がる。寄進などを行える貴族は極楽浄土を願えたが、徳を積めない民衆は地獄で救ってくれる地蔵菩薩を信仰した

中世の「死」のイメージを体感

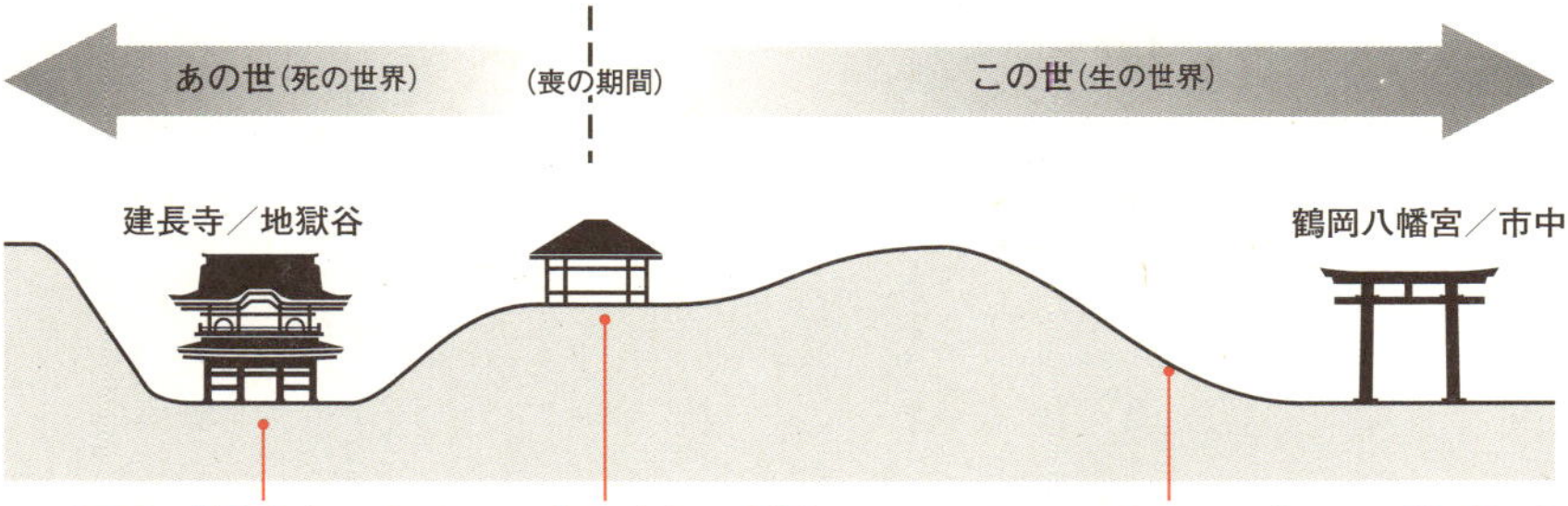
あの世（死の世界）
（喪の期間）
この世（生の世界）
建長寺／地獄谷
鶴岡八幡宮／市中

建長寺は鎌倉市中から坂を越えた底地にあり、死者を迎えるあの世と見なされた。本尊は地蔵菩薩

坂の途中には閻魔（えんま）王を祀る円応寺（建長寺派）がある。死者はここで生前の罪を裁かれ、あの世へと向かう

坂はあの世とこの世の境。市中で亡くなった人はこの巨福呂（こぶくろ）坂を越え、この世と別れる

建長寺は山門や仏殿、法堂、方丈など伽藍がほぼ一直線に並ぶ。禅宗寺院らしいつくりだ

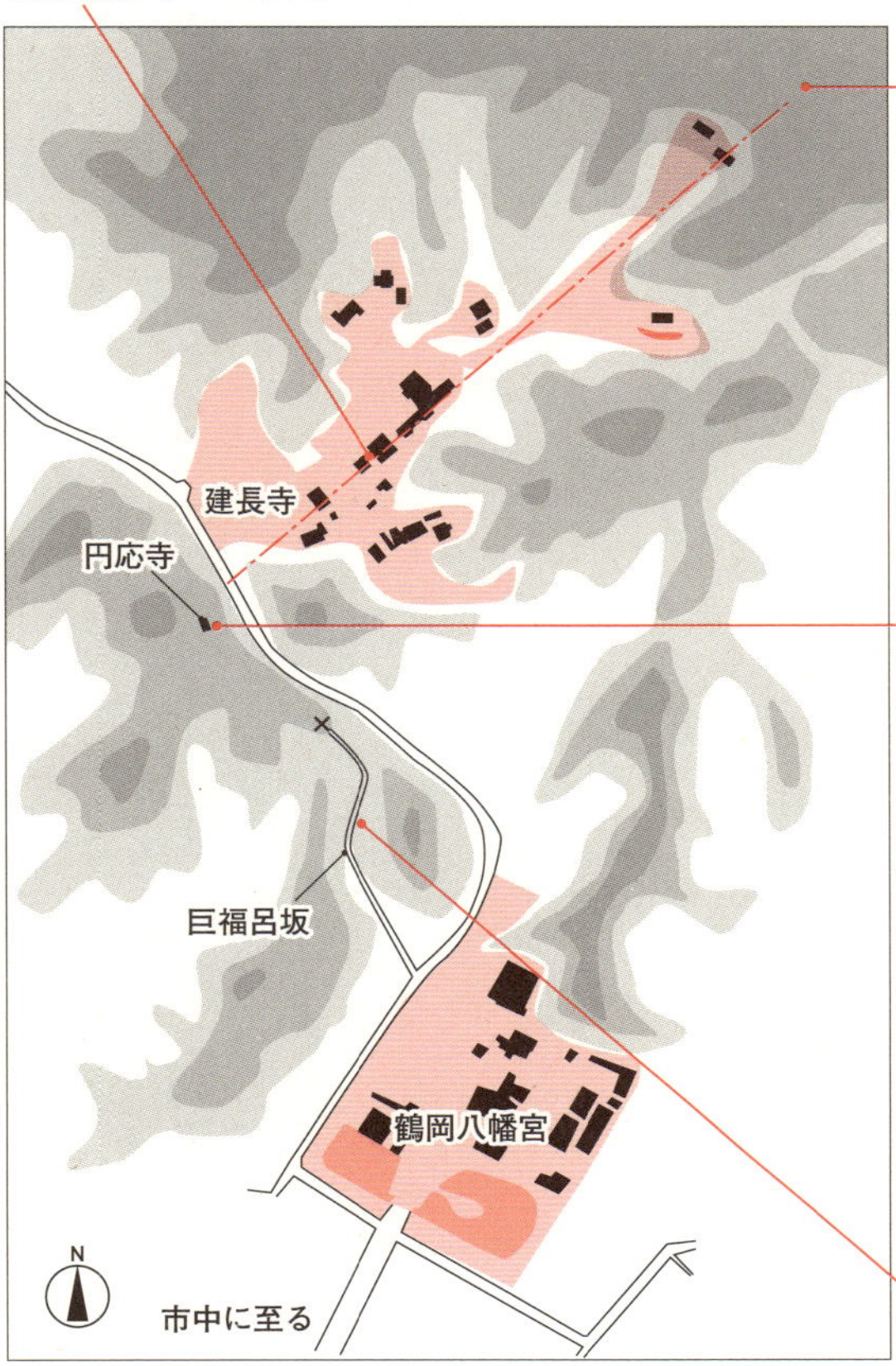
建長寺
円応寺
巨福呂坂
鶴岡八幡宮
N
市中に至る

建長寺裏山のハイキングコースには閻魔王ら十王を刻んだ「十王岩」が残る。十王とは冥界の裁判官10人のこと

円応寺が位置するのは鎌倉市中の結界。本尊の閻魔王像（重文）をはじめ、十王像が残る。閻魔王は十王のうち第五王にあたる。鎌倉時代につくられた『地蔵十王経』により地蔵菩薩が閻魔王の本地仏とされ、同一視された

亡者は十王による裁きを経て行き先が決められる（十王信仰）

かつて鎌倉市中と建長寺は巨福呂坂という切通しで結ばれていた

MEMO：1253年に創建された建長寺は臨済宗建長寺派の本山。仏殿に安置される本尊・地蔵菩薩坐像は室町時代の作で木造、像高240cm

魂集う霊山は地蔵が乗る船

地蔵菩薩／岩《いわ》船《ふね》山《さん》高《こう》勝《しょう》寺《じ》

栃木

私たちは死後どのようにしてあの世に向かうのだろう。

仏によって西や北方にある浄土※に導かれるというのは仏教的な考え方。同時にわが国では、山頂に死者の魂が集まるという「山中他界観」が根強く残っていた。

関東の霊山、岩船山は霊魂の集まる地として広く崇敬を集めてきた。山全体が船の形をしており、西を向いている。祀られるのはあの世とこの世の境にいるという地蔵菩薩だ。岩船山ではあの世に至る3つの道筋を読み取ることができる。

上にある「あの世」へ向かう上下軸

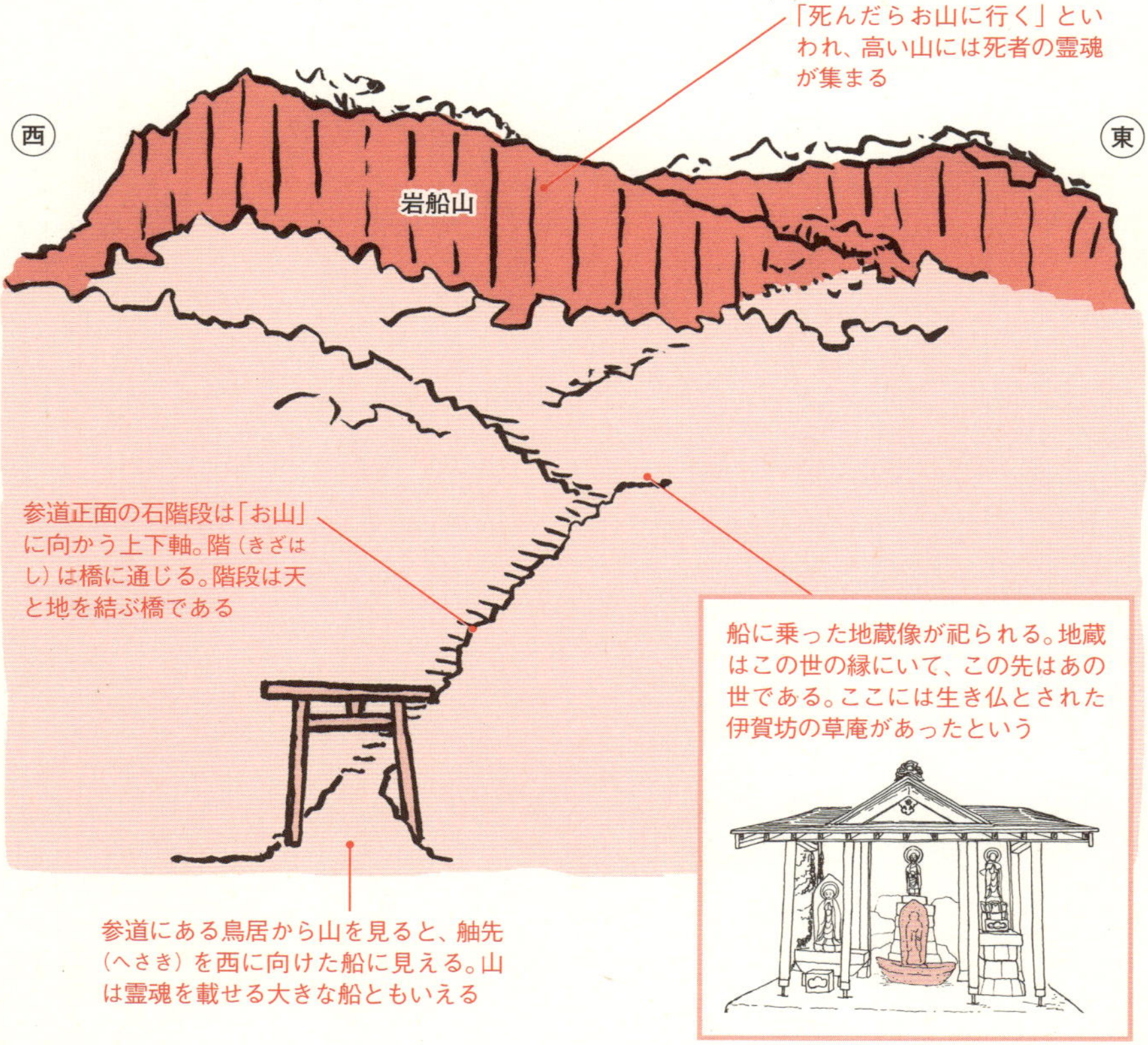

西
東
岩船山
「死んだらお山に行く」といわれ、高い山には死者の霊魂が集まる
参道正面の石階段は「お山」に向かう上下軸。階（きざはし）は橋に通じる。階段は天と地を結ぶ橋である
船に乗った地蔵像が祀られる。地蔵はこの世の縁にいて、この先はあの世である。ここには生き仏とされた伊賀坊の草庵があったという
参道にある鳥居から山を見ると、舳先（へさき）を西に向けた船に見える。山は霊魂を載せる大きな船ともいえる

※：太陽が昇る東をこの世、太陽が沈む西をあの世（浄土）と考える。また、太陽の日が照らす南をこの世、影となる北をあの世（浄土）と考えた

山頂から「浄土」へ至る2つの軸

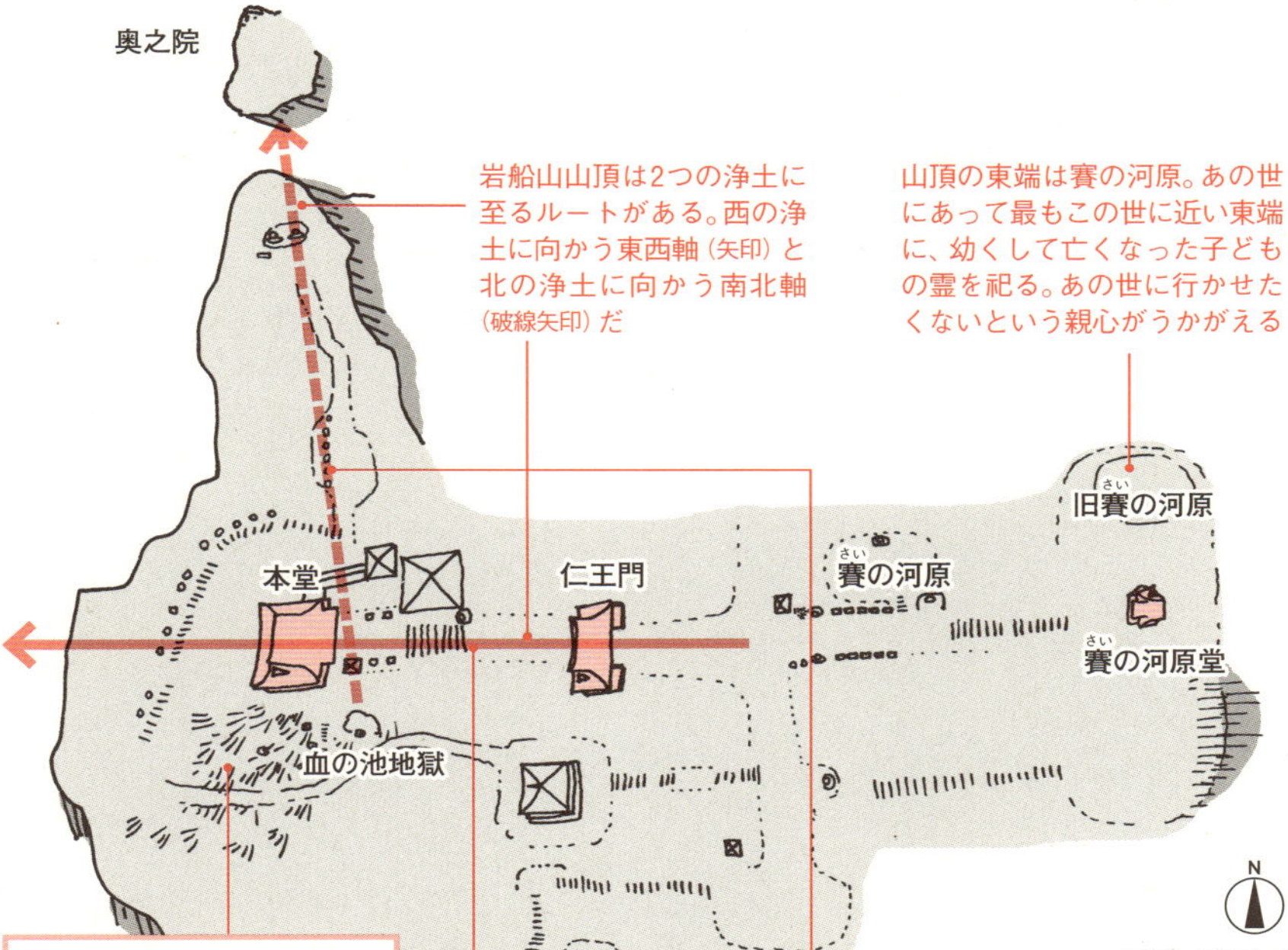
奥之院
本堂
仁王門
血の池地獄
旧賽《さい》の河原
賽《さい》の河原
賽《さい》の河原堂
石階段（参道口に至る）
N
山頂　配置図

岩船山山頂は2つの浄土に至るルートがある。西の浄土に向かう東西軸（矢印）と北の浄土に向かう南北軸（破線矢印）だ

山頂の東端は賽の河原。あの世にあって最もこの世に近い東端に、幼くして亡くなった子どもの霊を祀る。あの世に行かせたくないという親心がうかがえる

無数の卒塔婆（そとば）は本堂を向き、旅立ちを待つ

北の浄土へ向かう南北軸

Ⅰ　血の池地獄
血の池地獄で六道にいる地蔵菩薩に救われる

↓

Ⅱ　本堂
本尊の地蔵菩薩に導かれ、死者の魂は北へ向かう

↓

Ⅲ　奥之院
橋（東日本大震災で崩落）を渡り、奥之院の地蔵菩薩（現在は橋の手前に移設）が乗った小舟で北にある浄土に向かう

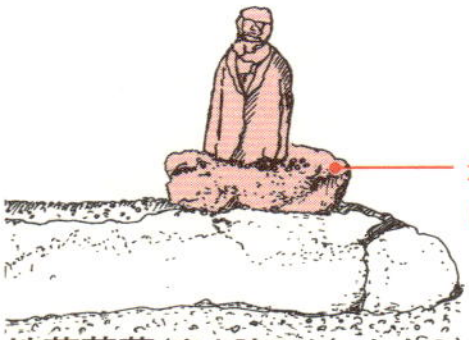
岩の小舟に乗る

地蔵菩薩（奥之院にあったもの）

西の浄土へ向かう東西軸

①仁王門
仁王門はここが仏界の入口、須弥山山頂にあることを示す（仁王は須弥山頂上に住む帝釈天が変身した姿）

↓

②本堂
彼岸の日、本尊の地蔵に導かれ、多くの霊魂を乗せた船（岩船山）は西の空に向かって旅立つ。本堂脇には卒塔婆が立ち、旅立ちの日を待っている

前立本尊

MEMO：岩船山の高勝寺は天台宗の寺。秘仏（彼岸にご開張）の本尊は「生身（なまみ）の地蔵」とされる地蔵菩薩。木造で江戸時代の作

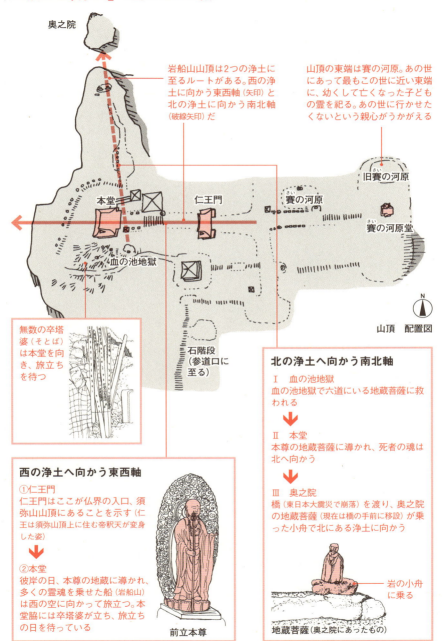

人々を導く知恵の仏

文殊《もんじゅ》菩薩《ぼさつ》／安部文殊院

奈良

文殊菩薩は優れた知恵をもつ菩薩である。時にチームを組み、時に単独で、その知恵を広く衆生に伝えてくれる。

祀られ方は大まかに、5尊の場合、3尊の場合、単独の場合の3つ。その時々で文殊菩薩の役割は異なり、状況も異なる。五尊像の場合、文殊菩薩はリーダーとして周りを引っ張っている※。一方、三尊像のときは名脇役として、中尊となる釈迦如来をサポートしている。また、単体で祀られる文殊菩薩は、導くべき人々の状況に応じて姿を変え、目の前に現れている。

「釈迦の弟子たち5人組」ではリーダー役

五台山
N

中国山西省の五台山（清涼山）が文殊菩薩の居場所。そこで1万の菩薩に説法しているという

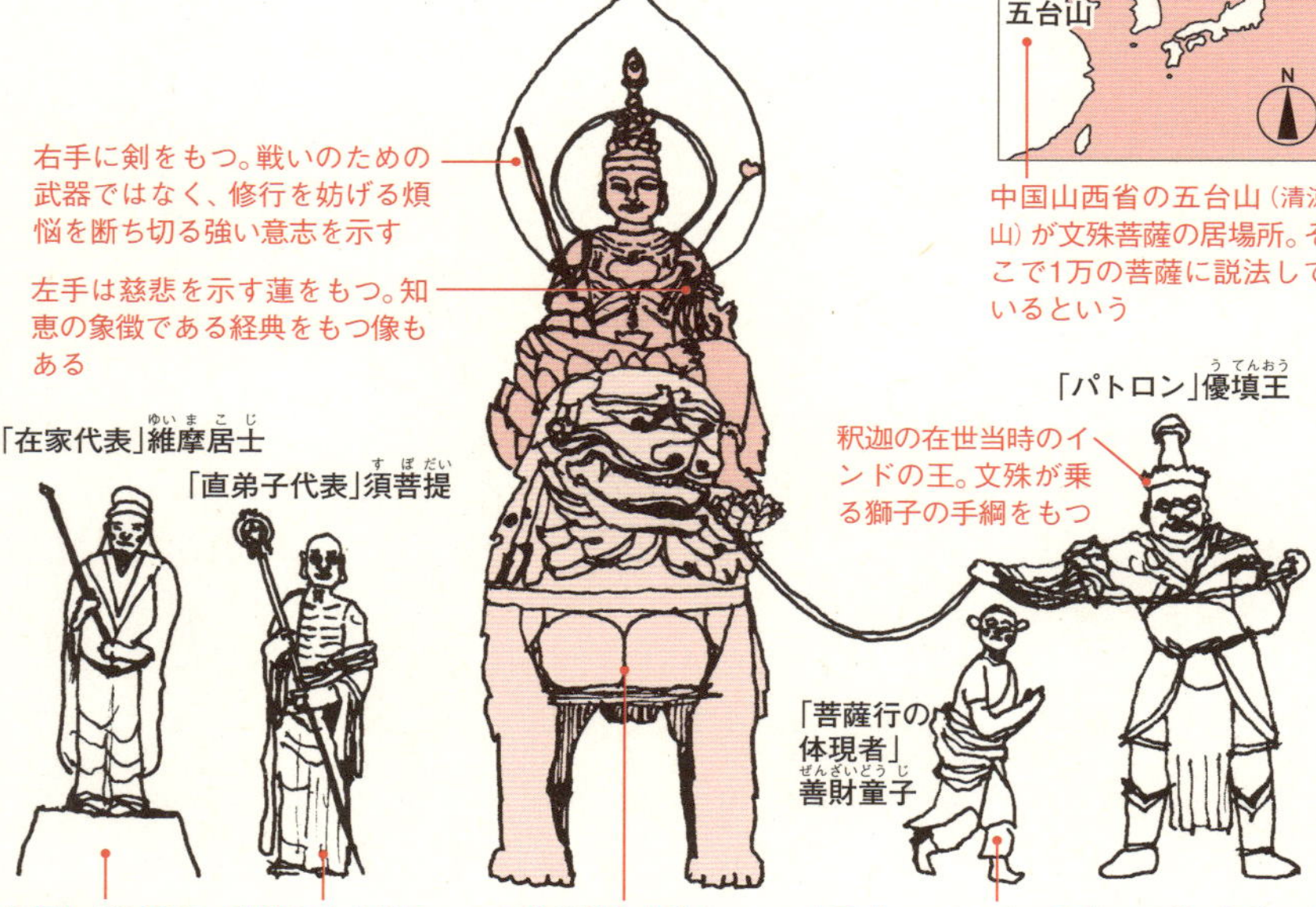
「番頭」文殊菩薩
右手に剣をもつ。戦いのための武器ではなく、修行を妨げる煩悩を断ち切る強い意志を示す
左手は慈悲を示す蓮をもつ。知恵の象徴である経典をもつ像もある
「パトロン」優填王《うてんおう》
釈迦の在世当時のインドの王。文殊が乗る獅子の手綱をもつ
「在家代表」維摩居士《ゆいまこじ》
「直弟子代表」須菩提《すぼだい》
「菩薩行の体現者」善財童子《ぜんざいどうじ》

在家ながら釈迦の直弟子たちもかなわぬほど仏教の奥義を窮（きわ）めた人物

釈迦の十大弟子の1人で「空」の理解に優れる

この像は渡海文殊といい、文殊菩薩が4人を連れ日本にやって来ている様子を表現する。引き連れている仏たちが生身の姿なのは、釈迦生存中に教えを受けた実在の弟子だから。5人揃って釈迦の存在を表している

インドの長者の子供。文殊のすすめで53人の善知識（師）を歴訪の末、悟りを開いた。東海道五十三次の53という数字はこの故事にならったものとされる

国宝　渡海文殊《とかいもんじゅ》

※：五尊は釈迦生存中の実在の弟子たち。そのうち善財童子だけは文殊菩薩を通じた又弟子である

トリオのときは脇を固める

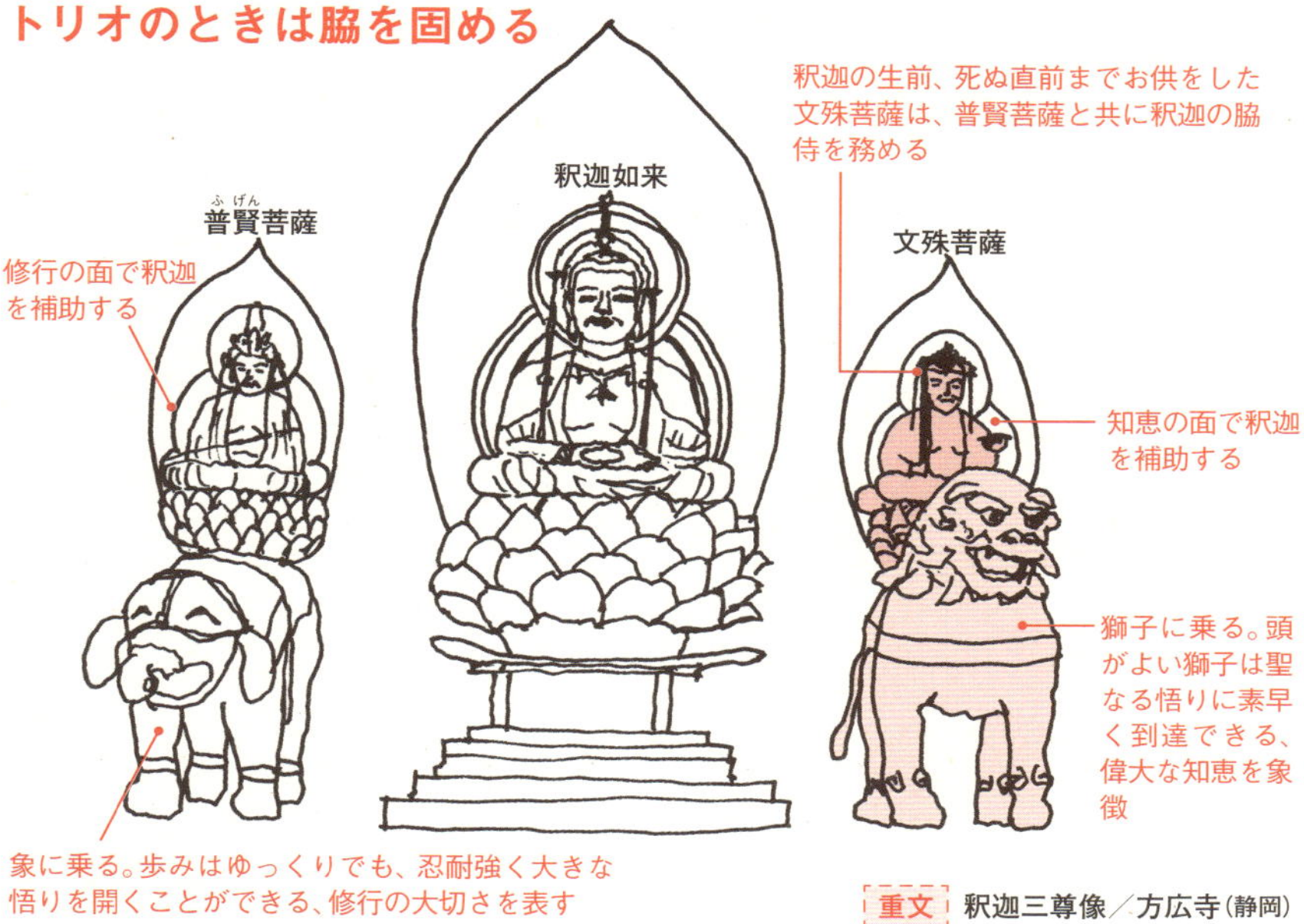
釈迦の生前、死ぬ直前までお供をした
文殊菩薩は、普賢菩薩と共に釈迦の脇
侍を務める
釈迦如来
普賢《ふげん》菩薩
修行の面で釈迦
を補助する
文殊菩薩
知恵の面で釈迦
を補助する
獅子に乗る。頭
がよい獅子は聖
なる悟りに素早
く到達できる、
偉大な知恵を象
徴
象に乗る。歩みはゆっくりでも、忍耐強く大きな
悟りを開くことができる、修行の大切さを表す

重文 釈迦三尊像／方広寺（静岡）

ソロでも活躍

禅宗系・僧形文殊

説法を重んじる禅宗では、
生身の修行中の僧侶の姿
で説法する文殊菩薩像が
祀られる
僧堂や食堂（じきどう）に祀られる
ことが多い

重文 聖僧文殊像／東寺（京都）

密教系の文殊菩薩

密教の寺では
菩薩の姿で祀
られる
髻（もとどり）。
髻の数により
持物も異なる

多面多臂でご利益などがビジュアル化される密教の仏像。文殊菩薩も髻の数でご利益を表す

	利益
一髻	増益
五髻	敬愛
六髻	調伏
八髻	息災

重文 八字文殊菩薩騎獅像／般若寺（奈良）

MEMO：安部文殊院は華厳宗東大寺の別格本山。渡海文殊の中尊・騎獅文殊菩薩像は本尊で、日本最大（高さ7m）の文殊菩薩像。木造、1203年快慶作。渡海文殊は境内の大収蔵庫蔵

母の愛を浮御堂《うきみどう》に秘す

弥勒菩薩《みろくぼさつ》／中宮寺《ちゅうぐうじ》

奈良

中宮寺は聖徳太子ゆかりの寺。本尊は飛鳥仏の傑作とされる菩薩半跏思惟《はんかしい》像[※1]だ。右手の中指を頬に当てた、文字通り「思惟（思考）する姿」が印象的である。

さてこの本尊、モデルは太子の母・間人《はしひと》皇后だと伝承される。新本堂の建築にあたり、昭和の著名な建築家・吉田五十八《いそや》はそれを踏まえて設計を行った。隣り合うのは太子の霊廟とされる法隆寺・夢殿（70頁）[※2]。一見無機質な鉄筋コンクリート造のお堂にさりげなく忍ばせた「母子の愛」を探してみよう。

半跏思惟像は何を考えている？

半跏思惟像は弥勒菩薩を表す。もともと、釈迦の若き日の姿（「生・老・病・死」からどう解放されるかを考えていた姿）を表したが、若くして亡くなった釈迦の弟子・弥勒に置き換えられるようになった
2つの髻（もとどり）は7世紀の仏像の特徴。当初は宝冠を載せていたと考えられる
仏の右手は「仏」、左手は世俗である「人」を表す[※3]。右手の中指は釈迦を示すため（9頁）、右手中指をわずかに頬に当てた仕草は「仏の心、釈迦の気持ちで考える」ことの表れ
黒い光沢を放つ観音はもともと彩色像。彩色がはがれ落ち、下地の黒漆が見えている
左足を垂らし、右足を左膝に載せて座る半跏趺坐（はんかふざ）。「仏（右足）」が「人（左足）」の強欲を抑えるという「降魔（ごうま）」の座り方
一般的に、半跏思惟像の台座には山岳模様が描かれ、弥勒菩薩が住む浄土・兜率天（とそつてん、103頁）を表している

国宝　菩薩半跏像

※1：像は弥勒菩薩とされる（寺伝では如意輪観音）。中宮寺では、平安時代以降、救世観音（聖徳太子の生まれ変わりとして）、如意輪観音（真言宗でいう救世観音）と呼び名を変えた　※2：中宮寺は法隆寺の東院伽藍に隣り合う。創建当初は現在より東に位置していた　※3：インドでは左が不浄とされる

吉田五十八が新本堂で実現させたモノ

なぜお堂の周りに水を張ったのか

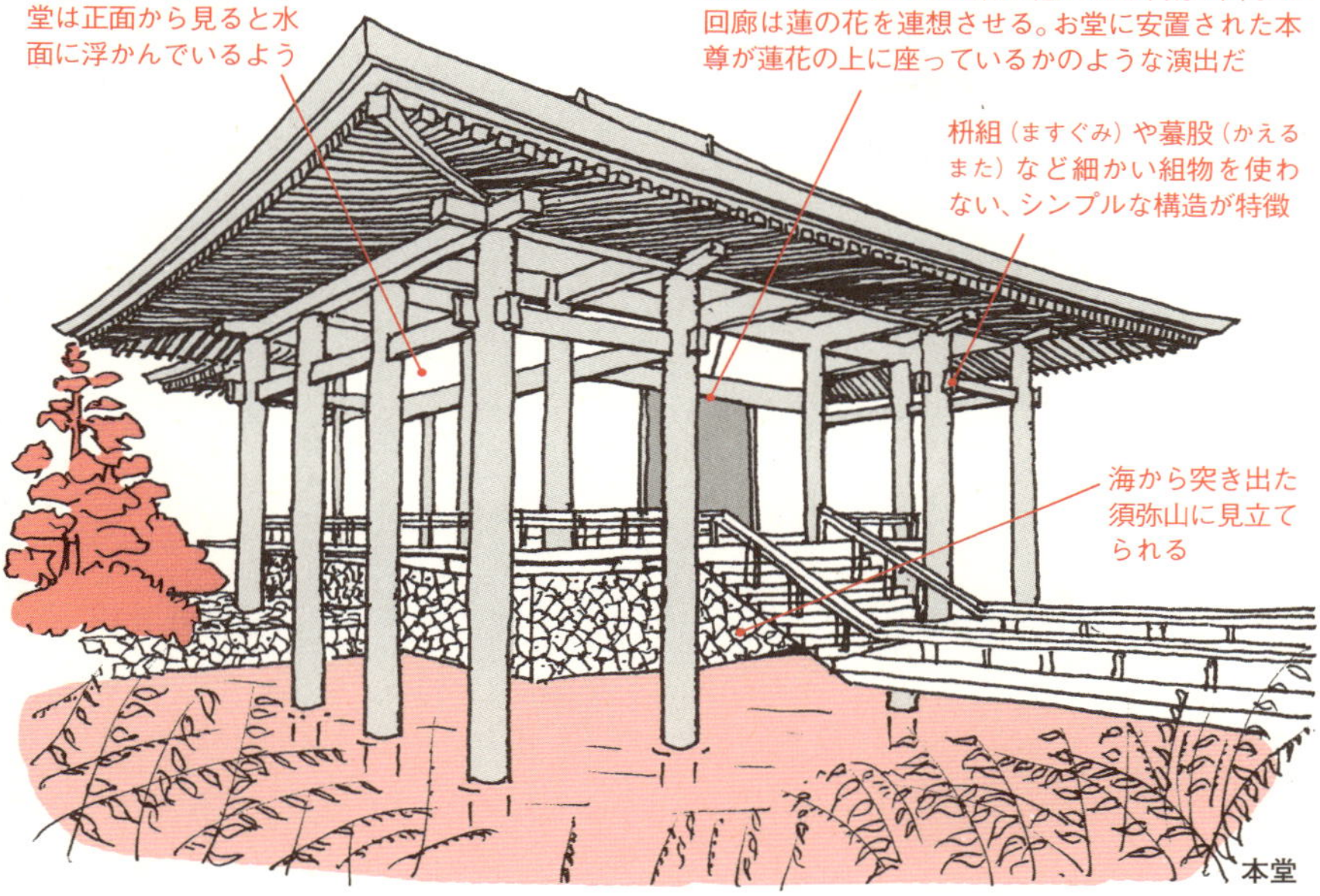
三方を池に囲まれた本堂は正面から見ると水面に浮かんでいるよう
水面から突き出した丸柱は蓮の茎を、跳ね出した回廊は蓮の花を連想させる。お堂に安置された本尊が蓮花の上に座っているかのような演出だ
枡組（ますぐみ）や蟇股（かえるまた）など細かい組物を使わない、シンプルな構造が特徴
海から突き出た須弥山に見立てられる
本堂

母と子、2つのお堂が隣り合う配置

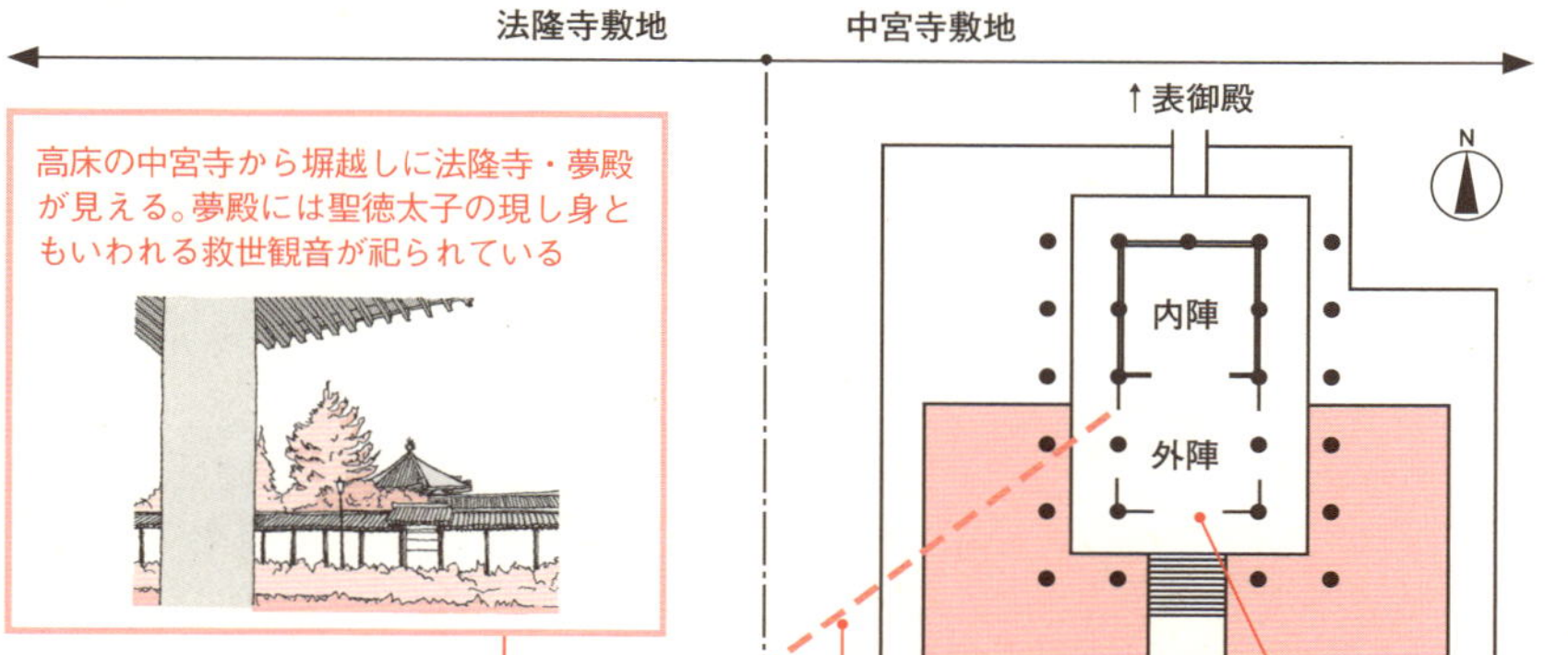
法隆寺敷地
中宮寺敷地
高床の中宮寺から塀越しに法隆寺・夢殿が見える。夢殿には聖徳太子の現し身ともいわれる救世観音が祀られている
夢殿
↑表御殿
N
内陣
外陣
池
橋
池
植栽
中宮寺本尊は太子の母がモデル。後ろから子をいつも見守る配置になる
外陣は大きく開口

中宮寺・法隆寺　配置図

MEMO：聖徳宗の寺・中宮寺は日本最古の尼寺。代々、皇族・貴族が住職をつとめてきた「門跡寺院」である。本尊・菩薩半跏像はクスノキの寄木造で7世紀後半の作、像高は87㎝

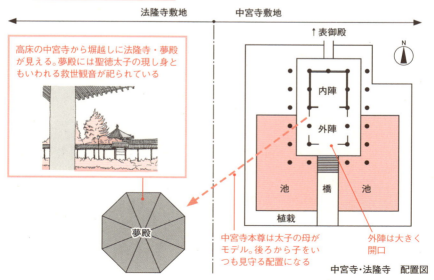

布袋《ほてい》のような弥勒菩薩《みろくぼさつ》

弥勒菩薩／聖福寺《しょうふくじ》

長崎

江戸時代に禅宗内で分派した黄檗《おうばく》宗。明様式を取り入れた異国風情ある建築が特徴だ。

長崎・聖福寺ではその明様式の伽藍配置が見られる。他宗で中門《ちゅうもん》にあたるのが天王殿《てんのうでん》。そこに仁王はおらず、弥勒菩薩が祀られている。ところが見た目は完全に七福神の布袋さんだ。実は、中国では布袋は弥勒菩薩の化身とされ、唐末期に実在した僧。なので、こうして人間の姿をした弥勒として祀られている。

満面の笑みで迎えられれば寺の敷居もぐっと低くなるというものだ。

風貌は完全に布袋さん

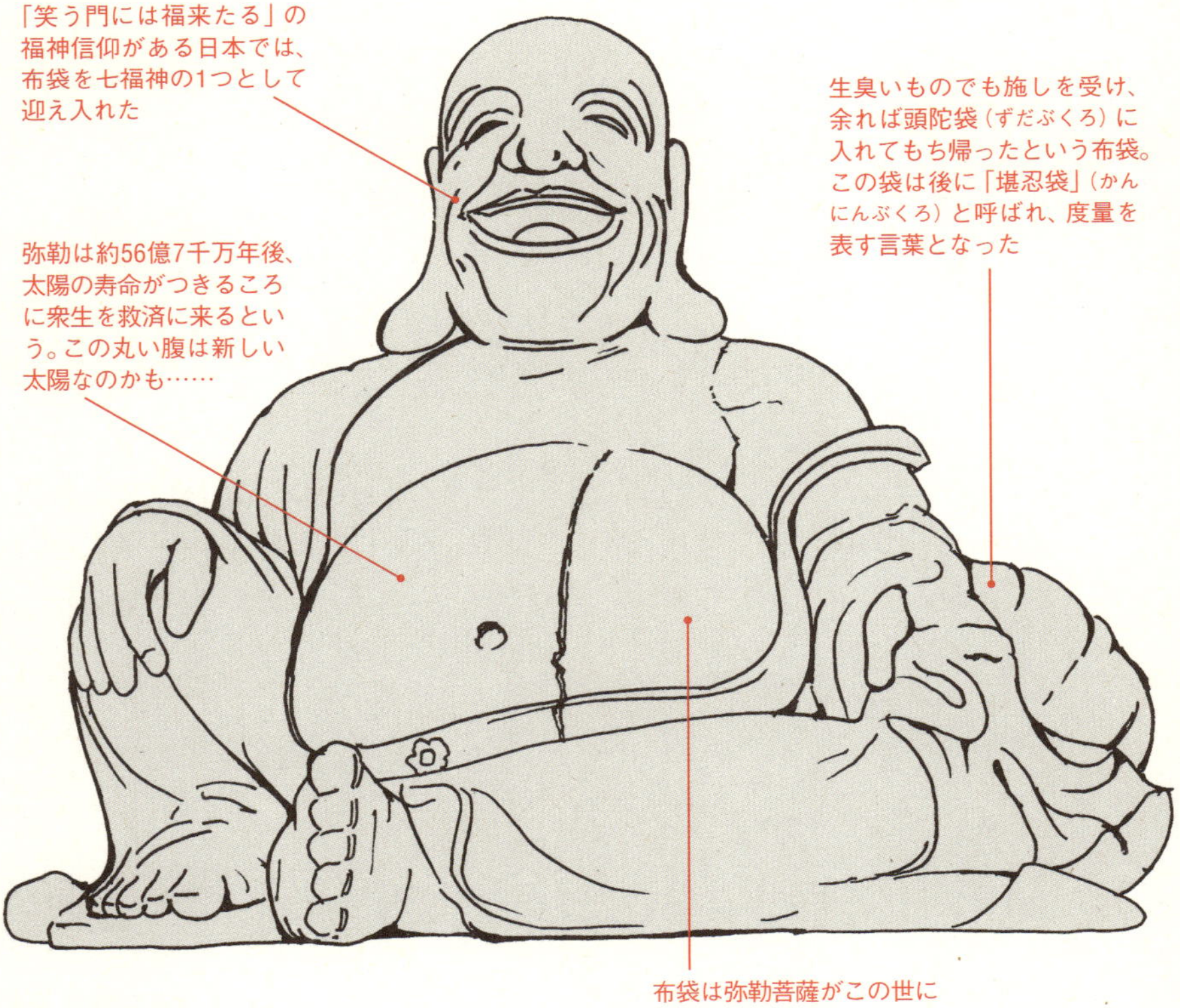

「笑う門には福来たる」の福神信仰がある日本では、布袋を七福神の1つとして迎え入れた
生臭いものでも施しを受け、余れば頭陀袋（ずだぶくろ）に入れてもち帰ったという布袋。この袋は後に「堪忍袋」（かんにんぶくろ）と呼ばれ、度量を表す言葉となった
弥勒は約56億7千万年後、太陽の寿命がつきるころに衆生を救済に来るという。この丸い腹は新しい太陽なのかも……
布袋は弥勒菩薩がこの世にいるときの姿

弥勒菩薩坐像

門と仏殿を兼ねる天王殿

天王殿。奥には本堂となる大雄宝殿（だいゆうほうでん）がある。天王殿と大雄宝殿が一直線になるのは明様式の伽藍配置。山門からのアプローチがクランクしているなど、黄檗宗大本山・萬福寺との共通点も多い

反り返った庇に中国風の意匠が見られるが、いわゆる「唐寺」としては和風寄りの意匠

扁額の「兜率（とそつ）天」とは須弥山（しゅみせん）の上空にある弥勒菩薩が住む浄土。仏の領域だが、人間界に近い「仏界の入口」だ

弥勒菩薩は正面中央に祀られる

仏殿と門を兼ねる明様式の建物

重文　天王殿

本堂で祀るのは釈迦如来。禅宗では現世利益の仏より修行する釈迦やその弟子・弥勒菩薩を大切にした

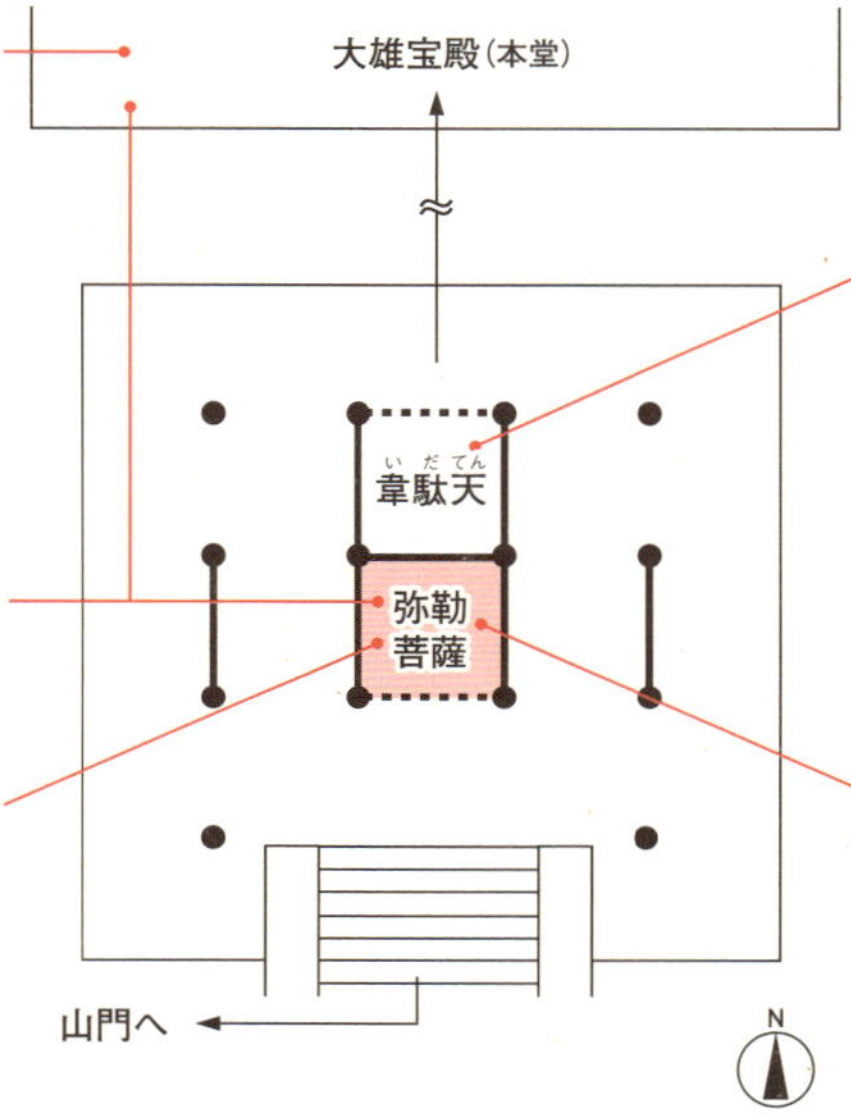

背後の韋駄天は大雄宝殿にいる本尊・釈迦を向く。釈迦の伝令係だ

釈迦と菩薩を本堂と門に分けて安置することで師弟関係を示す

天王殿では弥勒が正面を向き、背中合わせに韋駄天がいる。四天王や十六羅漢が弥勒菩薩を囲む場合もある

弥勒はより人間界に近い門の表側に安置。布袋は弥勒がこの世にいるときの姿。それゆえこの世とあの世の境となる門に祀られる

天王殿　平面図

MEMO：聖福寺は鉄心道胖により開山。鉄心が修行した黄檗宗大本山の宇治・萬福寺にならってつくられた。大雄宝殿に安置される本尊は釈迦。天王殿に安置される弥勒菩薩坐像は中国・清時代または江戸時代（17世紀）の作、木造。天王殿は1705年の建造。桁行・梁間とも3間、一重、入母屋造、本瓦葺き

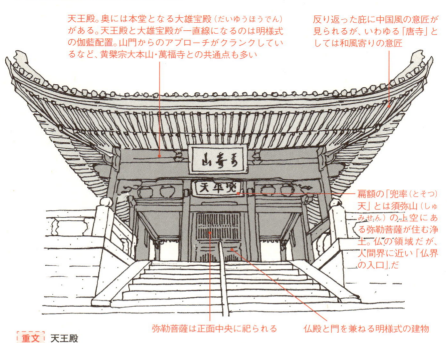

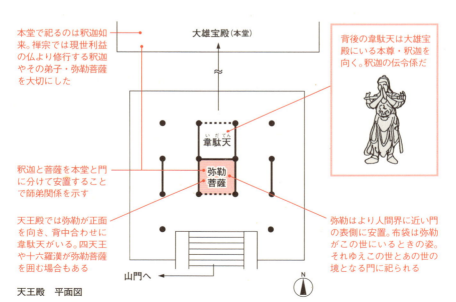

瑠璃光浄土（薬師如来）

瑠璃光浄土は人々を病から救い出す薬師如来の住みか。東方にあり、瑠璃のように青く輝く朝の光の世界だ。12の大願を立てて如来になり、東方に7つの仏国土をもつ薬師如来は12と7という数字に縁がある

薬師如来は七仏光背を背負う。光背の6体に薬師自身を入れ七仏とする場合も
十二神将を従えていたら薬師如来
現世の利益を司る仏として、各地の国分寺など国家護持を目的に建てられた大規模寺院でも見られる

薬師如来

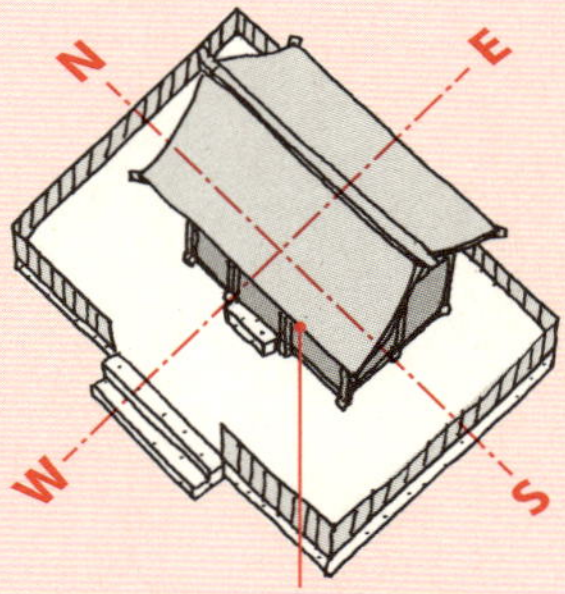
N
E
W
S

薬師堂は境内の東にあり西面することが多い

補陀落《ふだらく》浄土（観音菩薩）

観音の住む補陀落山は人間界から見て南海の彼方にある山。補陀落浄土とは下界にある浄土なのだ。山は八角形で頂きに丸みがある。八角形や蓮（花弁が8枚）のつぼみがデザインされたお堂は補陀落浄土を表現している

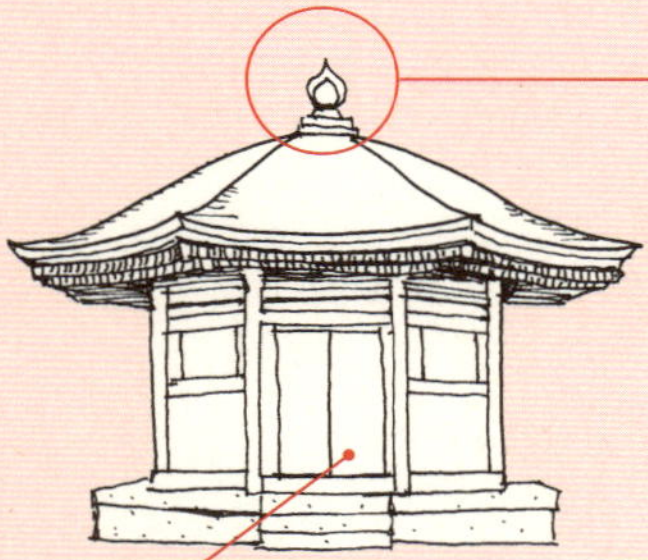

八角堂は観音堂である可能性大

先端にある蓮の飾り

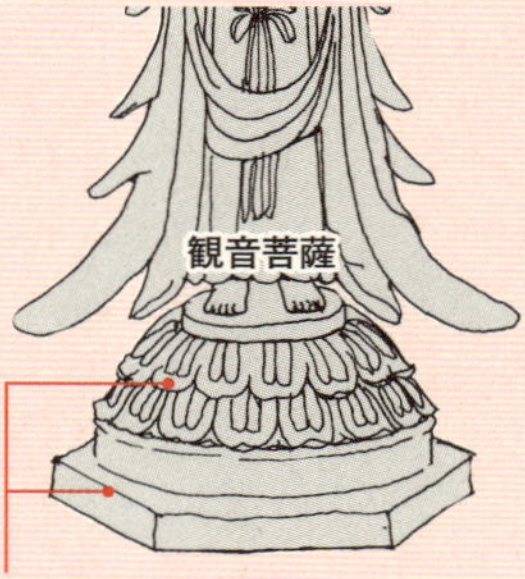
観音菩薩

八角形の台に蓮華座。ここに乗る仏は観音菩薩

その他の主な浄土

浄土	教主	特徴
霊鷲山《りょうじゅせん》浄土	釈迦如来	釈迦が実際に教えを説いたインドの山、霊鷲山を浄土と考えた
密厳《みつごん》浄土	大日如来	穢土（穢れた国土）そのものが実は浄土であるという、密教の浄土
蓮華蔵《れんげぞう》世界	盧遮那如来	すべての仏を総括する盧遮那如来の住む、宇宙の中心にある浄土

column｜この世で浄土を体験しよう

浄土（清浄国土）とは仏の住む世界で、「この世」に対する「あの世」のこと。死後たどり着く浄土は、信仰していた仏や生前の行いによって異なる。

この世に仏の浄土を再現したのが寺院である。伽藍配置からお堂のかたち、山号※が書かれた扁額《へんがく》まで、境内には本尊のいる浄土について語るもので溢れている。

極楽浄土（阿弥陀如来）

浄土といえば極楽浄土を指すことが多い。西方にあって、夕日の黄金の輝きに満ちた世界は信徒シェアNo.1。「極楽」「浄土」などを含む山号・寺院名であれば本尊は阿弥陀如来であることが多い

阿弥陀如来
阿弥陀如来は西から来迎する。「来迎図」でも描かれている

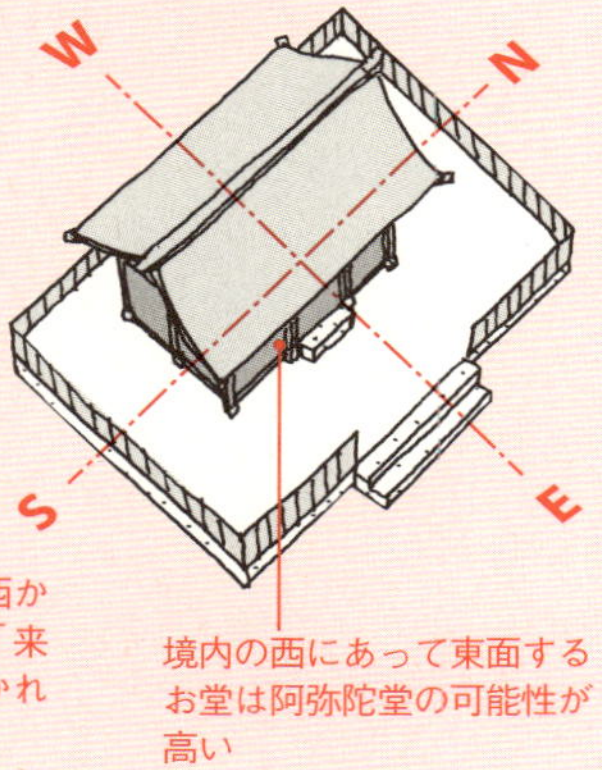
W
N
S
E
境内の西にあって東面するお堂は阿弥陀堂の可能性が高い

兜率天《とそつてん》浄土（弥勒《みろく》菩薩）

如来となることが約束された未来仏、弥勒菩薩。56億7千万年後にこの世に現れ、全世界を救う。弥勒菩薩を祀るお堂には、堂内から全世界へと光明を放つかのように見せる仕掛けも

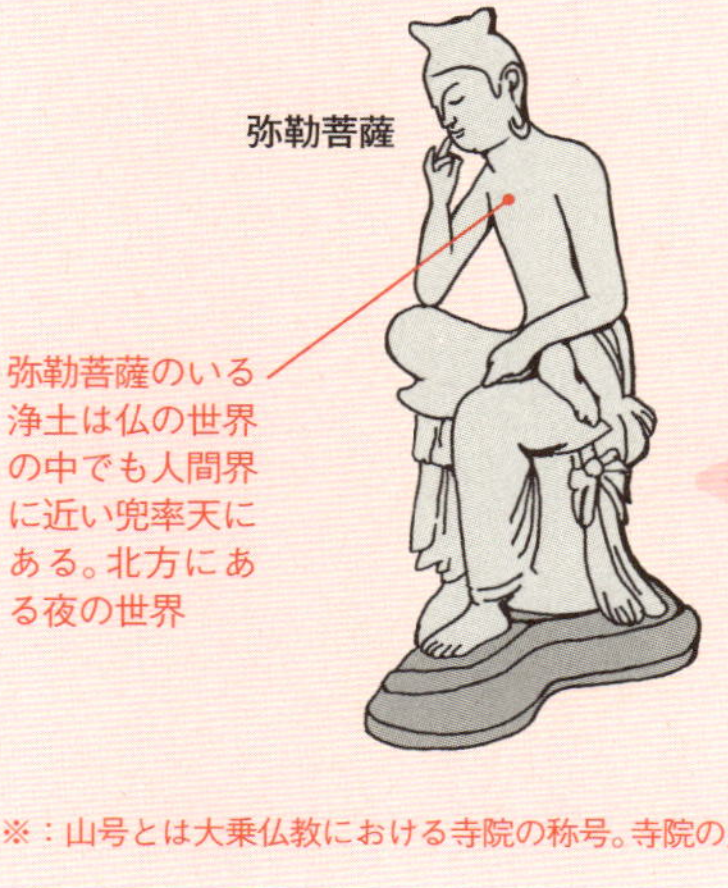
弥勒菩薩
弥勒菩薩のいる浄土は仏の世界の中でも人間界に近い兜率天にある。北方にある夜の世界

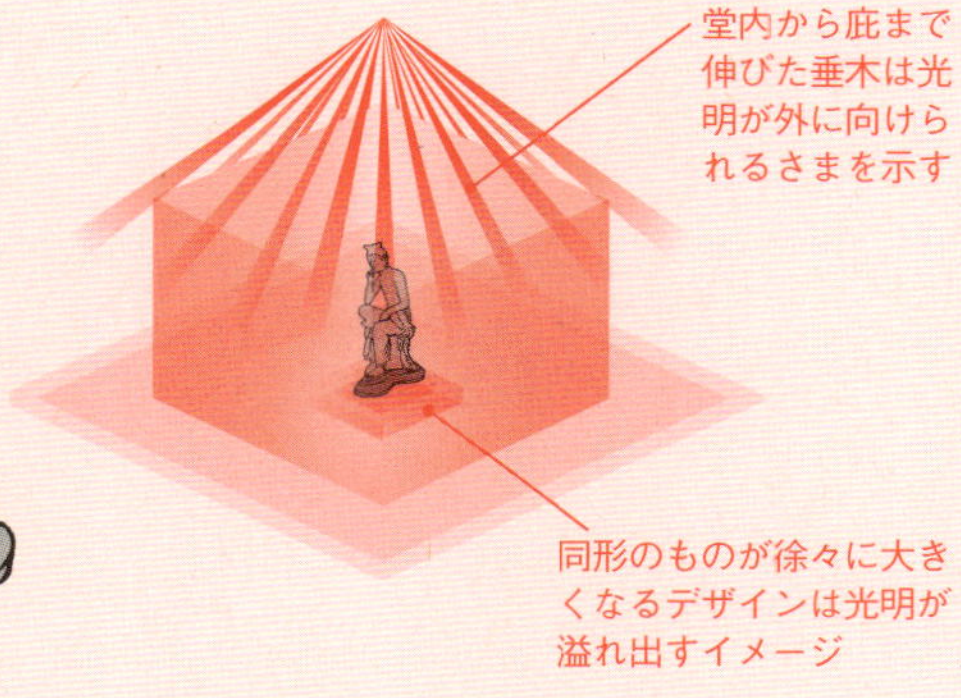
堂内から庇まで伸びた垂木は光明が外に向けられるさまを示す
同形のものが徐々に大きくなるデザインは光明が溢れ出すイメージ

※：山号とは大乗仏教における寺院の称号。寺院の多くは山にあったが、平地に移っても用いられた

3章

明《みょう》王《おう》は怒れる如《にょ》来《らい》

明王はすべて如来の化身とされる。優しく説くだけでは救済し難い人々の前に忿《ふん》怒《ぬ》の姿で現れる。密教が広まるにつれ、明王像がつくられるようになった。

本書で紹介する明王像

不動《ふどう》明王

大日如来の化身とされ、明王の中でも最も強力な威力・功徳がある。脇侍は八大童子、もしくはそのうちの2人、制多迦《せいたか》・矜羯羅《こんがら》童子を従える。五大明王、八大明王の中尊となる

愛染《あいぜん》明王

愛欲を悟りに変える仏。不動明王と同様、密教における護摩祈祷（愛染法）の本尊

烏瑟沙摩《うすさま》明王

天台宗では五大明王の1人に数える。不浄を清浄にする仏として、世の中の穢れや悪を焼き尽くす威力をもつ。単独で祀られることが多い

覚えておこう

孔雀《くじゃく》明王

人間のもつあらゆる毒を取り除く。ほかの明王と違い慈悲相で、孔雀に乗った姿で造像される

全身に表れる不動明王の徳

不動明王／峰定寺《ぶじょうじ》

京都

諭《さと》すように教えを説いても信仰心をもたない、煩悩の強い人を救うべく、「如来」の変化《へんげ》した姿が「明王」である。明王の特徴は、激しい怒りの形相。圧倒的な威力をもって人々を善導する。

中でも不動明王は大日如来の化身とされる人気の仏。片目を大きく見開く「天地眼《てんちがん》」など、特徴的な忿怒《ふんぬ》の姿は9世紀に「十九観」として説かれ、10世紀末に仏像化された※1。十九観には、不動明王がもつ功徳の二重性が見られる。ただ叱りつけるだけではなく、やさしく諭す姿を探してみよう。

不動明王の特徴は十九観にあり

不動明王の見た目の特徴を表す「十九観」※2。19の項目を心に描くことで、不動明王がはっきりと浮かび上がる
炎のかたちをした光背は大鳥・迦楼羅（かるら）の吐く火炎を表す。災いや迷いを焼き尽くす火炎は、悟りに導く知慧（ちえ）※3の火でもある。不動明王は、常に火炎の中で瞑想している
右手に剣
童子の姿で卑しく肥満。色は醜く青黒色
制吒迦《せいたか》童子
不動明王
矜羯羅《こんがら》童子
左に弁髪（おさげ）を垂らしたヘアスタイル。頭頂部は七山髻（しちざんけい、単髻を7つの山形にする）
額にしわ
左目を閉じ、右目を開く（天地眼）
口を固く閉じる。下歯で右上の唇を噛み、左下の唇は外に突き出す
激しく奮い立ち、大いに怒っている
左手に羂索（けんさく、縄）をもつ
矜羯羅・制吒迦の二童子を従える
自然石をかたどる岩座は「大盤石（だいばんじゃく）」を表現

重文　不動明王二童子立像

※1：不動十九観は玄朝が描いたことから仏像化されるようになった。10世紀末以前につくられた不動明王像は大師様（だいしよう）といわれる　※2：十九観の中で上図中に示されていないものもある（行者の残食を食べる、大日如来の化身であるなど）　※3：私たちの経験から得られる「知恵」とは違い「知慧」は悟りに至るために仏から授かるもの

明王と如来、正反対の功徳《くどく》を併せもつ

表情に2つの性格が同居

不動明王に特徴的な天地眼。閉じた左目で誤った道を断ち、開いた右目で正しい教えに導く
右の牙を上、左の牙を下に向けて出している（牙上下出）。左の牙（上歯）で煩悩を断ち、右の牙（下歯）で悟りに導く

10世紀までの不動明王像（大師様）は十九観の像と比べ、頭周りに違いがある

髪は後ろになで付けたオールバック風
天地眼ではなく、両眼を見開く。正面をにらみ付けるものが多い
上の歯で下唇を噛む。牙上下出ではない

二面性のある持物

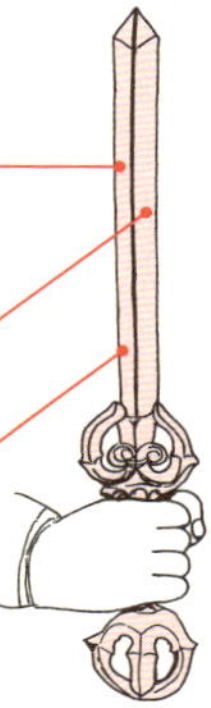
右手にもつ両刃の剣。両刃は煩悩魔などを断ち切り、知慧を授ける利剣とされる
外なる邪悪なものを切る
内なる心の煩悩を切り、悟りに導く

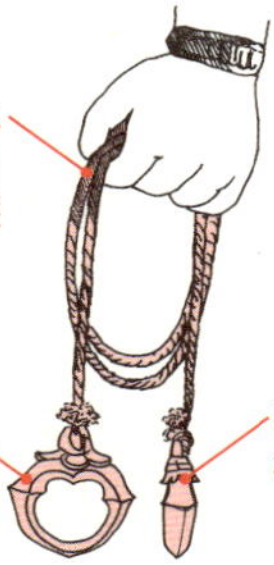
左手にもつ羂索は、5色の糸をよった縄。羂索を投げて煩悩（悪魔）を捕獲し、縛り付けておく
衆生を救う
悪魔を打つ

脇侍の性格も対称的

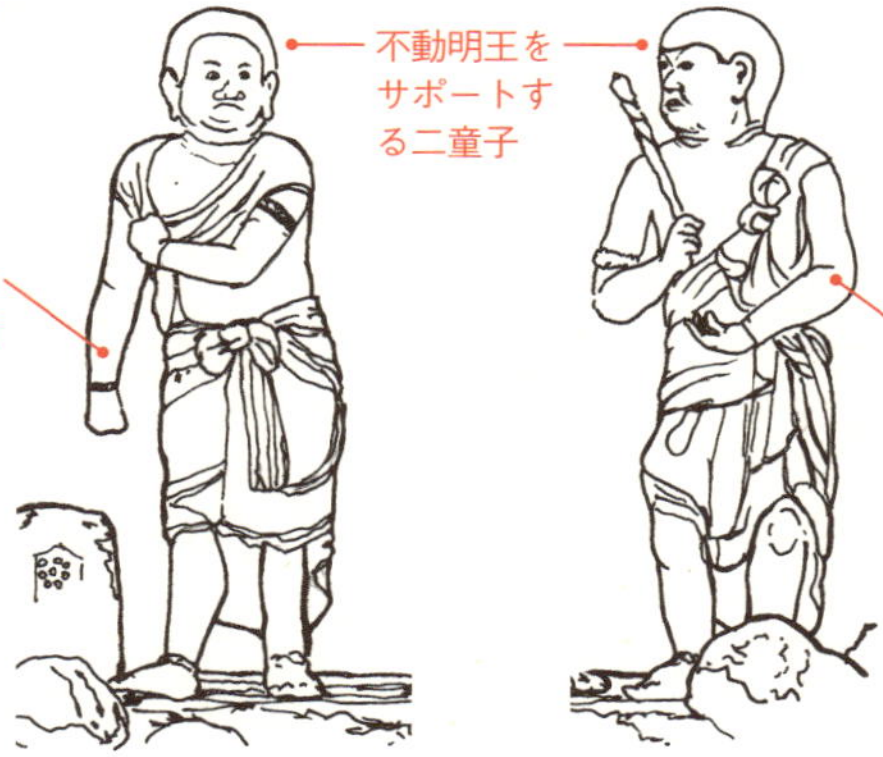
不動明王をサポートする二童子
制吒迦童子の体は赤い。荒々しく行動的な性格
矜羯羅童子は体が白く、おとなしい性格。理知的

MEMO：修験者の行場である峰定寺は本山修験宗の寺。本堂（重文）に安置された不動明王二童子立像は木造で12世紀平安時代の作。中尊の像高は52.7㎝

お不動さん炎に揺れる

不動明王／成田山新勝寺《なりたさんしんしょうじ》

千葉

江戸時代に最も盛んとなった庶民の不動信仰。中でも成田山新勝寺への参詣は、江戸近郊で大ブームとなった※。本尊はもちろん不動明王、現世利益をもたらす仏とされている。

人気の要は護摩《ごま》祈祷。護摩壇で護摩《ごま》木《ぎ》を燃やし、火中に供物《くもつ》を投じて祈願する。あらゆる障害を護摩の炎が焼き尽くしてくれるのだ。不動明王は赤々と燃え盛る炎と舞い上がる黒煙の向こうに安置されている。真っ赤な光背と青黒い体躯をもつこの仏が護摩の火と煙に重なり、人々は眼前に仏を感じることができたのだろう。

赤と黒に注目しよう

炎をかたどった、真っ赤な火焔光背。不動明王が自ら発する炎を表す
火は不動明王の重要なキーワードの1つ。人々の煩悩や業を焼き尽くす火であり、上昇する炎となって悟りへと導く火である
成田山新勝寺の平和大塔の本尊・不動明王
肌は青黒い。強欲を制する圧倒的な力を表現している
盤石（ばんじゃく）という岩に座る（盤石座）

不動明王坐像（五大明王像のうち）

※：江戸市中（深川・永代寺）への出開帳も多く、多くの信者を集めた

護摩の炎と煙に同化する不動明王

①赤い炎とその先に透けて見える不動明王の火焔光背の赤が重なる
→ ②黒い煙が不動明王の青黒い肌に重なって見える
→ ③不動明王は護摩祈祷から生まれた赤と黒に同化し、周りの人々は不動明王が炎の中に入り込むかのように感じる
→ ④火を仲立ちとして不動明王と行者がつながったと考える

不動明王
護摩壇
行者
護摩木は煩悩や業を意味する。願いを書き、火炉で燃やす

火炉の色や設置する方角も護摩の修法によって異なる

『成田名所図会』に描かれている護摩祈祷の1コマ。護摩壇の火炉は三角に組まれている。火炉は願いによって形が変わり、下記の4つに大別される（4種の護摩修法）

- 丸形「息災炉」
  息災を祈願するときに用いる。息災とは災害や病気など災いを除くこと

- 三角形「調伏（ちょうぶく）炉」
  調伏を祈願する際に使用。調伏とは怨敵を倒すこと

- 蓮華形「敬愛炉」
  人の仲立ちを祈願するときに使う

- 四角形「増益（ぞうやく）炉」
  長寿や財産などが増長することを祈願するときに使用

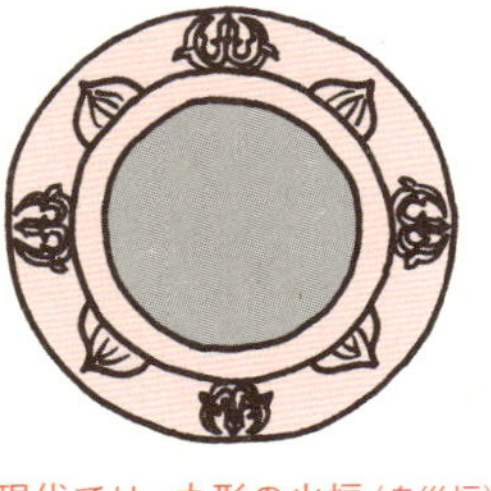

現代では、丸形の火炉（息災炉）が使われることがほとんど

MEMO：成田山新勝寺は真言宗智山派の大本山。平和大塔には不動明王を中心とした巨大な五大明王像が安置される。なお、護摩祈祷が行われるのは大本堂。本尊の不動明王像が安置されている

剛柔をもつ愛染《あいぜん》明王

愛染明王／西大寺《さいだいじ》

奈良

愛欲は最も強い煩悩の1つ。断つことの難しい愛欲を認め、さらにそのエネルギーを悟りに変えてくれるという、ありがたい仏が愛染明王である。3つの目と6本の腕からは明王だけでなく、如来や菩薩の心が読み取れる。

ところがその表情は「愛」にほど遠い。赤く染まった体に忿怒《ふんぬ》の形相。実はこの愛染明王、不動明王と同じく護《ご》摩《ま》祈祷の本尊とされる。護摩を焚き祈願するのは、息災や増益《ぞうやく》などのほか怨《おん》敵《てき》の調伏《ちょうぶく》※である。愛染明王が頭に載せた獅子冠も呪詛《じゅそ》の道具の1つだ。

三目六臂《さんもくろっぴ》の愛染明王

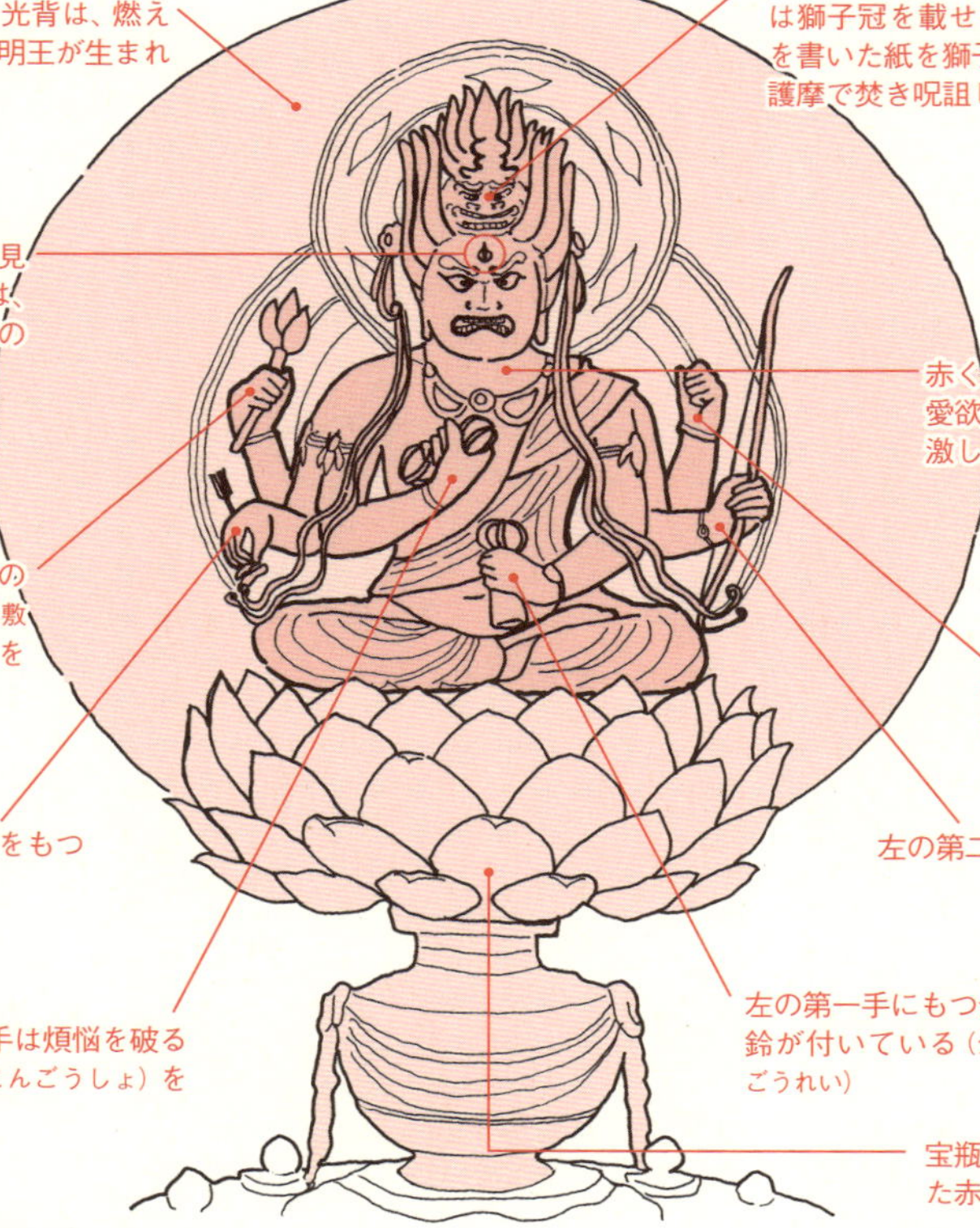
赤い日輪を表す光背は、燃え盛る炎から愛染明王が生まれたことを示す
逆立った髪（焔髪、えんぱつ）には獅子冠を載せる。怨敵の名を書いた紙を獅子の口に入れ、護摩で焚き呪詛した
あらゆる世界を見通す第三の目は、如来・菩薩・明王の仏の威徳をもつ
赤く染まった体は、愛欲という煩悩の激しさを示す
右の第三手は蓮の花のつぼみ（未敷蓮華、みふれんげ）をもつ
左の第三手は何ももたない
右の第二手は矢をもつ
左の第二手は弓をもつ
右の第一手は煩悩を破る金剛杵（こんごうしょ）をもつ
左の第一手にもつ金剛杵には鈴が付いている（金剛鈴、こんごうれい）
宝瓶の上に置かれた赤い蓮華座

重文 愛染明王坐像

※：怨敵や魔物を抑え鎮める、呪い殺すこと。降伏（ごうぶく）ともいう

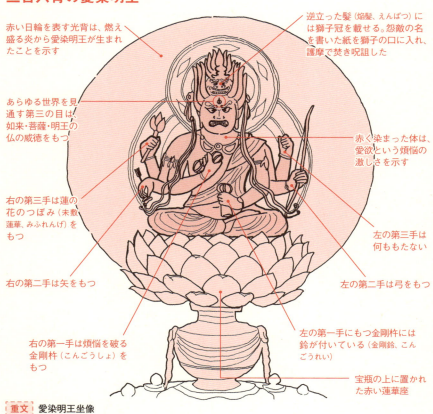

持物の有無が示すコト

金剛薩埵《こんごうさった》の化身である

愛染明王が金剛杵と金剛鈴をもつのは、大日如来の後継者「金剛薩埵菩薩」と同じ。空海の肖像も同じ持物（じもつ）をもつ

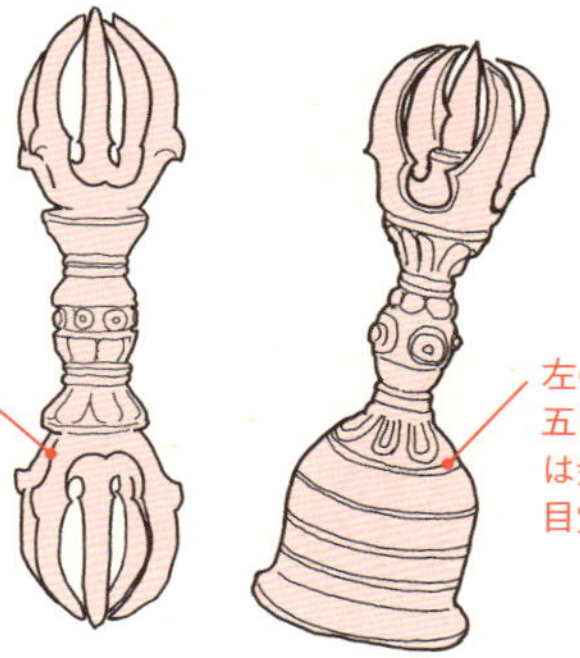

右の第一手がもつ金剛杵は、両端が5つに分かれた五鈷杵（ごこしょ）。密教でいう金剛界と胎蔵界の五仏それぞれを表し、金胎不二を説く（58頁）

左の第一手にもつ五鈷鈴（ごこれい）は衆生に仏道への目覚めを促す

金剛愛菩薩の姿も見える

愛染明王が弓と矢をもつのは、煩悩を受け入れて悟りにつなげる「金剛愛菩薩」と同じ。煩悩としての愛欲を矢で断ち、矢の軌跡が悟りの道を示す

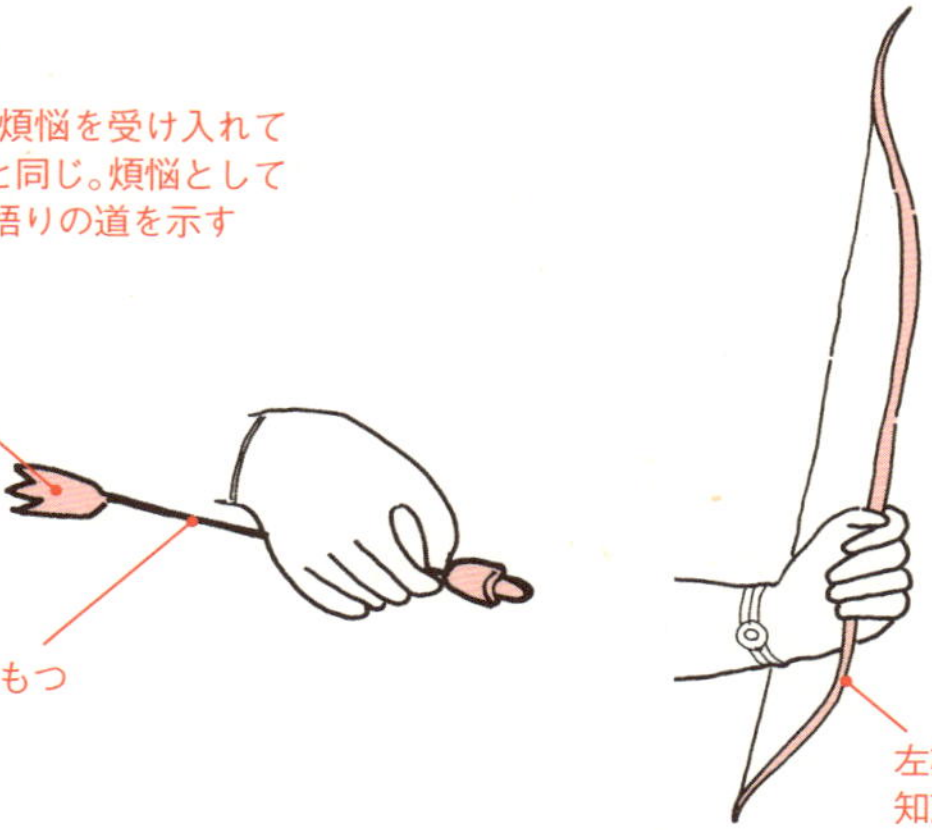

第二手にもつ弓矢は、武具でもある。愛染明王に戦勝祈願した戦国武将・直江兼次の兜に「愛」の字の装飾（前立て）があるのは有名

右第二手がもつ方便の矢

左第二手がもつ知恵の弓

仏を内在する

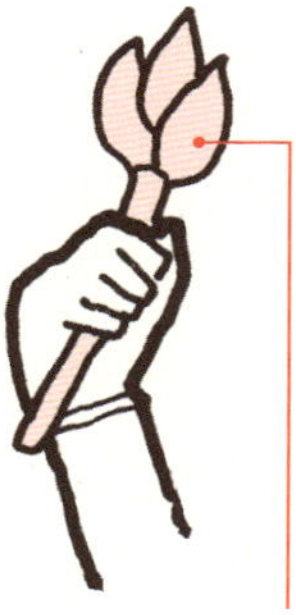

右第三手にもつ未敷蓮華。つぼみは仏の内在化を示し、悟りへの可能性を表現する

何ももたないことの意味

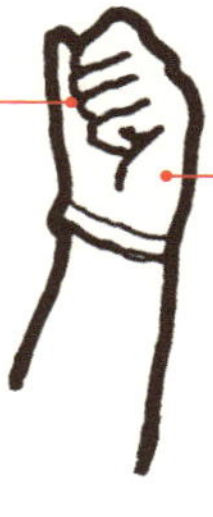

左第三手は何ももっていない。護摩の修法や願いごとの違いに対応するため、何ももたない手がある

天皇一族や貴族に信仰を促す場合には、王権の象徴である「日輪」をもたせる。一方、商人たちの信仰を集めるには、富の象徴である「宝珠」をもたせた

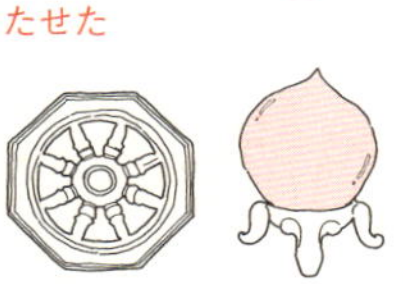

日輪　宝珠

MEMO：西大寺は真言律宗総本山。愛染堂に安置される秘仏・愛染明王坐像は鎌倉時代の作で木造、像高は31.8cm。なお、本堂本尊は釈迦如来立像

トイレにも仏様がいる

烏瑟沙摩《うすさま》明王／瑞龍寺《ずいりゅうじ》

富山

瑞龍寺は加賀藩主・前田利長の菩《ぼ》提寺《だいじ》。江戸初期の禅宗様建築として、山門《さんもん》・仏殿・法堂《はっとう》が県唯一の国宝に指定されている。

法堂に鎮座する明王は、名を烏瑟沙摩という。五大明王の1つ[※1]だが、密教や禅宗の寺なら東司《とうす》（トイレ）に祀られる、不浄を火で清浄にする仏だ。瑞龍寺では250年前に東司を焼失。法堂内、利長の位牌《いはい》横に仮安置されたまま、子宝成就の神として定着した。創建当初から七堂《しちどう》伽藍《がらん》[※2]で、東司の用地はある。さてこの仏様、いずれは「ホーム」に帰るのだろうか。

日本最大の烏瑟沙摩像

右手には矛をもち高く掲げるが、実物は厨子の中にあってよく見えない。トイレにあるレプリカで確認しよう
烏瑟沙摩明王の立像としては日本最大。そして最古のものと推測されている
光背の炎は炎の世界に住んでいることを示す
彩色や模様の一部が剥離せず残っている
瑞龍寺の明王は痩せマッチョ。スマートな人間タイプの一面二臂像だ
創建より古いこの仏像の出所は不明。男子出生を願うときに烏瑟沙摩に祈ることがあるからか、嫡男に恵まれなかった利長を供養するために祀ったとの説もある
烏瑟沙摩明王立像

※1：五大明王とは密教における中心的な5人の明王のこと。不動とその四方に配される降三世（ごうざんぜ）、大威徳、軍荼利（ぐんだり）、烏瑟沙摩（真言密教系の場合は金剛夜叉）からなる　※2：寺が備えるべき7つの主要な建物のこと。禅寺では一般的に、仏殿、法堂、僧堂、庫裏（くり）、山門（三門）、東司（西浄）、浴室をいう

一切の不浄を焼き尽くす火神

めらめらとした火炎を背負い、まとめた髪も逆立っている。この明王は不浄を焼き尽くすことから火頭金剛とも呼ばれる火神だ
不動明王の天地眼（106頁）に対し、こちらは1点を射抜くように忿怒（ふんぬ）の表情でにらむ
烏瑟沙摩明王

後ろ手にされた猪頭の「亥子神（いのこのかみ）」はいったいどんな不浄を犯したのか
亥子神
五行（89頁）を十二支に配すると亥は水。火に勝つ亥子神を後ろ手にすることで火を弱めないようにしたのか

禅宗では「食す」も「出す」も修行の一環

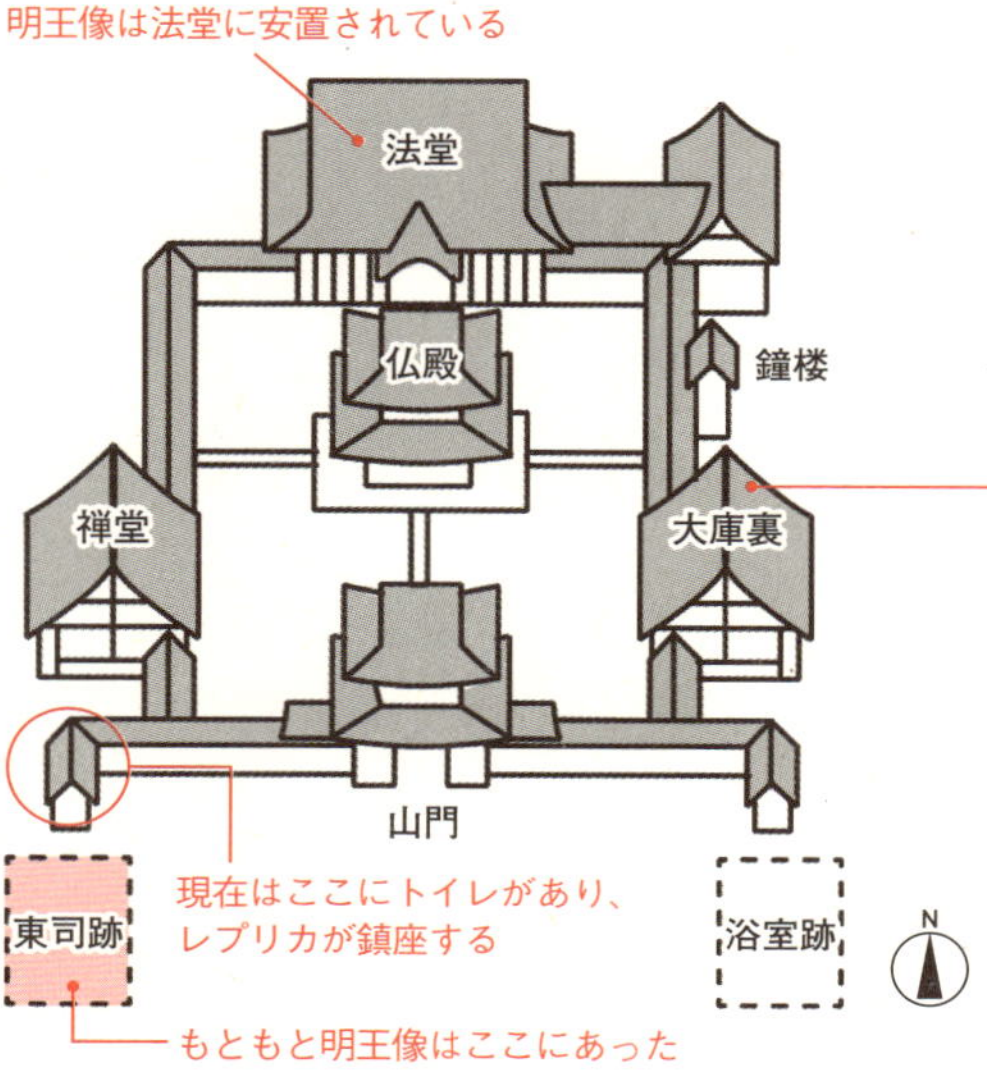
明王像は法堂に安置されている
法堂
仏殿
鐘楼
禅堂
大庫裏
山門
現在はここにトイレがあり、レプリカが鎮座する
東司跡
浴室跡
N
もともと明王像はここにあった

瑞龍寺　配置図

創建時は七堂伽藍が整っていた。禅宗では伽藍配置を人体に見立て、知恵の伝達の場は頭の位置に、活動的な場は手元に、排泄の場などは下半身に置かれている

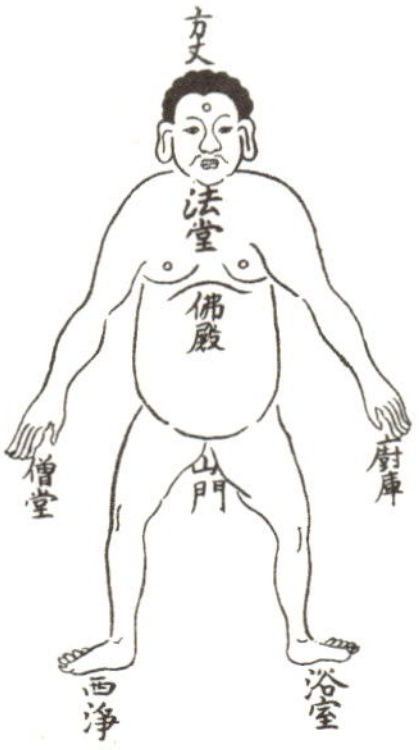
方丈
法堂
佛殿
僧堂
廚庫
山門
西浄
浴室

禅宗七堂伽藍人体表層図
（瑞龍寺看板より引用）

MEMO：瑞龍寺は曹洞宗の寺。烏瑟沙摩明王立像は木造（ヒノキ）。鎌倉時代の作とも。像高141㎝
作図資料提供：富山県民生涯学習カレッジ

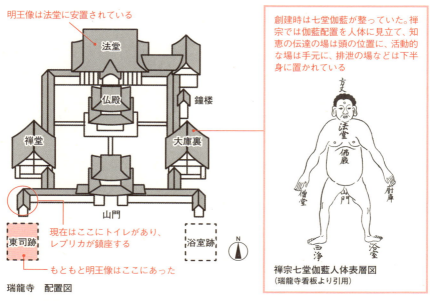

4章

天部《てんぶ》は仏界の用心棒

仏界の守護神である天部は、如来《にょらい》・菩薩《ぼさつ》・明王《みょうおう》といった仏と比べ、数・種類が多い。男女の性別もある。多くは須弥《しゅみ》山《せん》やその周辺に住む。

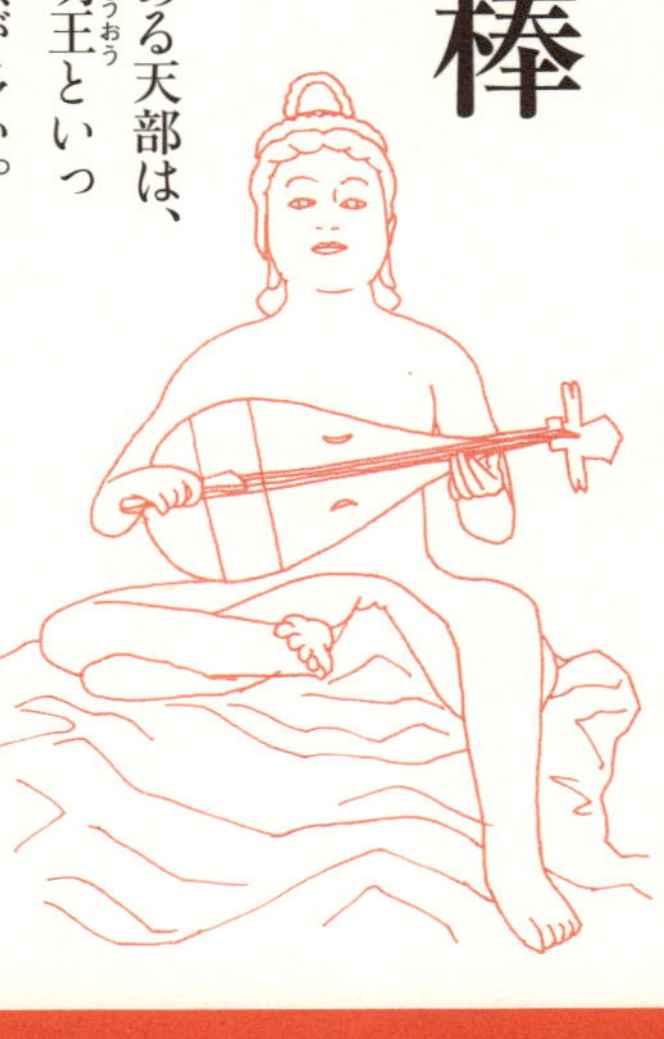

本章で紹介する天部像

梵天《ぼんてん》／帝釈天《たいしゃくてん》

天部の中でも位が高く、釈迦如来の脇侍を務めることも。千手観音の眷属（従者）である「二十八部衆」にも数えられる

仁王《におう》

阿形《あぎょう》・吽形《うんぎょう》をした2神で一対をなし、金剛力士ともいわれる護法神。独尊として祀られる際は執金剛神《しゅこんごうしん》と呼ばれる

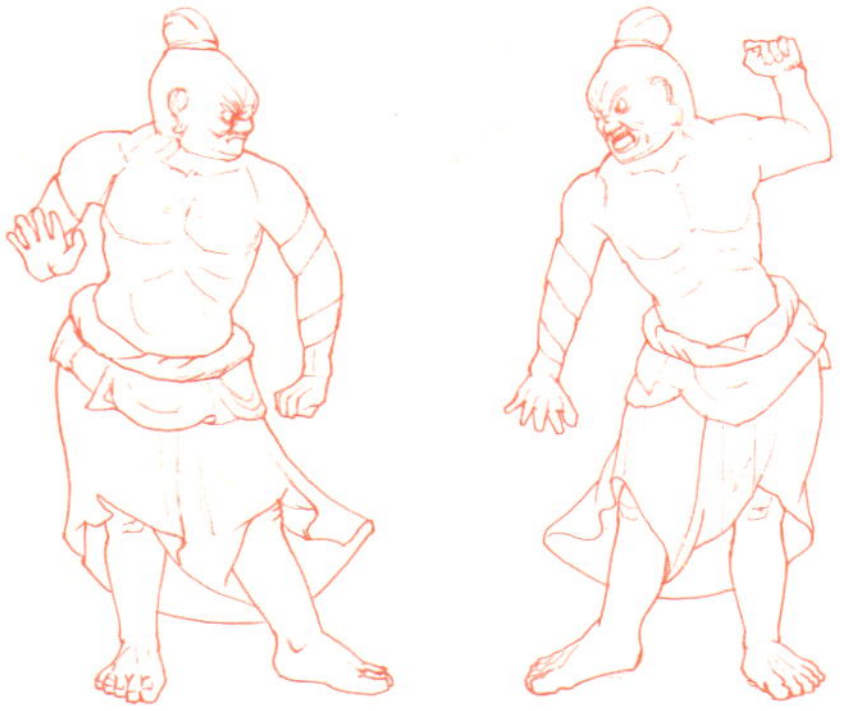

四天王《してんのう》

四方を守護する4神。東は持国天《じこくてん》、南は増長天《ぞうちょうてん》、西は広目天《こうもくてん》、北は多聞天《たもんてん》の担当。中でも最強とされるのが多聞天で、単独で祀られる場合は毘沙門天という

阿修羅《あしゅら》

釈迦如来の眷属《けんぞく》となる8神「八部衆」の1人。八部衆は釈迦に強化されて仏法を守護する神となった古代インドの神々

十二神将《しんしょう》

薬師如来の眷属となる12神。それぞれが7千人の部下をもつという

弁才天《べんざいてん》

福徳・戦勝をもたらす女神。もともとはインドの川神だった。わが国では七福神の1人として知られる

大黒天《だいこくてん》

戦闘・福徳の神。わが国では大国主《おおくにぬしの》命《みこと》と結び付き、七福神の1人としてもお馴染み

似て非なる一対の神

梵天《ぼんてん》・帝釈天《たいしゃくてん》／興福寺

奈良

帝釈天といえば、寅さんの映画でおなじみ、柴又《しばまた》帝釈天※1を思い浮かべる人も多いだろう。しかしこの寺のように帝釈天を単独で祀る例は少なく、一般には梵天と対をなしている。

帝釈天と梵天は釈迦の脇侍になるなど天部界のツートップとされる。もともとは古代インドの神。帝釈天は雷神インドラ、梵天は宇宙の創造神ブラフマーがルーツで、共に仏教の守護神になった。梵釈《ぼんしゃく》ともいわれる一対の神は像形が似ているが、見分けられる。まずは、仏の世界における梵釈の役割や地位の違いを頭に入れよう。

梵天と帝釈天の違いを探そう

帝釈天
梵天
武人なので衣の下に甲冑を着けている。衣は中国式。仏教が大陸から入って来たため、中国的な姿で表される
右手には巻物をもち、報告を受けている姿
武人なので、引き締まった体形
衣は中国の礼服風。梵天と帝釈天は釈迦の守護神というが、梵天は完全に文人の姿。甲冑は身に着けないことが多い
文人だからか少しふくよかな体形
2つの像はもともと東金堂にあり、本尊・薬師如来の左手側に梵天が、右手側に帝釈天が配されていた

重文 梵天・帝釈天立像

※1：柴又帝釈天とは東京にある日蓮宗の寺、題経寺（だいきょうじ）のこと。本尊の帝釈天は帝釈堂に安置される
※2：古来より中国では、「天子南面」の法則から、北から見て太陽の昇る東、つまり左側を右側よりも尊んだ

2神の違いはその出自から

梵天のほうが上位

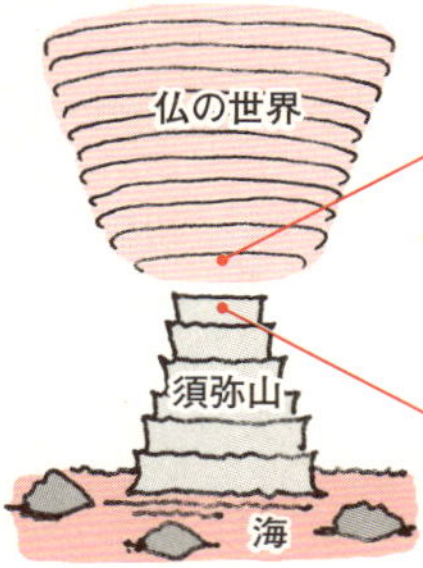

梵天のいるところ
如来や菩薩、明王らが住む仏界。
その最下層（天）に梵天がいる

帝釈天のいるところ
須弥山の山頂（忉利天、とうりてん）には八方位に天部が配される。その中で東にいるのが帝釈天。須弥山中腹に住む天部や邪鬼から報告を受ける

四天王から報告を受ける帝釈天

帝釈天は同じく天部である四天王の1人・広目天から人々の善悪の行いについた報告を受ける。その報告は梵天から仏に伝えられる

受け取る巻物は「報告書」

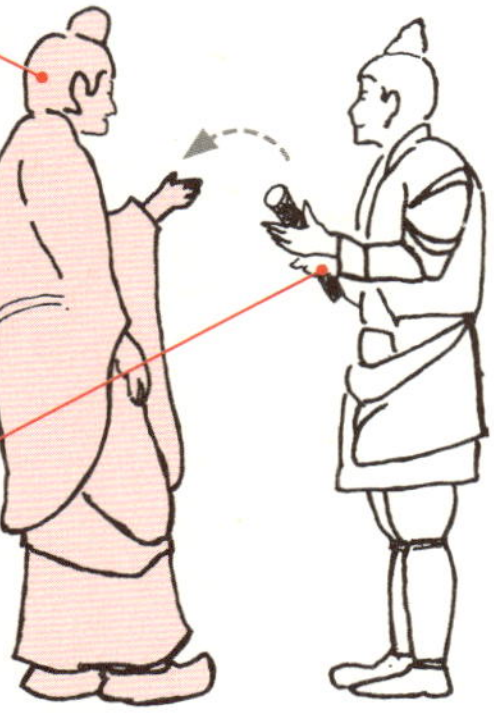

帝釈天　広目天

左手にいるほうが上位

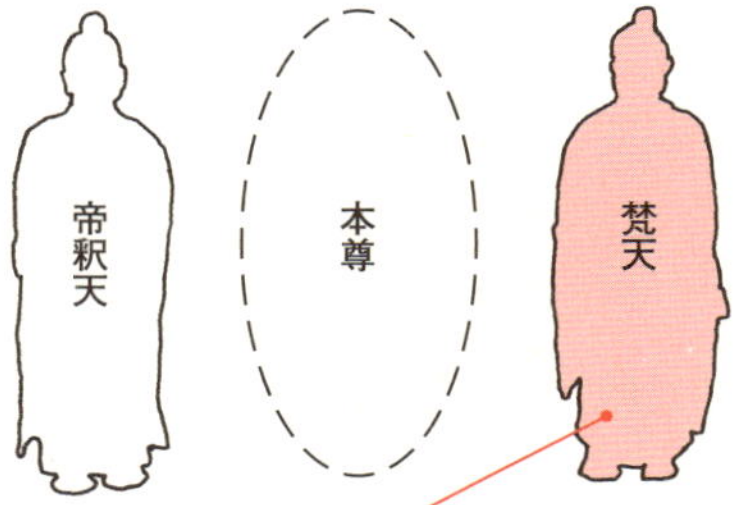

中国の「左尊（左尊右卑）」[※2]という考えが入ってきて、本尊から見て左手に位の高い梵天、右手に帝釈天が置かれるようになったと考えられる

column

密教の梵釈はひと味違う

密教化してからの梵天・帝釈天像はその姿がまったく変わる。インドの古代神話が色濃く表れ、2像の違いも明らかだ。

京都・東寺講堂（66頁）に祀られる梵天像は宇宙の創造神として4面4臂の姿で、常に四方を睨んでいる。一方、帝釈天像は武将神として馬車や象に乗り、金剛杵を手に取り武装をしている。

戦う動物に乗り、下界からの進撃を止める

帝釈天

天に昇る動物に乗り、浄域を見守る

梵天

MEMO：興福寺は法相宗大本山。境内にある国宝館に安置される梵天・帝釈天立像はヒノキの寄木造で鎌倉時代の作。像高は梵天が171.5㎝、帝釈天が166㎝

仁王像はココから見よ

仁王／財賀寺《ざいかじ》 愛知

本堂に向かう参道の途中に仁王門があれば、少し手前で立ち止まってみよう。左右に立つのは仁王（金剛力士）像。向かって右が口を開けた阿《あ》形《ぎょう》像。左が口を閉じた吽形《うんぎょう》像だ。

次に、一対の像それぞれの目を見て、視線が交わるところを探そう。そこは仁王像を拝観するベストポジションだ。表情はもちろん、手足や腰にまとう布（裳《くん》）の動きにまで注目すると、仁王のしようとすることが分かる。左右から強い風や気が襲い掛かるかのようで、思わず立ちすくむ。私たちは仏界の入口に立っているのだ。

仏界の入口、仁王門

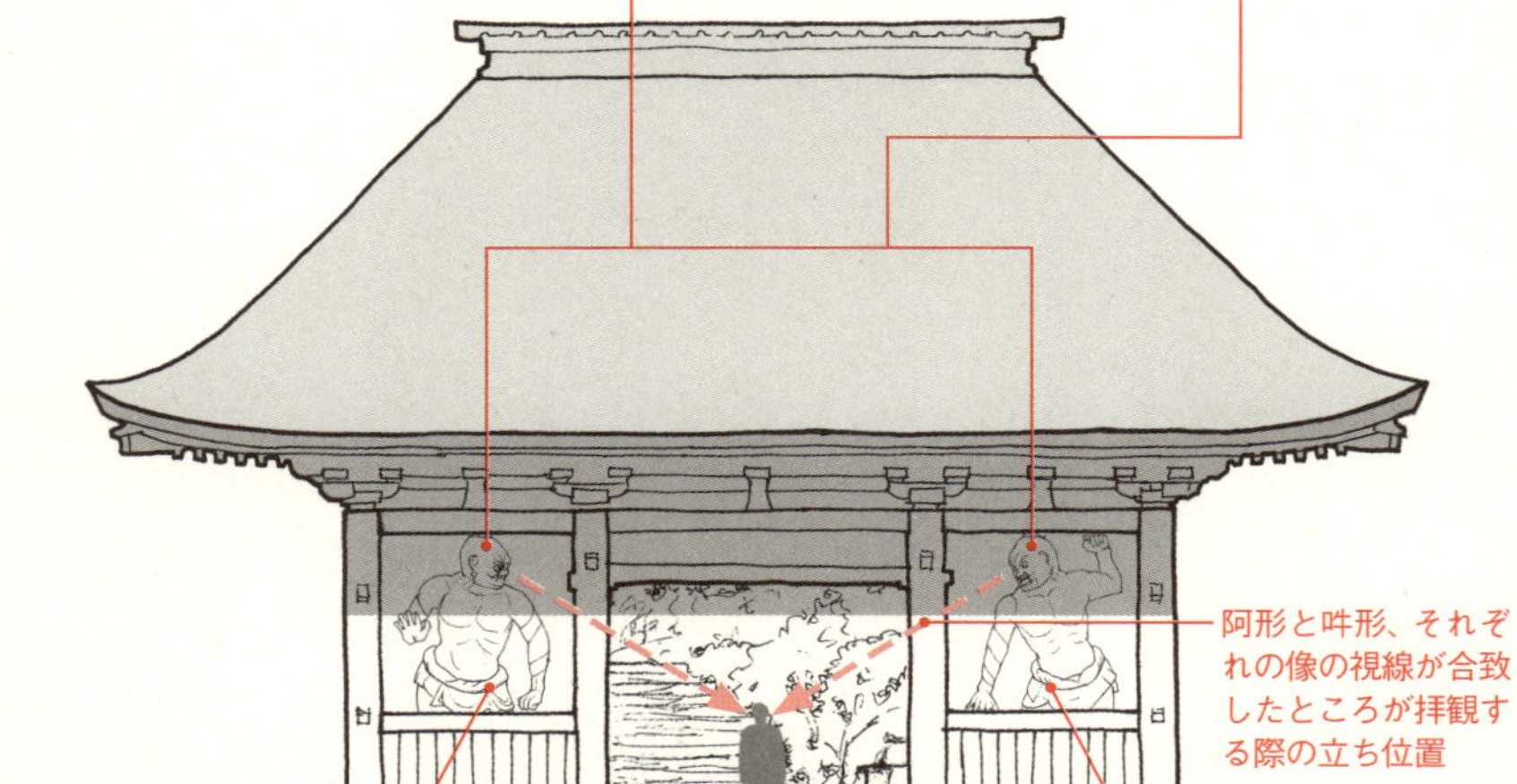
二神一体の仁王（金剛力士）は帝釈天（116頁）が変身した姿で、いずれも忿怒相をしている。帝釈天は須弥山の頂（忉利天、とうりてん）、いわば仏界の入口にいる守護神。つまり仁王門が仏界の入口ということ
仁王・阿形像の高さは381㎝、吽形像は375㎝と巨大
阿形と吽形、それぞれの像の視線が合致したところが拝観する際の立ち位置
重文 仁王門
向かって左が口を閉じた吽形像。心を閉じて、煩悩を断ち切れと迫っている
仁王門へ至る階段は須弥山ということになる。仏は須弥山の上空にいるという
向かって右が口を開けた阿形像。心を開き、真実を見ることを諭す

仁王の手足から気を、衣から風を読む

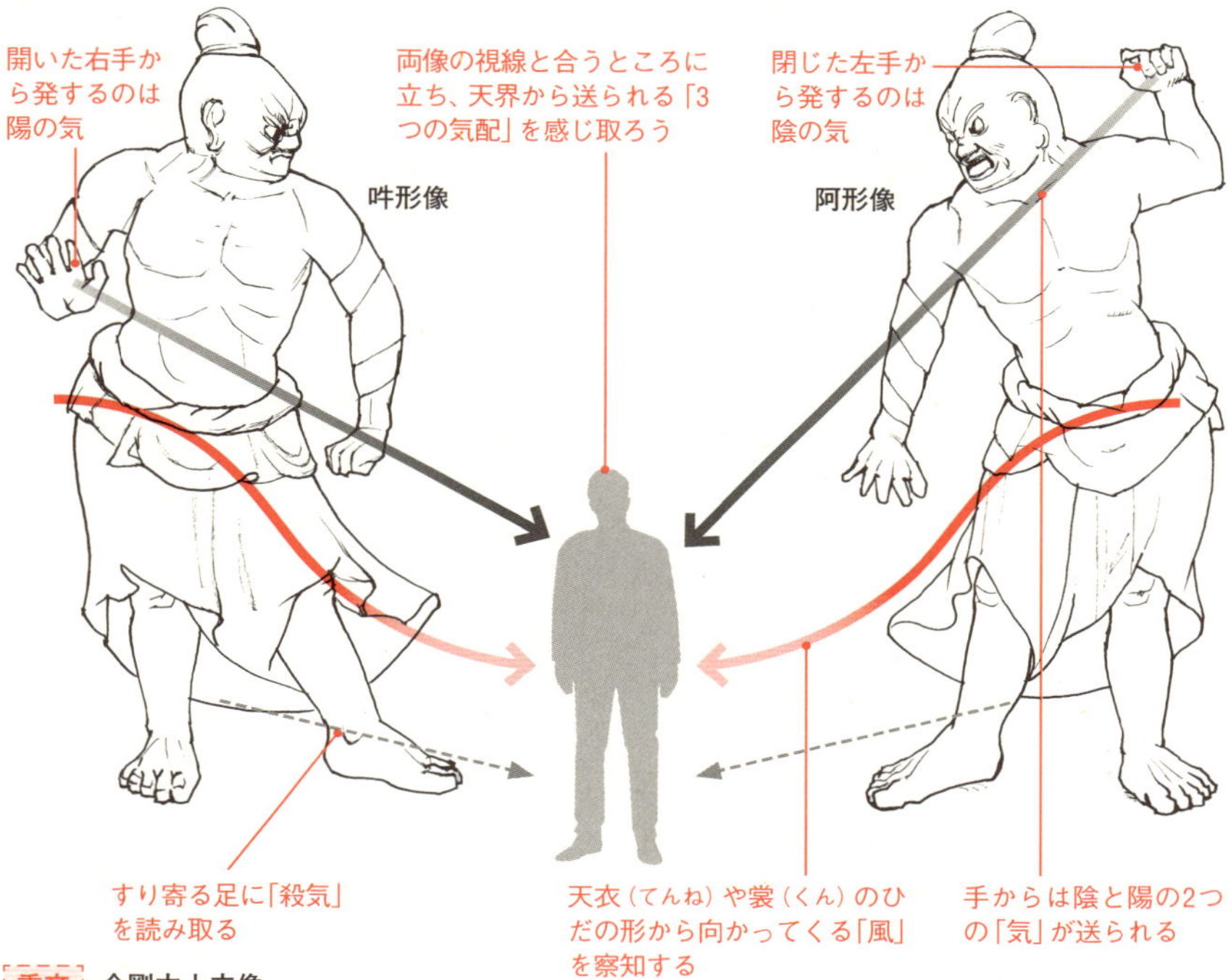
開いた右手から発するのは陽の気
両像の視線と合うところに立ち、天界から送られる「3つの気配」を感じ取ろう
閉じた左手から発するのは陰の気
吽形像
阿形像
すり寄る足に「殺気」を読み取る
天衣（てんね）や裳（くん）のひだの形から向かってくる「風」を察知する
手からは陰と陽の2つの「気」が送られる

重文　金剛力士立像

寺の境内は仏の宇宙を表す

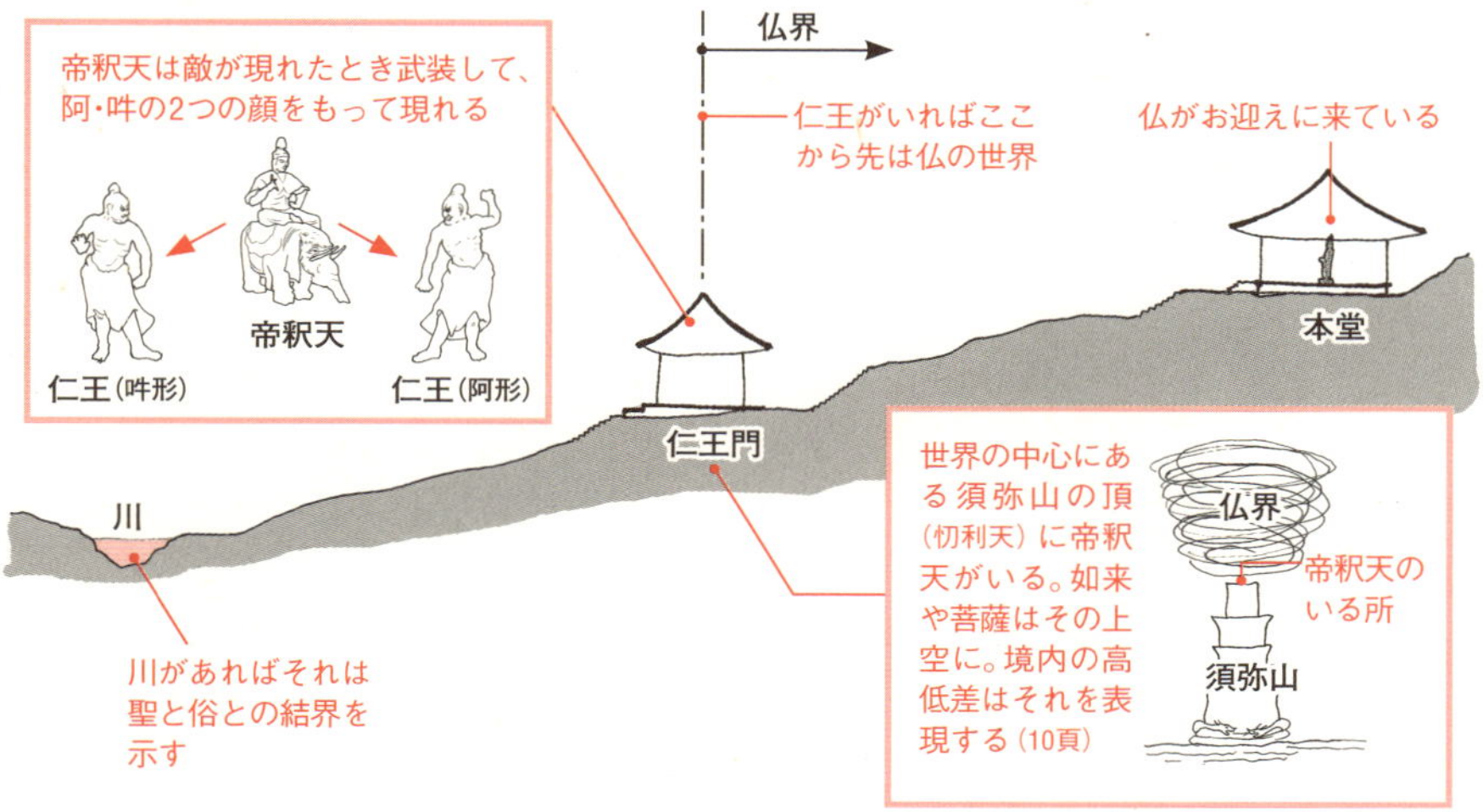
帝釈天は敵が現れたとき武装して、阿・吽の2つの顔をもって現れる
仁王（吽形）
帝釈天
仁王（阿形）
仏界
仁王がいればここから先は仏の世界
仏がお迎えに来ている
本堂
仁王門
川
川があればそれは聖と俗との結界を示す
世界の中心にある須弥山の頂（忉利天）に帝釈天がいる。如来や菩薩はその上空に。境内の高低差はそれを表現する（10頁）
仏界
帝釈天のいる所
須弥山

MEMO：財賀寺は高野山真言宗の寺。金剛力士立像は木造（ヒノキの寄木造）で平安後期の作。なお財賀寺の本尊は千手観音菩薩

目で分かる四天王の違い

四天王／東大寺《とうだいじ》 奈良

四天王とは、東の持国天《じこくてん》、南の増《ぞう》長天《ちょうてん》、西の広目天《こうもくてん》、北の多聞天《たもんてん》のこと。仏の世界を守るため、月に6回この世に下り、四方を隈なく見張る。人々の行いや善悪を監視し、逆らう仏敵がいれば懲罰を加える。四天王は観察者か懲罰者か、その役割によって表情や持物《じもつ》が異なるので判別もしやすい。

四天王の足元に目をやると、必ずといっていいほど邪鬼《じゃき》を踏みつけている。一方、四天王のそばには帝釈天《たいしゃくてん》が控えていることが多い。そこに表れるのは、須弥山《しゅみせん》にいる守護神たちの「上下関係」。思わず頬が緩む人もいるだろう。

四方の守護神と五行の関係

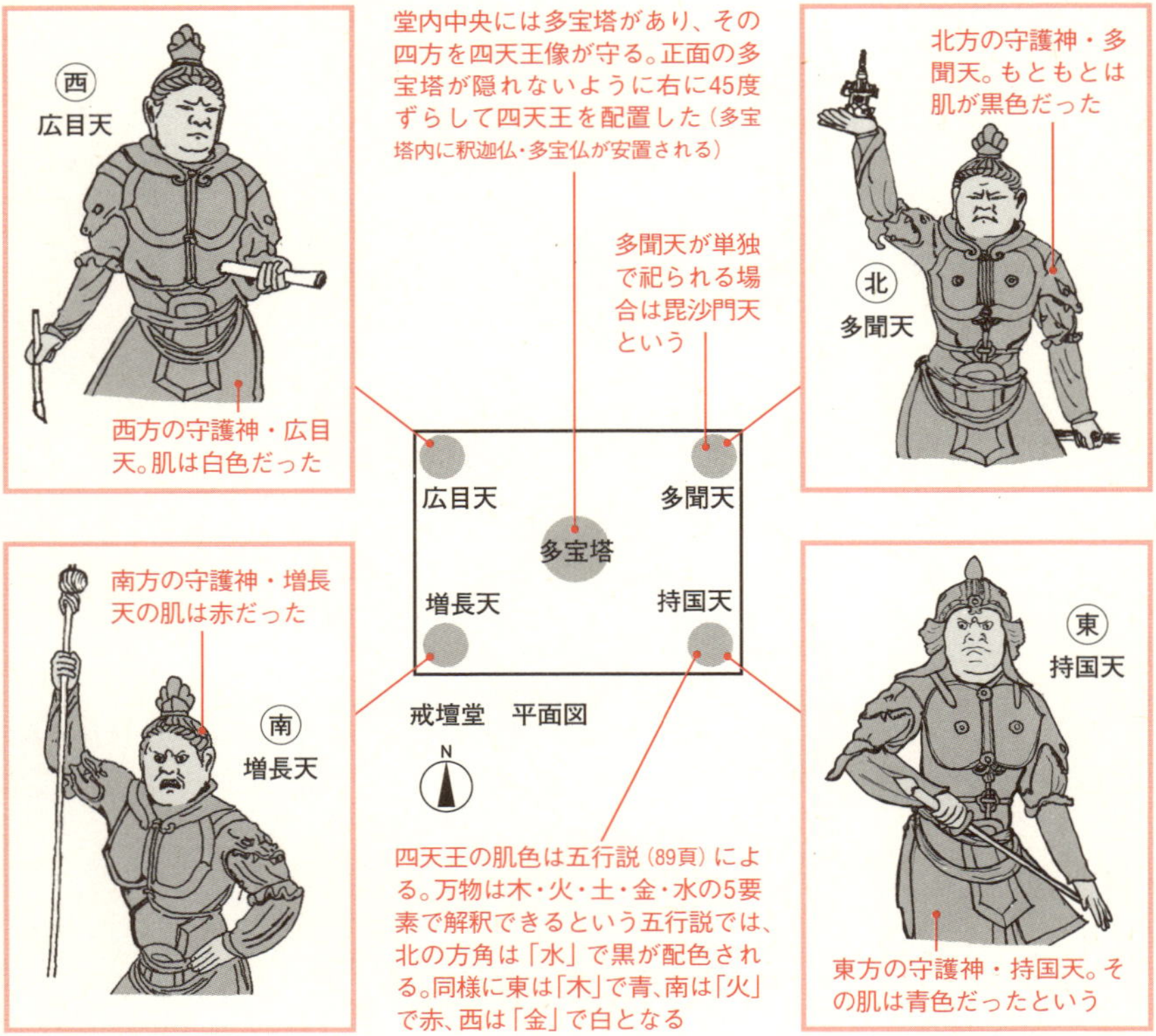
西
広目天
西方の守護神・広目天。肌は白色だった
堂内中央には多宝塔があり、その四方を四天王像が守る。正面の多宝塔が隠れないように右に45度ずらして四天王を配置した（多宝塔内に釈迦仏・多宝仏が安置される）
多聞天が単独で祀られる場合は毘沙門天という
北方の守護神・多聞天。もともとは肌が黒色だった
北
多聞天
広目天
多聞天
多宝塔
増長天
持国天
戒壇堂　平面図
N
南方の守護神・増長天の肌は赤だった
南
増長天
四天王の肌色は五行説（89頁）による。万物は木・火・土・金・水の5要素で解釈できるという五行説では、北の方角は「水」で黒が配色される。同様に東は「木」で青、南は「火」で赤、西は「金」で白となる
東
持国天
東方の守護神・持国天。その肌は青色だったという

国宝　四天王立像

四天王の姿は役割で異なる

観察者ー西・北の神

広目天

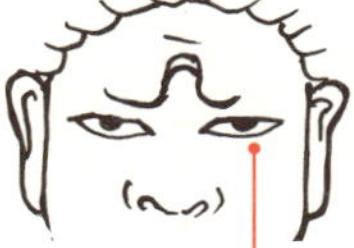

土の塑像にもかかわらず、四天王の目に黒曜石を用い、その重要性を示した。広目天は目を細め、目玉を外に向け魚眼レンズのように広く見渡す

多聞天

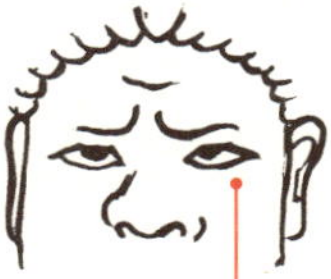

目を細め、目玉を寄せる多聞天は、望遠レンズでズームするように遠くを見つめる

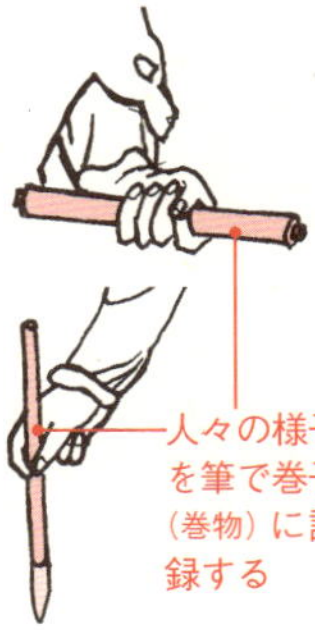

人々の様子を筆で巻子（巻物）に記録する

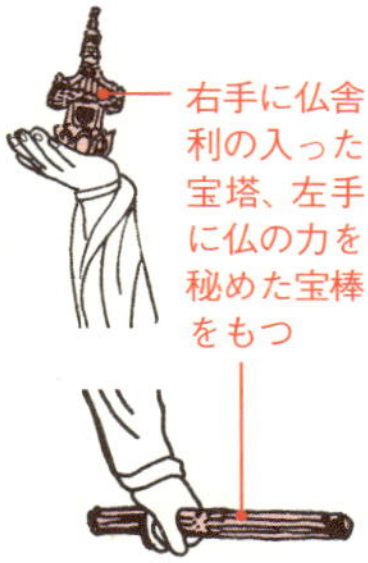

右手に仏舎利の入った宝塔、左手に仏の力を秘めた宝棒をもつ

懲罰者ー南・東の神

増長天

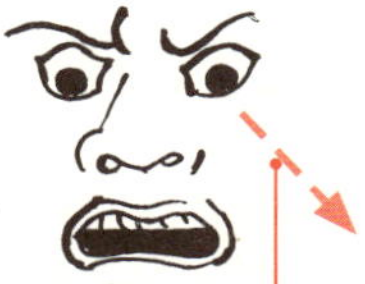

大きく眼を見開き、口を開き（阿形、あぎょう）、威嚇する

持国天

目を見開き、口を閉じ（吽形、うんぎょう）、怒りを表わにする。懲罰者の二天に凝視されると、邪心が見抜かれそう

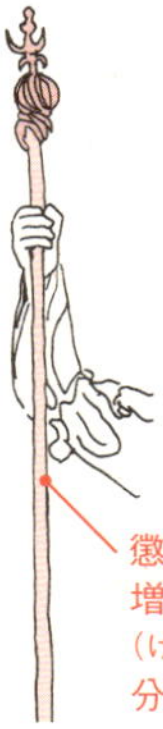

懲罰者は武器をもつ。増長天が手にする戟（げき）は先が三方に分かれた鉾

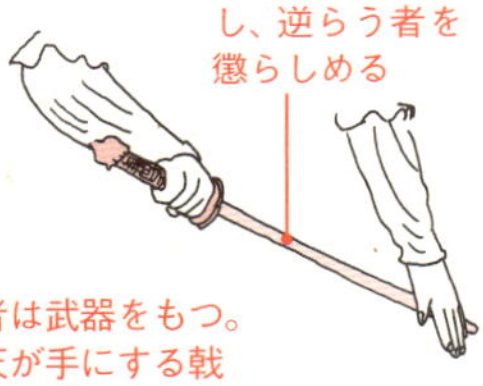

持国天は剣をもつ。衆生を威嚇し、逆らう者を懲らしめる

四天王・邪鬼・帝釈天の関係

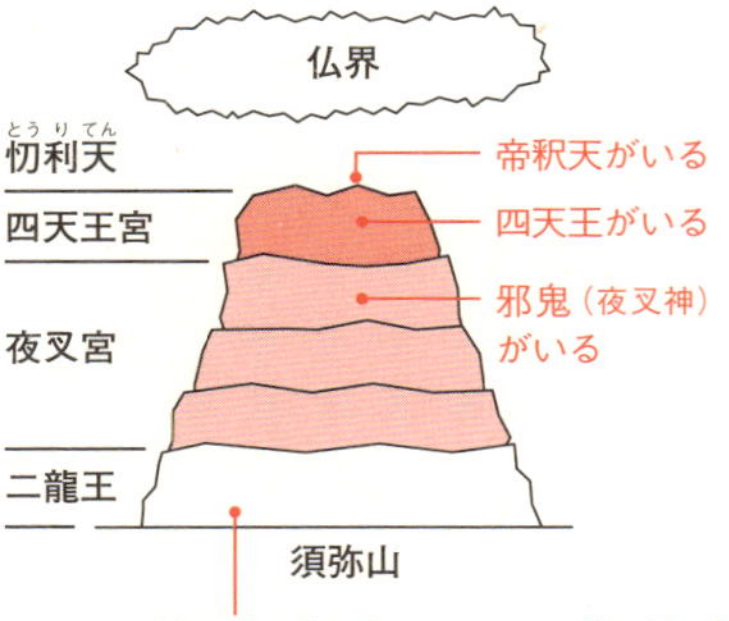
仏界
忉利天《とうりてん》
四天王宮
夜叉宮
二龍王
須弥山
帝釈天がいる
四天王がいる
邪鬼（夜叉神）がいる

須弥山は麓の「二龍王」から山頂の「忉利天」までにいくつかに分かれ、それぞれに神がいる。須弥山の上部に仏界がある。この配置がそこにいる神などの上下関係も示している

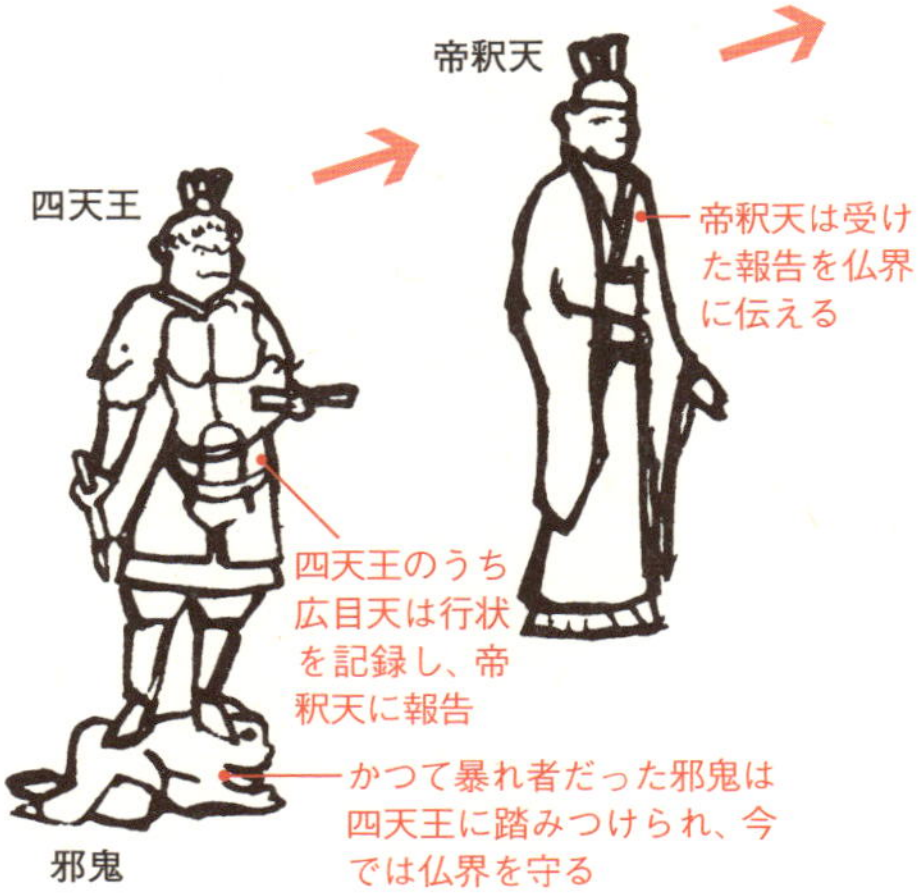
帝釈天
四天王
邪鬼

帝釈天は受けた報告を仏界に伝える

四天王のうち広目天は行状を記録し、帝釈天に報告

かつて暴れ者だった邪鬼は四天王に踏みつけられ、今では仏界を守る

MEMO：東大寺は華厳宗の大本山。四天王立像は戒壇堂に安置されている。塑造で天平時代の作。像高は160.5～169.9㎝。別のお堂から移されてきたものといわれる（同寺・法華堂の本尊・不空羂索［ふくうけんさく］観音の四方に安置されていたという説も。82頁）

大部屋役者が主役の座に

天燈鬼《てんとうき》・龍燈鬼《りゅうとうき》／興福寺

奈良

四天王※に踏みつけられているイメージのある邪鬼。もともと仏法を犯す鬼だったが、改心。仏に仕え、須弥山の中腹に住む夜叉《やしゃ》神となった。一方、頂上付近にいる天部たちの中でも位の低い四天王は台座をもたず、硬い岩場に立っていた。それでは気の毒と邪鬼は自ら「座」として背を差し出す。その姿があのような形になったという。

ところが興福寺の邪鬼は単独で灯籠《とうろう》を担ぐ。天燈鬼と龍燈鬼、一対の邪鬼はその献身さのご褒美に、仏を照らす役目を与えられたのかもしれない。

赤い肌は、「天（火）」を意味し、「陽」を表す
乗っているのは須弥山の岩場
筋骨隆々の荒々しさは邪鬼としての性格を表している。阿形（あぎょう）

国宝　天燈鬼立像

※：四方の護法神。東の持国天、南の増長天、西の広目天、北の多聞天

耐え忍ぶ邪鬼

踏みつけられる

台座をもたない持国天のために、自らが座となっている東寺（京都）の邪鬼。持国天に成敗されているわけではなく支えて、重さに耐えている表情

持国天
邪鬼

須弥山（10頁）に表れた「序列」。山頂にいる天部（①）は位が高く、台座が動物（禽獣座、きんじゅうざ）。格下となる四天王（②）は台座がないので、中腹にいる邪鬼（③）がその代わりをした。一方、興福寺の邪鬼（③）は龍（④）を手なずけている

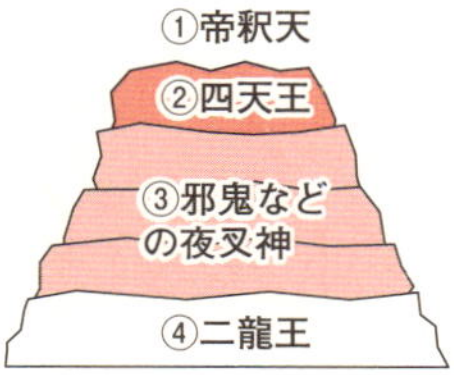
①帝釈天
②四天王
③邪鬼などの夜叉神
④二龍王

屋根を支える

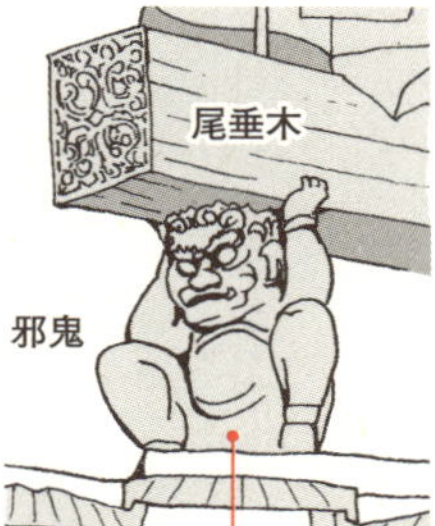
尾垂木
邪鬼

法隆寺（奈良）・五重塔の邪鬼は初層屋根の四方にある尾垂木を支える（元禄時代の作）。尾垂木を東西南北の守護神・四天王と見立てると上下関係が分かりやすい

赤の天燈鬼と青黒の龍燈鬼

こちらは一転して不動の姿。吽形（うんぎょう）。ユーモラスな表情は運慶の三男康弁によるもの

青黒い肌は、「地（水）」を意味し、「陰」を表す

目だけでなく牙も水晶でつくってある。眉毛に銅板を使うなど鎌倉仏らしい凝ったつくり

龍の尻尾を握り、手なずけている

国宝　龍燈鬼立像

MEMO：興福寺は法相宗の大本山。天燈鬼立像と龍燈鬼立像はヒノキの寄木造、彩色像で鎌倉時代の作。像高は前者が78.2㎝、後者は77.8㎝。西金堂の須弥壇に安置されていたが、現在は境内にある国宝館蔵

名も姿も違う北を守る神々

毘沙門天《びしゃもんてん》／鞍馬寺《くらまでら》 京都
成島《なるしま》毘沙門堂 岩手
ほか

四方を守護する四天王※。中でも最強とされるのが北方の守護神「多聞天《たもんてん》」だ。単独で祀られることも多く、そのときには「毘沙門天」と呼ばれる。日本では七福神の1つとしてもおなじみである。

　毘沙門天像には妻と子を従えた三尊像も残る。異形とされるのが兜跋《とばつ》毘沙門天像。こちらも毘沙門天に違いないのだが、足元には地天女《じてんにょ》、従えるのは邪鬼《じゃき》である。

　多聞天、毘沙門天、兜跋毘沙門天。出自が同じ北方の守護神たちを見比べてみよう。

四天王の1つ、多聞天

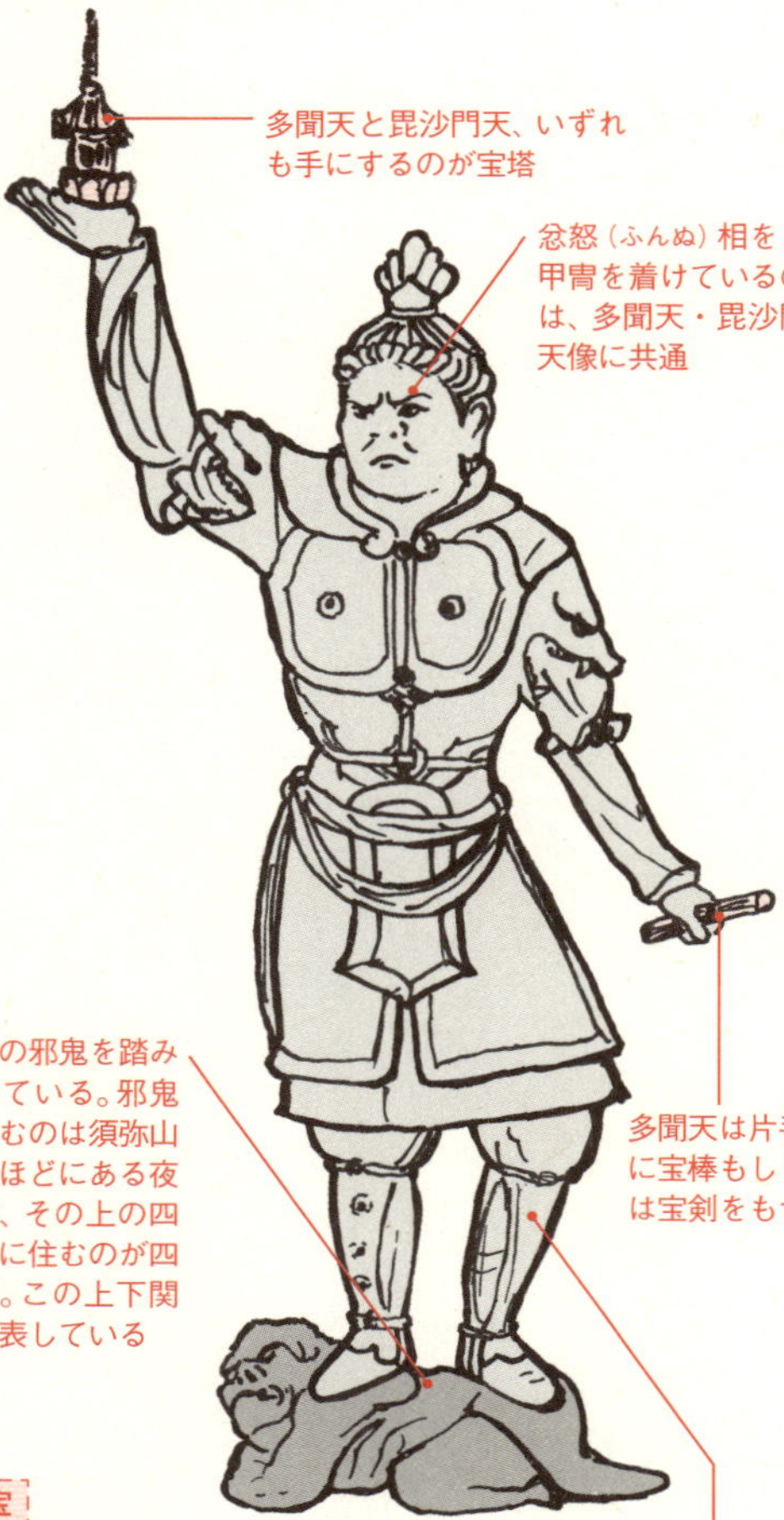
多聞天と毘沙門天、いずれも手にするのが宝塔
忿怒（ふんぬ）相をし、甲冑を着けているのは、多聞天・毘沙門天像に共通
台座の邪鬼を踏みつけている。邪鬼が住むのは須弥山の中ほどにある夜叉宮、その上の四天宮に住むのが四天王。この上下関係を表している
多聞天は片手に宝棒もしくは宝剣をもつ

国宝
多聞天立像（四天王像のうち、東大寺／奈良）

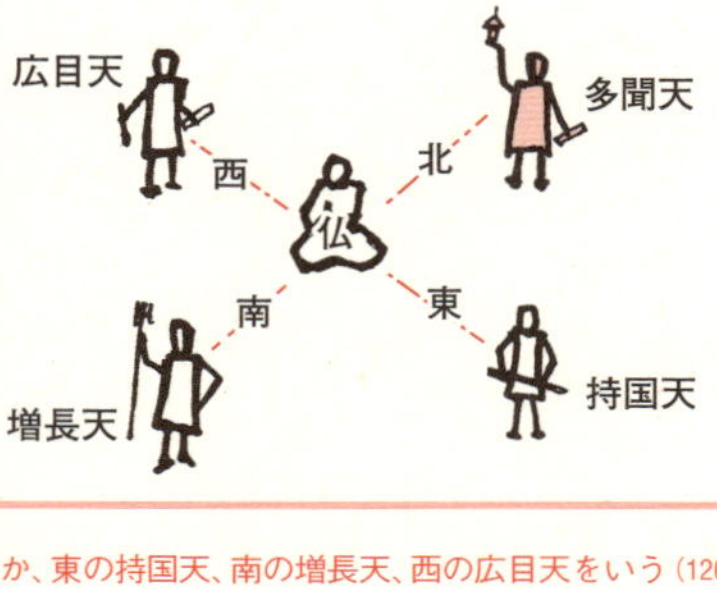
多聞天は単独では祀られない。四天もしくは二天セットで中心となる仏を守護するかたちを取る
広目天
多聞天
西
北
仏
南
東
増長天
持国天

※：北の多聞天のほか、東の持国天、南の増長天、西の広目天をいう（120頁）

北を守る神、三変化する——台座・脇侍《わきじ》・持物《じもつ》に注目

七福神でもおなじみ、毘沙門天

この毘沙門天像が安置される鞍馬寺は京都の北に位置する。北方の守護神である毘沙門天を祀り、平安京の鎮護の役割を担っていた

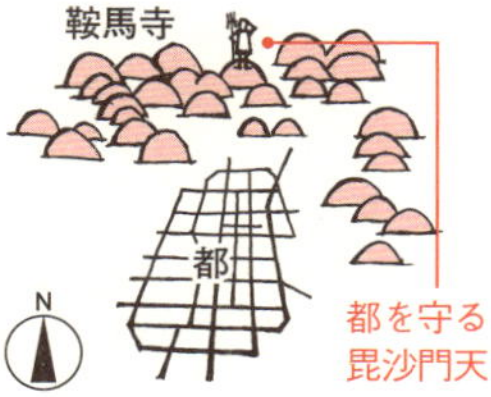
鞍馬寺
都
N
都を守る
毘沙門天

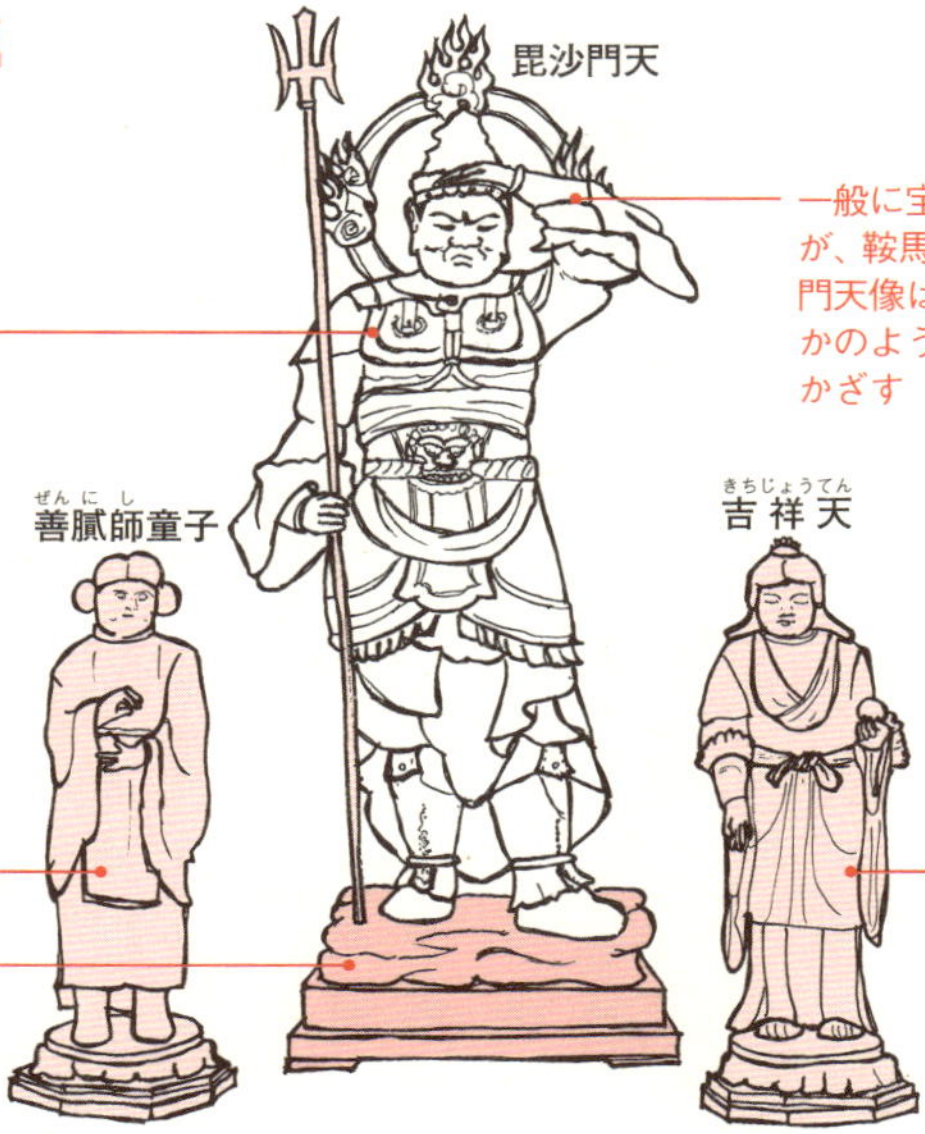
毘沙門天
一般に宝塔をもつが、鞍馬寺の毘沙門天像は都を望むかのように左手をかざす
善膩師《ぜんにし》童子
吉祥天《きちじょうてん》
5人いる息子の1人
毘沙門天の妻
毘沙門天は須弥山をイメージした岩座に立つ。邪鬼を踏みつける場合もある

国宝　毘沙門天及び吉祥天・善膩師童子立像／鞍馬寺

地天女が支える、兜跋毘沙門天

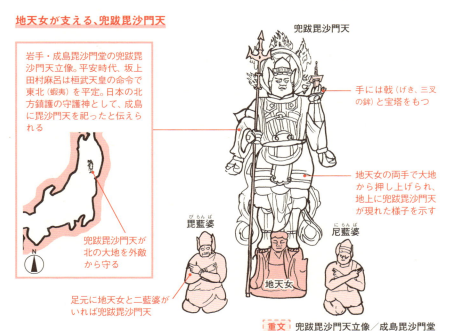

岩手・成島毘沙門堂の兜跋毘沙門天立像。平安時代、坂上田村麻呂は桓武天皇の命令で東北（蝦夷）を平定。日本の北方鎮護の守護神として、成島に毘沙門天を祀ったと伝えられる

N
兜跋毘沙門天が北の大地を外敵から守る

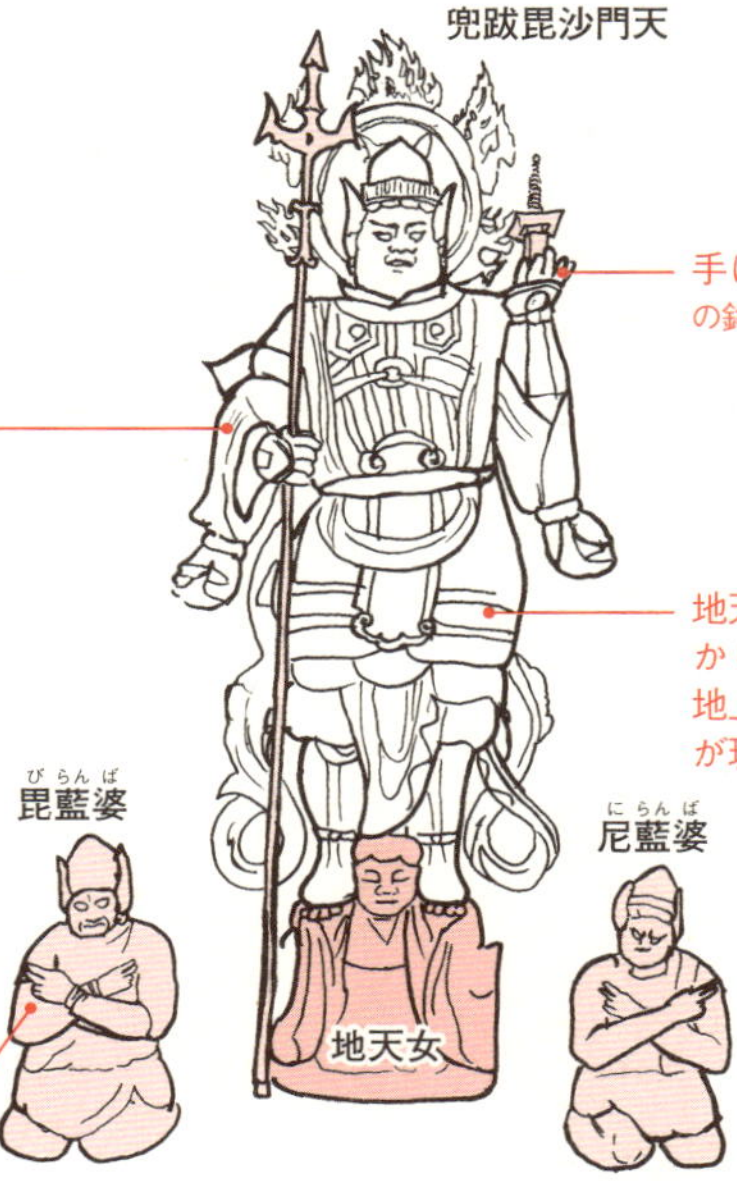
兜跋毘沙門天
手には戟（げき、三叉の鉾）と宝塔をもつ
地天女の両手で大地から押し上げられ、地上に兜跋毘沙門天が現れた様子を示す
毘藍婆《びらんば》
尼藍婆《にらんば》
地天女
足元に地天女と二藍婆がいれば兜跋毘沙門天

重文　兜跋毘沙門天立像／成島毘沙門堂

MEMO：鞍馬寺・霊宝殿に安置される毘沙門天立像は平安時代の作で木造、像高は175.7㎝。成島毘沙門堂に安置される兜跋毘沙門天立像は平安時代の作で木造、像高は473㎝。東大寺・戒壇院に安置される多聞天像（120頁）は奈良時代の作で塑造、像高は164.5㎝

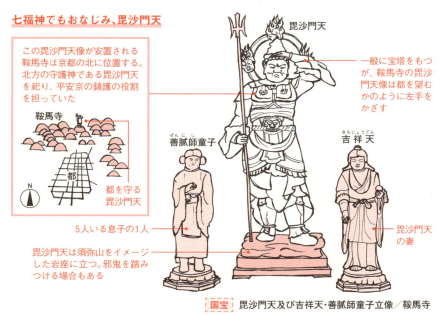

阿修羅に残る誕生の秘密

阿修羅／興福寺《こうふくじ》 奈良

仏像界きっての美少年、興福寺の阿修羅像は3つの顔と6本の腕をもつ姿でおなじみだ。もともと阿修羅は鬼神だったが、釈迦を守護する8神「八部衆」[※1]の1つとなった。

興福寺の八部衆像は、阿修羅を除き、みな一面《いちめん》二臂《にひ》[※2]で甲冑を身に着けている。異形の姿で、赤い肌をさらけ出しているのは阿修羅だけ。そもそも阿修羅はなぜ3人分の体を必要としたのか、なぜあどけない顔をもつ少年像なのか。謎を探るうちに見えてくるのは、修羅から人間、天へと生まれ変わった、阿修羅の誕生ヒストリーである。

阿修羅像に古代インドの神を見る

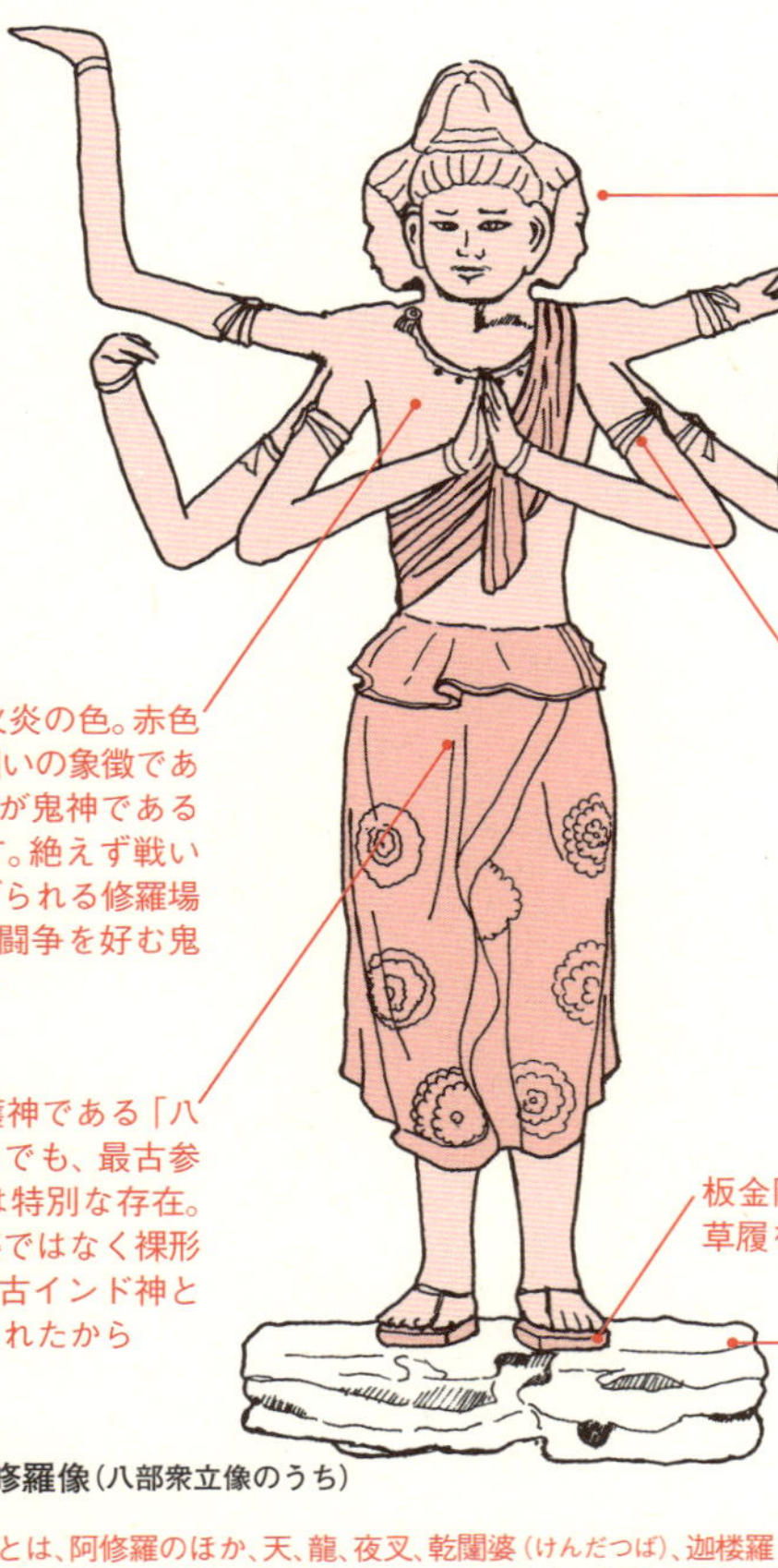
阿修羅の「修羅」とは六道[※3]の1つで「人間」以下の世界のこと。阿修羅は八部衆と共に、六道のうち「修羅」「人間」を経て、「天」に生まれ変わり、釈迦の守護神となった。阿修羅像はその三道を表現している
天
人 間
修 羅
肌の赤は火炎の色。赤色は怒りと闘いの象徴であり、阿修羅が鬼神であることを示す。絶えず戦いが繰り広げられる修羅場において、闘争を好む鬼神であった
首や腕、手首の装身具は古代インドの王子が身に着けたもの。阿修羅の身分が高かったことを示している
釈迦の守護神である「八部衆」の中でも、最古参の阿修羅は特別な存在。武装した姿ではなく裸形なのは、太古インド神として表現されたから
板金剛（いたこんごう）という草履を履く
岩をかたどった台座、洲浜座に立つ。天部の中でも身分の低い神などの座に用いられる

国宝 阿修羅像（八部衆立像のうち）

※1：八部衆とは、阿修羅のほか、天、龍、夜叉、乾闥婆（けんだつば）、迦楼羅（かるら）、緊那羅（きんなら）、摩睺羅伽（まごらか）をいう　※2：顔が1面、手が2本あること　※3：六道とは衆生が輪廻する6つの世界（地獄・餓鬼・畜生・修羅・人間・天）

3つの顔に表れる阿修羅の成長

礼拝は右回りに行うのが仏教の定め（右繞［うにょう］の礼法）。阿修羅像の顔も①右面、②左面、③正面の順に右回りに見ていこう。鬼神に落とされた阿修羅が守護神として悟りを会得していくさまが見て取れる

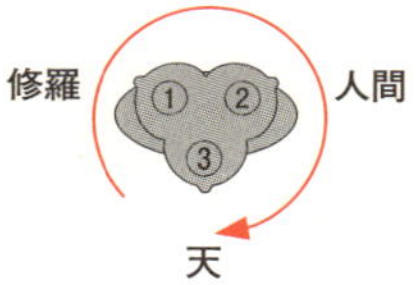

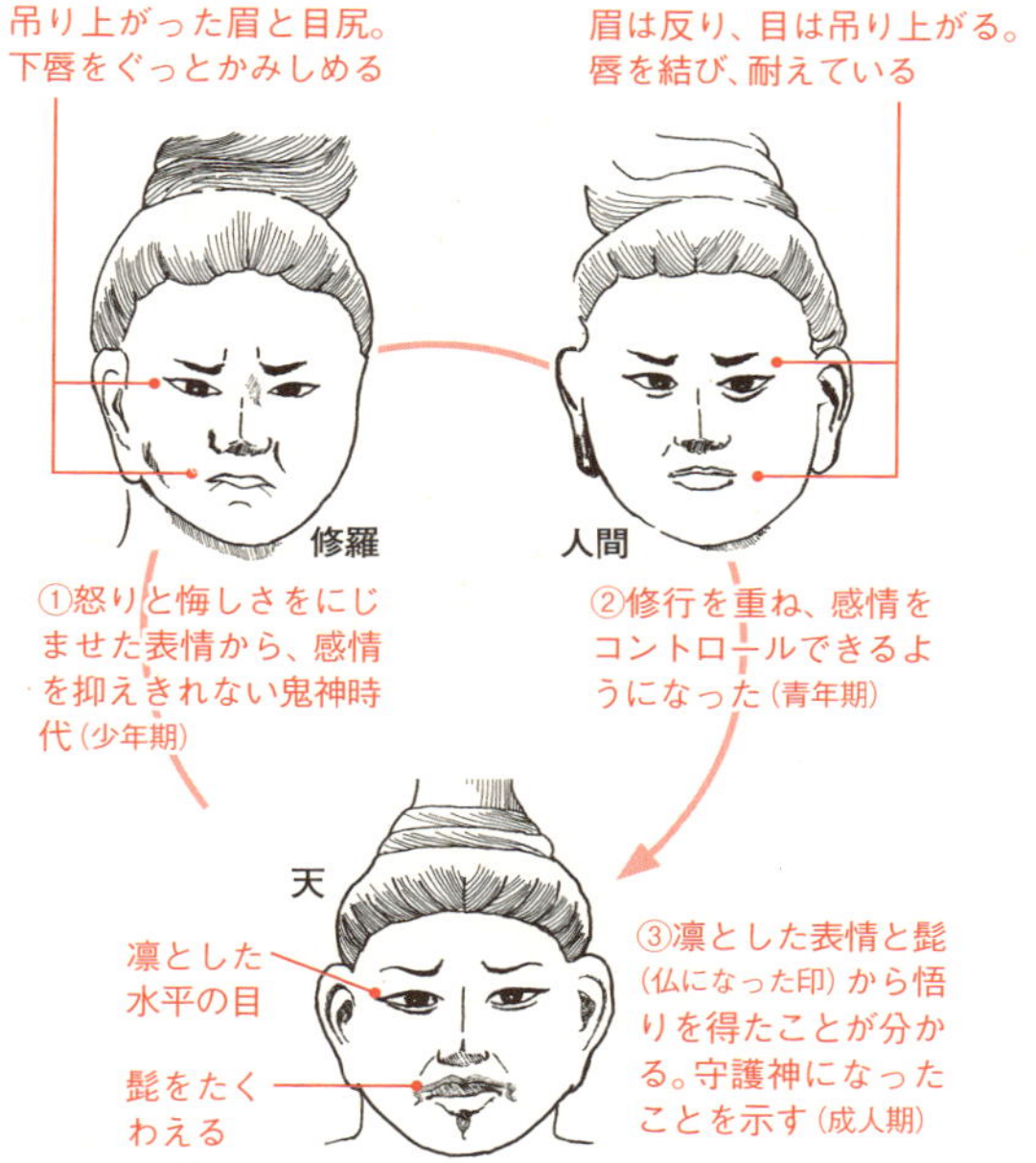

腕は顔とセットになっている

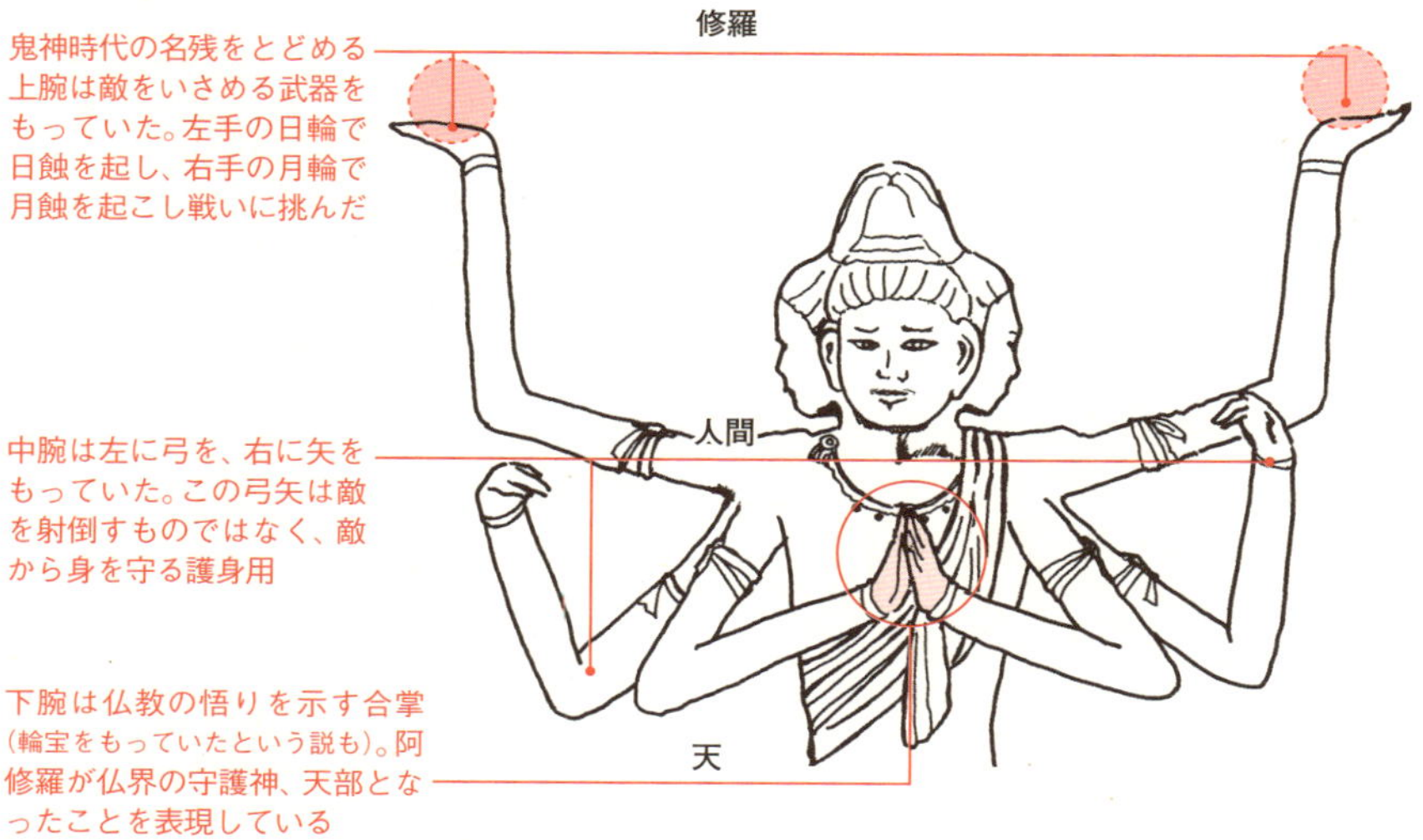

MEMO：興福寺は法相宗大本山。阿修羅像は奈良時代の作で乾漆造、像高さは153.4㎝。阿修羅像を含め八部衆立像はもともと西金堂の本尊・釈迦如来像の周囲に安置されていた。現在は境内の国宝館で見られる

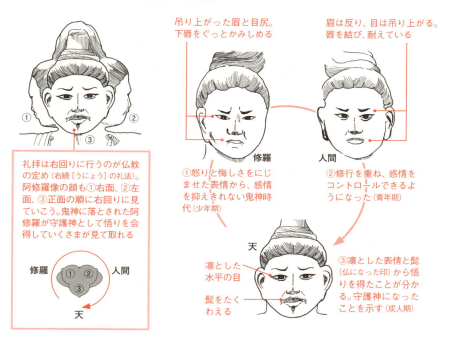

いつどこでも神対応

十二神《しん》将《しょう》／慈《じ》恩《おん》寺《じ》

山形

慈恩寺は奥州藤原氏[※1]の荘園の寺として栄え、中央から多くの仏像が運ばれた。素朴な「みちのく仏」と一線を画すスタイリッシュな十二神将像があるのはそのためだ。

十二神将は人々を病から救う薬師如来の眷属《けんぞく》。インドの神々だったが、中国で十二支と結び付き、時や方角を守護するようになった[※2]。薬師如来を「医師」とたとえると、脇侍である日光・月光《がっこう》菩薩が昼夜二交代の「看護師」、十二神将は管轄を預かる「救急隊員」。「チーム薬師」は、終日・全方位に対応する完全サポート体制なのだ。

卯の刻・方角を守護する卯神

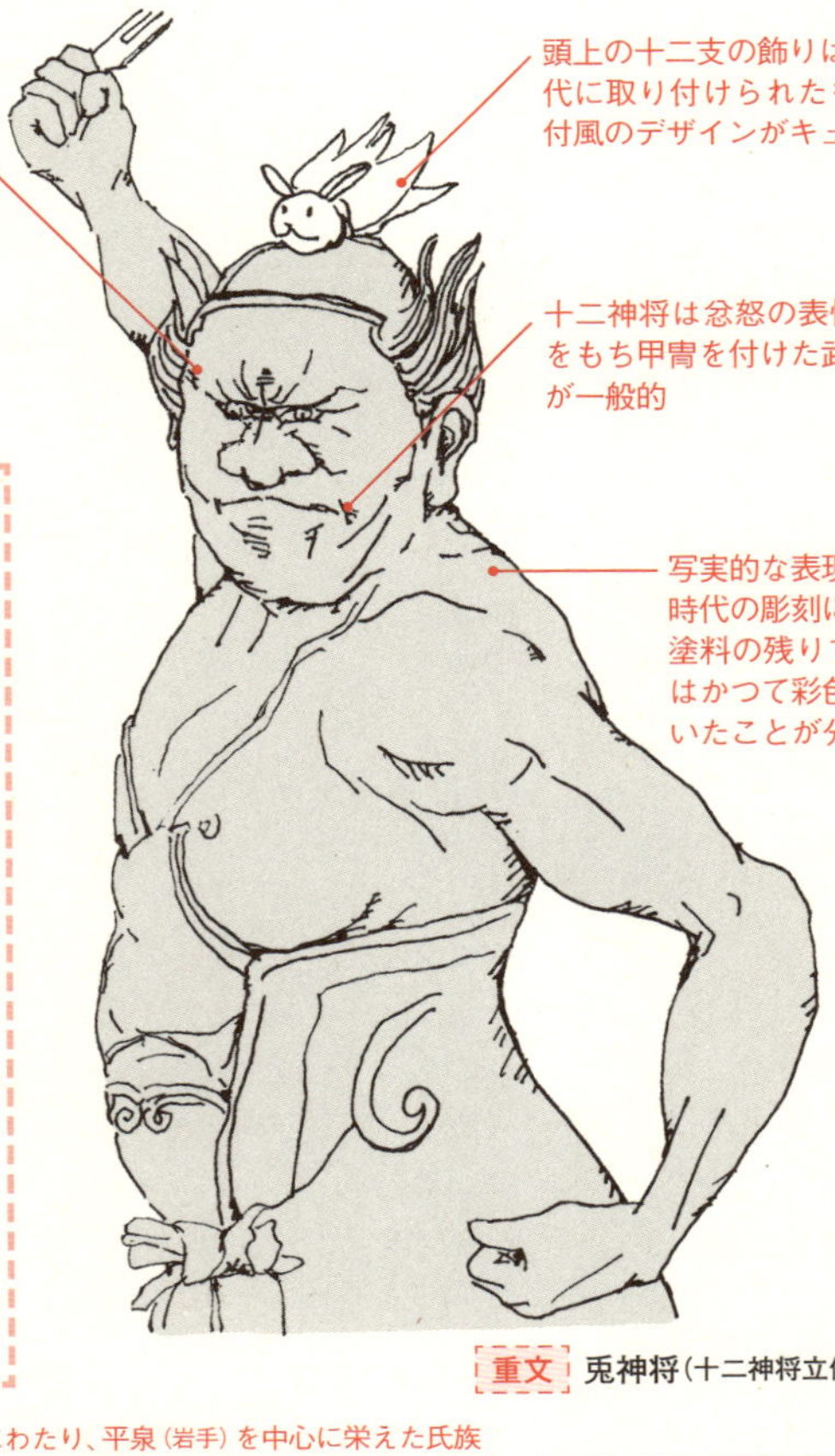
頭上の十二支の飾りは後の時代に取り付けられたもの。根付風のデザインがキュート
この神将は卯神。姿から十二神将の招杜羅（しゃとら、大日如来の化身）と考えられるが、招杜羅は一般的には戌神とされる（下表）。十二神将に割り当てる十二支には決まりがないものの、慈恩寺の場合は特異といえる
十二神将は忿怒の表情。武器をもち甲冑を付けた武将の姿が一般的
写実的な表現は鎌倉時代の彫刻に特徴的。塗料の残りで、像にはかつて彩色されていたことが分かる

重文 兎神将（十二神将立像のうち）

一般に多く見られる十二神将の名と、本地仏・十二支の組み合わせ

神将	本地仏	十二支
宮《く》毘《び》羅《ら》	弥勒菩薩	子
伐《ば》折《さ》羅《ら》	勢至菩薩	丑
迷《め》企《き》羅《ら》	阿弥陀如来	寅
安《あん》底《ち》羅《ら》	観音菩薩	卯
頞《あ》你《に》羅《ら》	如意輪観音	辰
珊《さん》底《ち》羅《ら》	虚空蔵菩薩	巳
因《いん》達《だ》羅《ら》	地蔵菩薩	午
波《は》夷《い》羅《ら》	文殊菩薩	未
摩《ま》虎《こ》羅《ら》	大威徳明王	申
真《しん》達《だ》羅《ら》	普賢菩薩	酉
招《しゃ》杜《と》羅《ら》	大日如来	戌
毘《び》羯《か》羅《ら》	釈迦如来	亥

※1：奥州藤原氏は平安時代末期、三代にわたり、平泉（岩手）を中心に栄えた氏族
※2：十二神将とはそれぞれ対応する本地仏が化身した天部の神々。おのおの7千の夜叉神を従えて煩悩と戦う。後にそれぞれ子神、丑神、寅神といったように十二支とも結び付いた（結び付きに決まりはない）

干支と結び付いた十二神将

慈恩寺の十二神将は十二支に振り分けられ、「子神」「丑神」という名が付いている。子神は北の方角と午後11時から午前1時を守護する

十二神将は仏教では天部に属すが、さまざまな宗教と結び付く。たとえば亥神は神道や修験道と習合し金毘羅権現（こんぴらごんげん）となり、海上を保安する神として全国の金毘羅（琴平）宮で祀られる

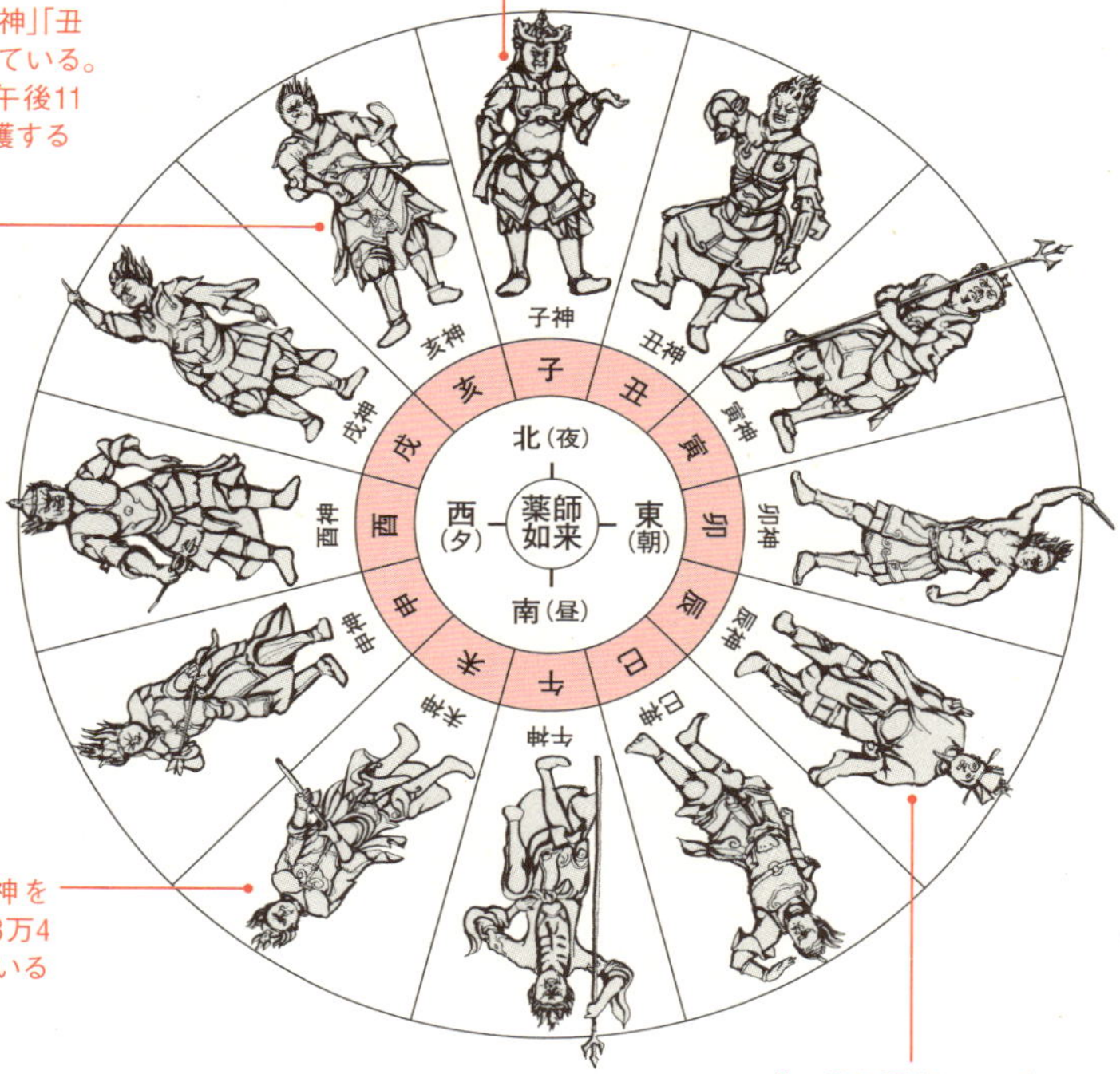

1神将が7千の眷属神を従える。合計すると8万4千もの神で守護していることになる

唯一忿怒相をしていない

十二神将の並びはいろいろ

<table>
<tr><th>十二神将の並び</th><th>不規則（円状）</th><th>干支順（直線状）</th><th>干支順（左右振分け）</th></tr>
<tr><td>仏の配置と参拝
</td><td>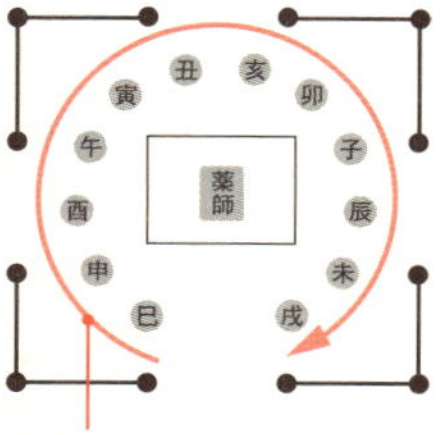
本尊を中心に右回り。十二神将は順不同</td><td>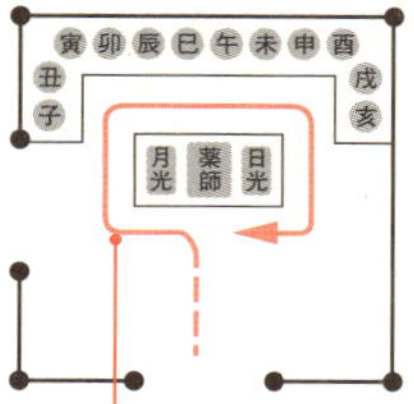
本尊を中心に右回り。十二神将も干支順に巡れる</td><td>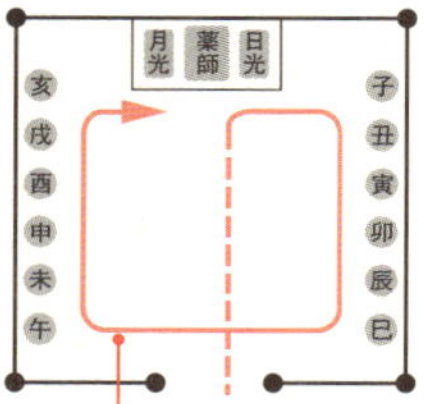
本尊の周りは回れないが、本尊からスタートし、十二神将を干支順に右回り</td></tr>
</table>

MEMO：慈恩寺はもともと法相宗の寺であったが、のちに天台、真言、時宗など多くの宗派が併存した。現在は、独立し慈恩宗総本山。本尊は弥勒菩薩。十二神将立像はヒノキ造で、江戸時代作の4体（辰・午・未・申神）を除く8体が鎌倉時代中期の作（重文）。像高は85.2～96㎝

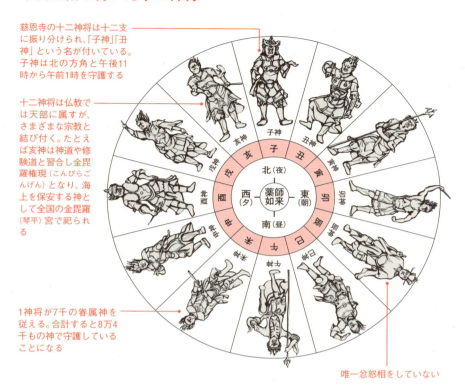

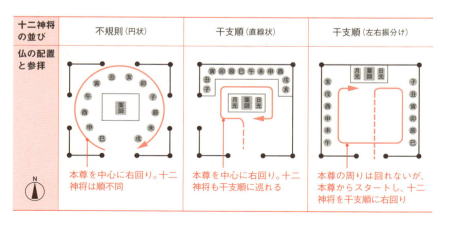

江の島に住む2人の弁才天

弁才天／江島神社《えのしまじんじゃ》

神奈川

『江島縁起絵巻』[1※]によれば、暗雲が立ち込める中、海中から砂や岩が突き上げ、島（江の島）となった。そこに降臨したのが、龍王（蛇）の娘・弁才天という。

江の島では古くから弁才天を祀ってきた。江島神社・辺津宮《へつのみや》[2※]では、鎌倉時代につくられた2体の弁才天像を見ることができる。仲よく左右に並ぶが、1体は8本の手をもつ八臂《はっぴ》像、もう1体は琵琶を抱えた裸形《らぎょう》像である。風貌がまったく異なる2人の弁才天は、ご利益も違うという。さて、どちらを先にお参りすべきなのだろう？

湘南の海に浮かぶ、神の島

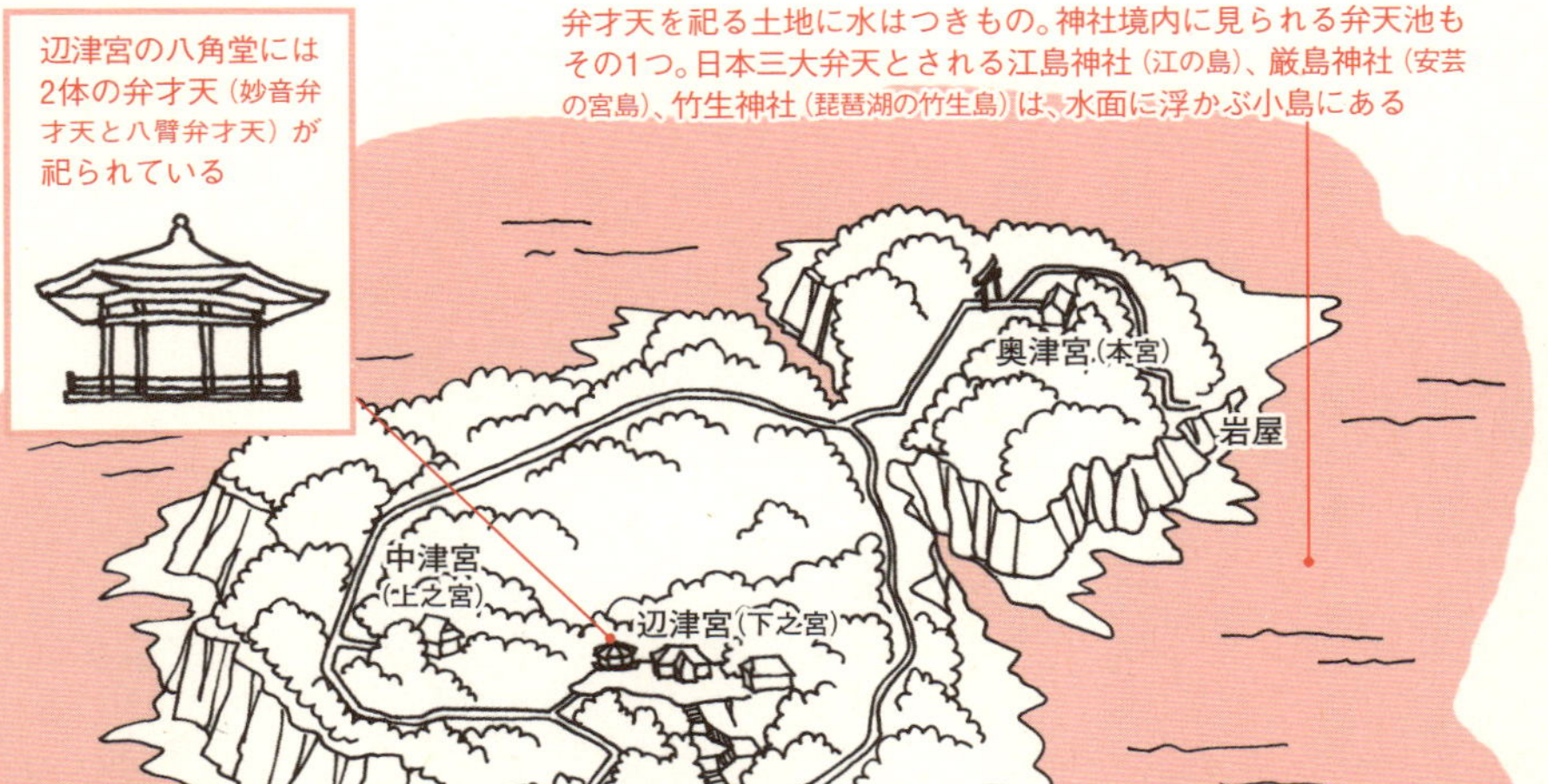
辺津宮の八角堂には2体の弁才天（妙音弁才天と八臂弁才天）が祀られている
弁才天を祀る土地に水はつきもの。神社境内に見られる弁天池もその1つ。日本三大弁天とされる江島神社（江の島）、厳島神社（安芸の宮島）、竹生神社（琵琶湖の竹生島）は、水面に浮かぶ小島にある
奥津宮（本宮）
岩屋
中津宮（上之宮）
辺津宮（下之宮）
相模湾

橋で海を渡ると江の島。鳥居をくぐり、辺津宮から中津宮、奥津宮へと続く参道は大きく右旋する。これはとぐろを巻いた蛇の姿。島全体が蛇体だという見方もある

※1：江戸時代につくられたとされる絵巻物
※2：江島神社は辺津宮、中津宮、奥津宮からなる。明治の神仏分離令までは、それぞれ下之宮、上之宮、本宮と呼ばれていた。例大祭は4月の初巳の日

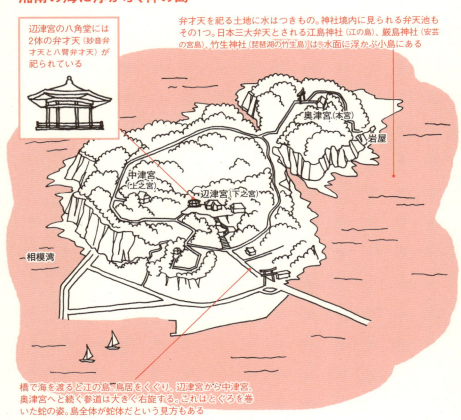

妙音弁才天は音楽や学問の神

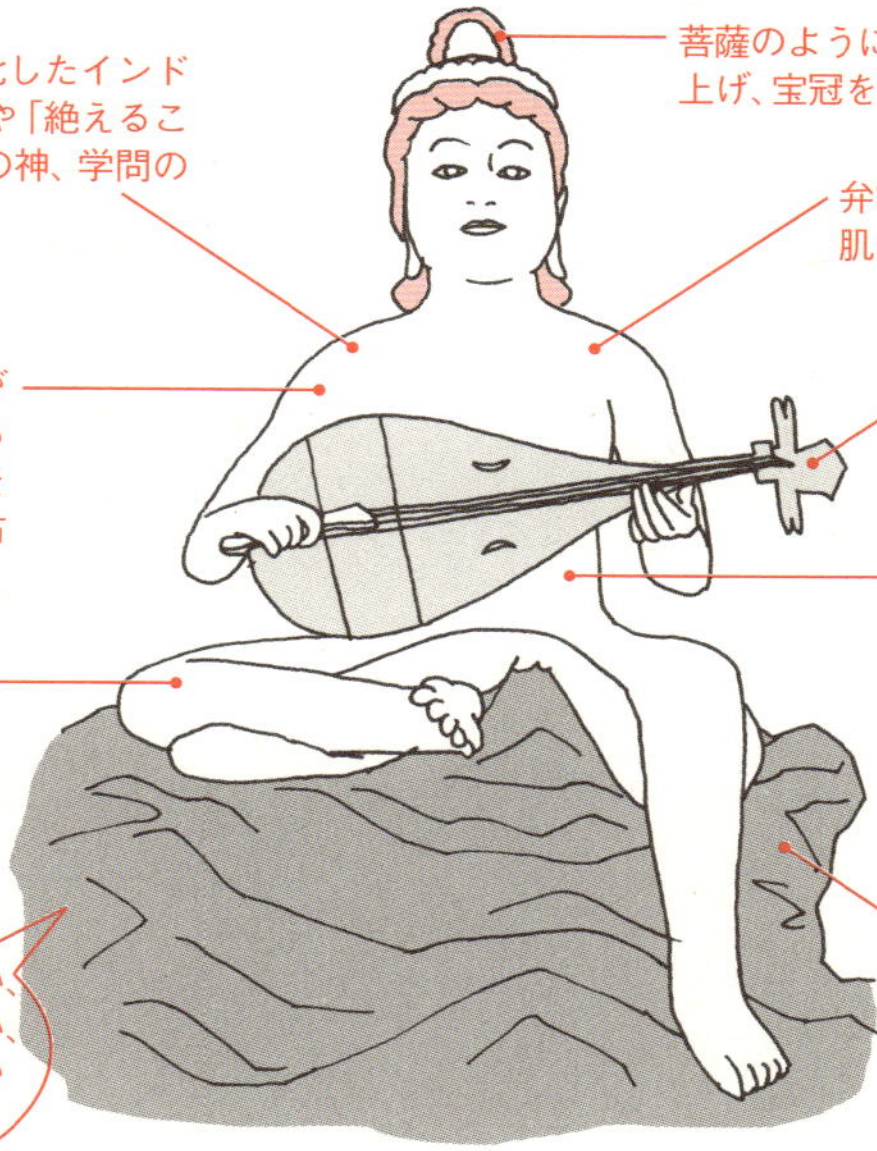
弁才天は元来、川を神格化したインドの女神。川の「せせらぎ」や「絶えることのない流れ」から音楽の神、学問の神として広く信仰された
菩薩のように髪を結い上げ、宝冠を頂く
弁才天は蛇の化身。白い肌は白蛇を示す
この像は、写実的な表現が高まった鎌倉時代につくられた。当時は裸体像に衣を着せていたが、時が経ち布は朽ちてしまった
琵琶とバチをもつ姿は、仏教本来の天女像
ふくよかな体つきに膨らんだ乳房。その美貌に恋慕した者が「情を結びたい」と願ったところ、それが叶ったという逸話も
後年は、裸のままの姿が好まれるように。「裸弁天」として知られ、江戸時代に模刻された像が各地に残る
弁才天の台座は、天部が住む須弥山を表す岩座
音楽の才能を伸ばしたい、弁護士や学者になりたい、そんな人は妙音弁才天からお参りしよう
妙音弁才天坐像

武神×豊穣神の八臂弁才天

人頭蛇身の宇賀神（うがじん）を頭上に頂く。穀物神である宇賀神と習合することで豊穣・富貴の神という側面をもつようになった

（宇賀弁才天）

2本の手を除くと、いずれも鉾や弓矢・宝杵などの武器をもつ。戦闘神としての性格を表す
悪を打破する宝輪
宝杵（ほうしょ）
宝物庫の「鍵」とどんな望みも叶える「宝珠」が宇賀神としての利益を表す
矢
武術やスポーツに長けたいという人は、まず宇賀弁才天から拝もう
宇賀弁才天の台座は蓮葉座。天部の神は蓮華座に座れない
八臂弁才天坐像（宇賀弁才天）

武装した「宇賀弁才天」は、鎌倉幕府（北条家）の庇護を受けた。北条時宗が参籠したとき、夢のお告げで龍（蛇）の鱗を授けられ、その鱗が北条家の紋（三つ鱗）となった

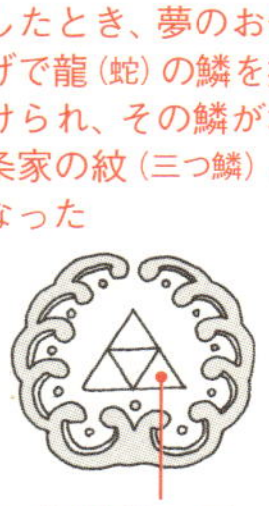
江島神社の紋は「向かい波三つ鱗」

MEMO：明治の神仏分離令で「江島神社」となり、主祭神は江島大神（いわゆる宗像三女神）。2体の弁才天坐像は八角堂（奉安殿）に安置されている。日本三大弁天の1つとされる妙音弁才天坐像は鎌倉時代中期の作、木造、像高約54㎝。八臂弁才天坐像は鎌倉時代初期の作、木造、像高約57㎝

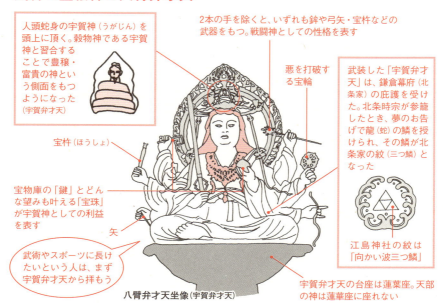

合体した姿を大黒天に見る

三面大黒天《さんめんだいこくてん》／英信寺《えいしんじ》 東京 ほか

三面大黒天は大黒天・毘沙門天《びしゃもんてん》・弁才天の三天が合体した珍しい像だ。大黒天はインドの神。暗黒の支配者、死神の王として恐れられたが、仏教に取り入れられ、福徳の神になった。

大黒天はわが国で大国主命《おおくにぬしのみこと》と結び付き、打ち出の小づちと大袋をもち、米俵に乗った姿で知られる※。大国主命は大物主神《おおものぬしのかみ》、大穴牟遅神《おおなむちのかみ》という別名をもつ。大物は巨根、大穴は女陰に通じる。男女が合わさることで子孫繁栄や豊穣がもたらされ、富が得られる。大国主命と結び付いた大黒天もその姿に男と女の証が隠されている。

三天が合体した三面大黒天

『武』毘沙門天
『生産』大黒天
『富』弁才天
毘沙門天は四天王の1つ、多聞天（たもんてん）の別名。仏界を守護する武人
米蔵や財宝蔵の鍵である宝鍵をもつ
武器（矛と宝棒）で邪鬼を払う
弁才天は稲荷神と結び付き（習合）、稲の豊作を司る女神となった
人の願いに応じて福や富を授ける宝珠
毘沙門天と弁才天の力を併せもつ三面大黒天は、米の生産（石高）を強い力でコントロールする。武士が信仰した神。京都・圓徳院には豊臣秀吉が守り神とした三面大黒天像が残る

三面大黒天像

※：大国主命は『古事記』や『日本書紀』に出てくる神。素戔嗚尊（すさのおのみこと）の子孫。国譲りを行い、出雲大社に祀られる

雌雄合体で生産を司る大黒天

女性の暗喩に満ちた正面

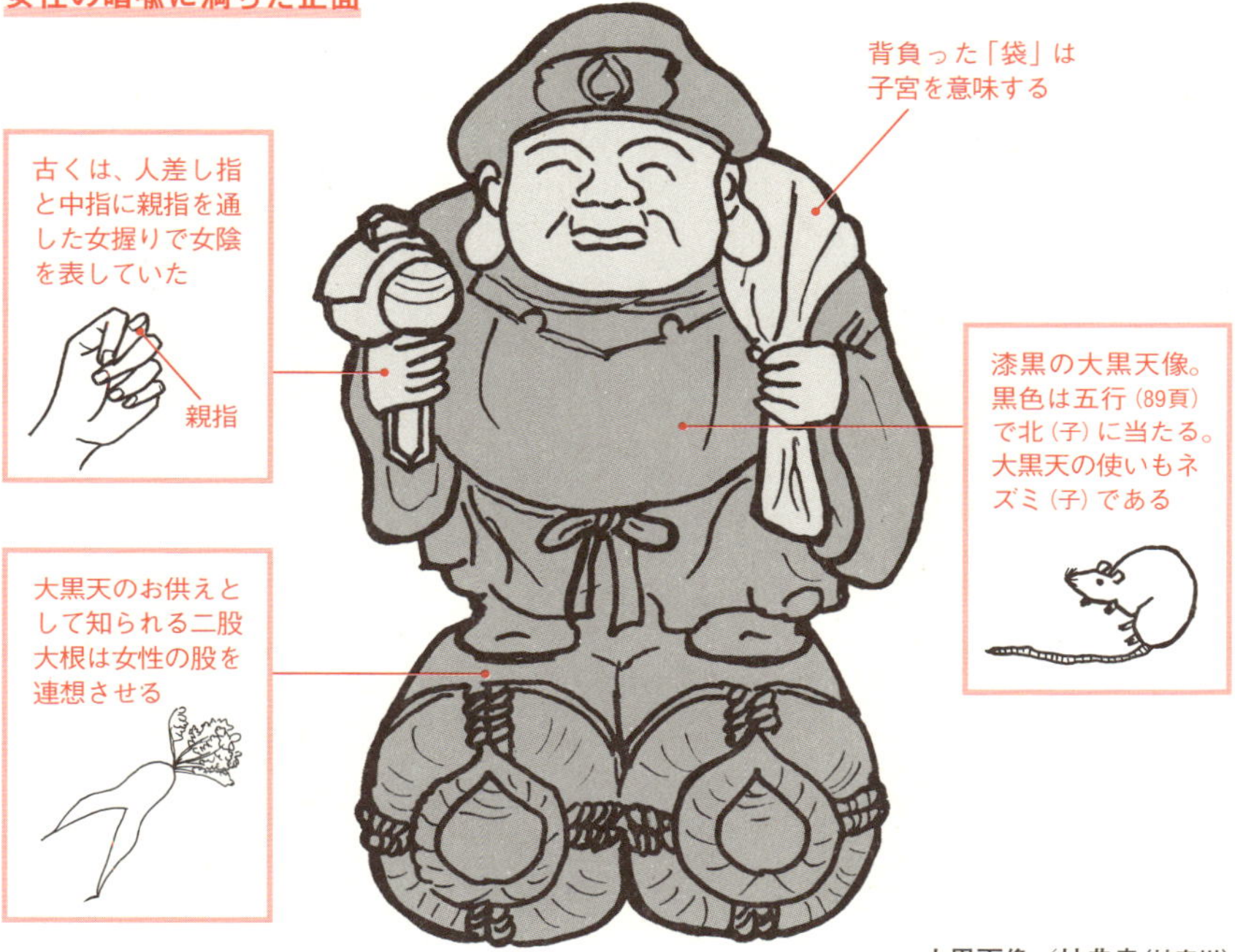
背負った「袋」は
子宮を意味する
古くは、人差し指
と中指に親指を通
した女握りで女陰
を表していた
親指
漆黒の大黒天像。
黒色は五行（89頁）
で北（子）に当たる。
大黒天の使いもネ
ズミ（子）である
大黒天のお供えと
して知られる二股
大根は女性の股を
連想させる

大黒天像／妙典寺（神奈川）

背面は男性を象徴する

大黒天の後ろ姿は男根（リンガ）を表す。正面の姿と合わせて男女の和合を表現している

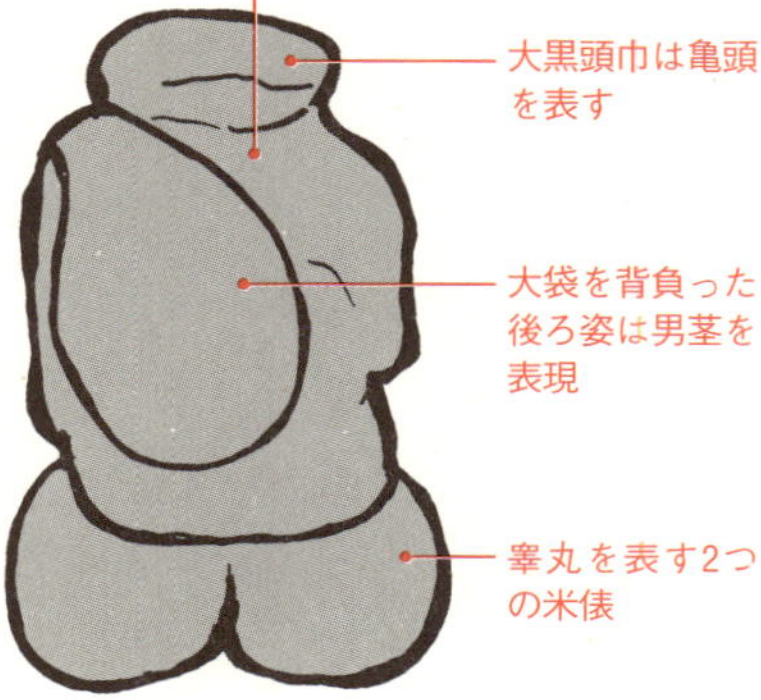
大黒頭巾は亀頭
を表す
大袋を背負った
後ろ姿は男茎を
表現
睾丸を表す2つ
の米俵

男女和合を示すモノ

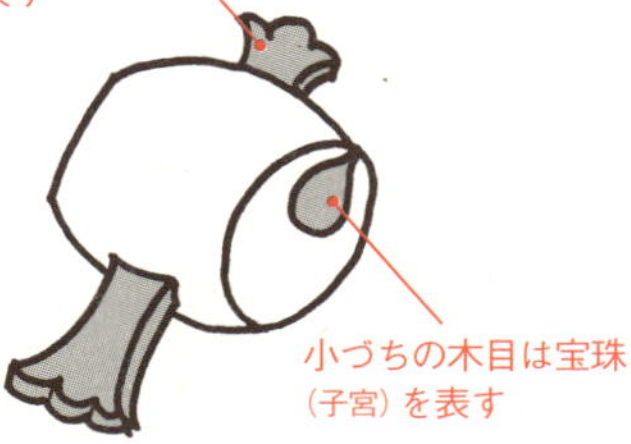
打ち出の小づちの柄
は男根を表す
小づちの木目は宝珠
（子宮）を表す

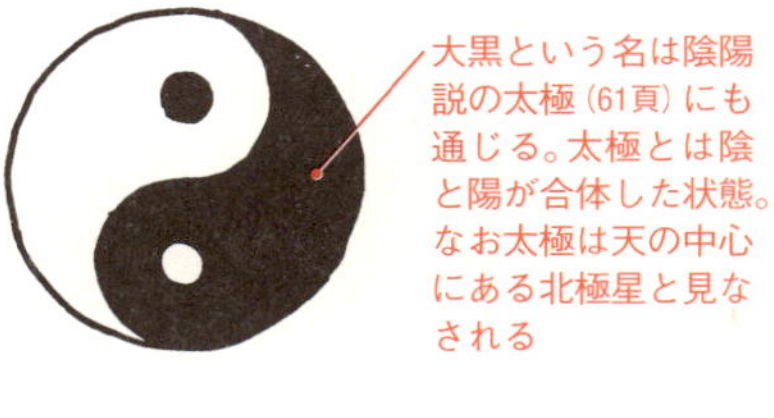
大黒という名は陰陽
説の太極（61頁）にも
通じる。太極とは陰
と陽が合体した状態。
なお太極は天の中心
にある北極星と見な
される

MEMO：英信寺（浄土宗）の本尊は阿弥陀如来。三面大黒天像は本堂脇の大黒堂に安置される。下谷七福神の1つで、弘法大師の作と伝わるが詳細は不明。妙典寺（日蓮宗）の本尊は三宝祖師。大黒天像は本堂の前に安置される。石造で平成20年につくられた。像高約100㎝

山陰の海に漂着する仏

流《なが》れ仏《ぼとけ》／多陀寺《ただじ》 島根

山陰地方では、潮に乗って海辺に漂着したものを大事にもち帰る風習がある。おそらく、古来よりこの地の人々は、海の彼方に常世《とこよ》の国※や西方浄土を見たのだろう。それゆえ漂着物を「常世から来たるもの」として恐れ敬い、大切に扱ったのだ。

島根県浜田市にある多陀寺では、海から引き上げたといわれる、木造の「流れ仏」が祀られている。59体ある流れ仏は、四天王や十二神将などいずれも天部像だ。長い間、水にさらされたためか朽ちており、輪郭をわずかにとどめるのみである。

西の彼方から来た、流れ仏

流れ仏は本堂の奥にぎっしりと並べられており、漂着した像を余すことなく祀っているようだ
元の姿より削ぎ落とされた天部像と、欲を断ち簡素な姿で行脚する僧の姿が重なる
寺の近くの海岸に流れ着いたといわれる「流れ仏」。巡り巡って多陀寺に祀られるようになってからそのような名が付いたとも
木が朽ちて輪郭が丸くなっている。たどり着くまでの時間の流れに苦行僧を感じさせる
見る人の思いによって朽ちた像はさまざまに解釈される
いくら朽ちているといえども魂抜き（閉眼供養）をしてなければ仏である
鎧や兜などを付けていたことが見て取れるものも

天部群像（通称・流れ仏）

※：死者の国

山陰に集まって来るモノたち

日本海側の浜辺は大陸から人やもの、文化がたどり着くところ。海辺の漂着物も大陸から潮の流れに乗って流れ着いた。大陸への憧憬、畏怖の念などさまざまな思いをもって漂着物を取り扱った

多陀寺から3kmほど行くと、波で浸食された海食台地・石見（いわみ）畳ケ浦に到着する。観音が祀られた洞窟（海食洞）には潮の流れで、いろいろなものが流れ着くという

畳ケ浦海食洞

古来より人々は落日（夕日）に信仰をもっていた。海に沈む夕日を眺め、西方浄土に思いを馳せていたのではないだろうか

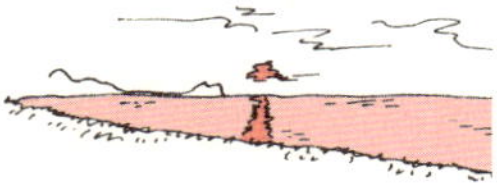

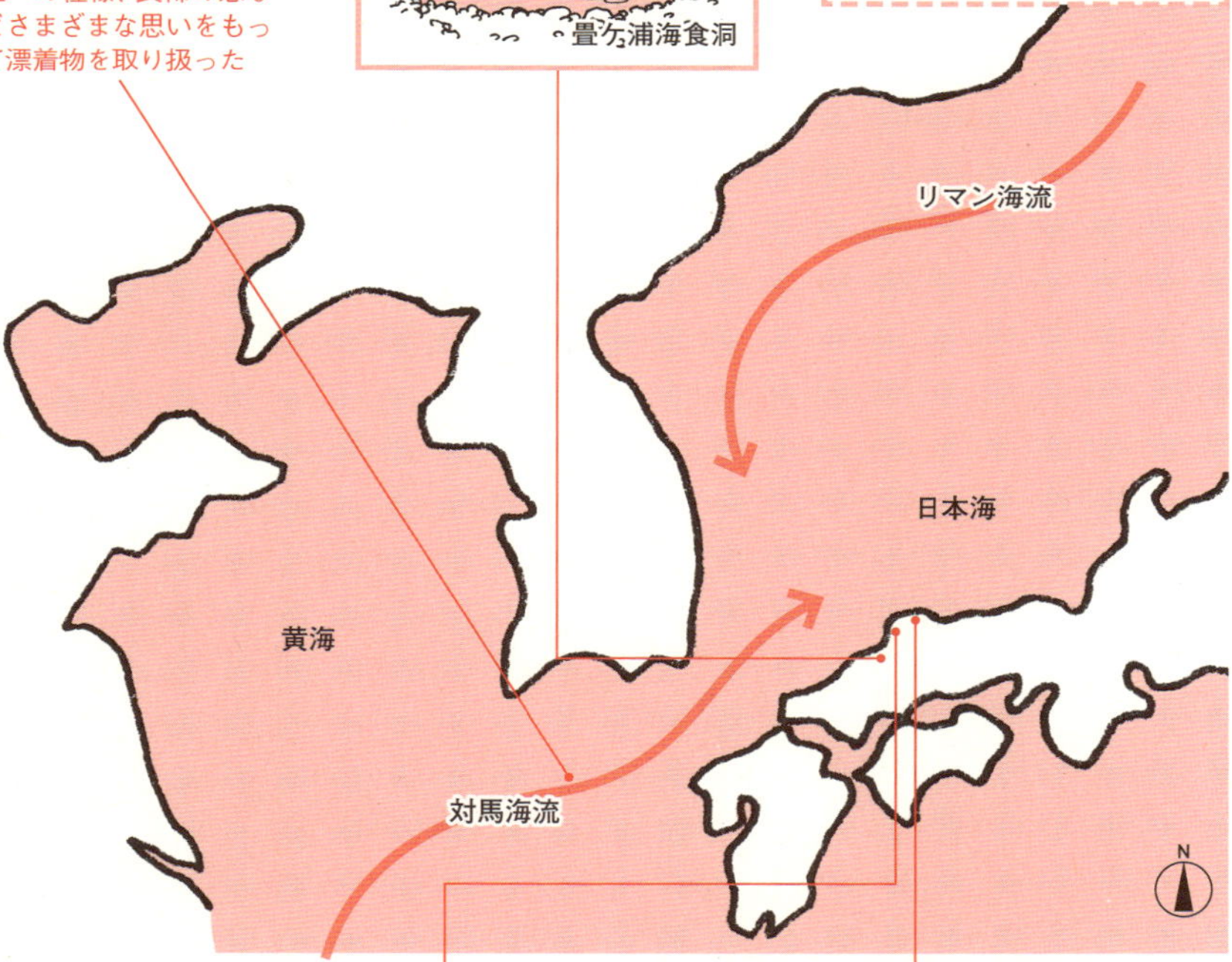

出雲大社（島根）の西側にある稲佐の浜には、今も多くの漂着物が打ち上げられる。半分は日本のものだが、そのほかは中国や韓国、その他近隣諸国から流れ着いたもの。昔も今も漂着物は異国の文化を感じさせる

稲佐の浜

出雲の一畑寺（いちばたじ）は、薬師如来像を海から引き上げたのが始まりと伝えられる。美保浦に漂着したといわれる地蔵菩薩はお隣、伯耆（鳥取県西部）の大山寺（だいせんじ）の本尊となった

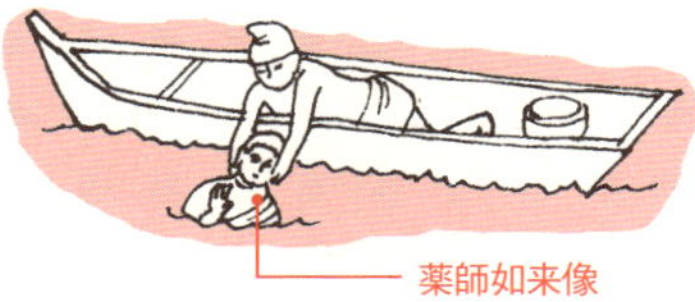

薬師如来像

MEMO：多陀寺は高野山真言宗の寺で、本尊は十一面観音（本堂内陣に安置）。流れ仏といわれる天部群像は59体。いずれもヒノキの一木造で、藤原時代の作とされる。像高は105 ～ 146cm（現状）

5章

仏になる人、仏像をつくる人

如来・菩薩・明王といった仏、天部の神々のほかにも、信仰の対象になった人や神仏がいる。本章ではそれらを紹介すると共に、仏像のつくり方を取り上げる。

鋳造《ちゅうぞう》

銅などの金属を溶かし、型に注ぎ込み、仏像をつくり上げる。鋳造した仏像に金めっきしたものを金銅仏《こんどうぶつ》という

塑造《そぞう》

芯木などに粘土を肉付けして仏像をつくり上げる。自由な造形が可能。表面には彩色や金箔を施すことが多い

乾漆造《かんしつぞう》

荒彫りした木を芯にし、漆木粂《こくそ》で形づくる方法（木芯《もくしん》乾漆造）と、粘土でつくった素形に麻布などを張り重ね、漆木粂を塗り付ける方法（脱活《だっかつ》乾漆造、粘土は取り除く）に大別される

木造

1本の木、もしくは複数の木片を組み合わせたものから仏像を彫り上げる。前者を一木造《いちぼくづくり》、後者を寄木造《よせぎづくり》といい、寄木造の場合は漆などを塗ってつぎ目を見えなくする

石造

石を彫って仏像をつくる。自然の岩壁に彫刻した仏像は磨崖仏《まがいぶつ》といわれる

石窟に集う五百羅漢

五百羅漢／羅漢寺《らかんじ》

島根

羅漢寺の五百羅漢は、世界遺産・石見《いわみ》銀山遺跡の1つ。石造の羅漢像は境内に掘られた2つの石窟に250体ずつ安置されている。その姿が暗闇に浮かび上がる様子は圧巻だ。

羅漢とは釈迦に従った直弟子で、実在の人たち※。羅漢寺の羅漢像も悩んでいたり、ほほ笑んでいたりと、さまざまな表情を見せている。古くから参拝者はその姿に故人を重ね合わせてきた。実際、悟りに近づいた羅漢たちは、あの世とこの世の橋渡しを務め、救いを求める人々を受け入れる存在だったのだろう。

川向こうの石窟に安置される羅漢たち

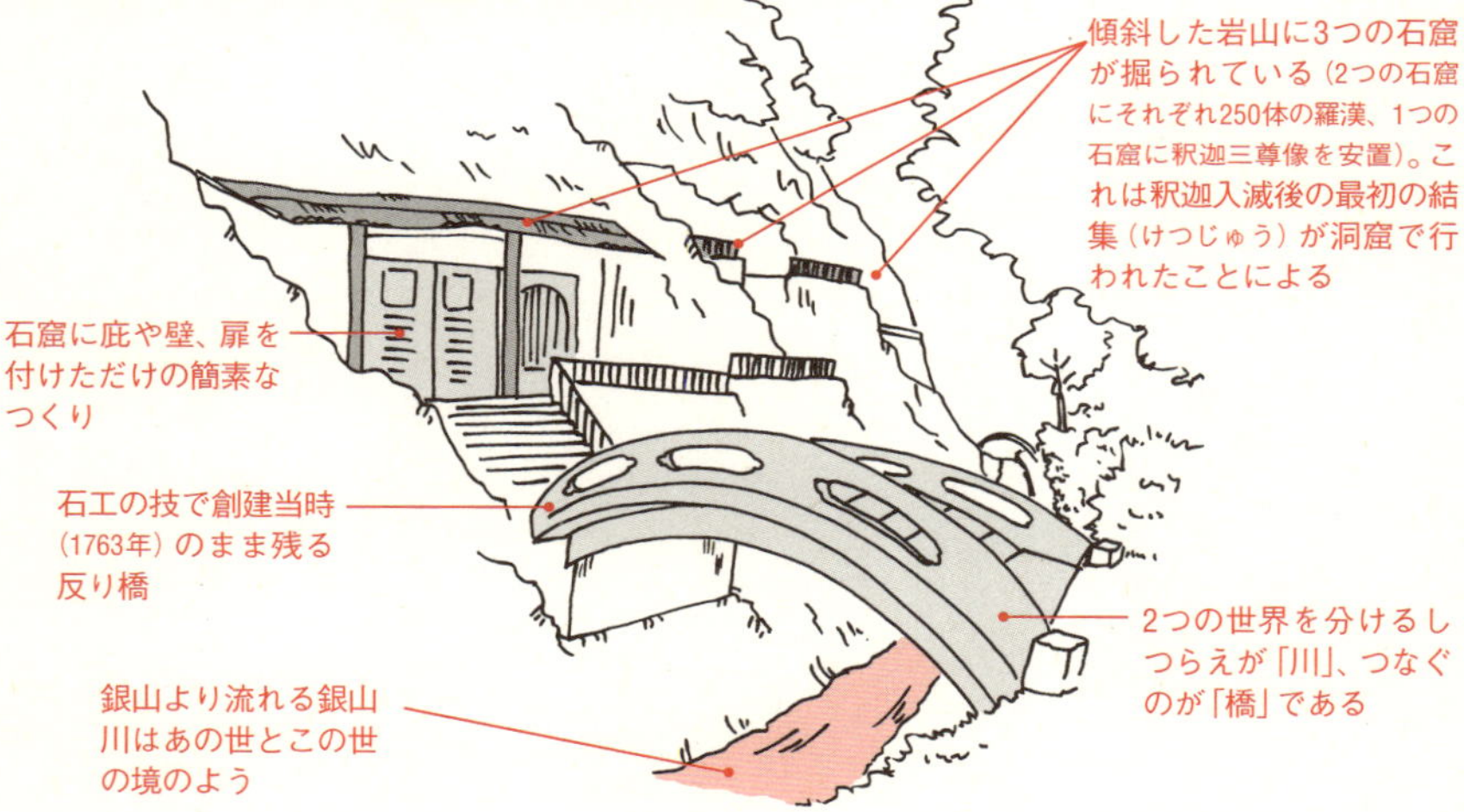
傾斜した岩山に3つの石窟が掘られている（2つの石窟にそれぞれ250体の羅漢、1つの石窟に釈迦三尊像を安置）。これは釈迦入滅後の最初の結集（けつじゅう）が洞窟で行われたことによる
石窟に庇や壁、扉を付けただけの簡素なつくり
石工の技で創建当時（1763年）のまま残る反り橋
2つの世界を分けるしつらえが「川」、つなぐのが「橋」である
銀山より流れる銀山川はあの世とこの世の境のよう

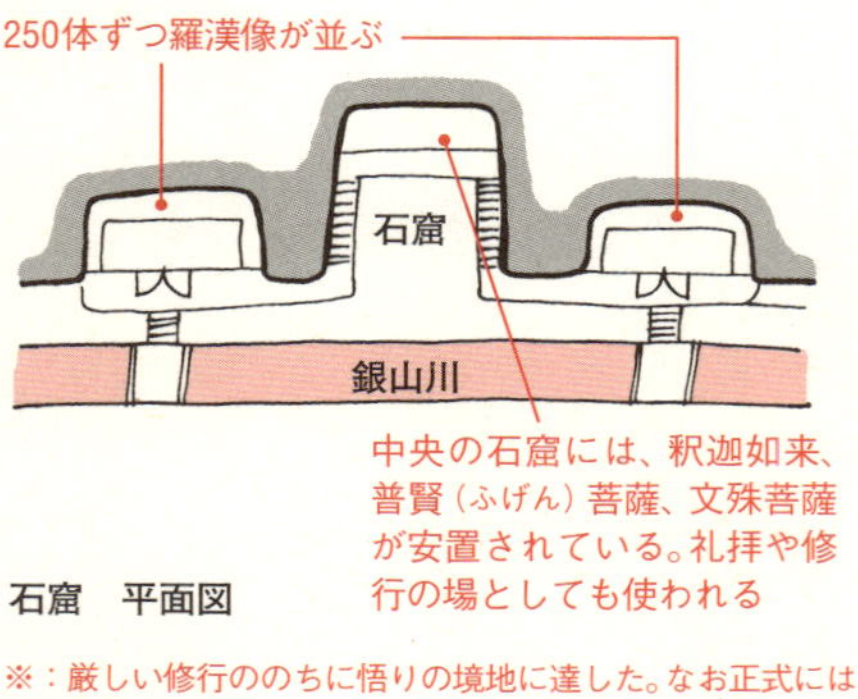
250体ずつ羅漢像が並ぶ
石窟
銀山川
中央の石窟には、釈迦如来、普賢（ふげん）菩薩、文殊菩薩が安置されている。礼拝や修行の場としても使われる

石窟　平面図

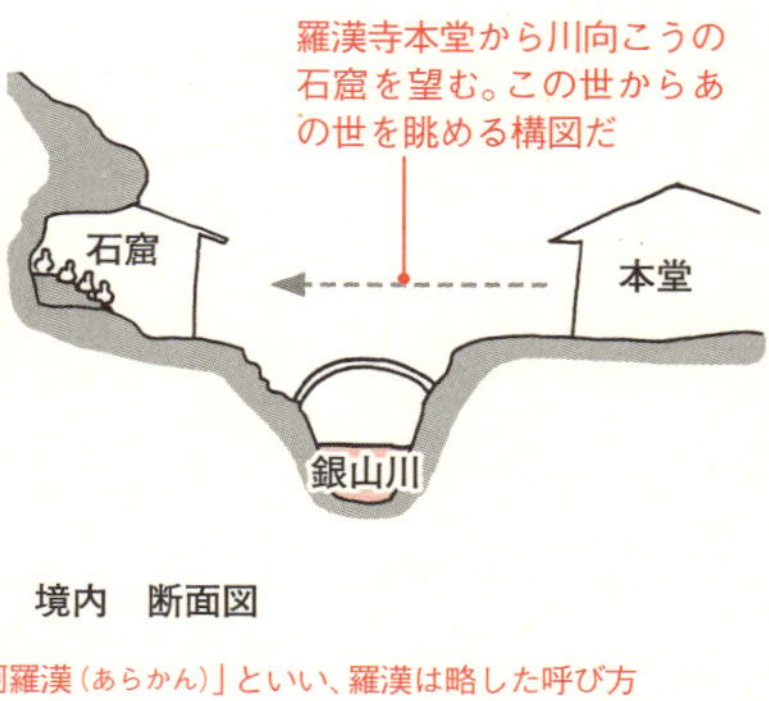
羅漢寺本堂から川向こうの石窟を望む。この世からあの世を眺める構図だ
石窟
本堂
銀山川

境内　断面図

※：厳しい修行ののちに悟りの境地に達した。なお正式には「阿羅漢（あらかん）」といい、羅漢は略した呼び方

五百羅漢と故人をダブらせる

如来と同じ糞掃衣（ふんぞうえ）姿。悟りの境地に近づいたことを示す
頭は如来に見られる螺髪（らほつ）ではなく、剃髪。世俗で活動していることを示す
岩座に座るのは、この世で厳しい修行をしていることを示す。一方、如来なら悟りを表す蓮台に座る

死んだ人に会いたいという人々の願望が500体もの羅漢像を生んだ。人間的な羅漢像は故人と重ねやすいのだろう
悩んでいるかのように頭を抱えている
割いた腹から仏の顔が見える。これは誰にでも仏心があることを表す
釈迦の子といわれている羅睺羅（ラゴラ）尊者
天を仰ぎ見ているよう
ひな壇上の岩座に座る
難しい顔つきで数珠を握っている
静かに念仏を唱えているのだろうか
思いにふけっているような姿

史跡　五百羅漢像（一部）

column

五百羅漢って何者？

石窟に五百羅漢を祀るという信仰は、釈迦の入滅後、羅漢たちの気が緩むのを心配した長老マハーカッサパが、インド・ラージャグリハにある七葉窟という洞窟に500人の羅漢を呼び集めたことに由来する。そこで釈迦の教えを確認しあい、経と戒律が編纂・決定された（結集）。結集はその後も何度かにわたって行われた。

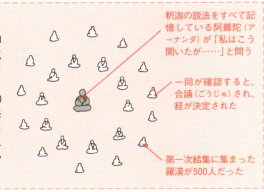

釈迦の説法をすべて記憶している阿難陀（アーナンダ）が「私はこう聞いたが……」と問う
一同が確認すると、合誦（ごうじゅ）され、経が決定された
第一次結集に集まった羅漢が500人だった

MEMO：羅漢寺は高野山真言宗の寺、本尊は阿弥陀如来。五百羅漢像は江戸時代中期の作で、像高はいずれも40cm前後

ダルマに見る達《だる》磨《ま》大《だい》師《し》

達磨／達《だる》磨《ま》寺《じ》　群馬

達磨大師は中国にわたり禅宗を伝えたインドの高僧※。壁に向かって9年間座禅を組み、悟りを開いたという「面《めん》壁《べき》九《く》年《ねん》」のエピソードは有名だ。その教えが日本に入って来たのは鎌倉時代。それまでの「仏像を見て浄土を思う」仏教とは違い、「禅の実践」を何よりも重んじるというものだ。

張り子でおなじみのダルマは、達磨大師が座禅を組んだ姿を模したという。ずんぐりと丸く真っ赤な体、大きく見開かれた目、への字に固く閉じられた口。ダルマに投影された達磨大師の生きざまを見ていこう。

ダルマ人形の5つの特徴

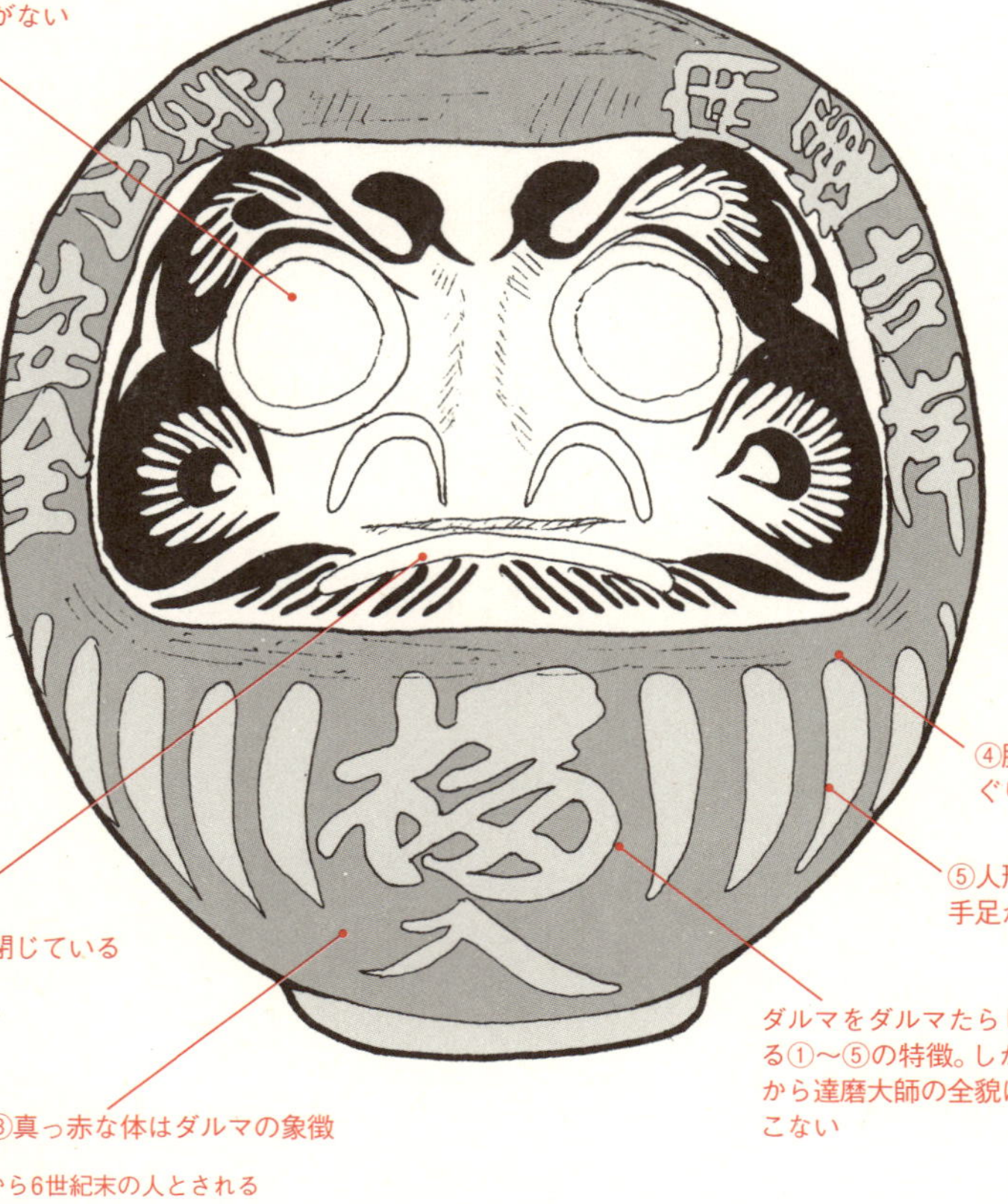
①大きく見開いたまなこには目玉がない
②口を固く閉じている
③真っ赤な体はダルマの象徴
④胴はずんぐりと丸い
⑤人形なのに手足がない
ダルマをダルマたらしめている①～⑤の特徴。しかしここから達磨大師の全貌は見えてこない

※：5世紀末から6世紀末の人とされる

九星術と五行説でダルマの謎を解く

9は火のエネルギーをもつ

面壁九年の修行をした達磨大師。この9という数字は九星術でいうと「火」に当たる（九星図）

6 金	1 水	8 土
7 金	5 土	3 木
2 土	9 火	4 木

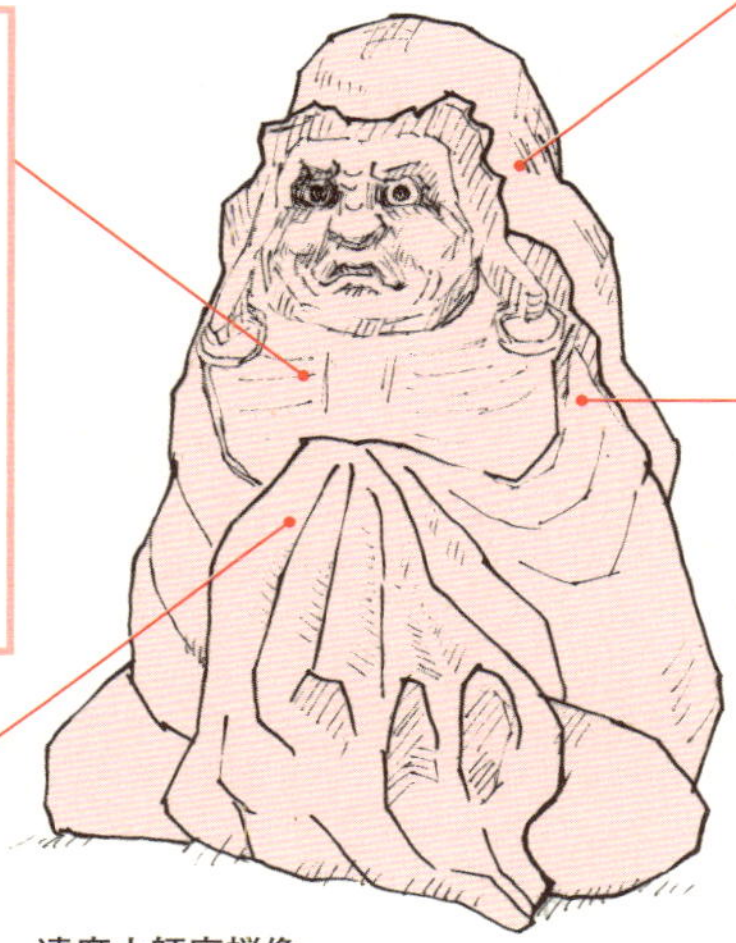

達磨寺達磨堂の本尊・達磨大師座禅像。一了居士が霊木に彫った像は火災で焼失、今は2代目が鎮座する。達磨寺は日本三禅宗の1つ、黄檗（おうばく）宗の寺

全身を衣に包み、座禅を行う達磨大師の姿に手足は見えない。ダルマ人形が丸く、手足がないのはそのため

達磨大師座禅像

壁に向かって9年間、座禅を崩すことはなかった

雪舟筆達磨図

火から読み解くダルマの姿

五行説（89頁）によれば、「火」は色でいうと「赤」。それゆえ頭から胴体がすっぽりと赤い衣で包まれたダルマが生まれた。実際、中国では黒い僧衣が主流だったが、インド僧の達磨大師は紫木蓮色や茜色の混濁した「色衣」を着ていたことからも赤が強調された

	五行				
	木	火	土	金	水
色	青	赤	黄	白	黒

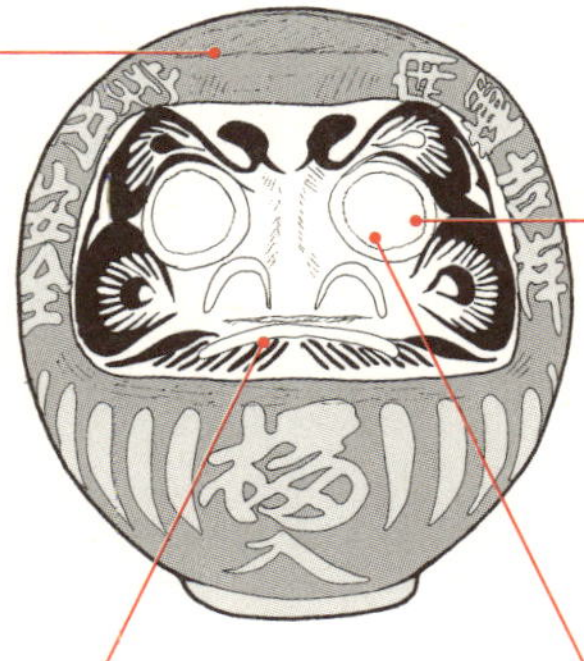

五事とは礼節を守るために重んじなければならない5つのこと。五行説によれば「火」に当たるのは「視」。ダルマの目が大きいのは視を重視したから。達磨大師は座禅修行中に眠らないように、目をむき出しにしていたとも

	五行				
	木	火	土	金	水
五事	貌	視	思	言	聞

五行説によれば、「火」は「金」を制する（五行相剋）。「金」を五事に当てはめると「言（言葉）」なので、言葉を発しないよう口を閉じた

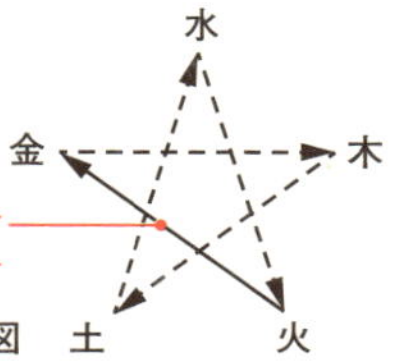

五行相剋図

高崎だるまは左目が物事の始まりを示す「阿（あ）」、右目が終わりを示す「吽（うん）」であるとして左目から開ける

MEMO：高崎だるま発祥の地でもある達磨寺は黄檗宗の寺。2代目となる達磨大師座禅像は木造。ほかに霊符堂（本堂）にも達磨大師像が安置されるが、一般公開はされていない。祈祷・法事のときのみ拝観できる。境内にはドイツの建築家ブルーノ・タウトが住んでいた家（洗心亭）が残る

民衆を弔う 市聖《いちのひじり》の姿

空也《くうや》／六波羅蜜寺《ろくはらみつじ》 京都

市聖と呼ばれた空也上人[※1]。仏教がまだ貴族のものだった平安時代に、疫病と飢えに苦しむ民衆の中で極楽浄土を説いて回ったことで知られる。

その姿を生き写したかのような空也上人像が六波羅蜜寺にある。空也が亡くなってから250年後、写実性を重んじる慶派の仏師・康勝[※2]によってつくられたものだ。阿弥陀の化仏《けぶつ》が幾体も並ぶ口、たくましい足、そして身に付けるのは仙人[※3]がもつとされる持物。そこからは、民衆を往生させるべく、寺から町へと出た空也の「市中遊行《ゆぎょう》への思い」が見て取れる。

神仏の力を得て、外へと出た行者の姿

6体の阿弥陀仏が針金で固定されている
少し口を開き、長く息を吐くことで無数の光明を放つとされる。光明とは「仏の慈悲」の象徴
首から吊るした金鼓（こんく、鐘）を撞木（しゅもく）で打ち鳴らす。金鼓は松尾明神から与えられたもので、「神からの守護」を意味する
その昔、内部が空洞になっている金鼓は魂の容器とされた。コレラにより非業の死を遂げた多くの人々の魂を鎮めた
この台座は空也が説教した路上を表現している
頂部に鹿の角を付けた鹿杖（かせづえ）と腰に巻いた鹿革。いずれも「仙人」の好む持物（じもつ）である
左右同じ側の手足が前へ出る「反閇（へんばい）」は、清めと魔除けの呪術的歩行法。大地に潜む疫病を踏み倒す
装飾のない板は空也が寺から町に出た証。寺にいる仏が蓮台に乗っているのとは対照的

重文 空也上人立像

※1：空也（903-972）は平安中期の僧
※2：鎌倉時代の仏師。運慶の四男。慶派は仏師の主流派
※3：仙人は、補陀落山（観音浄土）に行くことができる

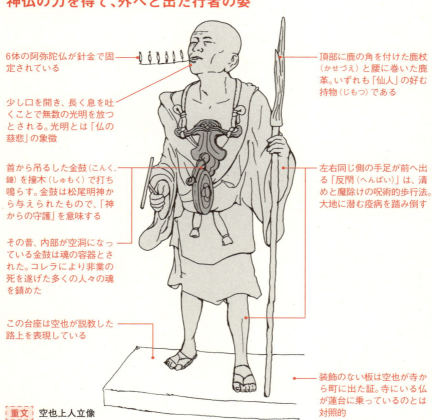

慶派リアリズムを超えた像

筋肉の動きや衣装の質感など細部にわたってリアリズムを追求したのが、運慶や快慶など慶派の仏師たち。康勝に至っては、念仏までも可視化してしまった。先代でほぼ完成されたリアリズムをさらに超えようとする意気が見える

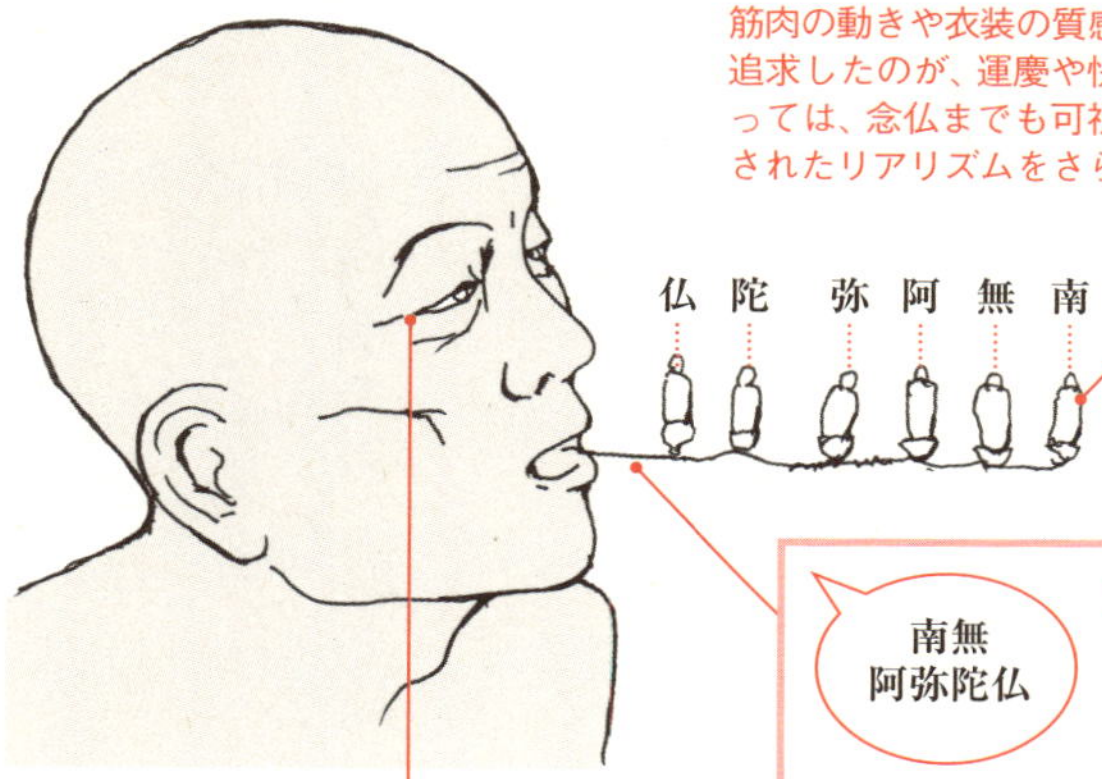

仏 陀 弥 阿 無 南

南無
阿弥陀仏

空也が念仏を唱えると、1文字ごとに阿弥陀仏の姿が現れるさま（歯吹き）を視覚表現。漫画のフキダシに通じるものがある

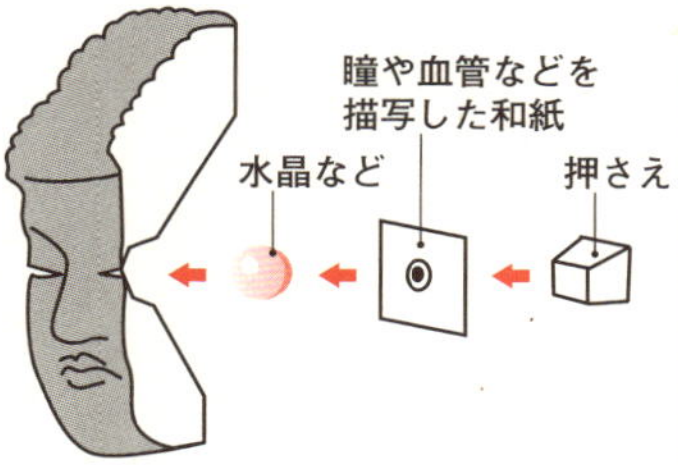

瞳や血管などを描写した和紙
水晶など
押さえ

像を下からのぞき込むと目にかすかな光を感じるのは、鎌倉時代に一般的になった「玉眼（ぎょくがん）」と呼ばれる技法

以降に制作される空也像には、このスタイルが継承されるようになった。図は月輪寺の空也像。ほかには愛媛・浄土寺など

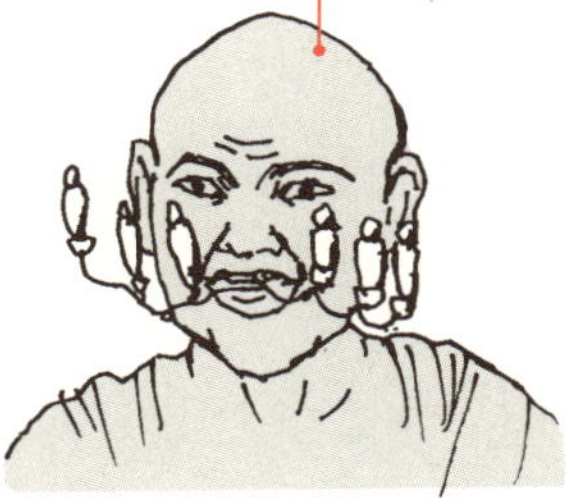

重文
空也上人像／月輪寺（京都）

column

聖《ひじり》とはどんな僧だったのか

聖とは、民衆に仏教を普及させた下級僧をいう。完全に寺院に属さず、念仏を唱えながら各地を行脚した。

一般には妻帯し、半僧半俗。庶民と接するためパフォーマンスに長け、橋や道路をつくるなど庶民救済を行う一方、寺院に代わって寄進を請け負うなど「集金システム」の一翼も担っていた。しかし、戒律が強く求められる時代となると、聖は寺院側から蔑視され、漸滅していった。

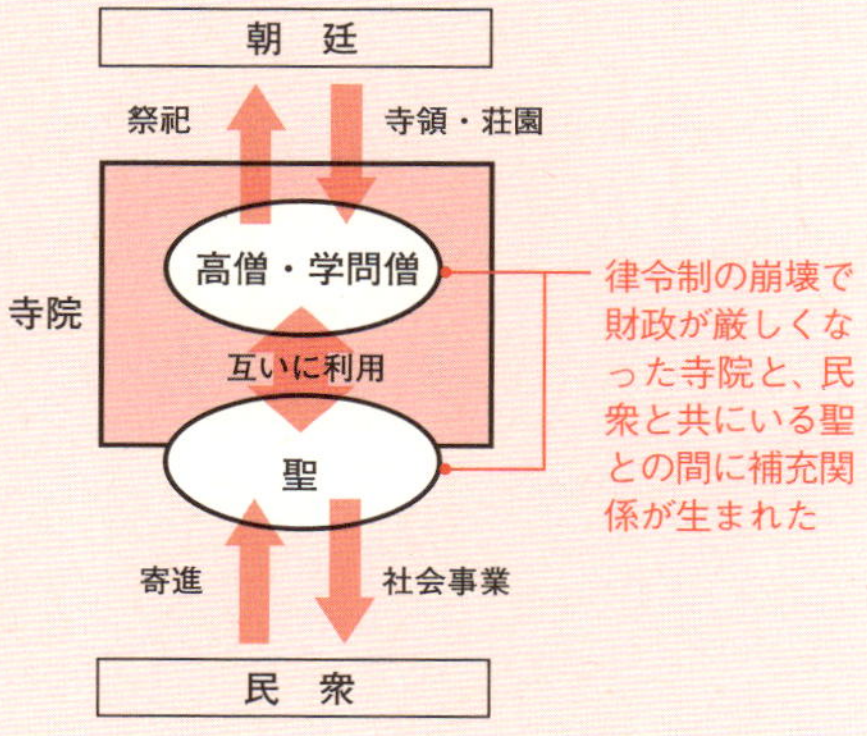

朝　廷
祭祀
寺領・荘園
寺院
高僧・学問僧
互いに利用
聖
寄進
社会事業
民　衆
律令制の崩壊で財政が厳しくなった寺院と、民衆と共にいる聖との間に補充関係が生まれた

MEMO：六波羅蜜寺は真言宗智山派の寺で、空也による創建。本尊は千手観音（秘仏）。宝物館に安置されている空也上人立像は木造彩色で鎌倉時代の作、像高117.6cm

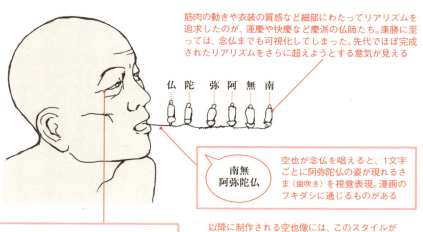

わが身を捧げ仏の化身に

即身仏《そくしんぶつ》／瀧水寺大日坊《りゅうすいじだいにちぼう》 山形

百姓の子として生まれた真如海《しんにょかい》※1は、あるとき誤って武士に肥をかけてしまう。あわや無礼討ちとなるところ、逆に切り捨ててしまった。その足で大日坊に逃げ込み、図らずも行《ぎょう》者《じゃ》としての人生がスタートしたという。

その後、圧政や飢饉、災害に苦しむ民を救うべく、死後も体を残し教化し続ける「即身仏」※2になることを決意。穀断ちや木食《もくじき》といった苦行で「腐らない体」をつくり、93歳から1千日間山にこもった。その後、生きながら土中に入定。後に掘り起こされて即身仏となり、今も人々に語り続けている。

行者となり、即身仏に

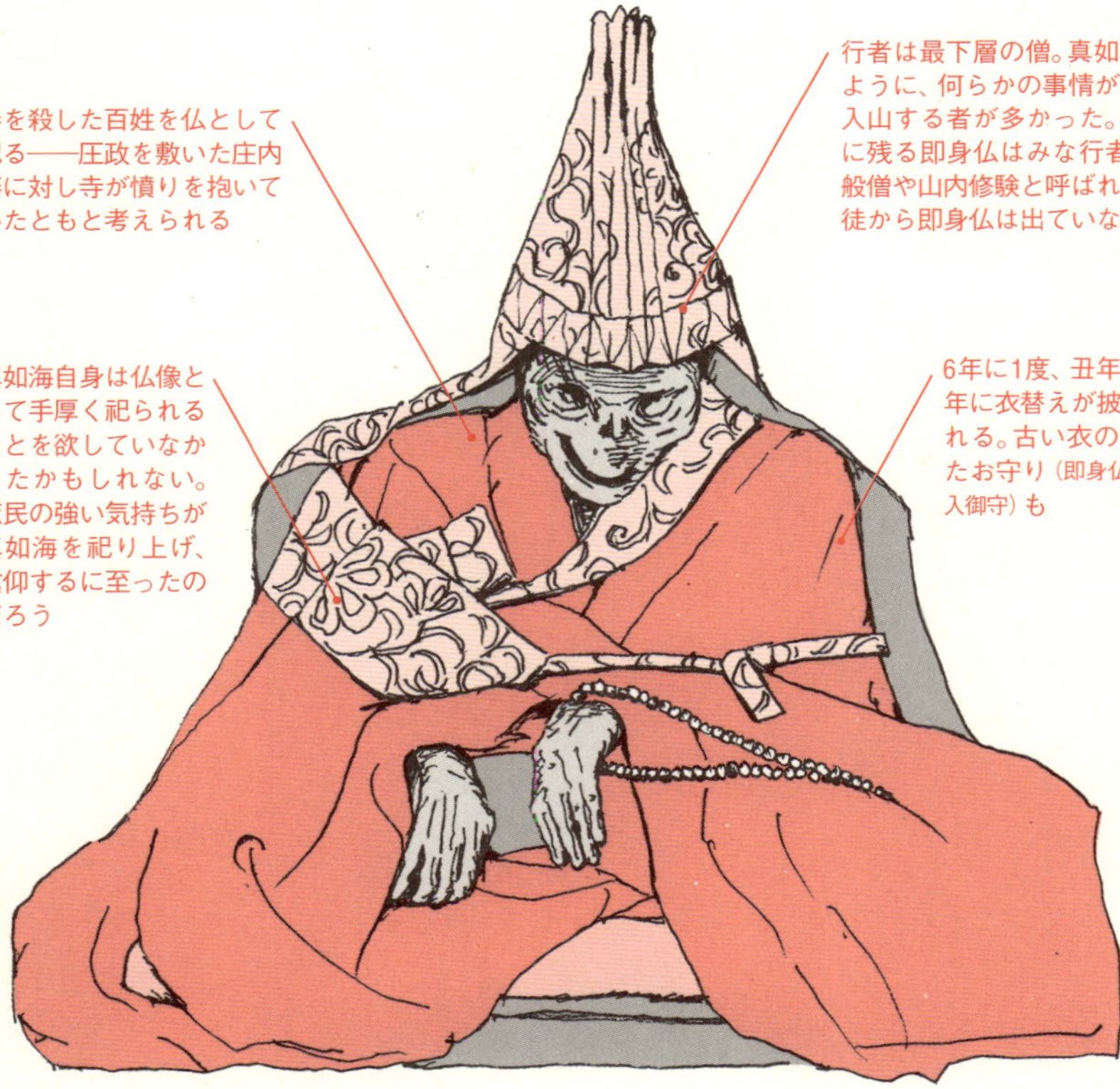
侍を殺した百姓を仏として祀る——圧政を敷いた庄内藩に対し寺が憤りを抱いていたともと考えられる
行者は最下層の僧。真如海のように、何らかの事情があり入山する者が多かった。各地に残る即身仏はみな行者。一般僧や山内修験と呼ばれる衆徒から即身仏は出ていない
真如海自身は仏像として手厚く祀られることを欲していなかったかもしれない。庶民の強い気持ちが真如海を祀り上げ、信仰するに至ったのだろう
6年に1度、丑年と未年に衣替えが披露される。古い衣の入ったお守り（即身仏御衣入御守）も

代受苦菩薩真如海上人（即身仏）

※1：真如海（1688-1783）は江戸中期の行者
※2：即身仏はミイラとは異なる。ミイラとは死後内臓を取り出し防腐処理したもの。即身仏は山形や新潟に多く現存するが、即身仏が学術的に貴重なものとされる以前は「見せ物」的な扱いを受けることも多くあったという

即身仏となり「再生」するまでの道のり

①穀断ち

徐々に体の脂肪と筋肉を落とすため、米や麦などの五穀を断ち、その後雑穀も含め穀物すべてを断つ

②木食行

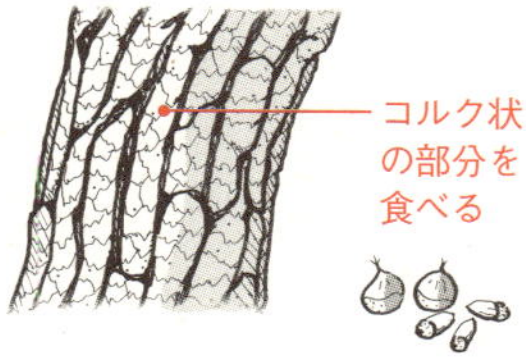
コルク状の部分を食べる

木の実や松の皮などを食べ、生命を最低限維持。漆や温泉水を飲み、死後も腐りにくい体をつくる

③1千日山ごもり修行

聖地・仙人沢での滝行や断食を重ね、絶えず山を駆けるなど、幻覚・幻聴状態まで追い込む（②と並行）

④土中入定

マツの生木や炭は防腐剤

炭敷きの石室にマツの木棺を置き、中に入る。息継ぎ竹を地上に出し土で覆う。怖気づき逃げる者も

⑤読経

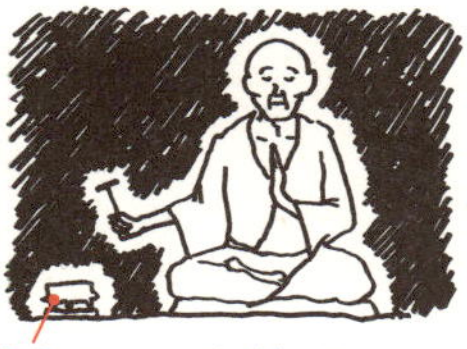
生きていることを知らせる

暗闇で真言陀羅尼（呪文）を唱え、鐘をたたく。地上の問い掛けに反応しなくなったら碑を建てる

⑥掘り起こし

3年3カ月後に掘り起こし仏像として祀る。56億7千万年後、弥勒菩薩により再び生を受けるという

山形・新潟に多く残る即身仏

即身仏になった行者の名の多くに「海」の字がつくのは空海（弘法大師）の一字から。
「即身仏」の根底には、空海の教え「即身成仏」（生きながら仏になる）がある

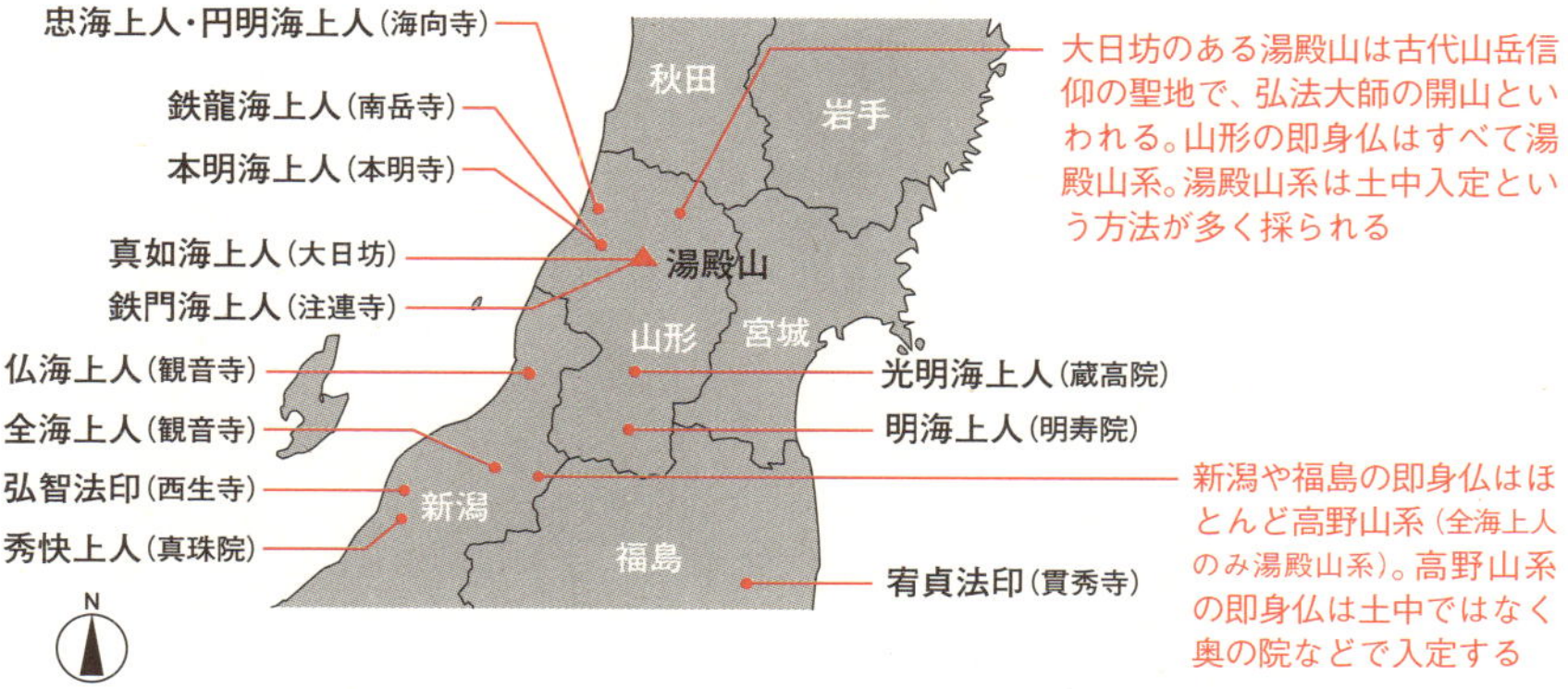
忠海上人・円明海上人（海向寺）
鉄龍海上人（南岳寺）
本明海上人（本明寺）
真如海上人（大日坊）
鉄門海上人（注連寺）
仏海上人（観音寺）
全海上人（観音寺）
弘智法印（西生寺）
秀快上人（真珠院）
秋田
岩手
湯殿山
山形
宮城
新潟
福島
光明海上人（蔵高院）
明海上人（明寿院）
宥貞法印（貫秀寺）
N
大日坊のある湯殿山は古代山岳信仰の聖地で、弘法大師の開山といわれる。山形の即身仏はすべて湯殿山系。湯殿山系は土中入定という方法が多く採られる
新潟や福島の即身仏はほとんど高野山系（全海上人のみ湯殿山系）。高野山系の即身仏は土中ではなく奥の院などで入定する

MEMO：龍水寺大日坊は真言宗の寺。開創は弘法大師・空海。秘仏本尊は胎金両部大日如来（湯殿山大権現）。真如海上人の即身仏（代受苦菩薩真如海上人）は本堂に安置される

晩年に微笑む木喰仏《もくじきぼとけ》

木喰／清源寺《せいげんじ》

京都　ほか

「僧に以て僧に非《あら》ず、俗に以て俗に非ず」[※1]。僧衣ではなく粗末な着物をまとった木喰は、各地を回って勧進《かんじん》[※2]し、寄付を受けていた。身分の低さから、軽蔑や迫害を受けることもあったという。

木喰は仏像を彫り続ける[※3]ことで自己を変革し、名前も変えて、仏に近づこうとした。晩年につくった仏像には、初期には見られない満面の笑みが見られる。功績や出世欲を捨て、ただ人々の笑顔を願う境地に至ったとき、木喰は仏になった。時と共に変遷していった自刻像にその姿を追ってみよう。

晩年の傑作　十六羅漢像

清源寺の十六羅漢像は晩年期である89歳のときの作。羅漢とは釈迦に従った仏弟子たち（138頁）。この羅漢像は歯を出して笑っている
笑顔の羅漢を見た人は笑みがこぼれる。笑うことで仏に近づける
ウインクしている
阿氏多（アジタ）尊者像は木喰本人。十六羅漢像の作仏中に「自ら羅漢になれ」との霊夢を見た木喰は、「神通光明木喰明満仙人」と改名。このとき木喰は仙人（仏）になった
木喰が阿氏多尊者を選んだ理由は、行動的で自由気ままな尊者の性格に通じるところがあったからだろう

十六羅漢像（一部）

※1：清源寺に初めてやって来た時の木喰（1718-1810、江戸中期の僧）の印象を、当時の禅師が記した漢詩より　※2：勧進とは、寺院や仏像の新造・修繕のため、浄財を集めること。仏道を説いて回り、見返りに生活物資をもらった　※3：木彫りした仏像は木喰仏ともいわれる

木喰と木喰仏の変遷

主な出来事と作仏

<table>
<tr><th>年齢</th><th>名前</th><th>自刻像</th><th>観音像</th></tr>
<tr><td>0歳</td><td rowspan="2"></td><td colspan="2">・1718年、山梨で生まれる。貧しい農村の出</td></tr>
<tr><td>22歳</td><td colspan="2">・自ら出家し僧侶として生きる道を選ぶ</td></tr>
<tr><td rowspan="2">45歳</td><td rowspan="2">三界無庵仏木食行道</td><td colspan="2">■改名。家（庵）も仏もなく三界をひたすら行道する「僧侶」になったことを示す名
・56歳から諸国を巡り歩く（廻国修行）
・60歳以降、仏像を彫り始める</td></tr>
<tr><td>
笑顔は見られない
自刻像／佐渡九品堂
（新潟、焼失）67歳ごろ</td><td>
観音像（山梨）
69歳ごろ</td></tr>
<tr><td rowspan="2">71歳</td><td rowspan="2">天一自在法門木喰五行菩薩</td><td colspan="2">■2度目の改名。天地自然と一体になり煩悩から離れ「菩薩」になったことを示す名
・五穀・塩を断ち、菩薩業に励む
・83歳のとき故郷山梨へ帰り、四国堂建立を計画するが、村人の心が離れ苦心する</td></tr>
<tr><td>
自刻像に笑顔が
見られ始める
自刻像／日本民藝
館（東京）84歳ごろ</td><td>
笑顔は見られない
如意輪観音像／光明
寺（愛媛）82歳ごろ

笑みが現れる
如意輪観音像
（新潟）87歳ごろ</td></tr>
<tr><td rowspan="2">89歳</td><td rowspan="2">神通光明木喰明満仙人</td><td colspan="2">■お告げにより、3度目の改名。仙人つまり「仏（羅漢）」になったことを示す名
・俗を離れ、自我の自由を得た。満面の笑みをもつ像をつくるように</td></tr>
<tr><td>
自刻像に円光
が現れる
額にしわが現れる
満面の笑みが現れる
自刻像／福満寺
（京都）90歳ごろ
・93歳で亡くなる</td><td>
観音像（新潟）
90歳ごろ</td></tr>
</table>

MEMO：曹洞宗の寺、清源寺の十六羅漢像は木造で江戸時代のもの。羅漢堂に安置されている

一木造《いちぼくづくり》は引き、寄木造《よせぎづくり》は足す

一木造・寄木造の仏

日本の仏像は木でつくられたものが多い。その製作技法は一木造と寄木造に大別される。

身体の大部分を一材から削り取る一木造はたとえるならば引き算的なつくり方。造仏には巨材が必要で、木を削ぎ落とすことで完成させる。木の霊力を重んじ、神が宿る巨木（霊木）での造仏を重視するのも特徴だ。

一方の寄木造は、普通の材を複数寄せ合わせた足し算的なつくり方。作業分担がしやすくなったことで、組織的な造仏が可能となった。丈六仏《じょうろくぼとけ》※のような大きな仏像にも対応しやすい。

引き算の一木造、足し算の寄木造

寄木造
一木造
頭躯部を2材以上寄せ合わせてつくるものを寄木造という
寄木造は10世紀後半ころから始まった手法とされる
木がもつクセや節を取り除くことができるので造像しやすい
漆を塗るなど表面を仕上げて木材のつぎ目を隠す
寄木造の仏像は、永観堂（京都）の阿弥陀如来立像（22頁）、平等院（京都）の阿弥陀如来坐像（32頁）、中山寺（福井）の馬頭観音坐像（88頁）など
一木造は頭部と体部を1材から彫り出す手法。手足や台座などが別の材でつくられていても一木造という
神宿る巨木を材料とした
中国では霊力のある壇木（だんぼく）で造仏された。希少な壇木は非常に高価
白鳳時代（7世紀後半）までクスノキが使われたのは壇木の代用としてだろう。天平時代（8世紀、奈良時代）になるとヒノキの使用が多くなる
木の霊性を生かした素地仕上げが多い
決まった大きさの木からなるべく大きな像をつくる工夫や乾燥による割れを防止する工夫、仏像の表情を左右する木目の選択などが重要となる
一木造の仏像は、室生寺（奈良）の伝・釈迦如来立像（52頁）、法隆寺夢殿の観音菩薩立像（70頁）など

※：立像の場合には高さが1丈6尺（約4.8m）ある仏像。坐像の場合には半分の高さ8尺（約2.4m）の仏像。釈迦の身長が1丈6尺あったといわれることから

一木造は削ぎ落とす

木の性質を生かす

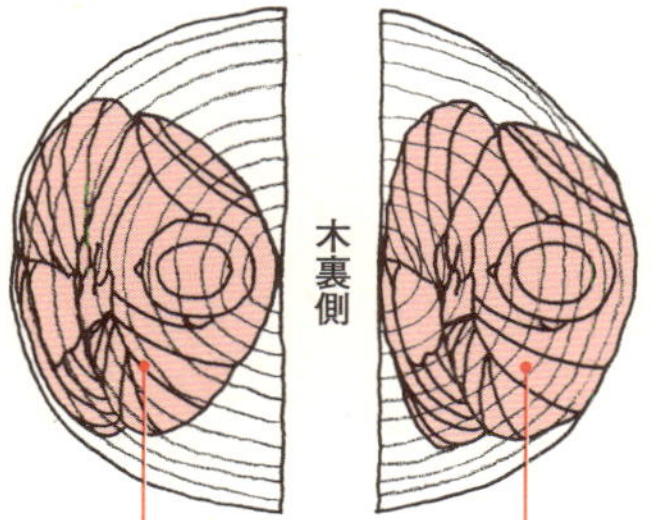

目が整った木表側を正面にすると、繊細で光沢のある表現が可能

木裏側を正面にすると、木の外周部と背中の丸みが一致するため、木取りに有利で、より大きく像がつくれる

材の切り出し方により柾目（まさめ）と板目（いため）ができる。素地が多い一木造では木目が仏像の表情を左右する

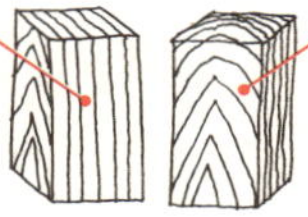

柾目は整った木目がきれいな表情を生む

板目は荒々しい木目が厳しい表情を強調し、忿怒相に適する

割れを防止する工夫

内側をくりぬくことを内ぐりという

一木造では、背中からくりぬき、蓋をする

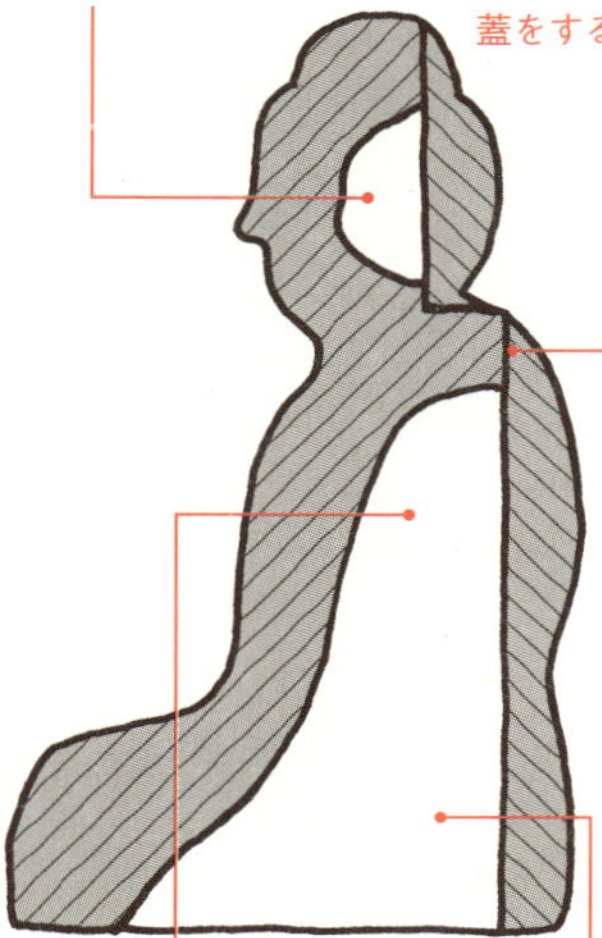

芯があると木の乾燥により表面が割れる。内ぐりすることで表面の割れを防止する

内ぐりには仏像を軽量化する効果もある

寄木造は組み合わせる

小さな部材が複数組み合わされている

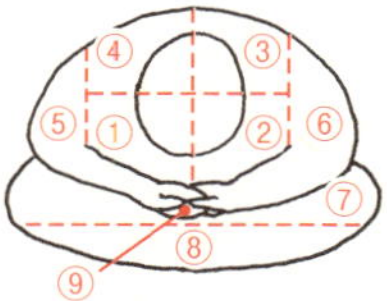

パーツごとに製作するため、集団での分業が可能

一般サイズの木材で大きな像がつくれる

霊木に仏を刻む

生木仏《なまきぶつ》／善願寺《ぜんがんじ》 京都

立木仏《たちぎぶつ》／恵隆寺《えりゅうじ》 福島

森林の多い日本、古来より人々は木と共に生きて来た。中でも大木は神が宿る「依《よ》り代《しろ》」として崇められた。さらにはその木に仏を刻み、木のもつ霊力をより具体的に表現することもあった。木に直接仏を彫り込んだ「生木仏」、自然の姿そのままに仏像としてつくり上げた「立木仏」である※。

霊木に仏を刻むことは、その力強い生命力と交信すること。ここでは、木の特性を踏まえつつ、その命に敬意を払うべく、仏師が凝らしたさまざまな工夫を紹介しよう。

生木仏——生きた木に刻む

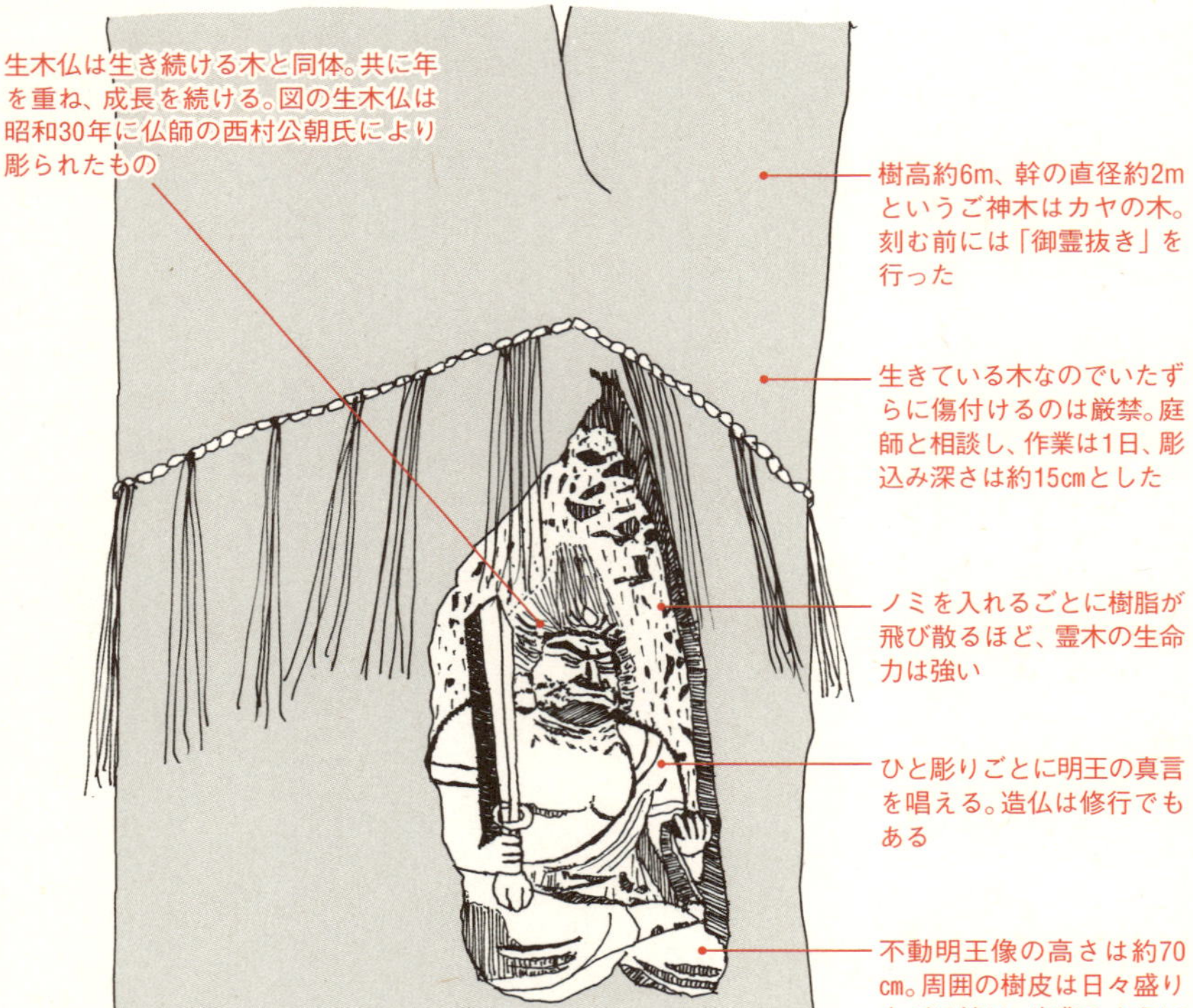
生木仏は生き続ける木と同体。共に年を重ね、成長を続ける。図の生木仏は昭和30年に仏師の西村公朝氏により彫られたもの
樹高約6m、幹の直径約2mというご神木はカヤの木。刻む前には「御霊抜き」を行った
生きている木なのでいたずらに傷付けるのは厳禁。庭師と相談し、作業は1日、彫込み深さは約15㎝とした
ノミを入れるごとに樹脂が飛び散るほど、霊木の生命力は強い
ひと彫りごとに明王の真言を唱える。造仏は修行でもある
不動明王像の高さは約70㎝。周囲の樹皮は日々盛り上がり続け、光背のように像を覆う。木肌も黄色から茶色へと変わっていった

不動明王像／善願寺

※：ここで取り上げた仏像以外に、生木仏は福井・諦応寺の十一面観音像、山口・願行寺の薬師如来像、香川にある生木の地蔵などがある。立木仏は茨城・西光院の十一面観音像、長野・智識寺の十一面観音像など

立木仏——霊木の面影を残す

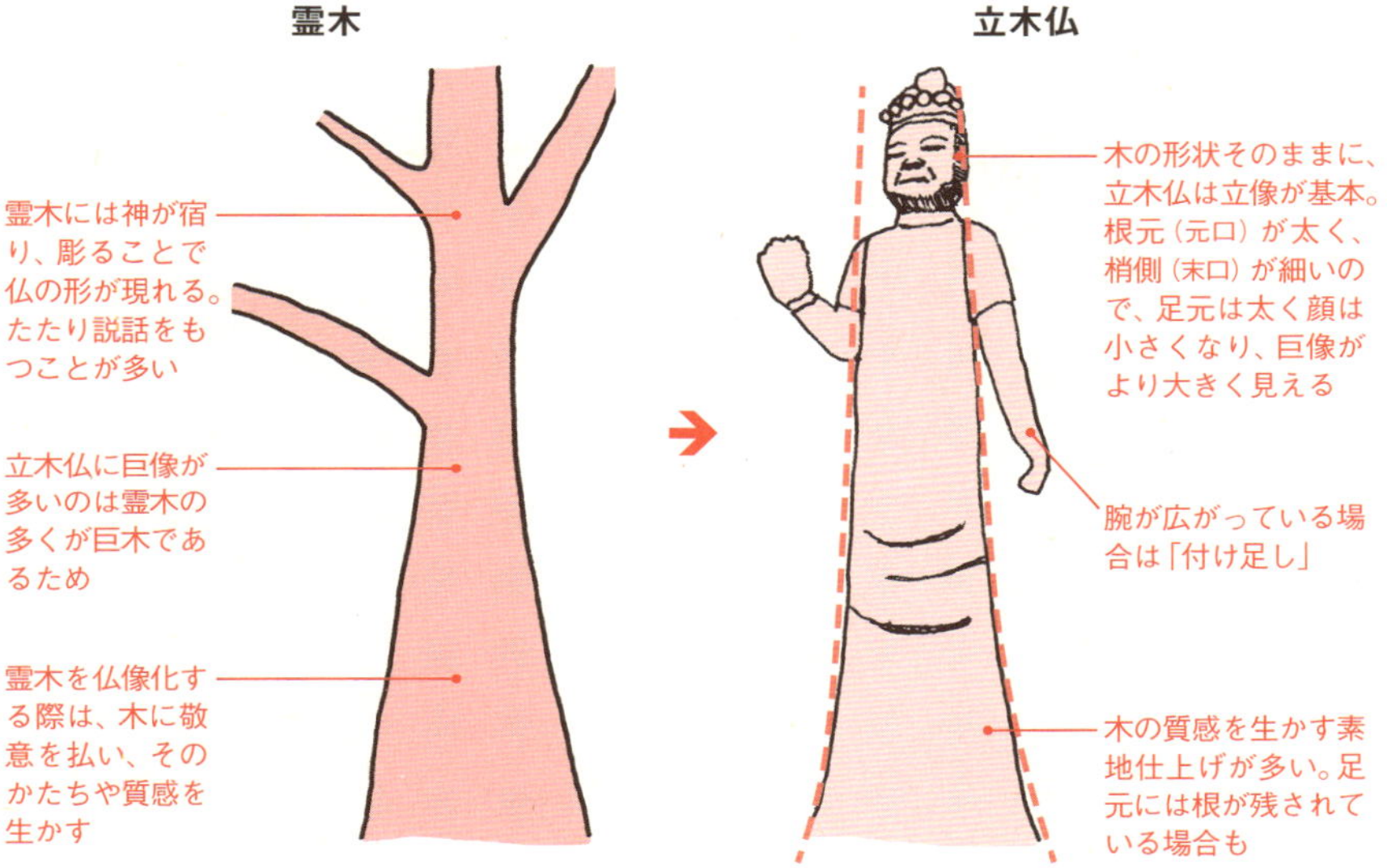
霊木
立木仏
霊木には神が宿り、彫ることで仏の形が現れる。たたり説話をもつことが多い
立木仏に巨像が多いのは霊木の多くが巨木であるため
霊木を仏像化する際は、木に敬意を払い、そのかたちや質感を生かす
木の形状そのままに、立木仏は立像が基本。根元（元口）が太く、梢側（末口）が細いので、足元は太く顔は小さくなり、巨像がより大きく見える
腕が広がっている場合は「付け足し」
木の質感を生かす素地仕上げが多い。足元には根が残されている場合も

立木仏の拝み方

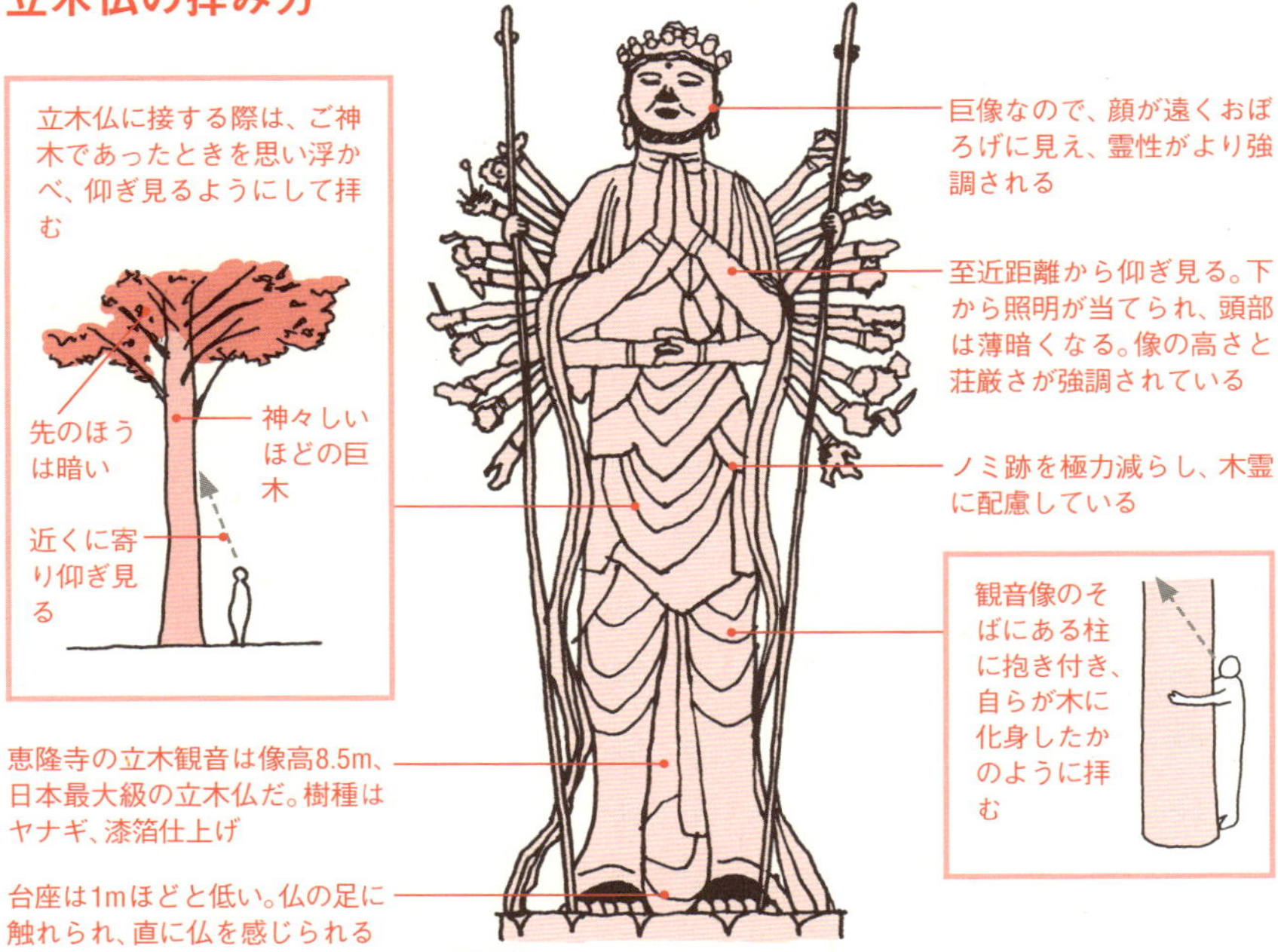
立木仏に接する際は、ご神木であったときを思い浮かべ、仰ぎ見るようにして拝む
先のほうは暗い
神々しいほどの巨木
近くに寄り仰ぎ見る
巨像なので、顔が遠くおぼろげに見え、霊性がより強調される
至近距離から仰ぎ見る。下から照明が当てられ、頭部は薄暗くなる。像の高さと荘厳さが強調されている
ノミ跡を極力減らし、木霊に配慮している
観音像のそばにある柱に抱き付き、自らが木に化身したかのように拝む
恵隆寺の立木観音は像高8.5m、日本最大級の立木仏だ。樹種はヤナギ、漆箔仕上げ
台座は1mほどと低い。仏の足に触れられ、直に仏を感じられる

重文　十一面千手観音立像／恵隆寺

MEMO：善願寺は天台宗の寺で、本尊は地蔵菩薩坐像（重文）。不動明王像が彫られたカヤの木は境内にある。恵隆寺は真言宗豊山派の寺院、本尊は「立木観音」と呼ばれる十一面千手観音立像。観音堂（重文）に安置される

磨《ま》崖《がい》仏《ぶつ》生んだ石の文化

磨崖仏／熊野磨崖仏　大分

古 より仏教文化の栄えた、大分・国東《くにさき》半島。中央にある両子山《ふたごさん》を取り巻くように多くの天台宗寺院があり、それらを総称して「六郷満山《ろくごうまんざん》」という。その多くは岩山に接し、神と崇めて来た岩には仏像が彫られた。神を視覚化したこの磨崖仏※は、半島に今も30数カ所残る。熊野磨崖仏はその1つだ。

彫り方には都の木彫り仏師の影響も見られるが、国東にはもともと「石を巧みに操る技術」があった。ここでは、見事な石仏と共に、それをつくり出した国東の石文化を紹介しよう。

密教の道場であった熊野磨崖仏

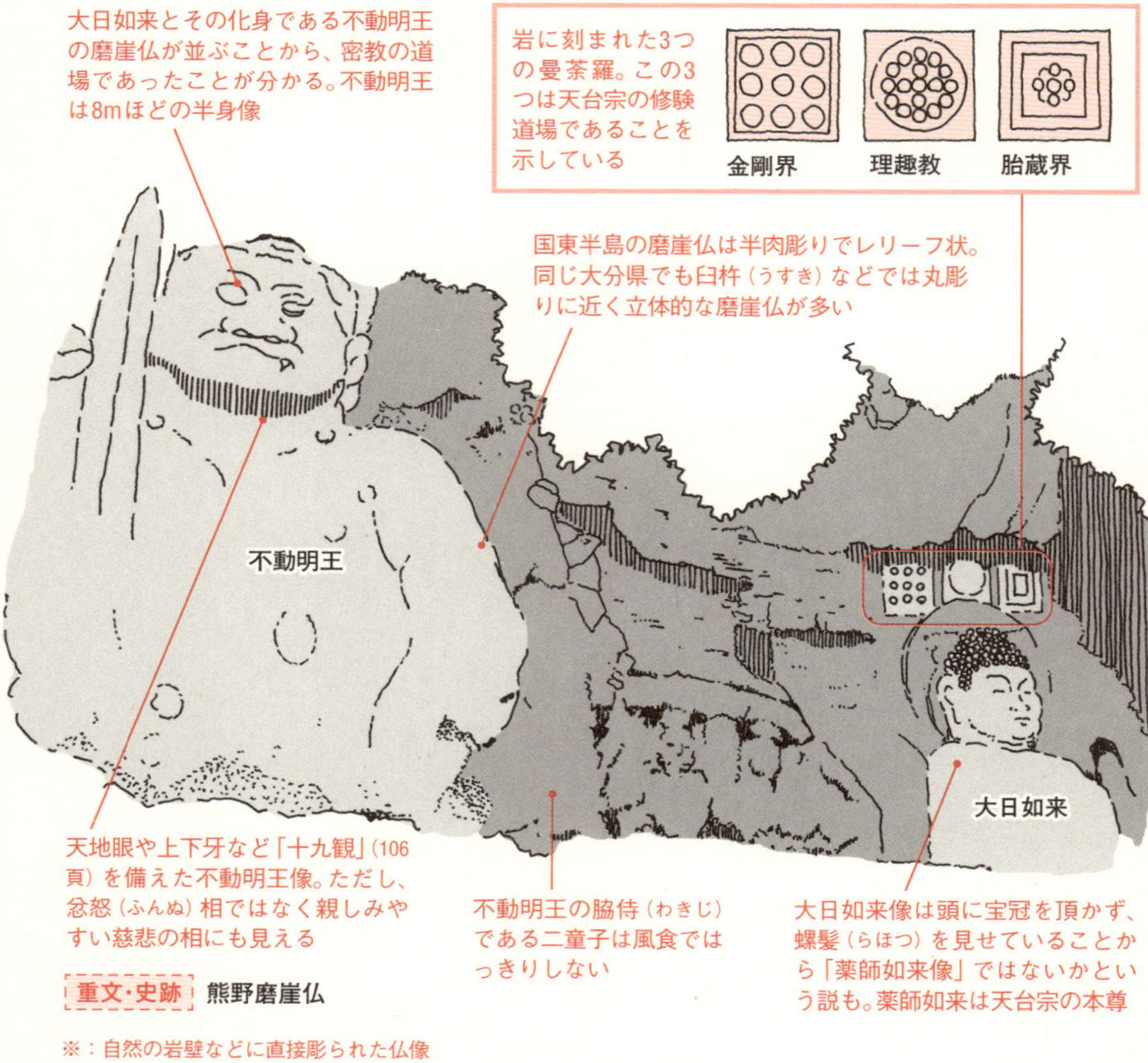
大日如来とその化身である不動明王の磨崖仏が並ぶことから、密教の道場であったことが分かる。不動明王は8mほどの半身像
岩に刻まれた3つの曼荼羅。この3つは天台宗の修験道場であることを示している
金剛界
理趣教
胎蔵界
国東半島の磨崖仏は半肉彫りでレリーフ状。同じ大分県でも臼杵（うすき）などでは丸彫りに近く立体的な磨崖仏が多い
不動明王
大日如来
天地眼や上下牙など「十九観」（106頁）を備えた不動明王像。ただし、忿怒（ふんぬ）相ではなく親しみやすい慈悲の相にも見える
不動明王の脇侍（わきじ）である二童子は風食ではっきりしない
大日如来像は頭に宝冠を頂かず、螺髪（らほつ）を見せていることから「薬師如来像」ではないかという説も。薬師如来は天台宗の本尊

重文・史跡　熊野磨崖仏

※：自然の岩壁などに直接彫られた仏像

国東半島の石文化に触れる

石段の参道

熊野磨崖仏に至る参道の石段は野石の乱積み。鬼が一夜にして築いたという伝説をもつ

歩幅に合うように大石が積まれ、決して上りにくくない

石橋も数多い

国東半島の付け根にある宇佐市院内町には64もの石造アーチ橋が残る

隙間の多い乱積みは水圧が掛かりづらく、崩れにくい

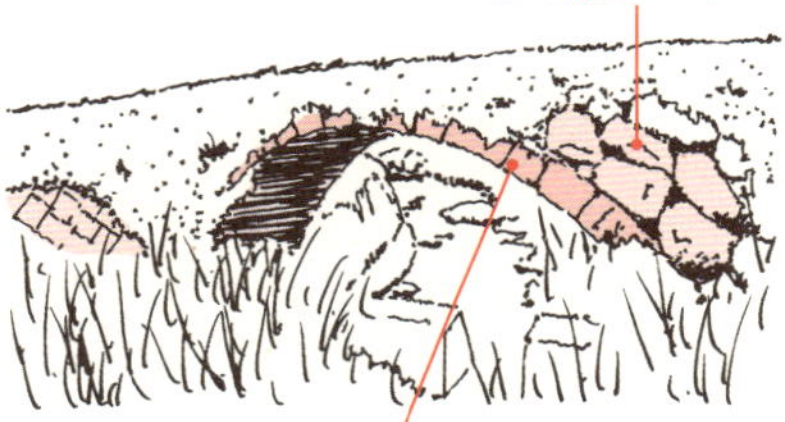

最下段の迫石（せりいし）を積むには高い技術を要す

野仏も石から

路傍や境内など、至る所にいる石造の野仏。庶民の手でつくられた野仏は、素朴であどけない表情のものが多い

修験者は磨崖仏を彫り、人々に石仏づくりをすすめた

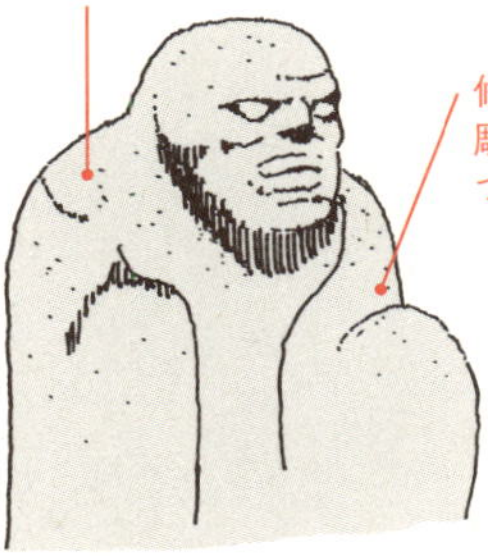

石垣棚田

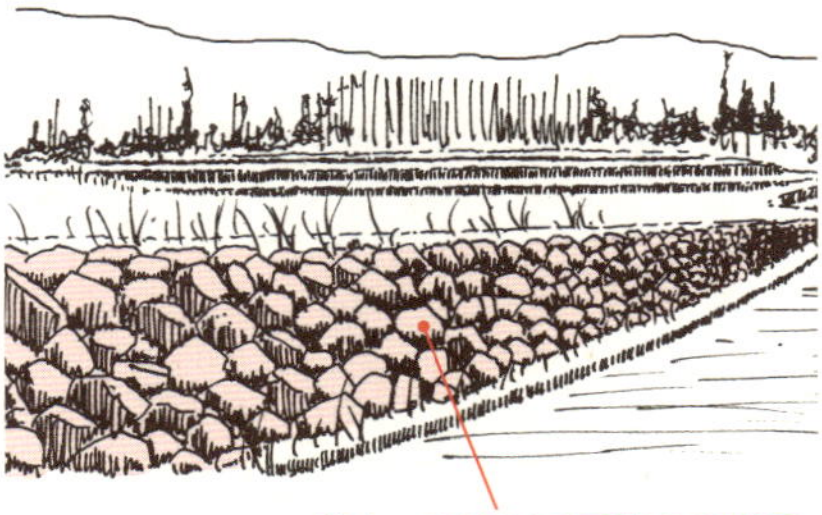

谷あいに広がる石積みの棚田。農民も石の扱いに長けていた

独自の国東塔

国東半島に多く見られる宝塔で、納経や生前供養、墓標などとして建てられる。頂部は宝珠に火炎を巡らせた意匠

壺形の塔身

反花（かえりばな）と蓮華座の組み合わせは通常見られない

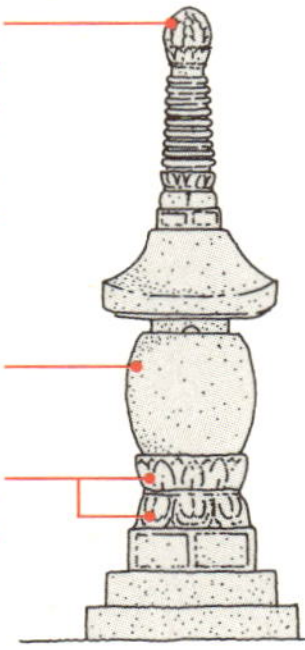

石造の仁王像

六郷満山の1つ、富貴寺（ふきじ、28頁）にある仁王像は石造。現存する石造仁王像の8割は大分県、中でも国東半島に集中する

ノミの跡は浅く、鋭利でない

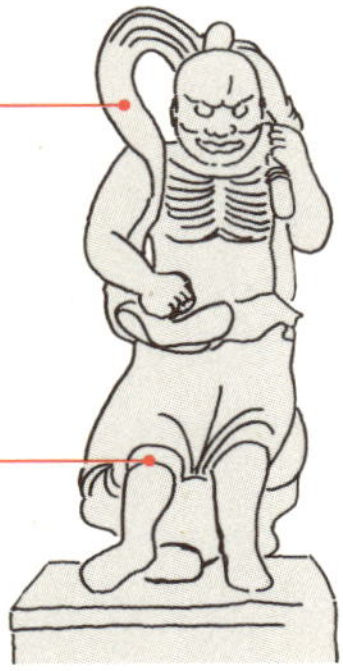

富貴寺三門仁王像（阿形）

MEMO：熊野磨崖仏は六郷満山寺院の1つ、胎蔵寺の脇にある参道を登った所にある。熊野磨崖仏のうち大日如来像は平安前期の作で高さ6.8m、不動明王像は平安末期の作で高さ8m

磨《ま》崖《がい》仏《ぶつ》を木で表現

磨崖仏化した木造仏／龍《りゅう》岩《がん》寺《じ》

大分

国《くに》東《さき》半島（152頁）の付け根、宇佐市の山あいにある龍岩寺。本堂の脇を抜け、険しい山道を登ると、切り立った岩壁のくぼみにすっぽりと収まる奥院の建物が見えてくる。

薄暗い堂内に反し、岩壁を背にした3体の仏像※は陽光に包まれている。木造の仏像だというが、磨崖仏を思い起こさせるのだ。岩面に彫刻された磨崖仏は、岩山に宿る神が仏の姿で現れたものとされる。龍岩寺の仏像も磨崖仏を意識してつくられたのだろう。仏像や建物には磨崖仏に見せるためのさまざまな工夫が詰まっている。

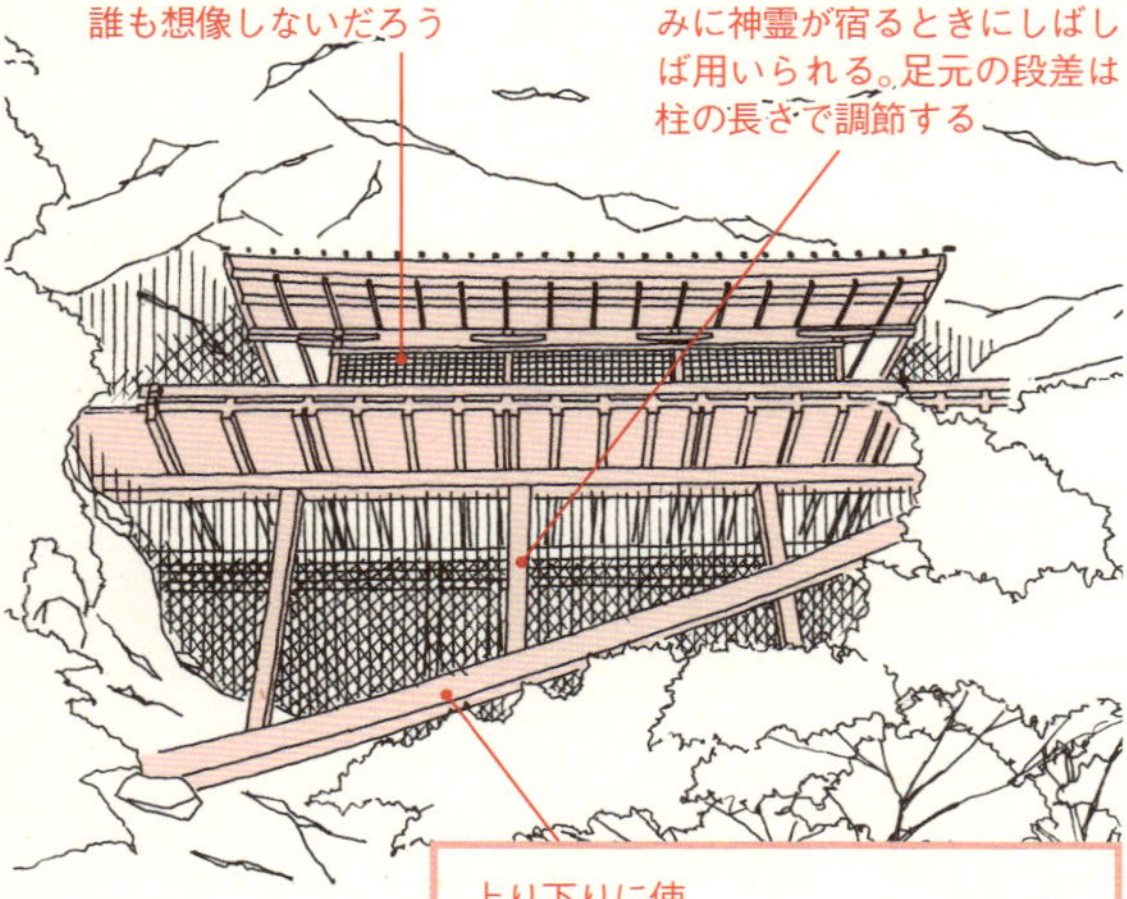
岩壁を見上げると礼堂がある。その奥に安置される仏像が外光を浴びているとは誰も想像しないだろう
建物の一部分を傾斜地などに張り出して建てる「懸造（かけづくり）」は、背後の山やくぼみに神霊が宿るときにしばしば用いられる。足元の段差は柱の長さで調節する

重文 奥院礼堂

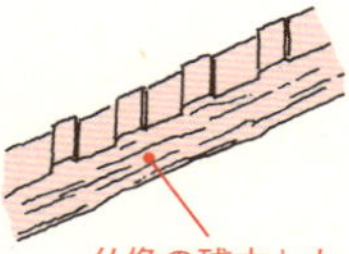
上り下りに使われた、丸太に刻みを入れた階段（階、きざはし）。古い形式を伝える
仏像の残木とも

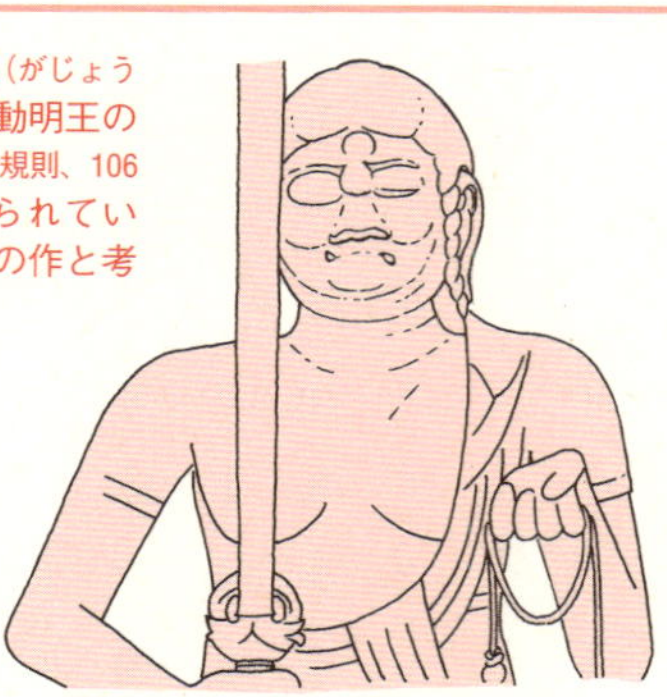
クスノキの一木造で彩色はない。白い木肌は淡い光を放つかのように明るい。3体の仏が1本の木からつくられたという伝説も。国東半島に残る一木造の仏像は地元仏師によるもの、寄木造は都の仏師によるものといわれる
天地眼や牙上下出（がじょうげしゅつ）など、不動明王の「十九観」の儀軌（規則、106頁）どおりにつくられているため、平安後期の作と考えられる

※：阿弥陀如来と薬師如来、不動明王。この三尊形式は類を見ないが、このあたりは天台宗修験道の盛んな地で、天台宗本尊の薬師、末法の世から極楽浄土へと導く阿弥陀、密教本尊の化身・不動明王が選ばれたのではないかと考えらえる

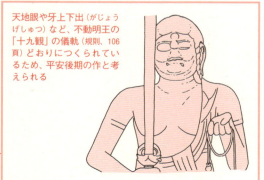

岩壁から生まれた仏を表現

仏像に自然光を当てる建物

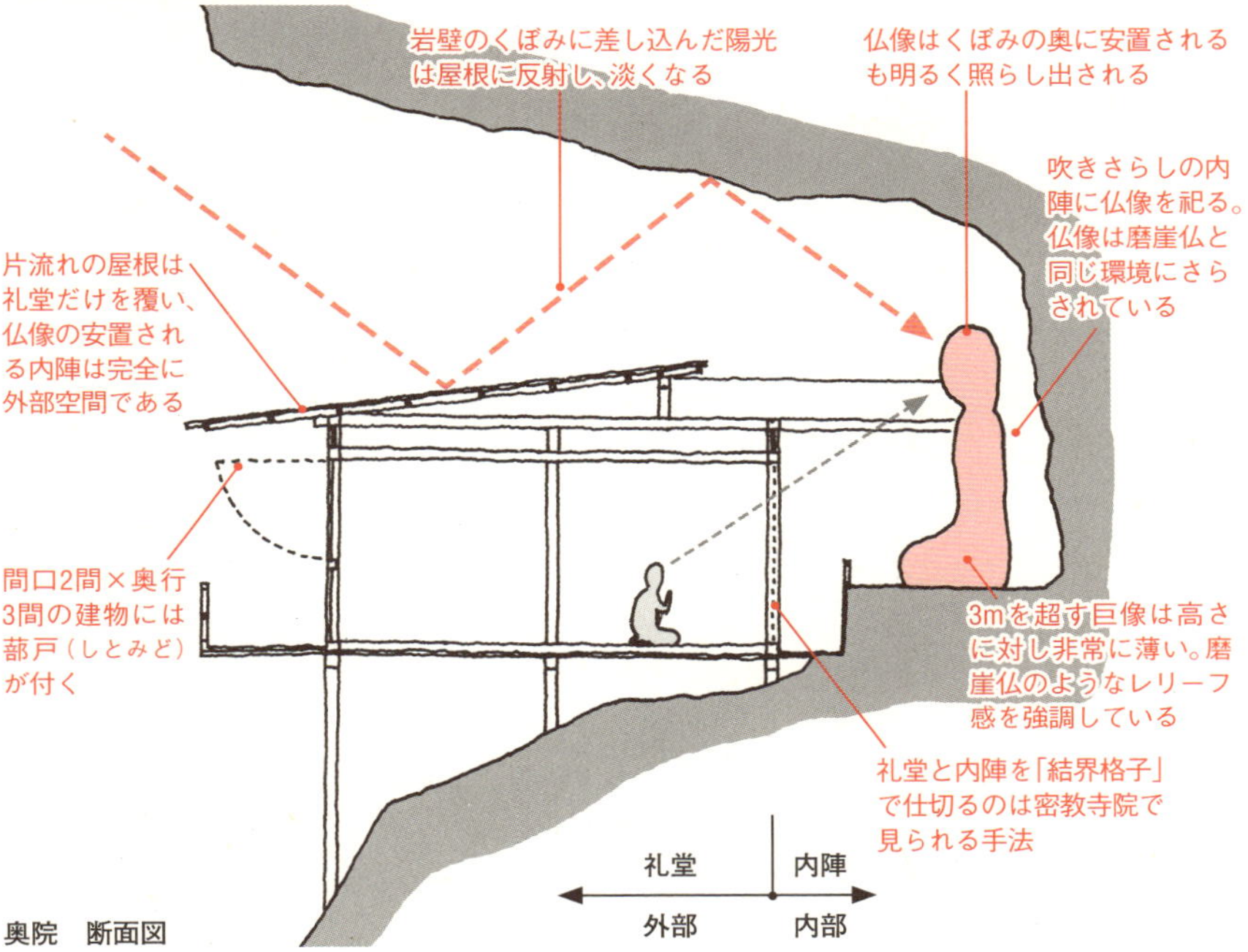
岩壁のくぼみに差し込んだ陽光は屋根に反射し、淡くなる
仏像はくぼみの奥に安置されるも明るく照らし出される
吹きさらしの内陣に仏像を祀る。仏像は磨崖仏と同じ環境にさらされている
片流れの屋根は礼堂だけを覆い、仏像の安置される内陣は完全に外部空間である
間口2間×奥行3間の建物には蔀戸（しとみど）が付く
3mを超す巨像は高さに対し非常に薄い。磨崖仏のようなレリーフ感を強調している
礼堂と内陣を「結界格子」で仕切るのは密教寺院で見られる手法
礼堂
内陣
外部
内部

奥院　断面図

岩肌に仏像を同化させる

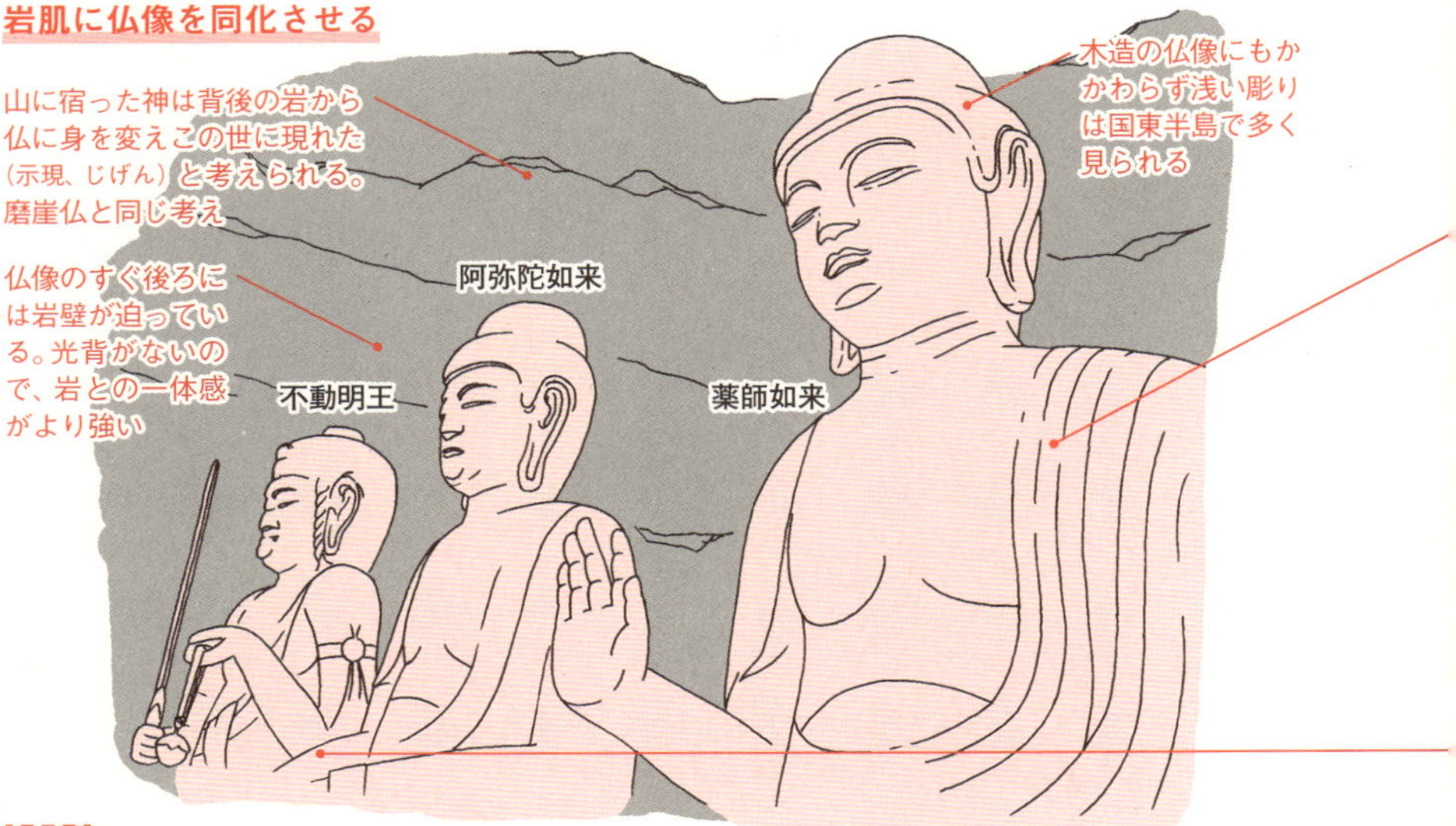
山に宿った神は背後の岩から仏に身を変えこの世に現れた（示現、じげん）と考えられる。磨崖仏と同じ考え
木造の仏像にもかかわらず浅い彫りは国東半島で多く見られる
仏像のすぐ後ろには岩壁が迫っている。光背がないので、岩との一体感がより強い
阿弥陀如来
不動明王
薬師如来

重文　阿弥陀如来坐像・薬師如来坐像・不動明王坐像

MEMO：龍岩寺は曹洞宗（元は天台宗）の寺。奥院に安置される三尊像はいずれもクスノキの一木造、平安後期の作。像高は300㎝

column お堂のどこから仏像を拝む？

わが国における仏教創成期のお堂は、仏の専有空間であった。僧侶でさえみだりに立ち入ることを禁じられ、拝仏はお堂の外から行っていた。

時代が下るにつれ、仏像への接し方が変わり、仏堂のつくりも変化していった。ここでは、礼拝の際の人の立ち位置とお堂の形の変遷を見てみよう。

仏堂の形と礼拝位置の変遷

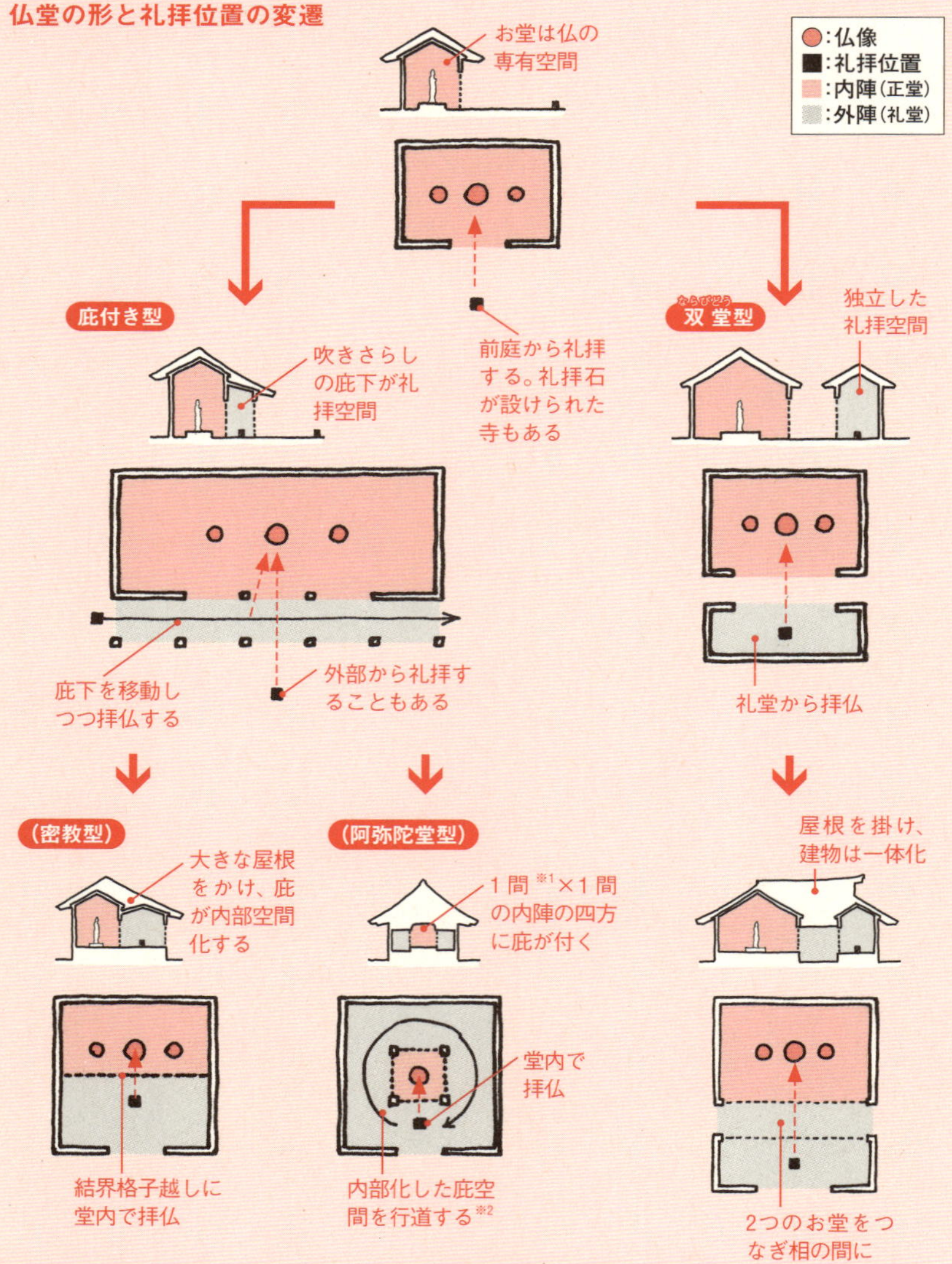

※1：柱と柱との間を示す（ここでは長さの単位ではない） ※2：仏の周りを読経しながら右回りする礼拝作法

Index

都道府県別索引

黒文字の寺院名は本書で主として取り上げたお寺です

北海道・東北地方

岩手		
黒石寺	こくせきじ	50
中尊寺	ちゅうそんじ	40
天台寺	てんだいじ	72
成島毘沙門堂	なるしまびしゃもんどう	124
山形		
海向寺	かいこうじ	145
慈恩寺	じおんじ	128
蔵高院	ぞうこういん	145
注連寺	ちゅうれんじ	145
南岳寺	なんがくじ	145
本明寺	ほんみょうじ	145
明寿院	みょうじゅいん	145
立石寺	りっしゃくじ	54
瀧水寺大日坊	りゅうすいじだいにちぼう	144
福島		
恵隆寺	えりゅうじ	150
貫秀寺	かんしゅうじ	145
白水阿弥陀堂（願成寺）	しらみずあみだどう（がんじょうじ）	40

関東地方

茨城		
西光院	さいこういん	150
栃木		
岩船山高勝寺	いわふねさんこうしょうじ	94
日光東照宮	にっこうとうしょうぐう	43
輪王寺	りんのうじ	42
群馬		
達磨寺	だるまじ	140

千葉		
成田山新勝寺	なりたさんしんしょうじ	108

東京		
英信寺	えいしんじ	132
回向院	えこういん	37・91
九品仏浄真寺（浄真寺）	くほんぶつじょうしんじ	24
柴又帝釈天（題経寺）	しばまたたいしゃくてん（だいきょうじ）	116
眞性寺	しんしょうじ	90
増上寺	ぞうじょうじ	92
太宗寺	たいそうじ	91
東京国立博物館	とうきょうこくりつはくぶつかん	16・75
東禅寺	とうぜんじ	91
日本民藝館	にほんみんげいかん	147
品川寺	ほんせんじ	91
霊巌寺	れいがんじ	91

神奈川		
江島神社	えのしまじんじゃ	130
円覚寺	えんがくじ	37
円応寺	えんのうじ	93
覚園寺	かくおんじ	48・129
建長寺	けんちょうじ	92
高徳院	こうとくいん	38
鶴岡八幡宮	つるがおかはちまんぐう	38・92
長谷寺	はせでら	39
妙典寺	みょうてんじ	132

中部地方

新潟		
観音寺（阿賀町）	かんのんじ	145
観音寺（村上市）	かんのんじ	145
西生寺	さいしょうじ	145
真珠院	しんじゅいん	145

富山		
瑞龍寺	ずいりゅうじ	**112**
石川		
豊財院	ぶざいいん	89
福井		
諦応寺	たいおうじ	150
中山寺	なかやまでら	**88**・148
羽賀寺	はがじ	**78**
馬居寺	まごじ	89
長野		
善光寺	ぜんこうじ	**36**
智識寺	ちしきじ	152
岐阜		
鹿苑寺	ろくおんじ	90
静岡		
方広寺	ほうこうじ	97
愛知		
財賀寺	ざいかじ	**118**

関西地方

滋賀		
石山寺	いしやまでら	**86**
向源寺	こうげんじ	**76**
京都		
永観堂（禅林寺）	えいかんどう（ぜんりんじ）	**22**・148
圓徳院	えんとくいん	132
神呪寺	かんのうじ	65
京都国立博物館	きょうとこくりつはくぶつかん	75
鞍馬寺	くらまでら	**124**
三十三間堂（蓮華王院）	さんじゅうさんげんどう（れんげおういん）	**74**
三千院	さんぜんいん	**30**
浄瑠璃寺（九品寺、九体寺）	じょうるりじ（くほんじ、くたいじ）	24・**26**
神護寺	じんごじ	64

清源寺	せいげんじ	146
清凉寺（嵯峨釈迦堂）	せいりょうじ（さがしゃかどう）	16
善願寺	ぜんがんじ	150
月輪寺	つきのわでら	143
東寺（教王護国寺）	とうじ（きょうおうごこくじ）	66・97・117
平等院	びょうどういん	32・75・148
福満寺	ふくまんじ	147
峰定寺	ぶじょうじ	106
松尾寺	まつのおでら	89
萬福寺	まんぷくじ	101
六波羅蜜寺	ろくはらみつじ	142
兵庫		
浄土寺	じょうどじ	34
大阪		
観心寺	かんしんじ	64・84
奈良		
安部文殊院	あべもんじゅいん	96
安産寺	あんざんじ	53
円成寺	えんじょうじ	60
春日大社	かすがたいしゃ	53
興福寺	こうふくじ	53・116・122・126
西大寺	さいだいじ	110
新薬師寺	しんやくしじ	129
中宮寺	ちゅうぐうじ	98
唐招提寺	とうしょうだいじ	56
東大寺	とうだいじ	14・20・56・78・82・87・120・124
奈良国立博物館	ならこくりつはくぶつかん	75
長谷寺	はせでら	80
般若寺	はんにゃじ	97
法隆寺	ほうりゅうじ	18・20・70・98・148
室生寺	むろうじ	52・64・148
薬師寺	やくしじ	44・50

和歌山		
金剛三昧院	こんごうざんまいいん	58・62
根来寺	ねごろじ	62
金剛峯寺	こんごうぶじ	58

中国・四国地方

鳥取		
大山寺	だいせんじ	135
島根		
出雲大社	いずもたいしゃ	132・135
一畑寺	いちばたじ	135
金剛寺	こんごうじ	89
多陀寺	ただじ	134
羅漢寺	らかんじ	138
広島		
不動院	ふどういん	46
三瀧寺	みたきでら	47
山口		
願行寺	がんぎょうじ	150
愛媛		
浄土寺	じょうどじ	143

九州・沖縄地方

福岡		
観世音寺	かんぜおんじ	56・89
長崎		
聖福寺	しょうふくじ	100
大分		
熊野磨崖仏	くまのまがいぶつ	152
胎蔵寺	たいぞうじ	153
富貴寺	ふきじ	28・153
龍岩寺	りゅうがんじ	154

Information

拝観情報

拝観時間などは、急に変更になることもあります。
事前に各寺院にお問い合わせ下さい

①住所
②電話番号
③交通
④拝観時間

p34

浄土寺

①兵庫県小野市浄谷町2094
②0794-62-4318
③神戸電鉄小野駅よりコミュニティバスで約15分、浄土寺下車
④9時～17時（10月～3月は16時）。なお12時～13時は閉扉

p36

善光寺

①長野市元善町491
②026-234-3591
③JR長野駅よりバスで約15分、善光寺大門下車
④本堂内のお戒壇巡りは夏季4時30分～16時30分くらい、冬季6時～16時くらい。前立本尊の開帳は数え年で7年に1度行われる（次回は2021年）

p38

高徳院

①神奈川県鎌倉市長谷4-2-28
②0467-22-0703
③江ノ島電鉄長谷駅より徒歩7分
④8時～17時30分。10月～3月は8時～17時

p40

白水阿弥陀堂（願成寺）

①福島県いわき市内郷白水町広畑221
②0246-26-7008
③JRいわき駅からバスであみだ堂下車徒歩5分
④8時30分～16時（15時30分、11～3月）。毎月第4水曜・彼岸・盆など定休

p42

輪王寺

①栃木県日光市山内2300番地
②0288-54-0531
③JR・東武日光駅から東武バス大猷院二荒山神社前下車
④8時～17時（16時、11～3月）

p24

九品仏浄真寺（浄真寺）

①東京都世田谷区奥沢7-41-3
②03-3701-2029
③東急九品仏駅下車徒歩1分
④8時～17時

p26

浄瑠璃寺

①京都府木津川市加茂町西小札場40
②0774-76-2390
③JR・近鉄奈良駅より急行バスで浄瑠璃寺下車すぐ
④9時～17時。12月～2月は10時～16時

p28

富貴寺

①大分県豊後高田市田染蕗2395
②0978-26-3189
③JR宇佐駅よりバスで昭和の町下車、そこからタクシーで15分
④8時30分～16時30分。雨の日には,内部観覧不可

p30

三千院

①京都市左京区大原来迎院町540
②075-744-2531
③JR京都駅より京都バスで大原下車
④8時30分～17時。12／8～2月は9時～16時30分

p32

平等院

①京都府宇治市宇治蓮華116
②0774-21-2861
③JR宇治駅・京阪電鉄京阪宇治駅より徒歩10分
④8時30分～17時30分。鳳凰堂内部は受付9時10分～16時10分

p14

東大寺

①奈良市雑司町406-1
②0742-22-5511
③JR・近鉄奈良駅より市内循環バスで大仏殿春日大社前下車、徒歩5分。近鉄奈良駅より徒歩20分
④4～10月は7時30分～17時30分（10月のみ17時）。11～3月は8時～16時30分（3月のみ17時）。誕生釈迦仏立像を安置する東大寺ミュージアムの開館は9時30分から

p16

清凉寺（嵯峨釈迦堂）

①京都市右京区嵯峨釈迦堂藤ノ木町46
②075-861-0343
③JR京都駅よりバスで嵯峨釈迦堂前下車徒歩2分
④9時～16時。4・5・10・11月は9時～17時。本尊・釈迦如来像の開扉は通例毎月8日11時以降と4・5・10・11月

p18・20

法隆寺

①奈良県生駒郡斑鳩町法隆寺山内1-1
②0745-75-2555
③JR法隆寺駅より徒歩20分もしくはバスで法隆寺門前下車
④8時～17時。11／4～2／21は8時～16時30分

p22

永観堂（禅林寺）

①京都市左京区永観堂町48
②075-761-0007
③JR京都駅よりバスで南禅寺永観堂道下車
④9時～17時

p66
東寺（教王護国寺）
①京都市南区九条町1番地
②075-691-3325
③JR京都駅八条口より徒歩15分
④3／20～4／17は5時～17時。4／18～9／19は5時～18時。9／20～3／19は5時～17時

p70
法隆寺
①奈良県生駒郡斑鳩町法隆寺山内1-1
②0745-75-2555
③JR法隆寺駅より徒歩20分もしくはバスで法隆寺門前下車
④8時～17時（11／4～2／21は16時30分）。夢殿の本尊・観音菩薩立像の特別開扉は春季・秋季

p72
天台寺
①岩手県二戸市浄法寺町御山久保
②0195-38-2500
③JR二戸駅よりバスで30分、天台寺下車徒歩25分
④9時～17時（11～3月は16時）

p74
三十三間堂（蓮華王院）
①京都市東山区三十三間堂廻町657
②075-561-0467
③JR京都駅より市バスで約10分、博物館三十三間堂前下車
④8時～17時。11／16～3／31は9時～16時

p76
向源寺
①滋賀県長浜市高月町渡岸寺50
②0749-85-2632（渡岸寺観音堂国宝維持保存協賛会）
⑦JR高月駅より徒歩10分
④9時～16時

p78
羽賀寺
①福井県小浜市羽賀82-2
②0770-52-4502
⑦JR小浜駅よりタクシーで10分
④9時～16時

p56
唐招提寺
①奈良市五条町13-46
②0742-33-7900
③JR・近鉄奈良駅よりバスで17分、唐招提寺下車すぐ。近鉄西ノ京駅より徒歩10分
④8時30分～17時

p58
金剛三昧院
①和歌山県伊都郡高野山425番地
②0736-56-3838
③南海鋼索線（ケーブルカー）高野山駅より山内路線バスで千手院橋下車徒歩約10分
④8時～17時。五智如来像は秘仏

p60
円成寺
①奈良市忍辱山町1273
②0742-93-0353
③JR・近鉄奈良駅より奈良交通バスで忍辱山（にんにくせん）下車すぐ。JR・近鉄奈良駅よりタクシー20分
④9時～17時

p62
根来寺
①和歌山県岩出市根来2286
②0736-62-1144
③JR岩出駅よりバスで22分、根来寺下車
④9時10分～16時30分（11～3月は16時）。大塔の拝観は10月下旬が法要のため△

p64
室生寺
①奈良県宇陀市室生78
②0745-93-2003
③近鉄室生口大野駅よりバスで14分、室生寺前下車
④8時30分～17時。12月～3月は9時～16時。両界曼荼羅や法具など灌頂儀式仕様の特別拝観あり（不定期）

p44
薬師寺
①奈良市西ノ京町457
②0742-33-6001
③近鉄西ノ京駅よりすぐ
④8時～17時

p46
不動院
①広島市東区牛田新町3-4-9
②082-221-6923
③アストラムライン不動院駅より徒歩約2分
④本尊・薬師如来坐像の安置される金堂の開帳は1／1～3、5／5

p48
覚園寺
①神奈川県鎌倉市二階堂421
②0467-22-1195
③JR鎌倉駅より京急バスで大塔宮下車徒歩10分
④10時、11時、13時、14時、15時（土日祝のみ12時開催あり）。雨天時、8月、12／20～1／7は拝観休止

p50
黒石寺
①岩手県奥州市水沢区黒石町山内17
②0197-26-4168
③JR水沢駅よりバスで30分もしくはタクシーで20分
④9時～16時（不定休）

p52
室生寺
①奈良県宇陀市室生78
②0745-93-2003
③近鉄室生口大野駅よりバスで14分、室生寺前下車
④8時30分～17時。12月～3月は9時～16時。金堂は通常舞台から拝観。内部外陣からの特別拝観あり

p54
立石寺（山寺）
①山形市山寺4456-1
②023-695-2843
③JR山寺駅よりすぐ
④8時～17時。秘仏本尊・薬師如来坐像は50年に1度開帳

p108
成田山新勝寺
①千葉県成田市成田1番地
②0476-22-2111
③京成電鉄京成成田駅またはJR成田駅より徒歩10分
④境内は常時開放。大本堂の本尊・不動明王像は10年に1度開帳（明王の手に結んだお手綱に触れられる）

p110
西大寺
①奈良市西大寺芝町1-1-5
②0742-45-4700
③近鉄大和西大寺駅より徒歩3分
④8時30分～16時30分、愛染堂は9時～16時30分。秘仏・愛染明王の公開は1／15～2／4、10／25～11／15

p112
瑞龍寺
①富山県高岡市関本町35
②0766-22-0179
③JR高岡駅より徒歩10分
④9時～16時30分

p116
興福寺
①奈良市登大路町48
②0742-22-5370（国宝館）
③近鉄奈良駅より徒歩5分。JR奈良駅より奈良交通市内循環系統バスで5分、県庁前下車すぐ
④9時～17時

p118
財賀寺
①愛知県豊川市財賀町観音山3
②0533-87-3494
③名鉄国府駅よりタクシー20分
④仁王門・仁王像などは常時開放。ただし本堂内は要予約

p120
東大寺
①奈良市雑司町406-1
②0742-22-5511
③JR・近鉄奈良駅より市内循環バス大仏殿春日大社前下車徒歩5分
④4～10月は7時30分～17時30分（10月のみ17時）。11～3月は8時～16時30分（3月のみ17時）

p92
建長寺
①神奈川県鎌倉市山ノ内8
②0467-22-0981
③JR北鎌倉駅より徒歩20分
④8時～16時30分

p94
岩船山高勝寺
①栃木県栃木市岩舟町静3
②0282-55-2014
③JR岩舟駅より徒歩15分
④9時～16時30分。秘仏本尊・生身の地蔵尊は彼岸供養時に開帳

p96
安倍文殊院
①奈良県桜井市安倍645
②0744-43-0002
③JR桜井駅より徒歩20分、もしくは奈良交通バスで安部文殊院下車すぐ
④9時～17時

p98
中宮寺
①奈良県生駒郡斑鳩町法隆寺北1-1-2
②0745-75-2106
③JR法隆寺駅より法隆寺門前下車徒歩8分。近鉄筒井駅よりバスで中宮寺前下車徒歩5分
④9時～16時30分（10／1～3／20は16時）

p100
聖福寺
①長崎市玉園町3-77
②095-823-0282
③長崎電気軌道桜町停留所より徒歩4分
④9時～17時

p106
峰定寺
①京都市左京区花背原地町772
②075-746-0036
③阪急出町柳駅より京都バスで大悲山口下車徒歩約30分
④9時～16時。悪天候時、12／1～3／30は閉門

p80
長谷寺
①奈良県桜井市初瀬731-1
②0744-47-7001
③近鉄長谷寺駅より徒歩15分
④8時30分～17時。10月～3月は9時～16時。本尊・十一面観音立像は正堂の外から拝観。本堂内の特別拝観は年2回（春・秋）開催

p82
東大寺
①奈良市雑司町406-1
②0742-22-5511
③JR・近鉄奈良駅より市内循環バス大仏殿春日大社前下車徒歩5分
④4～10月は7時30分～17時30分（10月のみ17時）。11～3月は8時～16時30分（3月のみ17時）

p84
観心寺
①大阪府河内長野市寺元475
②0721-62-2134
③南海・近鉄河内長野駅より南海バスで観心寺下車
④9時～17時。本尊・如意輪観音坐像の開帳は毎年4／17・18（10時～16時）

p86
石山寺
①滋賀県大津市石山寺1-1-1
②077-537-0013
③JR石山駅より京阪バスで約10分、石山寺山門前下車すぐ
④8時～16時30分

p88
中山寺
①福井県大飯郡高浜町中山27-2
②0770-72-0753
③JR若狭高浜駅よりタクシー10分。JR三松駅・青郷駅より徒歩40分
④9時～17時。本尊・馬頭観音は秘仏。33年に1度開帳、次回は平成40年ごろ開帳予定

p90
眞性寺
①東京都豊島区巣鴨3丁目21-21
②03-3918-4068
③JR・都営地下鉄巣鴨駅より徒歩5分
④9時～17時

p144
瀧水寺大日坊
①山形県鶴岡市大網入道11
②0235-54-6301
⑦JR鶴岡駅よりバス40分、大網下車徒歩7分
④8時～17時

p146
清源寺
①京都府南丹市八木町諸畑大谷口102
②0771-42-3743
③JR八木駅よりタクシー15分
④9時～17時（事前連絡が必要）

p150
善願寺
①京都市伏見区醍醐南里町33
②075-571-0036
③京都市営地下鉄醍醐駅より徒歩15分
④9時30分～16時（予約制）

p150
恵隆寺
①福島県河沼郡会津坂下町塔寺字松原2944
②0242-83-3171
③JR塔寺駅より徒歩15分
④9時～16時

p152
熊野磨崖仏
①大分県豊後高田市田染平野
②0978-26-2070
③JR宇佐駅よりバスで熊野磨崖仏下車徒歩25分
④8時～17時。11～3月は8時～16時30分

p154
龍岩寺
①大分県宇佐市院内町大門290-2
②0978-42-6040（宇佐市観光協会院内支部）
③JR宇佐駅よりタクシー40分
④9時～17時

p132
英信寺
①東京都台東区下谷2丁目5-14
②03-3872-2356
③東京メトロ入谷駅より徒歩4分
④7時～17時

p132
妙典寺
①神奈川県鎌倉市腰越2-20-5
②0467-31-1377
③江ノ島電鉄腰越駅より徒歩約5分
④9時～18時

p134
多蛇寺
①島根県浜田市生湯町1767
②0855-28-0677
③JR浜田駅よりタクシー約10分
④8時～17時

p138
羅漢寺
①島根県大田市大森町イ804
②0854-89-0005
③JR大田市駅からバス28分、大森下車
④9時～17時

p140
達磨寺
①群馬県高崎市鼻高町296
②027-322-8800
③JR高崎駅より群馬バスで八幡大門前下車徒歩10分。JR群馬八幡駅よりタクシー5分
④9時～17時

p142
六波羅蜜寺
①京都市東山区五条通大和大路上ル東
②075-561-6980
③京都駅よりバスで清水道下車、徒歩7分。京阪清水五条駅より徒歩7分。阪急河原町駅より徒歩15分
④8時～17時。空也上人立像を安置する宝物館は8時30分開館

p122
興福寺
①奈良市登大路町48
②0742-22-7755
③近鉄奈良駅より徒歩5分。JR奈良駅より奈良交通市内循環系統バスで5分、県庁前下車すぐ
④9時～17時

p124
鞍馬寺
①京都市左京区鞍馬本町1074
②075-741-2003
③叡山電車鞍馬下車徒歩約5分。山頂・本殿まではさらにケーブル2分＋徒歩10分または徒歩30分
④8時45分～16時30分

p124
成島毘沙門堂
①岩手県花巻市東和町北成島5-1
②0198-42-3921
③JR土沢駅からタクシー5分
④9時～16時30分

p126
興福寺
①奈良市登大路町48
②0742-22-5370（国宝館）
③近鉄奈良駅より徒歩5分。JR奈良駅より奈良交通市内循環系統バスで5分、県庁前下車すぐ
④9時～17時。

p128
慈恩寺
①山形県寒河江市大字慈恩寺地籍31
②0237-87-3993
③JR羽前高松駅より徒歩20分。JR寒河江駅よりタクシーで12分
④8時30分～16時

p130
江島神社
①神奈川県藤沢市江の島2-3-8
②0466-22-4020
③小田急線片瀬江ノ島駅より徒歩約15分
④8時30分～16時30分（奉安殿）

Bibliography
参考文献

- 大学的京都ガイドーこだわりの歩き方／同支社大学京都観学研究会／昭和堂／2012年
- よみがえりゆく平等院／神居文彰／学習研究社／2011年
- 仏像ー祈りと風景／長岡龍作／敬文舎／2014年
- 国宝への旅＜1＞古都夢幻／日本放送出版協会／日本放送出版協会／1996年
- 日本の美術＜317＞吉祥・弁天像／根立研介／至文堂／1992年
- 日本の仏像ー飛鳥・白鳳・天平の祈りの美／長岡龍作／中央公論新社／2009年
- 日本人と浄土／山折哲雄／講談社／1995年
- ほとけの姿／西村公朝／毎日新聞社／1990年
- 「形」でわかる仏像入門／西村公朝／佼成出版社／2011年
- 仏の世界観ー仏像造形の条件／西村公朝／吉川弘文館／1983年
- やさしい仏像の見方／西村公朝／新潮社／2003年
- 日本の美術＜513＞清凉寺釈迦如来像／奥健夫／至文堂／2009年
- 日本の美術＜375＞梵天・帝釈天像／関根俊一／至文堂／1997年
- ミイラ信仰の研究／内藤正敏／大和書房／1974年
- 魅惑の仏像＜6＞四天王／小川光三／毎日新聞社／1986年
- 密教入門／西村公朝／新潮社／1996年
- 祈りの造形／西村公朝／日本放送出版協会／1988年
- 魅惑の仏像＜7＞十一面観音／小川光三／毎日新聞社／1986年
- 西村公朝と仏の世界／西村公朝／平凡社／2002年
- 仏像彫刻ー鑑賞と彫り方／松久宗琳仏所・宮野正喜／淡交社／2000年
- 運慶　仏像彫刻の革命／西村公朝　熊田由美子／新潮社／1997年
- 重要文化財財賀寺仁王門保存修理工事報告書／文化財建造物保存技術協会／財賀寺／1998年
- 木喰ー庶民信仰の微笑仏　生誕290年／大久保憲次・小島悌次・神戸新聞社／東方出版／2008年
- 東大寺（別冊太陽日本のこころ172）／西山厚／平凡社／2010年
- アシュラブック／北進一／美術出版社／2012年
- 仏像ーそのプロフィル／入江泰吉・青山茂／保育社／1985年
- 新版古寺巡礼　京都＜7＞禅林寺／小木曽善龍・安部龍太郎／淡交社／2007年
- 日本の庶民仏教／五来重／角川書店／1985年
- 甦る羅漢たちー東京の五百羅漢／高橋勉・五百羅漢寺／東洋文化出版／1981年

Bibliography 参考文献

● ふくしまの仏像ー平安時代／若林繁／歴史春秋出版／2002年
● 目でみる仏像／田中義恭・星山晋也／東京美術／2000年
● 新版西国愛染十七霊場巡礼／西国愛染霊場会／朱鷺書房／2012年
● 魅惑の仏像＜10＞盧舎那仏／小川光三／毎日新聞社／1987年
● 不動明王―慈悲にあふれた怒れる如来の化身／田中昭三／学習研究社／2007年
● 近江若狭の仏像／吉田さらさ／JTBパブリッシング／2012年
● 日本人の死生観／五来重／角川書店／1994年
● 大分県立歴史博物館総合案内／大分県立歴史博物館／大分県立歴史博物館／2000年
● 塔／梅原猛／集英社／1976年
● 十一面観音の旅／丸山尚一／新潮社／1992年
● みちのく古寺巡礼／高橋富雄／日本経済新聞社／1985年
● 密教の美術／内田啓一／東京美術／2008年
● 浄土の美術／内田啓一／東京美術／2009年
● すぐわかるマンダラの仏たち／頼富本宏／東京美術／2011年
● 新版古寺巡礼　京都＜2＞浄瑠璃寺／立松和平・佐伯快勝／淡交社／2006年
● 古寺巡礼　京都＜7＞浄瑠璃寺／井上靖・塚本善隆／淡交社／1976年
● 大黒天信仰と俗信／笠間良彦／雄山閣／1993年
● 住職がつづるとっておき金峯山寺物語／五條順教／四季社／2006年
● 蔵王権現入門／総本山金峯山寺／総本山金峯山寺／2010年
● ダルマの民俗学／吉野裕子／岩波書店／1995年
● 踊り念仏／五来重／平凡社／1998年
● 羅漢ー仏と人のあいだ／梅原猛／講談社／1977年
● 眞性寺銅造地蔵菩薩坐像修理報告書／豊島区教育委員会／豊島区教育委員会／2011年
● 原寸大　日本の仏像　京都編／『週刊日本の仏像』編集部／講談社／2008年
● 原寸大　日本の仏像　奈良編／『週刊日本の仏像』編集部／講談社／2008年
● 江の島歴史散歩／内海恒雄／江ノ電沿線新聞社／1984年
● 唐招提寺／唐招提寺／学生社／1998年
● 東北古代彫刻史の研究／久野建／中央公論美術出版／1971年

あとがき

私たちスタジオワークは「フィールドワーク（野外調査）」を大切にしている。現地で感じたことを深く理解するために書物の力を借りることもあるが、逆に、本や写真集を読みながら感じた疑問を解決するために現地に足を運ぶことも多い。

いい歳をして、とお叱りを受けるかもしれないが、この本は「お堂で礼拝する際、座して一礼するのはなぜなのだろう」という素朴な疑問から始まった。実際にお寺を訪れ、床に視線を落としたあと、拝仏し、さらには天井まで見上げる。簡素な床に対し、きらびやかに装飾された天井。一連の所作とお堂のしつらえを1つひとつ「解剖」していくと、床は現世、天井は仏の世界を表現していて、正面にいる仏像は2つの世界をつなぐ存在なのだと気づかされた。このように、ふと感じた疑問や驚きを仲間どうしで話し、調べていくうちに1枚の原稿ができあがった。数々のお寺を訪れ、さまざまな仏像と出会うなかで原稿は膨らんでいき、それが1冊の本になったのだ。

つまり本書は「初めて仏像を拝観する」、という目線で書かれている。「仏像をどのように鑑賞すればよいのかよく分からない」という方々にぜひ読んでいただきたい。

本づくりは知的な作業と思われているが、私たちの場合はまったく逆で、無知がゆえにこの本をつくり得たのかもしれない。

最後に、話を聞かせて下さったご住職、案内してくださった地元の人々、また本の制作に携わった多くの方々にお礼申し上げます。

２０１６年11月　スタジオワーク

注　本書の内容は著者独自の見解を含んでおり、お寺の公式な見解とは異なるものもございます

執筆者紹介

スタジオワーク

スタジオワークは、日々変化している環境や風景に興味をもち、時に問題を抱く者たちが集まり、つくったグループである。フィールドワークに重きを置き、まちや野にあふれる事物を深く見つめることで、新しい価値観を発見し、記録、発信することを目指している。著書に『建築デザインの解剖図鑑』『名所・旧跡の解剖図鑑』（いずれも共著、小社刊）がある

メンバー紹介

最勝寺靖彦（さいしょうじ・やすひこ）…監修・執筆
1946年生まれ
1975年　工学院大学大学院建築学科終了
1995年　TERA歴史景観研究室を設立
現在「住まいとでんき」編集委員、ソフトユニオン所属
主な仕事：まちづくり、古民家再生を手掛ける
主な著書：「和風デザインディテール図鑑」（小社刊）
「世界で一番幸福な国ブータン」（共著、小社刊）
「まちを再生する99のアイデア」（共著、彰国社）

二藤克明（にとう・かつあき）…執筆・イラスト
1965年　東京都生まれ　一級建築士
1987年　工学院大学専門学校建築科研究科卒業
1991年　株式会社現代建築設計事務所　取締役

和田明広（わだ・あきひろ）…執筆・イラスト
1964年　山形県生まれ　グラフィック・デザイナー
2010年～　武蔵野美術大学通信教育課程にて面接授業講師

安藤理恵（あんどう・りえ）…執筆・イラスト
1968年　群馬県生まれ　二級建築士
1993年　工学院大学専門学校建築科研究科卒業
2012年　工房・+Punto piu 設立

井上 心（いのうえ・こころ）…執筆・イラスト
1979年　埼玉県生まれ　一級建築士
2002年　法政大学経済学部卒業
2006年　工学院大学専門学校二部建築学科卒業
2007年　一級建築士事務所TKO-M.architectsに入所

櫻井祐美（さくらい・ゆみ）…執筆・イラスト
1971年　札幌生まれ　二級建築士
大船渡高校卒業
武蔵野美術大学造形学部卒業
2013年～　OFUNATO★銀河station market place（東北・三陸・大船渡PR活動）

桑原利恵（くわはら・りえ）…執筆・イラスト
1972年　広島県生まれ　グラフィック・デザイナー
1993年　日本デザイナー学院広島校卒業
2010年　武蔵野美術大学造形学部情報デザイン学科卒業
2005年～　デザイン事務所RINOTONE設立

糸日谷晶子（いとひや・しょうこ）…執筆・イラスト
1968年　東京都生まれ　二級建築士
工学院大学専門学校建築科研究科校卒業
武蔵野美術大学卒業
有限会社コラム設立

錦織涼子（にしこおり・りょうこ）…執筆・イラスト
1976年　東京都生まれ　一級建築士
東京デザイナー学院専門学校建築デザイン科卒業
武蔵野美術大学造形学部工芸工業デザイン学科卒業

芝 美由紀（しば・みゆき）…執筆・イラスト
1972年　稚内市生まれ
1995年　室蘭工業大学建設システム工学科卒業
2003年　住宅メーカー商品開発部退社

和田安史（わだ・やすし）…執筆・イラスト
1967年　神奈川県生まれ　一級建築士
1993年　明治大学大学院工学研究課博士前期課程修了
建設業設計部勤務

渡辺朗子（わたなべ・あきこ）…執筆・イラスト
1975年　新潟県生まれ
1998年　千葉大学文学部日本文化学科卒業
2011年　武蔵野美術大学造形学部デザイン情報学科卒業
デザイン・編集トリリトル　デザイナー　http://tori-little.com

西尾洋介（にしお・ようすけ）…執筆・イラスト
1981年　鳥取県生まれ
2002年　工学院大学専門学校建築科研究科卒業
2005～2010年　設計事務所勤務
2010年～　フリーランス

和田 剛（わだ・つよし）…執筆・イラスト
1979年　埼玉県生まれ
2003年　工学院大学専門学校建築科研究科卒業
2009年　イースト・ロンドン大学卒業（RIBA part1）
2009年　Witherford Watson Mann architects入所
2012年　ロンドンメトロポリタン大学卒業（RIBA part2）
2013年　One O One architects入所

仏像とお寺の解剖図鑑

2016年12月1日　初版第1刷発行
2020年7月1日　　　第4刷発行

著者　スタジオワーク

発行者　澤井聖一

発行所　株式会社エクスナレッジ
〒106-0032
東京都港区六本木7-2-26
http://www.xknowledge.co.jp/

問合せ先　編集　Tel：03-3403-1381
Fax：03-3403-1345
info@xknowledge.co.jp
販売　Tel：03-3403-1321
Fax：03-3403-1829

無断転載の禁止
本誌掲載記事（本文、図表、イラストなど）を当社および著作権者の承諾なしに無断で転載（翻訳、複写、データベースへの入力、インターネットでの掲載など）することを禁じます。